高校思想政治理论课多媒体教学艺术研究

李振宇 —— 著

天津出版传媒集团

天津人民出版社

图书在版编目（ＣＩＰ）数据

高校思想政治理论课多媒体教学艺术研究 / 李振宇
著.-- 天津：天津人民出版社，2020.6
ISBN 978-7-201-16121-1

Ⅰ.①高… Ⅱ.①李… Ⅲ.①高等学校－思想政治教
育－多媒体教学－教学研究 Ⅳ.①G641

中国版本图书馆 CIP 数据核字(2020)第 115952 号

高校思想政治理论课多媒体教学艺术研究
GAOXIAO SIXIANGZHENGZHI LILUNKE DUOMEITI JIAOXUEYISHU YANJIU

出　　版	天津人民出版社	
出 版 人	刘　庆	
地　　址	天津市和平区西康路35号康岳大厦	
邮政编码	300051	
邮购电话	（022）23332469	
电子信箱	reader@tjrmcbs.com	

策划编辑	王　康
责任编辑	郑　玥
特约编辑	武建臣
封面设计	卢炀炀

印　　刷	天津新华印务有限公司
经　　销	新华书店
开　　本	710毫米×1000毫米　1/16
印　　张	20.25
插　　页	2
字　　数	320千字
版次印次	2020年6月第1版　2020年6月第1次印刷
定　　价	79.00元

序　言

现代化多媒体手段的运用给高校思想政治理论课教学带来了生命力,使高校思政课教学进入一个急剧发展和变革的时代。但到目前为止,高校思政课多媒体教学总体上仍然停留在朴素应用阶段,虽然多媒体手段已经得到了广泛应用,但缺乏系统化的总结和研究,使高校思政课多媒体教学水平难以进一步提高。

从本世纪初算起,笔者从事高校思政课多媒体教学已经超过十五年时间。从最开始简单地运用幻灯片进行教学,到写专门讲稿、自制教学影片,探索较高形式的多媒体教学,再到后来写论文、做课题研究,将多媒体教学当作一门教学艺术来研究,对高校思政课多媒体教学的认识从肤浅到深入并不断深化。终于有一天,我决定将这些不成熟的认识写成一部书,与广大的高校思政课教师同行进行交流切磋,以期得到广大教师同行的批评指正,以共同的志趣广交朋友,共同提高多媒体教学水平,在更好地履行教书育人神圣职责的同时,实现作为一名高校思政课多媒体教师不懈的事业追求和人生诉求。

高校思政课多媒体教学的突出特点在于教学艺术性,是多种艺术手段的综合运用,所以高校思政课多媒体教学艺术在本质上是运用多种艺术手段实现"以美育人"的教学艺术。多媒体的图、文、声、像都各有其教学意义,在高校思政课多媒体教学中担任着传授知识、传递情感、实施美育的功能,由各种媒体元素所构成的多媒体教学素材是实施"视觉教育"、音乐教育和影像教育的基本手段,各种多媒体教学手段的运用,使高校思政课教学呈现全方位、立体化的教学展示格局,极大地增强了高校思政课的教学感染力。

高校思政课多媒体教学在教学组织上,需要将教材体系转换成多媒体教学体系,以充分发挥多媒体手段"以美育人"的教学优势为前提,在合理运用多媒体手段搭建教学平台、创设教学意境的基础上,将多媒体教学素材和案例有机融入各个教学环节，使高校思政课多媒体教学具有整体教学艺术效果。与多媒体教学的审美化教学展示相适应,高校思政课多媒体教学的教学表达艺术,即讲授艺术也超越了传统板书教学,具有多种言说方式,使教学呈现出较强的艺术表现力，进一步展现思政课多媒体教学的审美意蕴和教学优势。此外,技术性是多媒体教学的基本依赖,结合多媒体技术的具体运用来研究高校思政课多媒体教学是此类教学研究的重要特点。本书在研究中涉及了大量多媒体教学中的技术性问题，有很多案例都结合了技术手段的运用进行分析和研究,使本研究更具实际应用的价值。

本书的九章内容可以分为四个部分。

第一部分,多媒体教学艺术总论。包括"绪论"和"高校思政课多媒体教学设计艺术"两章,涉及高校思政课多媒体教学艺术的理论概括和教学活动的总体安排,包括高校思政课多媒体教学艺术的定位、层次、特点、研究的体系和研究结构,高校思政课多媒体教学的总体策划和教学设计、高校思政课多媒体教学设计的目标、重点和内容、高校思政课多媒体教案设计等。

第二部分,多媒体教学平台研究。包括"高校思政课多媒体课件艺术研究"和"高校思政课多媒体页面艺术研究"两章,集中于多媒体教学工具研究、多媒体课件创作问题研究,以及如何以页面设计艺术展示教学内容、搭建多媒体教学平台等问题的研究。

第三部分,多媒体素材艺术研究。此项内容专注于高校思政课多媒体素材运用的艺术性,包括"多媒体图像""多媒体音频"和"教学影片"三章内容。如何运用好各类多媒体素材是高校思政课多媒体教学艺术的核心问题,是提高思政课教师多媒体教学素质和改善教学质量的关键,是本书的重点研究内容。

第四部分,多媒体教学表达研究。包括"高校思政课多媒体教学表达艺术研究"和"高校思政课多媒体教学讲稿的艺术性"两章。涉及高校思政课多媒体教学的三种教学表达方式(即理论型、叙事型、诗意型)研究,以及高校思政课多媒体教学讲稿的意义、特点和语言艺术研究。高校思政课多媒体教学表达是以前很少被人关注的研究领域,但与高校思政课"以美育人"的核心理念密切相关,体现了多媒体教学在言说方式上与板书教学存在一定程度上的差异。

提高高校思想政治理论课的教学质量和水平一直是教学研究的重要关注点,围绕高校思政课教学改革取得了大批研究成果。本书对高校思政课多媒体教学艺术的研究立足于提高教师的教学素质,着眼于高校思政课"以美育人"的素质教育基本理念,主张高校思政课教师以自身素质的提高来更好地履行教书育人的神圣职责,提倡思政课教师以"教学艺术家"的标准来激励自己,树立高校思政课教师的职业自信心和事业自豪感,在教学实践中练出硬功夫、拿出硬本领、展示硬实力,成为理论深厚、知识渊博、多才多艺、德才兼备,广受学生爱戴的好教师,实现思政课教师卓越的人生追求。

近年来,习近平总书记在关于教育工作的系列讲话中一再强调立德树人对于教育工作的重要性,强调要"以本为本"推进"四个回归",并且对思政课教师提出了"六个素养"和"八个相统一"的具体要求。在新时代全国高等学校本科教育工作会议上,教育部部长陈宝生围绕"四个回归"对教师提出具体要求,即热爱教学、倾心教学、研究教学,做到"德高""学高"和"艺高",把人才培养的质量和效果作为检验一切工作的根本标准。这些指示精神对于稳定教师的思想、引导教师安心从教具有重要意义,也为广大高校思政课教师开辟了事业发展的空间,使思政课教师得以放下包袱、放开手脚、施展本领,专心致志研究教学,踏踏实实做好教育工作。

本书完稿之时适逢教育发展势头良好、国家对高校思政课教学日益重视的当口,有幸身临春风扑面的历史瞬间,无形中也增添了几分自信。希望本书的研究能够为高校思政课教师同行提供些许借鉴,更希望广大的教师同行不吝赐教,提出宝贵的批评意见。

李振宇

2020 年 2 月 5 日

目　录

第一章
绪　论

一、教学既是一门科学也是一门艺术

所谓教学,即是教与学所构成的一种培养人的活动,在这种活动中,教师通过采用一定的教学方法、组织和实施一定的教学计划,把知识、技能和价值观传授给学生,使学生成为社会所需要的人。教学不仅传授知识、训练技能,而且传承文明,是人类文明代代相传的接力站。在现代教育理念中,教学是教师的主导性和学生的主体性共存的教与学的互动过程。

(一)教学的科学性与艺术性

长期以来,一直存在着关于教学是科学还是艺术的争论。

从科学主义的角度看来,教育和教学必须遵循一定的规律,既要遵循科学知识的系统性和逻辑性,也要遵循学习者的认知规律,乃至人的身心发展规律。他们强调,教育教学的科学性和普适性,认为教育作为科学必须以求真作为基本出发点,教育和教学要以科学理论为指导,符合教育科学的规律和各类相关科学的规律,遵循科学的教学模式,并制定科学化的教育评价体系,教育经验要具有可复制性。科学主义者并不否认教育教学的艺术性,但认为教育艺术性的前提是科学性,认为"现代教学艺术,是把现代心理学、现代行为科学、现代学习科学和现代美学有机地融入教学过程而形成的教与学这一系统工程的辩证化合体"[①]。

反对者认为,过分强调教育的科学性会导致教育和教学艺术丧失自身的

---

① 崔含鼎、梁仕云:《现代教学艺术论》,广西教育出版社,1992年,第6页。

主体地位,沦为科学主义的附庸,"这种观点如果发展到极致,或者说泛滥到极点,教师最终就会沦为一种分析思维的机器"①,而对学生来说,一个被"科学"地培养出的儿童将是很不幸的。片面强调教学的科学性和普遍性,可能导致课堂教学的僵化死板,教学缺少创新精神,师生都沦为考试的附庸品等消极后果。

其实,这种教学的科学性与艺术性之争,本质在于教学活动的主体性与科学教学方法的本体地位之争,无论片面地强调哪一方都有失偏颇。没有艺术性,教育就没有生命力,而没有科学性,教育就会离开本真无章可循。今天,人们已经在这个问题上达成了共识,普遍认识到教育既是一门科学,也是一门艺术。

1. 教学是一门科学,教学过程的实施离不开科学理论的指导,教学艺术创作要以尊重科学规律为前提

首先,科学性在于规律性,现代教学艺术必须遵循科学方法、依照科学程序、运用科学手段。"教学的合规律性是教学艺术的必要前提"②,个性化的教学艺术只能通过规范性的教学运作来体现。

其次,科学性在于真理性,教学艺术虽因人而异,但教育必须做到求真务实,不能脱离教育对象的实际。教学艺术要从教学实际出发,并接受教学实践的检验,"美的尺度"不能代替真理标准。

最后,科学性在于普适性,教学艺术虽然包含着灵感闪现的偶然性因素,但必须能够广泛适用,要对他人的教学实践有借鉴意义,能够促进教学水平的普遍提高,否则也就没有研究价值了。

综上所述,教学是有规律可循的,教师在教学过程中要科学分析教学对象,制定科学合理的教学目标,按照教学规律来规范自己的教学行为,使自己的教学行为符合教学理念的要求。教学的科学性使人们能够科学地总结教学规律,把教学运用于普遍的教育过程中。

2. 教学是一门艺术,教学与艺术都是生动具体而又充满个性化的创造活动,从根本上说二者是相通的

何为艺术?从古至今,人们对艺术的理解和认识可谓门派众多,柏拉图

---

① 王德清:《教学艺术论》,四川大学出版社,2010年,第4页。

② 张翔:《试论教学艺术的本质》,《教育研究》,1987年第3期,转引自王德清:《教学艺术论》,四川大学出版社,2010年,第4页。

认为艺术是对现实的模仿,黑格尔认为美的艺术是绝对理念的感性显现,克罗齐认为艺术即直觉,美学家席勒则认为艺术是人类的审美形象的创造,"艺术是人类的本质标志,是通过艺术家进行的审美形象的创造,是真和善统一于美的形象创造"①。综合古今中外各学说和流派的观点,对艺术的理解大体上有以下五方面:

第一,艺术是人学,是人文精神的最生动体现。艺术是人的本质力量的外化,是人的理想的抒发和人的情感的宣泄,艺术也是为人而创作的,要使人获得某种精神上的愉悦和享受。

第二,艺术具有审美性,是真、善、美的集中和统一。尽管现代艺术在某种意义上不再把美作为艺术的标准,但普遍来看,对美的追求仍然是人们对艺术所寄予的最大期盼。

第三,艺术具有形象性,要用艺术形象来说话。艺术不是以概念和推理等抽象的形式反映客观世界,而是以具体的、有血有肉的艺术形象来反映社会生活,表现艺术家的思想情感。

第四,艺术具有主体性,体现在艺术创作、艺术作品和艺术欣赏各个方面。所谓主体性就是创作者把强烈的思想、感情、愿望、心境等主体意识和主观因素物化到作品中去,从欣赏者角度讲,对艺术创作的理解也往往有着较大的个体差异。

第五,艺术具有创造性,展现了艺术家的创造天赋。每一件艺术作品都是独一无二的,具有独创性和鲜明的个性。

之所以说教学是一门艺术,是因为以上各个方面与教学的基本要求都不谋而合。从根本上来说,教学与艺术是相通的。

首先,教学和艺术一样都主张以人为本。对于教育和教学来说,一方面,以人为本意味着教学要以人为中心,讲求因势利导、因材施教、因人而异。教育所面对的是活生生的人、充满个性的人,教学不是要把人变成机器,而是舒张人的个性,激发人的天赋和潜能,通过对人的引导和激励使人获得全面的发展,从这一点来看,教育精神与艺术精神最终都指向人。另一方面,以人为本也意味着强调教育的主体性。教育的主体性体现在教师的主导性与受教育者主体性的交互作用上,无论是教师的"教",还是学生的"学",都要有强烈的自我意识和主体意识。教学与其说是塑造人,不如说是学生在教师引

---

① 张玉能:《席勒的艺术本质论》,《汕头大学学报》(人文社会科学版),2003 年第 4 期。

导下的自我塑造,与体现在艺术创作和欣赏中的主体性是相似的。

其次,教学和艺术有着近似的功能和特征。一方面,从教学和艺术所承担的功能来看,二者都具有认识、教育和审美三大社会功能。教学和艺术都以某种立场和角度来认识和把握世界,并从对世界的过去、现在和未来的思考中建立起自己的认知体系,在丰富经验和阅历的同时,使人的心灵世界也得以完善。审美功能不仅为艺术所具有,也是教育的重要功能之一,以美育人是教育和教学目标中重要的价值追求,通过实施美育来提升受教育者的品质和情操,与传授知识具有同等重要的地位。另一方面,从教学和艺术的特征来看,二者也有着高度的相似性,艺术所具有的形象性和情感性特征在教学中也有着重要体现。艺术要通过塑造艺术形象进行艺术表达,教学也同样需要运用到具有形象性的教学元素,无论是传授知识、实施美育还是倾注真情实感,都要借助具体的形象和生动的事例,如图像、声音、教学影片等来表达思想和传递信息。同时,艺术所具有的情感性也是教学所具有的重要属性之一,教学不仅是知识的传授,而且贯穿着情感的交流,"以情感人"既是体现在教学中的人文关怀,又是教学中特别是人文社科类教学重要的价值目标。

最后,教学和艺术都具有创造性的特征。德国教育家第斯多惠说:"教育的艺术不在于传授的本领,而在于激励、唤醒和鼓舞",教育是一种充满创造活力的育人艺术,教育的最高境界是激发学生的主动性和创造性,让学生在领悟的基础上进行创造性的学习,这一点与其他门类的艺术追求也是相通的。对教师来说,教学有常规而无成法,每一节课都是教师在学情分析的基础上有针对性地教学,需要教师精心策划和巧妙安排。如果说人不能两次跨入同一条河流,那么教师也不能两次进入同一个课堂,尽管教师年复一年都在讲授相同的教学内容,但教学不是机械地重复同一个套路,每一节课都是教师的唯一,每一次教学演讲都会有新的灵感,展现新的教学艺术。

通过上述阐述,我们看到了教学与艺术的异曲同工之妙,其实教学本身就是一门特殊的艺术。自从捷克教育家夸美纽斯在其教育学巨著《大教育论》序言中开宗明义地指出:"大教育论是阐明把一切事物教给一切人类的全部艺术"[①],教学作为一门艺术的观点即被人们广泛接受,关于教育和教学的研究从此与艺术结下了不解之缘,也鼓舞着一代代教师投身教学艺术的

---

① 　[捷克]夸美纽斯:《大教育论》,傅任敢译,人民教育出版社,1984年,第1页。

创造实践活动。

(二)教学是一种教学艺术创作活动

1. 什么是教学艺术

关于教学艺术的概念,不同的研究者自然有着不同的定义方式和表述方式。我国教育家王北生的定义是:"教学艺术,就是教师(在课堂上)遵照教学法则和美学尺度的要求,灵活运用语言、表情、动作、图像组织调控等手段,充分发挥教学情感的功能,为取得最佳教学效果而施行的一套独具风格的创造性教学。"[①]而李如密对教育艺术的定义更为简练一些:"教师熟练地运用综合的教学技能技巧,按照美的规律而进行的独创性教学实践活动。"[②]

这两个定义都提到了美的规律或尺度、创造性或独创性、教学技能技巧或教学法则等要素,基本上概括出了教学艺术的内涵。本书作为一种实用性的研究,并不想独树一帜地为教学艺术下定义,只是在借鉴别人研究成果的基础上总结出教学艺术的四点要素:

第一,教学艺术作为一种旨在提高教学效果的实用艺术,首先是一种将艺术运用于教学的教学实践活动。

第二,教学艺术具有独创性和艺术性,是一种体现教师个性特点的、独具教学特色的教学艺术创作活动。

第三,教学艺术要遵循美的规律、借助多种艺术手段来实施。

第四,教学艺术所要达到的效果,是激发学生的潜能、丰富学生的情感、调动学生的创造性天赋,以更好地完成学习任务。

2. 教学艺术的本质

教学艺术的本质是自由。教学不是把知识强加给学生,教学艺术以美学尺度和美的规律实施教学活动也不仅仅是让人欣赏,而是要通过"美的建造"把学生引入学习的自由王国,使学生进入自主的学习境界。

按照美学家席勒的观点,作为审美状态的"游戏冲动"是人的一种自由自觉的活动,它既可以克服"感性冲动"使人坠入自然必然性的趋向,又可以克服"形式冲动"(即理性冲动)从道德必然性方面强加给人的限制,使人在

---

① 王北生:《教学艺术论》,河南大学出版社,2001年,第27页。

② 李如密:《教学艺术论》,山东教育出版社,2000年,第85页。

审美的愉悦中获得自由。教学艺术之所以是一门艺术,就在于其运用艺术的
手段打开了心灵的枷锁,使学生在自由的审美状态下充分释放自己的创造
天性,把枯燥的学习任务变成主动探寻知识和真理的事业进取。人的潜力是
无限的,一旦获得心灵的自由,所迸发出的热情将是学习的最大动力。

　　教学艺术的本质,就在于最大限度地把学习的自由赋予学生,这种自由
既不是放任,也不是强制,而是通过营造艺术与审美的教学氛围来引导学生
进入自由自觉的学习境界。

二、高校思政课多媒体教学是高层次教学艺术

　　这里所谓高层次的教学艺术,指的是与一般意义上的教学艺术相比,高
校思想政治理论课多媒体教学在艺术水平上更高,所借用的艺术形式和手
段更广,对教师的教学艺术造诣要求更深。

(一)高校思政课是以美育人的教学艺术

　　高校思想政治理论课所解决的是人的理想、信念和信仰问题,通过一系
列相关课程的开设,培养大学生树立正确的人生观、价值观、世界观,树立共
产主义远大理想和建设有中国特色社会主义的共同理想。以美育强化信仰,
是高校思想政治理论教育得以实施的重要支点,把教学艺术推上一个新的
高度。

　　1. 美育对于思想政治理论课教学的意义

　　(1)培养高尚情操和正直的人格

　　德育是思想政治理论教育的起点和基础,培养高尚情操和正直的人格,
培育正确的人生观和价值观,是树立科学世界观、坚定共产主义和中国特色
社会主义理想信念的先导教育,而美育对于德育的实施具有重要的渗透作
用。美学家朱光潜认为,美育是德育的必由之路,"是德育的基础功夫",善和
美在最高境界里根本就是一回事,"从伦理观点看,美是一种善;从美感观点
看,善是一种美"[①]。古往今来的先哲们都把真善美统一起来,孔子提出完美
人格的最高境界是"尽善尽美",苏格拉底认为"美德即知识",亚里士多德认

---

　　① 　朱光潜:《朱光潜美学文集》,上海文艺出版社,1982年,第506页。

为"美是一种善",席勒则提出通过审美教育来解决人性中感性和理性的冲突,从而达到人格完善的美育思想。可见,求美、求真和求善是相互联系、相互渗透的,通过实施美育来促进道德教育,把以美启真和以美储善统一到以美育人上来,在潜移默化中陶冶学生的情操,培养学生追求真理、热爱生活、向往美好事物的优良品质,对完美人格的形成具有重要意义。没有美的教育不是完整的教育,缺乏美育精神的德育教育也不可能完成培育人格的崇高使命。

(2)以美感教育强化理想和信念

所谓美感教育,指的是在教学中善于发现美、挖掘美,并运用美的规律和美的尺度来设计教学方案,使教学在美的氛围中进行。美的潜在因素在思想政治理论课教学内容中是随处可见的,总体来说包括科学理论的美、历史的美和人性美(或人格美)。

科学理论的美主要体现在科学理论逻辑体系的对称、统一、简洁和严谨上,虽然说美是感性的,但理性同样可以触发主体的审美机制而产生美,它体现的是事物内在构成的和谐、秩序、简单、统一,是审美者通过逻辑思维所体验到的美。如科学社会主义理论把人类社会的发展归结为生产力和生产关系矛盾运动的结果,具有不以人的意志为转移的客观规律性,而与此同时,它又是人类最崇高的理想和追求,代表了一种永恒的"善"和人类的终极关怀,是合规律性与合目的性的统一,因而具有美的基本特征,是真善美的统一。

历史美是一种社会美,它是以审美的时间距离(过去的历史)和空间距离(正在发生的历史)为依据的,这是一种壮美或者崇高的美。历史美是中国人民本质力量的体现,是爱党、爱国、爱社会主义的动力之源,它能够强烈地震撼人的心灵,并转化为一种意志的力量,无论在中国近现代史的教学中还是在中国化马克思主义的理论教学中,这种历史的美感都会以一种震慑人心的力量深深地打动受教育者,使其在领略历史的壮美中产生深深的敬畏之情。

历史是人创造的,人性的光辉照亮了历史的时空,使历史更加生动而有魅力。思想政治理论课教学中"人"主要有这样三种:一是杰出的领袖人物,他们献身理想、坚毅果决的人物形象,无疑可以把人格美赋予社会的沧桑变迁,为时代增添拟人化的审美色彩。二是做出杰出贡献的平凡人物,他们以自己伟大的奉献精神衬托出一个时代所特有的激情与豪迈,使人油然产生对特定时代的深深的怀恋。三是作为整体的广大人民群众,他们的品格体现在顺应历史发展的大势,发挥集体的创造精神,有力地推动时代发展。人性美标志着人在自我完善方面所达到的高度,具有强大的感召力量,通过对人性美或人格美的渲染,使思想政治理论课教学更容易找到切入点。

正因为思想政治理论教育的内容本身就包含着美的因素,所以,善于在教学中发现美,以美感教育强化共产主义理想信念,借助美的熏陶和启迪坚定中国特色社会主义道路自信、理论自信、制度自信和文化自信,就具有了非常重要的意义。

(3)克服纯理论教育的单调枯燥

目前,在高校思想政治理论课教学中,普遍存在教学效果不佳、老生常谈式的说教、单调枯燥、难于入脑入心的问题,虽然也有很多专门针对高校思政课的教改研究和教改方案,但大多流于纸上谈兵,甚至存在为教改而教改的形式主义风气。大量教学实践的事实证明,某些所谓教学方法上的改革不过是一些狭隘的经验之谈,要从根本上提高思想政治理论课的教学质量,还要有赖于思政课教师教学素质的提高,实现提高高校思想政治理论课教学水平的内涵式发展。

提高思政课教学素质的重要思路之一就是实施美育,使学生在美的教学情境和美的教学手段中集中精神,思想感情随着教师的激情讲授而起伏波动,在潜移默化中升华思想境界。美的形态和种类是多种多样的,包括优美、崇高、悲剧和喜剧等美学范畴,将这些运用于思想政治理论课的教学中,使教学呈现出各种美学效果,既有沁人心脾的芬芳,又有惊涛拍岸的声势;既有庄严肃穆的宣示,又有诙谐幽默的调侃;既有叱咤风云的豪言,又有娓娓动听的述说,从而有效地调动课堂气氛,紧紧抓住学生的注意力,使学生的思维处于激活状态,进行积极思考并主动带着问题与教师互动。这样,思想政治理论课就不再是让学生感到单调枯燥、让教师觉得头疼的课程,而是成为让教学双方都感到有兴趣、有激情、有吸引力的一门课程。

当然,将美育运用于思想政治理论课教学并不意味着一"美"遮百丑,美育只是手段之一,要想真正提高思想政治理论课的教学水平,教师还有许多"功课"要做,有许多"功夫"要练。此外,运用美育手段也需要精心策划巧妙设计。美在于精致,实施美育首先要端正态度,粗放式的教学无论如何是插不上美育的翅膀的。

第一章

（4）使思想政治理论教育与时代接轨

时代在发展,思想政治理论课的教学也必须与时代接轨。一方面,随着社会生活水平的提高,人们的审美水平也已今非昔比,传统的"忆苦思甜"式教育已经不再适合人们的接受水平了,思想政治理论课的教学必须立足于时代,更加注重审美品质。党的十九大指出:"我国社会主要矛盾已经转化为人民日益增长的美好生活需要和不平衡不充分的发展之间的矛盾。"这里的"美好生活需求"当然也包括思想政治理论课教学的美好需求,提高思想政治理论课教学的审美品质是时代的呼唤,反映了新时代中国特色社会主义高校思想政治理论课教育和教学的崭新风貌。

另一方面,现代信息技术的发展为教育手段带来了革命性的变化——多媒体手段把多种艺术形式引入教学,使思想政治理论课教学进入"美育时代"。多媒体信息技术把图、文、声、像等美育手段灵活运用起来,丰富教学内容和教学手段,可以让思想政治理论课教学变得更加有魅力、有感染力。与此同时,新媒体时代网络文化也提高了青年学生的审美鉴赏水平,绚丽多彩的网络世界甚至使青年人在一定程度上产生"审美的依赖",如果思想政治理论课教学跟不上时代的发展,不在美育上下功夫、做文章,就难以在青年学生中产生共鸣,当然也就占据不了思想政治理论教育的主阵地。

2. 高校思想政治理论课教学的美育之维

随着近年来教学研究的不断深入发展,高校思想政治理论课教学改革和发展的思路也在不断拓宽,呈现发散式的多维拓展。这些教学研究和发展的思路大体上可以分为外延式和内涵式两类。

所谓外延式,指的是改变教学形态,从教学组织形式上寻找提高教学吸引力和教学感染力的突破口,比如进行讨论式教学、开放式教学、实践型教学、翻转课堂教学、学生自我教育式教学等。这类教学改革的基本思想就是变革教学组织形式,以新颖的方式激发学生的学习兴趣,使学生的学习主体性得以充分体现。不过,外延式的教学改革与发展模式仍然需要以提高教师综合素质为基础,否则教学形式上的花样翻新很难产生实质性的教学效果。

所谓内涵式,指的是努力提高教师的思想理论水平和教学水平,在提升教师个人的教学素质上下功夫。这种发展思路要求教师努力提高自己的学术水平,刻苦钻研教学业务,致力于思想政治理论课教学艺术的研究,包括备课艺术、导课艺术、板书艺术、提问艺术、教学组织艺术、教学讲稿艺术、教学语言艺术、教学表达艺术、教学互动艺术等,对于多媒体教学来说,还要包括与多媒体教学有关的诸多教学艺术手段。对于内涵式的教学改革与发展来说,一方面要求教师提高自己的理论水平,丰富自己的知识储备,做到知识渊博功底雄厚,把教学内容融会贯通,课堂上思路开阔、旁征博引,以学者的才华和睿智驾驭教学活动。另一方面,要求教师提高自己的综合教学素质,特别是审美素质,因为审美素质是决定教师教学艺术水平的决定性因素,对于思想政治理论课教学的成败有着重要影响。

美育既是一种方法和手段,又是一种思路和理念,是高校思想政治理论课的教学改革和发展的多维探索空间中的一个重要维度,在这一维度下,高校思想政治理论课的教学艺术凸显了自己的特殊性。我们可以说,高校思想政治理论课教学是一门具有特殊性的教学艺术,既有一般教学艺术的共性,又有着自身特殊的规定性,与一般的教学艺术概念相比,它的层次、水平和立意要更高。

(二)多媒体的运用把多种艺术形态引入教学

1. 关于艺术的形态和种类

艺术形态是诉诸欣赏者感官的外部形式,这种形式由塑造艺术形象的各种基本元素(色彩、线条、音阶、文字等)所决定,艺术形态所反映的是美的形式构成。艺术形态的划分方式有很多,比如从艺术形象存在方式的角度,可以分为时间艺术、空间艺术和时空艺术;从对艺术客体的感知方式,可以分为视觉艺术、听觉艺术、视听艺术和想象艺术,或者分为造型艺术、非造型艺术和综合艺术;从艺术作品对客体世界的反映方式,可以分为再现艺术、表现艺术与再表现艺术;从艺术作品的创作方式,可以分为造型艺术、表演艺术、语言艺术和综合艺术;从艺术作品反映客观世界的真实性,可以分为具象艺术与抽象艺术;而从艺术的实用性角度,又可以分为纯粹艺术与实用艺术等。如果一定要把教学艺术当作一种艺术形式来看待,那教学艺术无疑应该归入实用艺术的行列。当然,教学艺术毕竟还是教学,与真正的艺术还是不同,就如同我们谈到领导艺术、交往艺术、战争艺术时,"艺术"在这里仅仅是一个比喻性的用法而已。

尽管艺术形态的分类方式有很多,但其中有很多重叠的部分,比如音乐艺术既是听觉艺术又是时间艺术,还是表现艺术、非造型艺术等,而雕塑和绘画既是视觉艺术、空间艺术,又是再现艺术。

关于艺术的种类,目前有所谓"八大艺术"之说,包括文学、绘画、音乐、舞蹈、雕塑、戏剧、建筑、电影,近年来有人也提出把电子游戏作为"第九艺术"的说法。当然,这个概括也未必很全面,因为如摄影艺术、语言艺术、播音艺术、现代行为艺术等就没有被包括进去,而这些艺术形式的存在也是相当普遍的。

2. 多媒体手段的艺术表现空间

所谓多媒体教学手段的艺术表现空间,指的就是在多媒体上可以运用多少艺术形式和种类。一般而论,可以运用于多媒体教学手段的艺术形式主要包括文学、语言艺术、绘画艺术、摄影艺术、音乐艺术、动画艺术、电影艺术、平面设计艺术等。

文学作为一种艺术,其实和语言艺术既有交叉,又有一定的区别:二者都属于再现艺术,都是借助语言符号间接地把握艺术形象,但语言艺术往往指的是有声语言的艺术,如演讲、播讲、播音主持、辩论、相声等,而文学作为艺术则包括文法逻辑、语法修辞、故事情节、语言技巧、文学形象、文学意境等诸多内容。在高校思想政治理论课多媒体教学中,文学的应用主要体现在教学内容的设置和安排、教学讲稿的润色、多媒体课件的文本设计等方面,语言艺术的应用主要体现在配合多媒体课件的教学演讲和师生交流互动上。文学的美反映的是人的天性,语言艺术的美是文学美在语言艺术中的生动体现,二者在以美育人的多媒体教学中发挥着重要作用。

绘画、摄影和平面设计艺术既属于视觉艺术又属于静态艺术,是高校思想政治理论课多媒体教学中运用最广的几类艺术形式。平面设计艺术主要是布置多媒体页面,在思政课多媒体教学中往往是与摄影艺术配合运用,对于表现教学内容、营造教学气氛、创设教学情境和搭建教学平台具有重要意义。摄影和绘画艺术则主要是作为多媒体素材来运用,在展示历史事实、传达视觉信息、传递视觉感受等方面有着广阔的表现空间,是多媒体课件重要的组成部分。

动画和电影艺术既是动态艺术又是时空艺术,在高校思想政治理论课中,二者主要是作为多媒体素材来运用,其中动画比较适合于表现和说明某种科学原理,而教学影片则主要用于展示历史事实、渲染教学气氛等。教学动画和教学影片的运用在精而不在多,运用得当则会起到画龙点睛的作用,能更好地提升教学效果。

音乐艺术既是听觉艺术,又是时间艺术和表现艺术,是借助充分的联想而使人获得审美享受的艺术。在高校思想政治理论课多媒体教学中,音乐一般是作为陪衬来应用的,但这并不意味着音乐没有自己的表现空间,因为任何音乐都诞生于特定的历史背景中,是某个特定时代社会生活的生动再现,高校思想政治理论课教学中的以美育人,就包括以红色主题音乐唤起人们对激情年代的温馨记忆,以"红色记忆"激发人们心中美好的情感。从这个意义上讲,音乐艺术在高校思想政治理论课多媒体教学中具有特殊的教育意义。

3. 高校思想政治理论课多媒体教学是高层次教学艺术

多媒体教学手段的运用,使高校思想政治理论课的教学艺术上了一个新层次,可以说是一种高层次教学艺术。

第一,多媒体教学通过运用图像、影音、动画等多媒体素材创造多种审美形象,把教学艺术的美育功能提升到新高度。形象性是教学艺术的重要特征,在传统教学中,是借助教师的口头语言、形体语言、知识挂图等方式,对抽象的知识进行艺术加工和处理,转变成生动丰富的教学艺术形象传达给学生。而在多媒体教学中,图像、影音、动画等多媒体素材的运用使得教学艺术形象更加具体饱满,表现力更强。高校思想政治理论课的多媒体素材运用往往是再现真实的历史场景,还原历史人物的真实风貌,与教师绘声绘色的口头叙述和激情演绎一起共同塑造教学艺术形象。由于有了真实的图像或影音作品的展示,教师完全可以超越一般性的描述,而进行深度解析或者题外发挥,从而更能深入人物内心世界,更能跨越历史时空,以高度审美性把握时代的沧桑巨变。

第二,多媒体教学通过多媒体元素的组合运用创设教学情境,营造教学氛围,使教学艺术的情感性得到充分体现。情感性是教学艺术的重要特征,在传统教学中,教师是以声情并茂的口头叙述来营造教学气氛,表达真情实感。而在多媒体教学中,完全可以通过多媒体元素的组合运用来传递情感信息。比如教师可以配合画面和音乐进行讲授,当表现某种特定历史瞬间的音乐伴随画面的切入缓缓响起时,就把学生带入一种历史情境中,盎然的诗意油然而生,这就给了教师很大的发挥空间,无论是叙述、议论还是抒情,都可以在这种教学情境中顺畅的运用,绝不会给人一种歇斯底里、无病呻吟的感觉。而且多媒体元素所营造的审美空间还会激发教师的灵感,使教师能更好地进行现场发挥,很多"教师名言"就是在这种临场发挥中随着灵感闪现脱口而出的,以"顿悟"的方式给人以深刻的启示,使教学气氛沉浸到情深意切的境界中。

第三，多媒体教学传达全方位教学信息，有助于激发学生的想象力和创造性思维，使教学艺术的主体性得到充分强化。在传统教学中，教学信息是由板书和教师口述来传达，而多媒体教学的信息传达却包括图文、影音等多种信息，不用借助口语的描述而把事物的本来面目直接呈现给学生。这种全方位的教学信息不仅增大了信息容量，而且激发了学生的想象力和创造力，给学生以自主选择和接受的权利，使学生不是完全处于被动接受状态，而是可以在一定程度上进行独立思考，甚至在一定程度上产生与教师不同的观点和看法。这种思维的差异性使教学中的交流互动成为可能，并使学生成为与教师具有平等地位的交互主体。在以往的传统教学体系内，虽然强调学生的主体性，但实际上很难做到，因为教学资源不对称地倾向于教师一方，教师具有绝对的强势地位。但在多媒体教学条件下，学生所掌握的教学资源相对增多，完全可以凭借自己的理解对教师的观点进行质疑和反对，从而能够创造性地学习。

第四，多媒体教学是多种教学手段的综合运用，有助于激发教师的创造潜能，更好地发挥教学艺术的创造性。多媒体教学中必须综合运用大量的多媒体元素，这就需要教师对多媒体教学进行精心设计，巧妙安排各种多媒体元素，使多媒体元素的组合运用发挥出更好的教学效果，这既是对教师的挑战，也是教师充分发挥创造性潜能的良好机遇。教学艺术无成法，它是教师匠心独运的教学艺术创造，教学资源越充分，教学元素越丰富，就意味着教师的教学艺术创作空间越广阔，能够充分发挥教学艺术创作水平的可能性就越大。在高校思想政治理论课多媒体教学中，各种多媒体素材不仅是用来展示事实，而且要用来营造教学气氛、打造审美空间、增进情感交流，这就给教师的教学艺术创作提出了更高的要求。这种挑战是激发教师潜能的最佳机遇，也是催生教师创造性的动力之源，它会吸引高校思政课多媒体教师积极主动地钻研教学艺术，在教学实践中创造出水平越来越高的个性化教学艺术作品。

（三）多媒体教学承载着思政课教师的教学艺术追求

1. 高校思想政治理论课教师的使命感与成就感

使命感是人生最重要的追求，对高校思想政治理论课教师而言，使命感来自职业责任感，其中既包含着知识分子的价值追求和教师的事业追求，也包含着对审美和艺术精神的追求。

"弘扬道义",这是知识分子的价值追求,来自两千多年前的儒家对知识分子"士"的人格塑造。在中国漫长的历史上,"士"作为社会正义和社会良心的代言人,把"弘道"作为价值追求,崇尚"内圣外王"的人格理想,以"担负起天下兴亡"的高度社会责任感立身处世,代表了对社会的终极关怀。高校思想政治理论课教师作为教授马克思主义理论的教育者、社会主义先进文化的传播者和弘扬爱国主义主旋律的宣讲者,应该以天下为己任,以党和国家的事业为自己的毕生追求,以高度的政治自觉践行自己的使命和追求。高校思想政治理论课由于其意识形态性,所承担的是塑造人的重任,是站在马克思主义的道义制高点赋予人终极关怀的信仰教育,思政课教师不能仅仅把工作当成谋生手段,而是要有一种"弘道"精神,要深入学习习近平新时代中国特色社会主义思想和党的十九大精神,牢固树立"四个意识",坚定"四个自信",讲好中国故事、传播好中国声音、阐释好中国特色,践行好当代中国知识分子的神圣使命。

"教书育人",这是对教师的要求,既是对历史上先师圣贤伟大教育精神的继承和发扬,又是对党的教育方针的贯彻落实。古往今来,教师是人类灵魂的工程师,把人类文明的火炬一路传承下来,以红烛精神培育代代英才。教师不仅要传授知识,更要教会学生如何做人;不仅要讲授书本上的知识,更要言传身教、为人师表。教书育人是教师的事业追求,也是教师的崇高使命,让教师在培养学生的同时,也收获属于自己的自豪感和成就感。在 2018 年召开的全国教育工作会议上,习近平总书记指出,要把立德树人融入思想道德教育、文化知识教育、社会实践教育各环节。在 2019 年 3 月召开的学校思想政治理论课教师座谈会上,习近平总书记进一步提出思政课教师要具备"六个素养",做到"八个相统一"。"六个素养"即政治要强、情怀要深、思维要新、视野要广、自律要严、人格要正,是对教师"教书育人"的使命和责任的具体要求;"八个相统一"中也提到"坚持政治性和学理性相统一""坚持价值性和知识性相统一""坚持理论性和实践性相统一"等有关师德师风的根本性问题。这些重要指示精神是新时期针对广大思政课教师提出的新要求,是党和国家对思想政治理论课教师的殷切期待,在进一步激发教师的使命感和责任感的同时,也让教师深切体会到身为教师的荣耀和自豪。

"德艺双馨",这是对艺术工作者的要求,意即在道德修养和艺术水平上都有较高造诣。从教学艺术的审美和艺术维度来讲,这一要求对思想政治理论课多媒体教师来说,也是一种体现了真善美相统一的艺术追求,是与教学艺术实践相联系的艺术精神和艺术境界。思想政治理论课多媒体教学是以美育人的教学艺术,在以美育精神培养和塑造教育对象的同时,教师自己也获得深厚的审美积淀,充实了自己的精神世界,规划了自己的审美和艺术人生。对高校思想政治理论课的多媒体教学而言,教学工作不仅具有思想性与艺术性,而且有一定的技术含量,是一个充满诱惑力的教学艺术领域,教师能够在潜心于教学的同时获得最大的满足,这种满足不是用金钱能够衡量的,也无须以攀上多高的社会地位作为成功的标志,因为这就是一种纯粹的职业成就感和事业满足感,是与审美和艺术追求相伴而行的幸福感,额外的物质刺激和激励反而是多余的,甚至在某种程度上会扰乱教师的心神,激起盲目的攀比和不适当的利益之争。

人活在世上是要成就一番事业的,而人的成就感与使命感是紧密联系在一起的。对于高校思想政治理论课多媒体教师而言,这成就感既来自自己的职业认同,也来自社会对该职业的认同。

从自己的职业认同来看,成就感的获得取决于自己对该职业重要性的认识、对该职业技术含量的评价,以及对该职业的兴趣。如前文所述,高校思想政治理论课教学是"弘扬道义""教书育人""德艺双馨"的教学艺术,对于教师来说是一种神圣而崇高的使命,重要性不言而喻。而作为一种多媒体手段运用于意识形态教育的教学,高校思想政治理论课多媒体教学又是政治思想性、教学艺术性和教学技术的有机结合,职业技术含量和专业性并不低于任何其他职业,足以支撑起教师的职业自豪和职业自尊。从职业兴趣来看,高校思想政治理论课的多媒体教学因其教学艺术水平和教学技术含量,需要教师潜心研究、全方位学习提高,这会激发起教师的浓厚兴趣,促使教师在教学实践中不断研究新问题、解决新矛盾,不断加深积累,逐步提高自己的思想理论水平、教学艺术水平,不断提高自己的审美修养和多媒体技术水平。从事高校思想政治理论课多媒体教学,可以使教师获得身为教师的充实感和成就感,有足够远大的进取目标和广阔的发展空间,是一种值得教师终身为之奋斗的崇高事业。

从社会的认同来看,这类课程之所以在以往得不到充分的重视,一方面与教学的科学性不强有关,由于缺乏必要的教学吸引力,导致学生对这类课程兴趣不大;另一方面也与这类课程的技术性不强有关,人们往往认为这类课程就是要嘴皮子,谁都可以上去讲几句。这里所说的社会认同指的是教师周围的社会环境对这类课程的认同,包括学生的认同、其他学科教师,以及各种社会舆论的认同。社会的认同对教师的职业自尊、职业自信和成就感是有一定影响的,如果得不到社会的普遍认同和尊重,教师就会有被人漠视的感觉,从而缺乏进取的动力。从提升教师职业自尊的角度来看,党和国家对高校思想政治理论课的重视不能完全取代社会的认同,教师必须通过自己的研究和创新走出一条提振职业自信之路,以高质量的教学和高素质的自身优势赢得社会的尊重,使自己的教学具有独创性的优势,成为"别人做不来的事"。只有得到社会的充分肯定和认同,从事高校思想政治理论课的教学才会使教师真正获得成就感,而在这方面,高校思想政治理论课多媒体教学是大有文章可做的。

2. "教学艺术家":一个充实而有意义的事业追求

如果说把教学看作是一门艺术,把高校思想政治理论课多媒体教学看作是一门较高层次的教学艺术,那么教授这一类课程的教师就应该具有双重的事业追求:既是一名思政课教师和马克思主义理论的研究者,也是一名具有实践教学经验、致力于教学艺术创作的教学艺术家。在不同的教学研究中,"教学艺术家"这个名词或许不止一次被人提到过,但一般都是作为形容性的词汇来使用,本书提出这个概念是将其赋予了实际意义的,这里所说的实际意义就是:希望将来有一天,"教学艺术家"不仅仅是一种称呼,而是与职称并行的专业资格认证,比如,可以组建"教学艺术家协会",设立标准吸纳会员,使"教学艺术家"成为高校思政课教师事业成功的标志之一。

现有的职称制度虽然也强调教师的教学能力和师德,但主要是根据教师发表多少论文、获得多少科研课题来评定,而且往往在教师的学历上有较高要求。在这些所谓"硬件"面前,真正最重要的教学水平和师德师风都成了走形式、走过场的东西,教师整天忙于"汗牛充栋"般的科研任务,既没精力也没兴趣从事教学研究,所谓"师心"在这里都变成了"私心",因为如果不拼死拼活完成那些科研任务,不要说与评职称无缘,甚至可能被迫离开教师队伍。在这种心灵扭曲的情况下,所谓教师的责任心和爱心根本无从谈起。

2018年6月,新时代全国高等学校本科教育工作会议在成都召开,会议在全面贯彻落实习近平总书记在北京大学师生座谈会上重要讲话精神的基础上,强调了教育的"四个回归",其中的"回归本分"即引导教师热爱教学、倾心教学、研究教学,潜心教书育人,可谓切中了要害,指明了当前高等教育存在的重大问题,也给解决当前高等教育存在的问题提供了政策性的依据。

　　要让教师"回归本分"，最重要的就是解决当前高等学校教师职称制度中存在的问题，因为这是一根利益的杠杆，决定了教育的走向。但职称制度是高校管理中绕不过去的问题，虽然广受诟病，却又不可能取消，已经成为高等教育的重大矛盾。特别是对高校思想政治理论课的教学来说，作为一项入脑入心的意识形态教育，需要的是思政课教师的道德感和责任心，即教师的一颗"公心"，而职称制度本身却是一个利益杠杆，所鼓励的恰恰是一颗"私心"！面对这种矛盾，唯有调整教育杠杆，在职称制度之外设置一套并行的专业认证体系，打破学术界"唯论文、唯职称、唯学历、唯奖项"的"四唯"怪圈，以学生评价和社会评价来部分地取代僵死的学术评价体系，以艺术精神引导教师热爱自己所从事的教育事业，解放教育生产力。这就是本书提出"教学艺术家"设想的基本出发点。

　　思想政治理论课教师的"教学艺术家"之路并不意味着安逸，相反，需要教师付出更多的投入，因为"教学艺术家"既需要一定的学术水平，也更需要才华，是才华型的学者和学者型的教学艺术家相融合的结晶，需要经过深厚的积累和长时间教学实践的磨炼。但它是建立在兴趣和爱好的基础上，而且能够分流教育资源，让思想政治理论课教师能够施展自己的抱负，充分发挥自己的聪明才干，使教师具有幸福感、成就感和职业自豪感。只有充分调动教师的积极性和创造性，马克思主义思想政治理论教育才能真正活起来、火起来。

　　有追求的人生才是充实的人生，浸润了美的心灵才是高尚的心灵，只有成为"教学艺术家"，才能真正成为"灵魂工程师"。作为一个相对来说具有特殊性的社会职业，教师应该有较高的精神境界和人生追求，这是身为教师的职业自豪，有了这种自豪感，人才能抵御功名利禄的诱惑，摆脱各种世俗偏见的纷扰，一心一意地从教、踏踏实实地做人。教师对自己职业的热爱不是因为有多优厚的报酬，也不是因为有多大的权势，而是在于这个职业的崇高性，在于这个职业给了教师一种精神满足，给了教师一个审美的和道德的优越感。高校思想政治理论课多媒体教学给教师提供了一个表现的空间，把教学艺术提高到了一个前所未有的层次和水平。

三、高校思政课多媒体教学艺术的特点和结构

（一）高校思政课多媒体教学艺术的特点

1. 是政治思想性与艺术性的融合

作为一种高层次的教学艺术，高校思想政治理论课多媒体教学是政治思想性与艺术性的融合。

所谓政治思想性，即必须坚持正确的政治方向，以马克思主义的基本立场、观点、原则和方法为指导，用马克思主义的科学世界观去教育人、培养人，用中国化的马克思主义引导学生深入认识和了解中国国情，使学生牢固树立共产主义远大理想和中国特色社会主义共同理想，教育学生热爱社会主义祖国、热爱伟大的中国共产党，培育和践行社会主义核心价值观，立志为实现"两个一百年"奋斗目标贡献自己的力量。作为高校思想政治理论课的教学，既要体现思想性和政治性又要体现知识性和学术性，做到政治性和学理性相统一、价值性和知识性相统一、理论性和实践性相统一。政治思想性与艺术性的融合，指的就是将政治思想性融入教学艺术的具体表现形式中，特别是融入多媒体教学手段所提供的艺术形式中，使高校思想政治理论课教学过程获得艺术性的呈现，具有艺术感染力。

由多媒体手段所提供的多种艺术表现方式，是高校思想政治理论课多媒体教学无与伦比的教学优势，但要把这种教学优势变成现实的教学效果，则必须要具备深厚的艺术修养，要含而不露地把各种艺术手段和艺术形式融入教学中，让深邃的思想闪耀艺术的光辉。如果只是刻意地炫耀多媒体技术，不仅不会造成良好的艺术效果，反而会让教学变得支离破碎。所以，我们所说的艺术性，不仅指的是运用多媒体素材的艺术效果，也指的是多媒体教学的整体艺术效果，是政治思想性与艺术性的有机融合。其实，思想性本身就蕴含着艺术性，因为任何思想体系都包含逻辑的美，马克思主义理论更是具备内在的逻辑美感，是体现大千世界和谐统一的"美的建构"。政治思想性与艺术性的融合既是多媒体艺术手段在形式上的运用，也是多媒体艺术手段与科学理论与思想在深层次的和谐统一，是多媒体教学艺术与高校思想政治理论课教学的完美契合。

2. 具有多重教学艺术感染力

如前所述,教学本身就是一种艺术,思想政治理论课教学是以美育人的教学艺术,而高校思想政治理论课多媒体教学更是高层次的教学艺术,因为多媒体教学又把"以美育人"的艺术提升了一个层次。多媒体教学的艺术感染力是多重的,既有视觉艺术感染力,又有听觉艺术感染力和视听艺术感染力;既有直接作用于感官的艺术效果,又有多种艺术手段综合产生的情感效果;既有多媒体手段本身的艺术表现力,又有教师配合多媒体手段进行讲授的教学表达艺术效果;既有教师主导的教学艺术气氛和效果,又有学生面对多媒体教学而产生的反馈艺术效果,因而我们说它具有多重艺术感染力。

多重艺术感染力来自于多种艺术表现形式,多媒体所提供的多重艺术表现形式包括多媒体综合展示艺术、多媒体视觉艺术、多媒体听觉艺术和多媒体视听艺术。多媒体综合展示艺术给教学提供的是一个具有多重艺术效果的展示平台,是由多媒体页面的视觉效果、多媒体文本的排列和展示方式、多媒体特效(包括声效)的过渡效果、多媒体交互性,以及多媒体整体节奏安排等因素所组成的,对于营造教学气氛、创设教学情境、表达思想感情、调节教学节奏具有重要意义,运用恰当的话,可以取得非常好的教学艺术效果。多媒体视觉艺术、多媒体听觉艺术和多媒体视听艺术是多媒体素材运用的艺术,包括多媒体图像、动画、音频和视频,可以传达全方位教学信息,不仅再现真实的历史场景,而且传递审美和情感的感受,是多媒体教学艺术的精华所在,使高校思想政治理论课教学赋予学生多重的审美体验,以情感的浸透深化教育主题,对价值观的树立具有重要作用。

3. 高度依赖各类多媒体技术

多媒体教学艺术离不开技术的支持,要得到良好的教学艺术效果,教师必须掌握一系列相关的多媒体技术,学会运用多种多媒体软件进行教学艺术创作,包括多媒体制作工具软件、多媒体图像处理软件(主要是 Photoshop)、多媒体动画软件、多媒体音频软件和多媒体电影软件等。不仅如此,由于多媒体教学是以 PC 技术和网络技术为基本依托,教师必须熟悉这些相关技术,对于计算机应用遇到的大量技术问题,教师必须要自己解决。高校思想政治理论课教师是文科毕业生,普遍能够达到计算机一级水平,对于多媒体教学来说基本上够用了,但需要积累大量的实践经验。

有些软件在备课和多媒体创作时要大量应用,比如多媒体图像处理软件 Photoshop 就是多媒体备课中运用最多的软件,甚至在备课和制作课件时一直处于打开状态，以便随时运用。虽然没有经过仔细统计，但一个多媒体教师至少要掌握几十种软件技能，才能基本上应付多媒体教学。可能有人觉得，掌握这么多的多媒体技术是比较困难的，其实不然，多媒体技术都是一通百通的，多媒体软件的界面也都是很人性化的，有些软件自己摸索着就能很快掌握，还有些非常小的软件，功能很单一，简单得可以顺手拿来就用。但不管简单还是复杂，多媒体技术是多媒体教学的必备手段，对于高校思想政治理论课的多媒体教学来说，由于多媒体艺术形式的多样化，所以需要掌握的艺术创作工具软件也比较多。一般来说，理工类多媒体教学主要是运用动画来解释原理，掌握一款 Flash 动画软件也就基本上够用了，但思政课多媒体教学需要掌握更多的多媒体技术。

4. 多种艺术手段的综合运用

在传统的板书教学中，所谓教学艺术主要体现在教学语言艺术、教学情境艺术、教学方法艺术等方面。教学语言艺术指的是口头语言、体态语言、书面语言等方面的艺术；教学情境艺术指的是教师营造教学气氛、创设教学情境、调动学生积极思维等方面的艺术；教学方法艺术包括教学组织艺术、教学引导艺术、教学讨论艺术、教学节奏艺术、教学总结艺术、导课艺术、提问艺术等。这些其实都是以教师的表演为核心的教学艺术，在高校思想政治理论课教学中，教师的教学艺术水平对教学效果产生重大作用。

多媒体教学手段的运用，使高校思想政治理论课教学艺术上升到更高的艺术层次，也极大地扩展了教学艺术的内涵。多媒体教学艺术不仅有一般性的教学艺术要求，而且更加注重多媒体教学艺术手段的作用，把作为教学辅助工具的多媒体课件提升到主导地位。多媒体教学的教学艺术不仅仅是在上述教学艺术的基础上添加一个"多媒体运用的艺术"，而是把多媒体版式艺术、多媒体交互艺术、多媒体图像运用艺术、多媒体音视频教学艺术、多媒体教学表达艺术等单列出来，与传统教学艺术手段有机地融为一体，形成多种教学艺术手段综合运用的教学艺术布局。其中，多媒体艺术形式作为新增的教学艺术手段，在教学艺术中所担当的角色要更加突出，尤其是在创设教学情境、掌握教学节奏、导入教学内容等方面，多媒体手段所起的作用要远远大于仅凭教师的教学表演所能达到的效果。

（二）高校思政课多媒体教学艺术的结构

1. 高校思想政治理论课教学艺术的结构体系

高校思政课教学艺术包括教学情境艺术、教学表达艺术、教学方法艺术、教学情感艺术、教学节奏艺术等方面，这些共同构成了高校思想政治理论课教学艺术的结构体系。

教学情境艺术是高校思想政治理论课教学的铺垫，为教学过程的展开奠定了基础，烘托了教育主题，使学生沉浸在某种特定的情绪和气氛中，有利于各种教学艺术手法的施展。创设教学情境的方法有很多，可以通过教师的口授，也可以通过各种教学工具和手段，多媒体手段的运用使创设教学情境的艺术获得了理想效果。

教学表达艺术可以从语言表达和书面表达两方面来看，语言表达又分为口头语言和体态语言，是传递教学信息和表达教学情感的最直接方式。书面表达是教师将教学内容进行分析、归纳和总结，将知识要点和知识信息呈现于黑板或教学课件上，加深学生对某些知识和理论的印象，以利于学生对教学内容的理解和吸收。

教学方法艺术指的是教学中具体教学方法和手段的艺术，包括事先设计好的组织教学活动的艺术，以及教师临场随机应变的艺术，这类教学艺术是教师的基本功，是在长期教学实践中总结和积累的，每个教师都有自己一套独特的做法，带有鲜明的个性。

教学情感艺术指的是教师在教学中要善于调动学生的情感，以精神的感召力来升华思想政治理论教育的主题。教学情感的调动需要教师对教学内容具有较强的情感体验，并借助教学语言和多种教学辅助手段进行表达，现代多媒体技术的运用使教学情感艺术有了广阔的表现空间，增强了教学情感艺术的感染力。

教学节奏艺术指的是教师控制好课堂教学节奏的艺术。教学不是平铺直叙，教学过程是一个有张有弛、抑扬交替的过程，既要有纵情的宣泄，也要有冷静的思考和悠长的回味，让教学过程的起承转合与学生的思维规律合拍，从而产生思想和感情的共鸣。教学节奏艺术是重要的教学艺术，控制好教学节奏是对教师的基本要求。

2. 高校思政课多媒体教学艺术结构

所谓高校思想政治理论课多媒体教学艺术结构，即从多媒体教学的角度来看待高校思想政治理论课教学艺术。如果说上文所述的教学情境、教学表达、教学方法、教学情感、教学节奏等可以被看作是横向教学艺术结构，那么本节所谓"多媒体教学艺术结构"则可以看作是纵向教学艺术结构，是教学艺术的多媒体艺术构成。

（1）多媒体教学设计艺术。多媒体教学设计艺术就是对多媒体教学进行设计的艺术，从多媒体教学目标、多媒体教学策略、多媒体素材设计、多媒体教学表达等方面来体现。多媒体教学设计是对多媒体教学的总体策划，是从宏观视野把握多媒体教学的艺术。

（2）多媒体课件艺术。多媒体课件是多媒体课堂教学的基本依托，是多媒体教学最重要的辅助教学工具，它把多种媒体素材集成到一个基本的教学展示平台上，传达教学信息，传递教学情感，分享审美感受，从多方面满足高校思想政治理论课多媒体教学需要。可以说，多媒体课件的艺术水平直接关系到教学艺术水平的高低。

（3）多媒体页面设计艺术。多媒体页面设计艺术不仅决定着多媒体课件的观感，而且表达了多媒体教学的思想内涵。高校思想政治理论课多媒体教学的页面艺术是"红色美学"的视觉表达，烘托着高校思想政治理论课的各类教育主题，在教学情境的创设、教学气氛的渲染、教学信息的有效组织和传达等方面起着重要作用。

（4）多媒体素材运用艺术。多媒体素材运用的艺术是高校思想政治理论课多媒体教学艺术的核心内容，指的是多媒体图像素材、多媒体音频素材和多媒体教学影片素材的创作和运用的艺术。由于多媒体素材是多媒体教学中展示和传达多媒体教学信息的最主要手段，所以在多媒体教学艺术中占据绝对重要的地位，从某种意义上来说，多媒体教学艺术就是运用多媒体素材进行教学活动的艺术。

（5）多媒体教学表达艺术。相比于传统的教学，高校思想政治理论课多媒体教学表达艺术增加了多媒体教学艺术的内涵，除了要体现出口头语言表达、体态语言表达和书面语言表达的教学艺术性之外，也有着与多媒体教学相关联、能够突出多媒体教学优势的教学表达艺术特色，在传递思想感情、增加艺术情趣上扮演着重要角色。

（6）多媒体教学讲稿艺术。与传统教学模式相比，高校思想政治理论课多媒体教学讲稿也拥有自己的特色，多媒体教学讲稿艺术是多媒体教学艺术的重要组成部分,在多媒体教学讲稿的特点、语言艺术特征和语言艺术修养等方面都有着自己的独特之处。

以上内容即为高校思想政治理论课多媒体教学的教学艺术结构，也是本书研究高校思想政治理论课多媒体教学艺术的基本思路，全书各章节都是围绕以上各方面内容而展开的。

第二章
高校思政课多媒体教学设计艺术

一、教学设计与多媒体教学设计

（一）关于教学设计

教学设计指的是运用系统分析方法来优化教学效果、解决教学问题的过程,它把学习者系统作为它的研究对象,既可以大到一个学科、一门课程,也可小到一堂课、一个问题的解决。

所谓教学设计其实只不过是一个泛化的概念,目前并没有一个严格的限定,一般来说包括以系统为中心的宏观设计、以课堂为中心的微观设计等,它既可以是对一门课程所进行的设计,也可以是对某一章、某一节课或某一个教学内容进行的设计, 甚至还可以是针对某一类教学方法所进行的教学设计。本章所述的思想政治理论课多媒体教学设计是针对思想政治理论课多媒体教师的教学活动而言,自然是以课堂教学为中心的教学设计,指的是在深入研究课程性质、内容及教学对象的基础上,根据教学大纲的要求,科学地规划教学流程,合理安排教学诸要素,并制定适合教师自身特点的一整套教学方案。

教学设计要针对的是为什么学(why)、学什么(what)、怎样学(how)的问题,具有如下特征:

第一,教学设计要根据教学基本规律、运用教学理论对教学活动进行规划。教学设计要以对教学科目、教材、教学对象等各要素的分析为前提,以教学活动的普遍规律和具体教学科目的特殊规律为基本依托, 在教学理论指导下制定正确的教学方案。

第二，教学设计是为实现教学目标、达到教学目的的有计划的决策性活动。教学活动并不是盲目进行的，而是为达到既定教学目的、实现既定教学目标而进行的决策性活动，教学活动的每一步设计和安排都要指向教学目标的总体要求。

第三，教学设计是为了提高教学效率、增强教学效果而进行的创造性活动。教学活动有规律但无成法，在教学设计中必须充分调动教师的创造性思维，运用各种奇思妙想解决教学中的难题，从这个角度来讲，教学设计也是一种教学艺术的展示。

第四，教学设计是综合运用各种教育技术整合各种教学要素的系统性活动。教学设计把教学活动看成一个系统，通过对教学活动的合理布局安排、各种教育技术的有效运用来整合教学资源和教学要素，运用系统方法设计教学过程，使教学整体效果最优化。

进行教学设计的目的是为了充分发挥教师的创造性，优化各种教学资源，以提高教学的质量和效率，使教学活动更加科学化、合理化。从这个意义上来说，教学设计与教案是不同的，教案是教师组织一项教学活动的具体计划安排，而教学设计是贯彻某种教学思路的整体策划方案。教案包括课的类型、教学目的、教学方法、教学重难点、教学进程、教学工具、时间分配等因素。教学设计则应该包括学情分析、学习内容分析、学习目标的确立、教学策略的制定、教学媒体和工具的使用、教学评价等因素。教学设计中包括了教案中所涉及的各种教学因素，教案则应该是教学设计的具体实施方案。

教学设计并没有一个固定的模式，也没有一个程式化的写作框架，作为一种系统性的设计，教学设计着眼于宏观的规划和安排，往往体现为某种设计思想和理念的阐述，即围绕着一个总体的价值目标展开设计思路，综合学习目标、教学策略、媒体工具运用等设计思想而形成设计方案，一般情况下包括以下内容：

（1）学情分析。学情分析是实施教学活动的前提，也是进行教学设计的基本出发点。学情分析主要是对教学对象基本状况的分析，是对学生在学习方面有何特点、学习方法怎样、习惯怎样、兴趣如何、成绩如何的分析，包括对学生不同年龄、年级和不同成长阶段行为特点的分析、学习能力的分析，包括对学生所在班级的群体特点和学习风格的分析，包括学生的专业背景和知识背景分析，以及学生已有知识和社会经验对获得新知识的影响分析等。学情分析是教学目标设定的基础，是教学内容分析的依据，是教学策略选择和教学活动有针对性实施的基本前提，是对以学生为中心的教学理念的具体落实。没有学情分析就不能做到有针对性地教学，所谓"因材施教"就是一句空话，没有学情分析的教学设计就是一座空中楼阁。

（2）教学内容分析。教学内容是进行教学设计的直接依据，主要是对教材的分析，包括整体分析和各章节的分析。教材的整体分析包括熟悉教材内容、理解教材编写的基本思路、全面深入地领会教材的编写意图、弄清教材的理论框架和组织安排、厘清各部分内容之间的逻辑关系，要结合教学实际有目的地拓展知识和学术视野，使教材分析既紧贴教材又不局限于教材，还要结合学情分析对教学内容进行合理布局，以便在教学中有针对性地制定和实施既定教学策略。各章节分析首先是弄清各学习单元在整篇教材中的地位，掌握各学习单元的逻辑结构和重点难点，明确各单元包含了哪些科学方法和能力培养的因素，解读各单元教材隐含了哪些价值观的渗透和思想教育的因素，为教案的编写做准备。教学重点和难点内容的分析一般在大纲中都有要求，但有些重点和难点内容的划分也可以根据教学对象的实际情况来进行具体分析。

（3）学习目标的确立。这是实施教学活动的根本目的，但教学设计中的学习目标与教案中的教学目的并不一样。教案的教学目的多来源于教学大纲的要求，相对而言比较单一。而教学设计则有三维目标，分别是知识与技能目标、过程与方法目标、情感态度与价值观目标。知识与技能就是学生该节课应该掌握的知识和应该培养的能力，过程与方法是学生获得新知识的载体，立足于让学生掌握学习的方法，情感态度与价值观指的是要通过学习使学生培养某种情感、树立正确的价值观。这三维目标是相互联系和相互依赖的，知识与技能是实施教学活动的核心内容和主要渠道；过程与方法是创新的阶梯，是学生进一步获得新知识、掌握新技能的有效途径，也是培养学生探索精神的前提条件；对知识和技能的深入理解掌握有助于科学精神的培养和科学价值观的树立。学习目标的三维结构所指向的不仅仅是知识，更是实现教书育人的综合目标体系，体现的是知识、能力和价值观的全面发展，特别是对于人文素质教育而言，情感的培养和价值观的确立意义重大，是隐含在知识传授中的价值渗透。

（4）教学策略的制定。这是进行教学设计的核心内容。所谓教学策略指的是为完成特定的教学目标，依据教学的主客观条件，特别是学生的实际，对教学内容的顺序、教学活动程序、教学组织形式、教学方法和教学媒体等所做的综合策划。教学策略是为实现某一教学目标而制定的、付诸教学过程实施的整体方案，是教学思想、方法模式、技术手段的集成，具有结构功能的整合性、策略制订的可操作性、应用实施的灵活性、教学策略的调控性、策略制订的层次性。教学策略中包含教学方法，但不等于具体的教学方法和手段，它包括了教学过程的合理组织、具体的教学方法和材料的选择、教师与学生所遵守的教学行为程序的制定多方面内容，它以凝练的语言高度概括针对某一教学活动的应对方案，以创造性的思维解决教学中的实际问题，是教育理论、教育技术与教学艺术三者的有机结合。如果说策略是计划和谋略，那么教学策略就是教学活动的计策和谋略，好的教学策划体现了教师驾驭教学活动的高超技巧，是整个教学设计中的"亮点"。教学策略正确与否关系到教学活动的成败。

（5）教学工具的采用。这是实施教学活动的辅助手段，可以分为一般性教学用具和教学媒体两个层次来理解。一般性教学用具亦即教具，如挂图、模型、实验器材等，教学媒体除了包括上述内容之外，还包括所有用于传达教学信息的工具，如口头语言、实物、图表、图像、音响，以及教学影片和动画等，教学媒体往往要通过一定的物质手段而实现，如书本、板书、投影仪、录像及计算机等。教学媒体按不同时代可分为传统教学媒体和现代教学媒体，按传递信息的方式可分为听觉媒体、视觉媒体、视听媒体和交互多媒体，按媒体的物理性质可分为印刷品媒体、板书媒体、光学投影媒体、电声教学媒体、电视教学媒体、计算机教学媒体及网络教学媒体。现代信息技术的发展给教学技术带来了革命性的变化，在教学设计中，对教学媒体的设计日益上升到更加重要的地位，从一般性的教学工具上升到制定教学媒体策略的高度，多媒体课件正在逐渐占据教学的中心位置，而且多媒体教学策略的运用也在逐渐替代以往的多种教学策略，进行教学设计必须把以多媒体为主的教学工具的运用作为重要内容。

（6）教学设计的评价。对教学设计的评价是以教学目标为依据，按照科学的标准对教学过程及结果进行价值判断的过程。通过教学评价，能够及时地提供教学反馈信息，使教师对教学目标的实现程度有一个客观的判断，从而了解自己的教学方法和教学过程中的某些不足，并诊断出学生在学习上存在的问题与困难，明确教学活动中所采取的形式和方法是否有利于促进教学目标的实现，在对原教学设计进行反思的基础上，及时地调节自己的教学设计，为改进教学提供依据。这里所讲的评价是针对某一具体教学设计而进行的评价,既包括学生评价、同行评价、专家评价、领导评价,也包括教师的自我评价,既要着眼于学生对知识和技能掌握的情况,也要着眼于学生的情感、态度及价值观的形成和发展。对教学设计的评价是教学设计的组成部分,它可以使教师理性地思考教学,不断提高教学设计水平。

以上是从一般意义上对教学设计进行的归纳,在实际教学工作中,教学设计是灵活多样的,只要能概括出教学策划的要点、体现某种教学设计的清晰思路即可,用不着长篇大论。由于不是备课活动必需的教学材料,如果不是某些教学比赛的特殊需要,教师甚至用不着把它写出来。但教学设计是一种实施教学活动的韬略,即使没有落在纸面上,教师也一定要做到胸有成竹,在教学设计简短文字的背后,是对教学过程每个细节的周密考虑。此外,教学设计也不一定要面面俱到,而要以追求新意和独创性为本,有些早已大众化的老套路,只要体现在教案中就可以了,没必要再白费功夫另搞一套。尤其是对于某一类教学模式的教学设计,其实完全没有必要按照上述要点和框架进行内容的"填充",而是应该针对这一类教学模式的实际进行策划,充分体现出改进教学的方方面面,比如下述的多媒体教学设计即是如此。教学设计的本质在于"设计",要针对本章、本节、本类教学的独特性而进行专门设计,要体现出教师聪慧的设计思想和鲜明的个性,每一个教学设计都应该有自己的"亮点"。

(二)多媒体教学设计

目前还没有一个关于多媒体教学设计一词的专门定义,从字面意义上来理解,多媒体教学设计就是对多媒体教学所进行的教学设计。但多媒体教学是现代信息技术运用于教学的深度融合,对多媒体教学设计的理解不能局限于教学设计与多媒体的简单叠加。

短短的十几年时间,多媒体技术的发展简直就是沧海桑田之变。从当初仅仅是在教学中利用大屏幕播放文字、图像、影音和动画,到各类网络教学大面积覆盖互联网,再到当今时代网络教学与课堂教学高度融合所产生的各类教学模式和教学平台,多媒体教学的概念正在不断发展变化,以微课、慕课等为代表的网络课堂把课堂教学引入一个更加开阔的领域,翻转课堂概念的兴起则直接颠覆了传统课堂教学的概念,使课堂教学出现革命性的变化。早期多媒体教学需要教师自备移动硬盘或 USB 闪存盘来携带课件,而随着云技术的发展而出现的网络课堂教学平台，则实现了课堂教学手段的高度集成，教师只要在手机中下载一个学习通的APP，就可以用手机来控制整个教学过程，可以随时调用教学数据库中的课件和各种教学资料，还可以随时调用网络资源用于课堂教学，也可以在"学习通"中建立班级管理的群组，课堂上教师和学生之间可以通过手机操作来进行点名、随机提问、抢答、测验等各种教学操作。网络课堂教学平台实现了学生运用网络的自主学习，给翻转课堂的大规模推广提供了便利，教师可以在教学平台上编辑学习流程、上传或链接各种学习资料供学生自主学习，甚至可以设置各种学习模式，如限定阅读时间、限制网页的跳转等，来保证学生按时完成教师预先布置的阅读任务。更有甚者，由于网络教学平台编辑功能的日益完善，教师完全可以甩开PPT等多媒体工具，直接在网络教学平台甚至手机上进行课件的编辑制作。

在眼花缭乱的新技术面前，要对多媒体教学规律进行理论上的总结无疑是非常困难的。那么，传统的教学设计思路是不是还能够适应现代多媒体教学的教学设计？在翻转课堂日益流行的今天，以课堂讲授为基本教学方式的课堂教学是否已经过时？这些问题无疑都在困扰着我们，驱使着我们不断调整思路以适应时代发展。

笔者以为，一方面，身处当今时代，任何教育理论都不能局限于传统的范围而无视技术进步的巨大冲击，跟不上技术的进步就意味着被时代淘汰。但另一方面，教育教书育人的本质无论在任何时候都不会发生动摇，传统的教育思想和理论仍然是教学设计的立身之本。尽管一波又一波的技术浪潮推动教学手段不断变革，但无论何时、何地、何种情况，教书育人都是教育的最根本立足点。多媒体教学设计并非"白马非马"，它与一般性的教学设计其实并无根本的不同，都要包含学情分析、教学内容分析、学习目标确定、教学策略制定、教学工具的采用和教学设计的评价等内容。如果说有所区别的话，那就是要在上述各项内容里都要把多媒体因素充分考虑在内，也就是说，多媒体教学设计的着眼点应该是如何把多媒体元素融到教学设计中，如何让多媒体元素在教学中发挥最大效用。

在教学设计中融入多媒体元素看似简单却大有文章，不是仅凭插入几张图片、几段音视频，把画面弄得花红柳绿、热热闹闹就算了事，多媒体与课堂教学的有机结合是一个复杂的过程和机制，包含着一整套多媒体教学的实施策略，这些策略不仅体现在多媒体教师备课和多媒体课件的制作上，也体现在多媒体教学过程中。也就是说，相比于一般性的教学设计，多媒体教学设计有着额外的关注和独特的设计要求,这些独特的要求可以从多媒体教学目标、多媒体教学策略、多媒体素材设计、多媒体教学表达等方面来体现。

1. 多媒体教学目标

教学设计的三维目标即知识与技能、过程与方法、情感态度与价值观,体现在多媒体教学设计中,就是要在多媒体素材运用和多媒体教学布局中如何更好地实现上述教学目标。

对于知识与技能教学目标的实现,多媒体教学设计要着眼于如何运用多媒体素材更好地解释教学难点、有效地突出教学重点,如何运用文本、图形等多媒体元素直观地展示知识体系框架,如何运用多媒体页面的展开和跳转揭示知识体系的逻辑构成,如何运用多媒体课件的交互功能实现教学互动,使知识的巩固和技能的熟练在多媒体环境下更加得心应手。教学目标的设定是以实现教学目标的可能性为前提的,实现教学目标的可能性则决定于对上述问题的综合衡量,只有对上述教学手段的运用胸有成竹,才能制定出切实可行的目标。

过程与方法的教学目标重视知识的获取经历,实质就是培养学生的智力和能力,过程与方法是打开智慧之门的钥匙,也是学生获得新知识的载体。多媒体教学在模拟科学发现的过程、再现历史发展的进程中具有得天独厚的优势,运用多媒体影片和动画等素材资料进行过程与方法的教学,往往使得教学过程充满轻松的气氛,更容易将学生带入知识与科学的殿堂。教学目标的设计并不是空洞的东西,在教学设计简单条目的背后,是对教学过程和结果的丰富想象,有了多媒体手段的技术支持,过程与方法教学目标的设计就会更加具体,更具操作性。

情感、态度与价值观是教学设计三维目标中的软性要求,但也是积淀最深厚的教学目标,学生在校所学的知识,在其日后的职业生涯中可能会不断更新,但科学精神的培养和科学价值观的树立却会使学生终身受益。情感、态度与价值观教学目标的实现,不能仅凭知识的积淀和道理的阐释,而要诉诸教学综合效果的影响力,多媒体教学是图像、影音等多种艺术手段在教学中的综合运用,其所产生的教学艺术效果对学生的情感、态度与价值观有着积极的影响。对教学设计而言,借助多媒体手段实现情感、态度与价值观的教学目标,会赋予教师更多的灵感和激情,让教学设计不再是循规蹈矩的条条框框,而是充满学术激情和艺术冲动的教学艺术策划。

2. 多媒体教学策略

多媒体教学策略可以包括多媒体教学类型、多媒体教学模式、多媒体教学方法、多媒体教学方案、多媒体教学活动程序、多媒体教学组织形式等内容，是对多媒体教学的整体筹划。

多媒体教学类型从教学场所来划分，可以分为多媒体课堂教学、多媒体网络教学和多媒体翻转课堂教学。多媒体课堂教学包括新授课、练习课、复习课、讲评课、实验课、欣赏课等，不同的课堂教学类型运用多媒体的策略也差之千里。多媒体网络教学有网页教程、视频教程、网络课堂、在线教学平台、微课、慕课等不同形式，很多网络教学都是大规模向公众开放的。多媒体翻转课堂是对传统课堂教学结构与教学流程的彻底颠覆，它把在线课程与课堂教学相结合，开创了学生真正的自主学习模式，不过说到底，翻转课堂还是应该归属于课堂教学。不同的教学类型，在进行多媒体教学设计中都要突出各自的特点，让多媒体手段的运用发挥出更大的潜能。

多媒体教学模式主要有讲授式、启发式、讨论式三大类型。讲授式教学模式也被称为"传授式"或"灌输式"，这是自古以来就有的传统教学模式，在当今被认为是强制的注入式教育而饱受质疑，但运用多媒体手段的讲授式教学以形象性、生动性使讲授式教学更具启发性。课堂讲授是教师的基本功，也是学生从教师那里获得知识和学问的主要渠道，无论什么时候都不会过时，所以，实际上讲授式教学是多媒体教学设计中应用最广泛的教学模式。启发式教学和讨论式教学作为激发学生自主学习热情的有效模式，也给多媒体手段的运用提供了广阔的空间，如何在启发式教学和讨论式教学中运用多媒体手段，是多媒体教学设计重要的策略性问题，也是多媒体教师充分调动创造性思维实施谋划的重要领域。

多媒体教学方法指的是多媒体教师在教学实践中所创造的各种具体教学方法，如专题式教学、问题式教学、启发式教学、案例式教学、模拟式教学、互动式教学、情景式教学等。不同的教学方法，运用多媒体手段进行教学设计的实施策略各不相同，每一种教学方法都可以对应于一种或几种多媒体运用的模式和程序，需要在教学实践中反复摸索、精心设计策划。多媒体教学设计是鲜活的、生动的、富于创造性的，没有固定的程式，但教师在反复教学实践基础上的经验总结是宝贵的，是有推广价值的。各种教学方法同时也都包含了运用多媒体手段的一般性规律，可以作为教学设计的深厚积淀。

除了上述教学策略之外，其他如多媒体教学方案、多媒体教学程序、多媒体教学组织形式等,也都是多媒体教学的重要策略性问题,涉及如何安排多媒体教学的整体规划,如何有效组织学生参与多媒体教学,如何运用多媒体手段导入课程、引起话题和发起讨论,如何运用多媒体素材解释难点、突出重点、进行教学内容总结,如何利用多媒体优势创设教学情境、烘托教学气氛,如何在多媒体教学中启发智慧、培育心灵、树立信念、开拓精神境界,等等。

作为多媒体教学设计的核心问题,多媒体教学策略的制定关系到选择哪一种教学类型、哪一种教学模式、哪一种教学方法、制定什么样的教学方案、采用何种教学组织形式等问题,而且以上每一项内容也都要求有相应的具体实施策略。要制定正确的多媒体教学策略,必须紧密结合多媒体教学目标的设计要求,与多媒体素材的设计和运用相互配合,在灵活运用各种教学理论、教学经验和多媒体手段的基础上,创造性地提出针对各种教学问题的解决方案。

3. 多媒体素材设计

在多媒体教学设计中,对于多媒体素材的设计是具有决定性意义的。所谓多媒体素材,包括文本、图形、图像、动画、音频、视频等教学素材,是多媒体教学内容的基本表达形式,也是多媒体教学课件的基本构成元素,所谓多媒体教学设计,在很大程度上是对多媒体素材的设计。在多媒体教学刚刚走入课堂的时候,多媒体素材的运用还仅仅是简单的采集和制作,而今,多媒体教学无论在深度和广度上都有了较大的拓展,要想做出好的多媒体课件,并在此基础上提高多媒体教学的教学质量,就需要对多媒体素材进行精心设计,以便更好地传达教学信息,充分提升多媒体教学感染力。

对多媒体素材的设计包括多媒体素材的应用策略、多媒体素材的选择、多媒体素材的加工制作三个方面。

多媒体素材的应用策略是多媒体素材的统筹安排,要求在解析教材内容的基础上统一规划多媒体素材的运用,形成有利于充分表达教学内容的多媒体素材搭配格局。多媒体素材并不是用得越多越好,而是要以合理的运用为目标,比如课件的文本内容需要进行怎样的详略处理、哪些教学内容需要运用图像素材、哪些教学重点和难点需要运用动画或视频来辅助教学、一个教学单元中需要几段视频资料、哪些部分适宜于运用音视频文件来进行渲染,等等。多媒体素材的运用要做到有质量、有效率、疏密得当、布局合理。首先,每一个多媒体素材的运用都要有明确的教学目的,在教学中要具有不可替代的作用,避免多媒体素材的滥用,很多没有实质意义的图片、视频和音频素材,如内容泛泛的会场照片、视频等,实际上就是影像污染和视频垃圾,用得越多,效果越糟。其次,多媒体素材的运用还要布局合理,要有张有弛、疏密得当,在教学过程中呈现出节奏感和韵律感,否则,即便是优质的多媒体素材,运用不当也会让人觉得死板和厌烦,收不到应有的教学效果。

多媒体素材的选择也是多媒体教学设计的重要一环,要求在互联网时代的海量信息中选择最适合教学需要的素材。由于网上的多媒体素材包罗万象、庞大纷杂,各种虚假信息和垃圾信息随处可见,所以采集到优质的多媒体素材也并非易事,这就要求教师具有广博的知识、深厚的学识和丰富的互联网经验,而且要有一定的审美修养,要在广泛浏览的基础上精挑细选。多媒体课件的水平取决于多媒体素材的品位,而多媒体素材的品位又取决于多媒体教师的品位,有个性、有追求的多媒体教师会致力于打造自己的教学精品,多媒体课件就是多媒体教师的"脸面",如果满课件的素材都是"水货",那这位多媒体教师的层次和品位也好不到哪里去。现在网上有很多素材网站,提供了制作精良的多媒体图片、音乐、音效和视频等,但如果绝大多数人都用,那也仍然还是"水货",要想制作出高水平课件,多媒体教师还是应该有独创性,走自己的个性化之路。

多媒体素材的加工制作是多媒体教学中常见的制作活动,也是多媒体教学设计中的重要内容。对多媒体素材既可以进行简单的加工处理,也可以进行精细制作,乃至进行多媒体教学艺术创作。在板书时代的教学实践中,教师自己动手制作教具、挂图、模型的例子并不罕见,在多媒体教学时代,教师自己制作教学所需的图形、图片、动画、音频和教学影片的例子就更多了。简单的制作可以随手进行,但比较复杂的多媒体素材,如教学影片等,就需要精心策划和制作,这也应该算是多媒体教学设计的组成部分。应该说明的是,除了自己真正的原创之外,很多创作是将别人的作品作为创作素材,所以这类教学艺术创作应该属于二次创作,要注意保护他人的知识产权。

4. 多媒体教学表达

这里所说的教学表达与教学礼仪中所涉及的教姿、教态、服饰、语言和肢体语言等并不是一回事,它并不属于教学礼仪,而是表达教学内容和传递教学信息所运用的语体风格。

所谓语体,指的是人们在各种社会活动领域,针对不同对象、不同环境,使用语言进行交流时所形成的常用词汇、句式结构、修辞手法等语言形式和语言风格的总汇,可分为书面语体和口头语体两大类。由于多媒体教学表达是在图像、音频和视频等所组成的多媒体环境下进行,教学语境的变化使多媒体教学有了自己独特的语体风格,无论是书面语体还是口头语体,都要有别于板书时代普通的教学表达,是与多媒体教学课件配合运用的教学表达方式,因此多媒体教学表达应该是多媒体教学设计的一部分。特别是对于大多数人文学科和思想政治理论课的多媒体教学来说,教学表达采用何种的语体风格关系到思想感情的陶冶和价值观的树立,意义更加重大。在教学设计中,应该根据教学内容和多媒体课件的艺术风格来设计教学表达,使教学表达能够贴切地反应教学内容、细致入微地传递情绪和情感信息,将学生带入教学情境中,全方位实现多媒体教学目标。

运用多媒体教学手段所表达的综合信息,其实从广义上看,应该包括多媒体元素所表达的各种多媒体信息和多媒体教师以课堂语言所传达的教学信息。但本书所定义的教学表达是狭义的,它专指多媒体教师在依托多媒体课件进行教学时的语言表达,既包括教师的多媒体教学讲稿,也包括多媒体教师的口语表达。从教学表达的内容上看,可以分为说理类、事实类和情感类三种情况,本书据此将思想政治理论课多媒体教学表达分为理论型教学表达、叙事型教学表达和诗意型教学表达,并在此基础上归纳出"论说文体""叙事文体"和"抒情文体"三种文体风格。这三类教学表达在多媒体教学中的作用主要有:传达知识和信息、创设教学情境、表达思想感情、辅助多媒体表达等。在这几类教学表达的基础上,结合多媒体教学语言艺术的运用,构成了完整的多媒体教学表达,与多媒体信息共同分担着传达教学信息的任务。在高校思想政治理论课多媒体教学设计乃至其他一些人文学科的课堂教学中,这三类教学表达是很常见的。

多媒体教学手段给教学带来的是全方位的发展进化,如果教学表达没能及时跟进,就会出现多媒体总体教学设计得不协调、不搭配,不仅浪费了多媒体教学资源,也会使多媒体教学达不到应有的层次、水平和品位。从这个意义上来说,多媒体教学表达是多媒体教学设计的重要内容,是多媒体教学艺术的又一个突出特点。

二、高校思政课多媒体教学设计研究

高校思想政治理论课多媒体教学设计与其他课程的多媒体教学设计一

样,也要包含多媒体教学目标、多媒体素材设计、多媒体教学策略、多媒体教学表达等设计内容,也要在学情分析、教学内容分析的基础上有的放矢地进行。与此同时,高校思想政治理论课多媒体教学设计当然也要充分体现高校思想政治理论课的学习目标和学习特点,把多媒体教学优势融合到思想政治理论课的教学过程中。对高校思想政治理论课多媒体教学设计来说,除了遵循一般性的教学设计流程之外,还要有自己所关注的内容,核心问题是如何运用多媒体手段,重点是如何充分发挥多媒体教学优势,关键是如何处理好课堂教学与多媒体手段的融合。

(一)目标:如何合理运用多媒体手段

目前,在高校思想政治理论课教学中,多媒体手段的运用大多停留在朴素的理解上,并没有进行系统的经验总结,这就容易造成多媒体手段的随意运用甚至滥用。从网络流行的教学课件就看得出来,有些课件页面布局乱七八糟没有一点章法,内容上东一块西一块散乱堆砌,页面背景花红柳绿文不对题,教学案例随意摆放杂乱无章,使用这样的教学课件很难有好的教学效果。究其原因,除了教师本身的审美修养和教学态度等问题之外,关键就是对多媒体手段的运用没有一个明确的理解,导致对多媒体教学手段的滥用。所以,如何合理运用多媒体手段是高校思想政治理论课多媒体教学设计首当其冲的核心问题。那么,高校思想政治理论课教学设计应该怎样合理运用多媒体手段呢?结合教学实践经验的总结和归纳,笔者以为,多媒体手段的运用应该体现在以下几个方面:

1.搭建教学平台

现代思想政治理论课教学不同于传统思想政治理论课教学的板书模式,以多媒体为主的现代化教学手段是实施思想政治理论课教学的教学平台,所有教学内容都要在这个教学平台上展开,它承载着教学内容展示、师生教学互动、知识练习及能力培养、课外学习及测验等多种功能,教学平台搭建的好坏直接影响到学习效果。这个教学平台既包括教师课堂教学所用的课件,也包括实施网络教学及师生课后交流的各种多媒体手段,从课堂教学最直接的需要来说,就是教师所用的教学课件。

从这个意义上说,在思想政治理论课多媒体教学设计中,要充分考虑到这个教学平台能否很好地承载教学内容,包括多媒体文本、图形和图像、音频和视频资料、课件的展示或播放效果等。首先要考虑到多媒体工具的选择和合理应用,包括多媒体课件的复杂程度、多媒体展示方式是否有利于教学表达、能否方便地导入不同格式的多媒体素材、能否体现出教师的个性风格、多媒体交互方式能否满足教学应用、是否有利于与学生之间的互动等,得心应手的课件会使教学如虎添翼。其次要考虑多媒体课件的布置,包括页面的外观设置和展示层级、多媒体课件的风格和特点等。作为教师授课的基本手段和工具,多媒体课件必须有主题、有灵魂、有秩序、有个性,从内容和形式上都要具有统一性,不能支离破碎跟打补丁一样散乱,而且要体现出教师独特的教学风格。最后还要考虑到美感原则,课件要根据教学内容的需要而体现出相应的审美趣味,因为多媒体教学追求毕竟不同于传统教学的朴素追求,就如同过去吃饱了不饿就算满足,而现代社会要追求更高的生活品质一样,多媒体教学不仅要追求技术上的卓越,也要追求一定的视觉享受,追求和谐、美好的教学氛围。

搭建教学平台是多媒体的重要功能,思想政治理论课多媒体教学设计必须关注多媒体课件的整体规划,只有确定了整体规划,才能自如地运用各种多媒体元素来安排教学内容,才能在整体协调一致的基础上更好地发挥多媒体教学优势,使多媒体教学内容的展示、多媒体素材的运用和多媒体教学表达浑然一体、和谐统一。搭建教学平台是多媒体教学必须首先关注的问题,却往往得不到充分的重视。

2. 营造教学气氛

根据前文所述,高校思想政治理论课教学也应该包括三维学习目标,即知识与技能目标、过程与方法目标、情感态度与价值观目标,而情感态度与价值观目标的实现,是思想政治理论课教学的重要立足点,高校思想政治理论教育就是要培养学生爱党、爱国、爱社会主义的崇高感情,培育马克思主义的世界观、人生观和价值观,牢固树立共产主义远大理想和中国特色社会主义的共同理想,坚定中国特色社会主义的道路自信、理论自信、制度自信和文化自信。对于情感态度与价值观目标来说,知识和理论的学习固然是主要的,但教学气氛的营造和教学感染力的增强却具有特殊的教育意义。在板书加粉笔时代,教师只能凭借一张嘴来进行"激情演绎",多媒体时代则不同,各种多媒体素材的运用使教学内容呈现出全方位、立体化的展示,不仅传递了知识,而且传递了丰富的主观感受,使教学得以在气氛浓重的现场感和意境深邃的历史感中跌宕起伏的进行,学生不仅从中学到了理论、获得了知识,而且加深了体验,受到了灵魂的触动,更有益于情感的培育和价值观的形成。

营造教学气氛是高校思想政治理论课多媒体教学设计的重要内容,在如何运用多媒体手段的问题上,首先要考虑的是如何选择多媒体素材,面对海量的信息,如何选择最适合教学需要的、最具有视听冲击效果的多媒体素材,取决于教师的知识修养、审美修养和教学态度,这方面是需要长期训练的。其次就是如何运用好多媒体素材,比如何时需要运用多媒体素材进行教学渲染? 需要运用图像、音频或视频中的哪一种? 运用多媒体素材起到什么作用? 运用到什么程度,是点到为止还是深度解析? 这些问题在教学设计中都要有初步考虑。此外就是要注意多媒体素材运用的自然和连贯,以不显得突兀和生硬、不打断和破坏教学的自然节奏为要,还要注意在运用中不出现纰漏,如果正在声情并茂地推进教学气氛进入高潮时,突然出现低级错误并引起学生的哄堂大笑,严肃的教学气氛顿时成了搞笑喜剧。

3. 突出教学重点

运用多媒体手段突出教学重点是多媒体教学的重要作用,在教学设计中是作为重点来处理的。按照百度百科的解释,所谓教学重点,是依据教学目标, 在对教材进行科学分析的基础上而确定的最基本、最核心的教学内容,一般是一门学科所阐述的最重要的原理、规律,是学科思想或学科特色的集中体现。教学重点是一节课的中心,是贯穿于整个教学内容的灵魂和主线,教学重点同时可能是教学难点,当然也可能不是。处理教学重点的方法有很多,比如在时间上加大权重、反复强调,在内容安排上重点考虑,在知识关联上拓宽思路、举一反三,在强调重点的同时淡化非重点,等等。对教学重点的处理是教学创造性的突出表现,也是教学艺术的重要方面。

对于高校思想政治理论课多媒体教学设计来说, 主要涉及的是如何运用多媒体手段来突出教学重点,方法不外乎以下两种:

一是在多媒体教学安排中加大重点内容的权重, 包括教学内容上的丰富、教学时间的适当延长、文字运用上的突出和强调等,这些都可以通过多媒体手段来实现。一个多媒体页面上容纳的文字和图片虽然有限,但可以通过设置链接打开相关内容, 这样就可以在重点内容页面上集成多个教学模块,比如背景知识模块、理论基础模块、核心内容模块、知识拓展模块、回味与反思模块、问题与思考模块等。这样的设置加大了教学内容的密集度,给人一种充实而饱满的感觉,当然也加大了时间的权重,使教学进程在重点内容上有较长时间的驻足,给人以较深刻的印象。此外,也可以通过特殊的页面设置、字号的加大或艺术字体的运用来突出重点,甚至可以在醒目位置标明"教学重点"字样。

二是在多媒体素材上下功夫,即充分利用图像、图形、动画、音频和视频等多媒体素材来突出教学重点。对于高校思想政治理论课来说,教学影片的运用具有较大意义,可以再现历史、烘托气氛、深化主题、培育情感,收到很好的育人效果,但运用教学影片突出重点不等于以教学影片取代授课,教学影片的运用也要讲求艺术性,有关此类问题将在后面章节进行详述。除了教学影片之外,图像、图形、动画、音频等多媒体元素的组合运用也是有效突出教学重点的重要手段,这就需要教师精心设计、巧妙构思,让静态的多媒体元素动起来、活起来,使之有内涵、有灵气、有冲击力,有效地加重教学内容在学生心中的分量,达到突出教学重点的目的。

4. 处理教学难点

所谓教学难点,指的是学生不易理解的知识或不易掌握的技能和技巧,从某种意义上来说,教学难点往往因人而异,因教育对象的知识和阅历而异,教学难点有时候也可以是教学重点,但也并非一定是教学重点。对于高校思想政治理论课来说,教学难点一般来说有三种:一是艰涩难懂的教学内容,二是比较枯燥的教学内容,三是虽然简单却是老生常谈、似是而非的教学内容,后两种情况尤为常见,在思想政治理论课教学中普遍存在。

对于教学难点的处理是教学艺术的重要方面,不同的学科、不同的教师对教学难点的解决都有不同做法,就高校思想政治理论课多媒体教学而言,运用多媒体图解、动画和影片解释比较晦涩的原理,效果肯定要比口述好得多,但像《毛泽东思想和中国特色社会主义理论概论》《中国近现代史纲要》等课程,真正的教学难点并不是某理论观点如何难于理解,而是上述第二种和第三种情况。这两类教学难点的解决,实际上就是思想政治理论教育如何入心、入脑的问题。切入点主要在两个方面:一是老话题翻新,即以新的视角看待老话题,以新的语言阐释老话题,以新的参照系理解老话题;二是新知识入脑,即让新知识和新观点系统化地为学生所掌握。而无论是老话题翻新还是新知识入脑,都需要进行所谓的"去蔽解蔽",以艺术的、审美的手段来冲击思维惯性的遮蔽,打开学生的心灵之窗,让学生在顿悟中获得知识和真理,正是多媒体教学所担负的任务,从这一角度来说,艺术的启迪和哲学的追问同样具有解放思想的功能。所以, 对于以多媒体手段处理教学难点来说,最重要的就是如何运用图像、音频、视频等手段将教学内容艺术化、审美化,配合着多媒体的演示,把教材中平铺直叙的文本内容演绎成跌宕起伏的教学演讲,激活学生的思维,使其在高度的审美状态下迸发出深刻的哲思,从不同的角度看待事物,加深对教学内容的理解。

对于处理这类教学难点的多媒体教学设计来说,关键是如何把教学的艺术性呈现给学生,这就涉及多媒体手段的娴熟运用,可以运用文本、静态图像和声音等组合成流畅的播放片段,也可以运用教学影片来渲染教学内容。艺术没有固定模式,教学艺术也是如此,教学设计必须要有高度的创作激情,要以深刻的哲思和丰富的想象力来驾驭教学创作,使之在学生的内心世界产生共鸣。

(二)重点:如何发挥多媒体教学优势

与传统的板书教学相比,多媒体教学优势是明显的,如何发挥出多媒体的教学优势,是多媒体教学设计中必须加以重视的。

1. 实现多媒体技术与教学过程的深度融合

技术性是多媒体教学最突出的特点,运用于多媒体教学的技术,即包括多媒体课件制作技术,也包括各类多媒体素材的制作和加工技术、网络应用技术和其他各种实用的软件技术,如微课的制作技术等。多媒体图、文、影、音等全方位教学信息的传递都需要各种多媒体技术来实现,从事多媒体教学的教师不能成为技术盲,必须要掌握甚至精通一两种多媒体制作软件技术,还应该在力所能及的情况下学会使用多种多媒体素材的加工制作软件,比如图形工具软件 Photoshop、音频软件 Audition、视频制作软件会声会影或 Premiere,以及一些音频、视频格式转换软件等。

对于高校思想政治理论课多媒体教学设计来说,一方面,要充分发挥多媒体教学的技术优势,以解决教学中遇到的各种问题,并通过技术手段制造令人惊异的多媒体效果来吸引学生的注意力,控制教学的节奏,缓解学生听课过程中的心理疲劳。只有对各种技术手段有一定的了解和掌握,才能在安排教学内容的时候胸有成竹,随时激发出教学灵感,确定哪些教学内容适宜于哪种形式的多媒体表现方式。比如对那些与地域分布有关的内容时,运用 Flash 或 Photoshop 制作的地图动画会立即涌现到脑海中,而一见到逻辑关系比较复杂的教学内容,也会立即在头脑中出现一幅知识图谱,并迅速判断出是运用静态图示还是运用动画或视频来演示。如果事先没有对多媒体技术的充分了解和掌握，就不会有这么多的"点子"，面对教学内容就会一片茫然。另一方面，也要注意在运用各种技术时不留痕迹、不露声色，避免过分炫耀技术而带来的负面效应，因为技术主义毕竟不是万能膏药，不是所有问题都能通过技术来解决的，软件技术的运用也不是越新奇越好，对于解决教学问题没有什么帮助，对仅仅是显得比较新奇的"花样"来说，还是尽量不要用，不要给人太"贫"的感觉。

2. 充分运用多媒体交互功能完善教学流程

所谓交互性，可以被理解为一种双向的互动。从教学的基本模式来看，其实就是一种双向互动的过程，是教师与学生、学生与学生双向互动的过程。交互性在多媒体教学领域指的就是教学过程中人与电脑之间的互动，即以操作命令打开链接，转换到一个新的页面。随着计算机技术的发展和模式识别的进化，如语音识别、汉字识别、图形识别等，更加智能化的交互手段也将会逐渐走入人们的生活，但就多媒体教学来说，目前还是只能用鼠标和键盘来实现。

多媒体的交互性给教学提供了强大的展示空间，包括程序框架的交互、文本交互、音频视频的交互，以及实际操作的交互等。所谓程序框架的交互涉及的是课件的基本结构，包括目录结构、树状结构和线性结构等，设计要求是进入和退出要有效、灵活，各个信息块的跳转和切换不能拖泥带水。所谓文本交互，一方面指的是用输入文本内容来实现页面转换，另一方面指的是在课件制作完成后，也可以根据教学实际需要对信息内容进行更改。也就是说，在教学过程中就可以随时在课件里输入文字。所谓音频视频交互，不仅包括对音频视频的简单播放控制，如暂停、播放、快进、快退等，也包括对音画组合、声音组合、音频与视组合的控制等，比如在教学中根据需要随时调出背景音乐来衬托画面内容，并在讲授过程中对音量进行实时控制，就是一种音频的交互。除了这些交互之外，其他任何一种对多媒体课件的实时操作都可以看作是多媒体的交互性，比如对于练习题的设计就可以大量运用交互手段，使学生能够自主控制答题过程。知识页面的跳转也是一种交互，学习过程中涉及的课外相关知识都可以通过这种手段来获得。多媒体的交互功能既可以是针对教师课堂讲授的，也可以是针对学生自主学习的，还可以应用于网络，供学生在课外进行各种类型的学习活动。总之，交互性是多媒体教学的重要优势，运用多媒体交互性来完善教学过程设计，可以让多媒体课件真正"动起来",让多媒体教学真正"活起来",呈现出立体的教学展示。以程序框架交互而论,作为人文素质教育类型的课程,高校思想政治理论课注重的是知识的逻辑体系,多媒体程序框架的交互使教学过程立体化、多层次化,对于理论知识的展开和呈现来说,具有重要的视觉优势,其他各种类型的交互也给高校思想政治理论课的教学开辟了更广阔的空间,使思想政治理论课教学突破原有的框架,变得更加生动、更有教学感染力。

3. 注重多媒体的美育功能在教学中的运用

美育在思想政治理论教育中具有重大作用。通过美育触动学生的心灵、启迪学生的智慧、培养学生的情操,让学生摆脱思想的迷茫,在"合规律性"与"合目的性"相统一的"自由王国"里纵情徜徉,使思想政治理论课在美的氛围中潜移默化地发挥作用,是思想政治理论教育的最高境界。美育体现着多媒体教学的优势,高校思想政治理论课多媒体教学设计应该充分重视多媒体美育功能的开发。

美育可以在多媒体教学布局、多媒体教学素材和多媒体教学表达等方面得以体现。所谓多媒体教学布局指的是从整体上对多媒体教学所进行的筹划,比如多媒体教学策略、多媒体课件风格、多媒体教学内容展示等,要以美的理念统摄全局,做到教学过程行云流水,教学课件赏心悦目,教学气氛庄谐相济、妙趣横生,使学生感到和煦温暖、如沐春风。所谓多媒体教学素材包括多媒体图形、图像、动画、音频和视频,也包括由多媒体图像、动画和音频等构成的教学素材组合。多媒体教学素材的运用是体现多媒体教学艺术性和审美性的重要手段,美在于和谐与精致,要以精益求精的态度精选多媒体素材,以较高的审美和艺术修养审视和处理多媒体素材,使多媒体素材的运用能够恰如其分地烘托教学气氛、表达教学激情,让学生在对历史的凝视中深化人生的积淀,在对道理的参悟中搭建理论的架构,在对现实的观照中净化心灵的空间。多媒体教学表达指的是与多媒体手段相适配的教学表达方式,包括教学讲稿和教学讲授,从突出多媒体教学美育功能的角度讲,多媒体教学表达应该更加注重思想性和艺术性,不仅要注重教学表达结构的审美性,也要从艺术与美学的角度对教学语言进行推敲和润色,使教学表达更有魅力。

对多媒体教学美育功能的开发利用,要求多媒体教师不断加强自身的审美修养,丰富审美积淀,培养美的直觉,善于发现教学中的美,并善于把美的理念倾注到教学设计的整体和细节中。爱美之心人皆有之,艺术虽有天分的因素,但也要靠长期的修养。虽不能期待每个教师都有艺术家的造诣,但教师不能没有对艺术与美的追求,多媒体手段使得艺术创作变得更加大众化,让很多人实现了艺术梦,也完全可以让高校思想政治理论课多媒体教师实现自己的教学艺术梦。

4. 让情感在思政课多媒体教学中流动起来

高校思想政治理论课是专注于培育正确人生观、价值观和世界观的理论教育课程,从学习目标来看,知识的传授与情感的培育、价值观的树立对于高校思想政治理论课是同等重要的,而情感态度和价值观目标的实现,则需要调动学生全身心的投入,需要包括认知、情感和意志在内的全部心理过程的参与,"以情感人"对思想政治理论教育的意义是非比寻常的。所谓"情",对于思想政治理论课而言,既包含无产阶级人道主义的大爱和革命英雄主义的豪情,也包含无所不在的人间关爱,细腻入微的朋友挚情、伦理亲情,是思想政治理论教育的情感归属和精神家园。因此,情感的流动是隐藏在知识和理论教育之内的另一条主线,在教学过程中始终激荡在学生的心头,随时牵动着学生的喜怒哀乐,使思想政治理论课教学立于崇高的精神境界。多媒体教学手段的应用,为高校思想政治理论课教学中情感态度和价值观目标的实现提供了有效手段,使教学情感主线的展开有了完美的技术支持。在多媒体教学条件下,随着教师的激情讲授,学生的关注可以在图、文、声、像之间有节奏地跳跃和切换,视觉冲击和听觉冲击相互协同,交替作用于学生的感官,激荡出此起彼伏的情感波动,情至深处方能行无言之教。

让情感流动起来,首先,一定要有"情"。要根据教学需要解析教材内容,在厘清知识脉络、归纳出理论要点的同时,也抽调出这段教学内容的情感主线,双线并行,从整体上把握教学内容、设计教学流程,要保证整个教学过程浑然一体、完整统一,要做到有灵魂、有主题、主旨鲜明、重点突出、紧密衔接、前后呼应。

其次,情感的流动来自多媒体元素的综合运用。教学流程的设计也如同文章的写作,要有叙述、议论和抒情等不同的表达方式,但与一般的文章写作不同的是,多媒体教学表达是多种元素的综合运用。文字、音画、视频等都可以独立表达教学内容,传递教学信息,多媒体教学的"抒情"就是综合运用这些多媒体元素所组成的教学表达序列,在这个序列中,有些内容甚至完全可以是以画面为主,配以简略的抒情文字,将教学内容巧妙地安插进这些抒情文字中。

再次,情感的流动要有起伏、有节奏。教学过程的设计毕竟是针对教学的,要包含课堂教学的各个环节,而各个不同教学环节的教学节奏是不同的,贯穿在教学过程中的情感流动也要体现出节奏性,要有铺垫、有酝酿、有高潮、有沉静、有连贯、有停顿,教学过程讲求一气呵成,但不是上气不接下气,要给学生以凝视和思考的时间,绷得太紧就会产生心理疲劳。

最后,要让情感流动起来,必须以教师的情感体验为基础。因为教学中的情感流动首先是教师内心的情感流动,只有倾注了思想政治理论课教师满腔热忱和奔涌心潮的教学设计,才能是生动的、有灵性的、情感充沛的教学设计,才能收到发人深思、令人动容、催人奋进的教学效果。

(三)高校思政课多媒体教学设计内容

1. 对教学内容的分析

对教学内容的分析是选择正确教学方法的基本依据,不同的教学科目有着不同的学科特点,也有着不同的教学规律,运用于多媒体教学,也会体现出不同的特点。以人文和社会科学而论,社会科学的教学注重的是科学理论和原理的推导和运用,要把理论体系分解为一个个知识点,细细地嚼碎了再喂给学生,总的来说偏重的是解析的方法。但人文学科的教学就有所不同,虽然也要把思想理论体系分解为知识点,但相对而言更加注重理念传达和价值的确立,相比之下更加注重整体思维和综合的方法,经验和启示具有重要意义。

在《中共中央宣传部教育部关于进一步加强和改进高等学校思想政治理论课的意见》(教社政〔2005〕5号)实施方案(以下简称为"高校思想政治理论课05方案")中,为本科教学设置了四门必修课,近年来有些课程的名字有所调整,现在的四门课包括:马克思主义基本原理(简称"原理")、毛泽东思想和中国特色社会主义理论概论(简称"概论")、中国近现代史纲要(简称"纲要")、思想道德修养与法律基础(简称"基础"),以及"当代世界经济与政治"等选修课。作为信仰和价值观的教育,在这些课程的教学应用中,既要应用到针对理论和原理所进行的解析式教学,也涉及着眼于树立理想和信念的综观思维;既要通过缜密的逻辑推演,也包含大量的经验启示。高校思想政治理论课教学不仅仅是在讲课,更是在讲演或"宣讲",是要通过情理交融的教学讲演触动学生的灵魂,收到入脑入心的教学效果,在"教书"的同时更加注重"育人"。书法讲求"功夫在字外",高校思想政治理论课的教学亦当如此,教材仅仅是教学的基本依据,但教学的"功夫"亦即教学效果,则是教材之外的事情,无论是教学的具体方法和思路、内容展开的侧重点,还是阐述问题的角度,甚至所引用的案例,都因人而异、因时而变。

因此,对思想政治理论课的教材进行分析,关键是要搞清楚哪些教学内容适合应用解析式的方法、贴紧教材本身来设计教学;哪些内容应该在教材的基础上适当扩展知识视野;哪些内容可以在一定程度上脱离教材的框架进行专题式教学;哪些内容适宜于以学生讨论为主的启发式教学,等等。比如"马克思主义基本原理"课讲的是马克思主义哲学和世界观,而哲学的基本方法是思辨,在教学中要涉及大量哲学概念,教学设计就要从解释概念入手,并围绕基本概念的拓展而层层展开,要求逻辑严谨、语言精辟,各部分内容环环相扣、联系紧密。"中国近现代史纲要"课则是一种历史教学,要以大量的历史事实来说明问题,所运用的就是另一种教学设计。此外,即使是同一门课程,也不一定仅仅运用同一种设计思路,比如说在"思想道德修养与法律基础"课的教学中,第二章"继承爱国传统,弘扬中国精神"和第七章"遵守行为规范,锤炼高尚品格"的教学设计就应该有较大的区别,前者偏重于"宣讲"式教学,以激发爱国主义情怀为立足点;后者则偏重于"解析"式教学,以普及法律知识、培养守法意识为立足点,更加注重逻辑的严谨和知识点的明确,教学方法明显区别于前者。不同的课程,教学设计的思路也有所不同,这就给多媒体教学开辟了广阔的空间,在多媒体手段的选择、多媒体教学策略的实施、多媒体课件的板式风格、多媒体交互方式、多媒体素材的运用、多媒体教学表达的润色等方面都可以尽情发挥教师的创造性。

2. 多媒体教学策略

高校思想政治理论课多媒体教学策略可以从教学类型、教学模式、教学方法、教学表达等方面来体现,在诸多教学类型中,对于多媒体的运用来说最有发挥余地的当属新授课的课堂教学。当然,在思想政治理论课网络教学和思想政治理论课教学微课等多媒体形式中,也要体现出一定的教学策略,但可以将这些形式的教学视为多媒体课堂教学的延伸。课堂教学是思想政治理论课多媒体教学的基本功,其基本的教学策略完全可以运用于其他各种教学类型。从教学模式和具体的教学方法来看,最具典型意义的还是紧贴教材的课堂讲授式教学,其他的教学形式如启发式教学、讨论式教学、案例式教学等,虽然在基本教学理念上各有不同,但体现在多媒体手段的运用策略上,仍然要以讲授式教学为基本参照。高校思想政治理论课多媒体教学策略是教学设计的一部分,但是其具体实施则主要体现在教案中,包括教学目的、教学环节、教学重难点、教学组织、教学互动、学时分配、多媒体元素的运用等。

高校思想政治理论课多媒体教学策略是多媒体教案、多媒体课件和多媒体教学表达等多种要素综合集成和运用的反映。不同的教学策略,各种教学要素的组合方式也是不一样的。

多媒体课堂讲授式教学是多媒体教学的最基本应用,教学策略的实施可以大到整章整节,也可以小到一个知识单元甚至一个知识点,要求整个教学过程浑然一体、一气呵成。要有明确清晰的教学目标,教学重点和难点要处理得当,教学过程包括复习旧课、导入新课、讲授新课、课堂小结、巩固练习等教学环节,教学时间要分配合理,教学组织要有条不紊。多媒体手段的实施要根据教学需要和教师个性风格灵活掌握,多媒体素材的运用要有因由、有章法,紧密契合教学内容的展示和教学信息的传达,不能随意滥用。教学表达要贴切自然,与思想政治理论课多媒体教学语境完美契合,可以随着教学内容的变化,交替运用叙事、议论、抒情等多种表达方式。多媒体课堂讲授式教学往往是紧贴教材而设计的,可以采用多种多媒体手段来丰富教学形式,包括艺术的、审美的手段。

多媒体专题式教学则要体现出专题式教学的特点,以集中研究一个问题为核心而展开教学,要注重教学的学术价值和学术含量,多媒体素材的运用要精炼而集中,还要做到展示和切换灵便,不能过于繁杂、过于花哨而导致理论思维的支离破碎。其他的教学方式,如问题式教学、讨论式教学和案例式教学等,同样是围绕一个话题展开。多媒体素材运用必须集中于同一类问题,而且要有启发性,这类教学往往是运用一段多媒体视频引起话题,中间以文本或图像等形式层层展开,结尾一般比较含蓄,留给学生延伸思考的空间,可以运用一段视频,也可以运用其他的多媒体素材。一般来说,除了常规的课堂讲授式教学之外,其他的多媒体教学方式在内容展示上比较直观,课件结构以树状结构为主,不用采取复杂的交互或链接。

3. 多媒体课件设计

多媒体教学对教学工具即多媒体课件具有很强的依赖性,特别是对高校思想政治理论课来说,好的教学课件几乎是教学成功的一半。因此,精心设计多媒体课件是高校思想政治理论课多媒体教学的重要工作。

　　高校思想政治理论课多媒体课件的设计包括课件文本内容设计、课件风格设计、内容展示设计、多媒体素材设计等。

　　与其他学科的教学课件不同的是，思想政治理论课教学内容除了具有理论的严谨性之外，也应该具有一定的文学性和审美性，如果要形成教学讲稿的话，应该是一篇洋洋洒洒的教学讲演稿，主题突出、结构紧凑、首尾呼应、文字优美，在给人审美享受的同时，也让人领略到深刻的哲理和启示。体现在课件的文本上，就应该精心雕琢、反复推敲，做到既简练概括又全面深刻，既长于雄辩又含蓄隽永。一般来说，课件文本的主要内容是教学提纲，但如果仅有教学提纲，那只能叫作电子版书而不能称之为课件。课件文本内容的设计不仅要体现教学提纲的内容，还要充分展示出教学课件的内涵和魅力，充分体现出知识性、趣味性、哲理性和审美性，使其成为名副其实的课件。

　　课件风格可以从课件的展示方式、页面设置、背景图案、主体色调、板式结构、行文风格等诸多方面体现出来，既可以体现出教学内容的一般性特点，又可以体现多媒体教师的个性风格。思想政治理论课多媒体课件要具有政治思想性的内涵，从各方面都要有红色主题的特征，同时也要体现思想政治理论课教师的审美修养，是大有文章可做的。对于教学课件，多媒体教师不一定每一个章节都亲手制作，但对别人的课件一定要加以修改，使其符合自己的教学习惯和教学风格。只有通过修改变成自己的创作，才能在教学中真正发挥出多媒体教学的优势。

　　所谓内容展示设计，主要指的是从课件的交互结构上满足知识体系的逻辑构成，以最简明扼要的方式把复杂的逻辑关系展示出来，形成一个立体的知识结构框架，有利于学生理解和记忆。多媒体素材设计主要是图像、图形、动画、视频和音频素材的设计，多媒体教师可以亲自动手制作，也可以从网站下载各种素材。把多媒体素材恰如其分地融进教学内容，使其成为教学信息的有机组成部分，是多媒体教学设计的重要内容。对高校思想政治理论课来说，网络上所提供的素材资料浩如烟海，但要选取教学所需的内容也并不容易，关于多媒体素材的制作和运用的问题，在以后各章节中将会有专门探讨。

　　总的来说，高校思想政治理论课多媒体课件设计既要满足教学内容的要求，又要具有一定的技术含量，还要在审美层面上加以关注，使课件充分满足思想政治理论课教学需要。好的教学课件一定是有主题、有灵魂、有个性、有感染力，能够打动人的教学艺术品。

4. 教学评价及反思

高校思想政治理论课多媒体教学评价可以是学生、同行、专家的评价，也可以包括教师的自我评价，一般情况下，包括多媒体教学整体印象、多媒体素材运用情况、师生互动情况、多媒体教学效果等方面。教学反思主要是教师的自我反思，通过反思找出差距和不足，找出需要加以改进的地方。除了教学检查、教学评估、教学比赛等情况之外，一般都无须形成文字，只要教师自己心中有数即可。

三、教案：多媒体教学设计实施方案

教案不等于教学设计，但教案是高校思政课多媒体教学设计的具体实施方案，多媒体教学设计的基本思想必须体现在多媒体教案中，并通过教案的运用贯彻到教学活动中。

（一）教案是多媒体教学活动的基本依据

1. 高校思想政治理论课多媒体教学"三剑客"

多媒体教案、多媒体课件、多媒体讲稿是高校思想政治理论课多媒体教学的"三剑客"，教学设计的各项内容都分别体现在这"三剑客"中，具体的内容分布情况如下：

多媒体教案：作为多媒体教学的基本教学依据，在多媒体教案中应该体现学情分析、教学内容分析、学习目标的确定、教学策略的制定、多媒体运用策略等内容。教案中最重要的部分，则是多媒体教学流程的设计，教学流程既是教师讲课的基本程序安排，又可以作为制作多媒体课件的脚本，是多媒体教学艺术的"总导演"。

多媒体课件：教学课件是多媒体教学的基本依托，也是多媒体教学的平台，其作用是展示教学提纲、传递多媒体教学信息、传达思想感情和审美感受。多媒体课件要体现多媒体教学风格、多媒体素材设计、多媒体运用策略等诸多教学设计的内容，对于一个经验丰富的教师而言，有了多媒体课件即可以完成教学任务。

多媒体讲稿：对于高校思想政治理论课多媒体教学来说，多媒体教学讲稿是教学演讲的基本内容，多媒体教学表达设计主要体现在教学讲稿中，包括体裁设计、行文风格、语言特色等内容。多媒体教师不一定完全按照讲稿来授课,但教学讲稿对于探索教学表达范式、规范教学语言和拓展思想深度等还是有很大意义的。

在这"三剑客"中,多媒体教案所起的作用是基础性的,既是体现教学设计思想的重要一环, 也对多媒体教学课件和多媒体教学讲稿的质量有着重大影响,不可等闲视之。

2. 多媒体教案是多媒体教学设计的具体实施方案

多媒体教学设计包括多媒体教学目标、多媒体教学策略、多媒体素材设计、多媒体教学表达等多方面内容,这些内容主要是通过多媒体教案反映出来并加以具体实施的。

首先, 多媒体教案必须包含教学目的, 既要包括知识和能力的学习目标,也要包括情感和价值观目标。在高校思想政治理论课教案的这一项中,往往要包括三项内容:对本章知识体系的掌握、本章基本理论观点对学生实际工作能力培养的方法论意义、本章教学内容对学生价值观的培育和思想感情的升华。

其次,多媒体教案必须体现一定的教学策略,包括讲授式、启发式、讨论式等不同教学模式的选择,包括教学组织形式和具体的教学方法,也包括对教学重点和教学难点的教学设计等, 而且这些教学策略的运用都要和多媒体因素紧密地结合在一起。

再次,多媒体教案的中心任务就是设计教学流程,要根据教学设计的总体思想安排好教学顺序,分配好教学时间,精心设计好各个教学环节,处理好课程导入、课程讲授、课堂练习、教学讨论、总结概括等步骤,使教学过程法度森严、井然有序、抑扬顿挫、节奏鲜明,即传递思想和信息,又能调动学生的情绪和情感,使学生在受到深刻的思想理论教育的同时得到心灵的培育。

最后,多媒体教案中也要体现多媒体素材的设计和运用,在多媒体教学流程设计中, 必须包括多媒体素材的运用和应用多媒体素材进行教学的设计意图。多媒体素材可以包括文本资料素材、图像和动画素材、声音和教学影片素材,运用这些多媒体素材要有因由、有技巧、有水平,使多媒体素材成为教学艺术的有机组成部分。

3. 多媒体教案要体现出多媒体教学的一般性要求

教案是教师实施教学的基本依据, 多媒体教案应该既体现教案在教学过程中的作用,又体现出多媒体教学的一般性要求,要具体规划好每一步教学流程,并且在教学流程的每一步都要包括多媒体手段的运用,使多媒体教案成为教学的导演者和指挥者。教师按照教案的程序进行教学,就像乐队演奏者们在乐队指挥的手势下,按照各自的乐谱逐次演奏每一段、每一节、每一个音符。当然,如果教师早已熟悉了教学流程,就用不着每一步都眼盯着教案,只要按照教学课件的流程走下去就能讲好课。但对于首轮讲授来说,在教学课件之外还要有一个教案作为基本依据,以便随时参看。

多媒体教案一定要有相对规范的内容,要体现出多媒体手段在教学中的运用。当然,多媒体教案并没有千篇一律的书写格式,不同的教师有着体现自己教学个性的教案写作习惯。下面分析一个多媒体教案中教学流程的设计案例,这个教学案例的内容选自教材《中国近现代史纲要》第四章,题目是"中国共产党不能忘来时的路",这是一位教师同行的讲课大赛参赛作品,曾在辽宁省2017年全省讲课比赛中获奖。这段教学讲授的是关于中共一大建党和红船精神的教学内容,立意新颖、思想深刻、感情奔放,在精辟介绍建党历史过程、深刻分析理解习近平总书记关于红船精神重要论述的同时,使学生受到深深的情感触动,树立了崇高的使命感,坚定了理想和信念。这里根据作者精彩的教学讲稿和教学课件还原了一个多媒体教案的教学流程设计,在总体尊重原作的基础上,细微之处略有改动,由于篇幅所限,这里只选取了第一部分的教学内容。

中国共产党不能忘来时的路(第一节)
佟玉东

教学流程	教学内容	多媒体运用	设计意图
导入新课	(1)习近平总书记红船精神讲话	切入文本: "我们党的全部历史都是从中共一大开启的,我们走得再远都不能忘记来时的路。"	创设情境渲染教学气氛
	(2)1921年8月3日,中共一大在浙江嘉兴南湖红船上胜利闭幕,庄严宣告了中国共产党的诞生。	图片:南湖船图片以缩放动画形式展开。	

续表

教学流程	教学内容	多媒体运用	设计意图
讲授新课	(3)中共一大:早期酝酿 ——手握真理屹立潮头 ——南陈北李相约建党	(跳转到第一节目录页面"中共一大",点击进入小标题一) 图片:陈独秀、李大钊 艺术体文字: 　北大红楼两巨人, 　纷传北李与南陈。 　孤松独秀如椽笔, 　日月双星照古今。	在传递教学信息的同时,思想感情层层递进,烘托下一个教学单元模块的展开
	(4)中共一大:召开背景 ——中国共产党早期组织海内外相继成立 ——共产国际代表建议召开党的代表大会 ——李达、李汉俊分别写信给各地党组织	(返回第一节目录,进入小标题二,以下各小标题依此类推,不再标明操作过程) 马林、尼科尔斯基照片 李达、李汉俊照片	
	(5)中共一大:代表赴会 谢觉哉日记:"午后六时叔衡往上海,偕行者润之(毛泽东),赴全国○○○○○之招。" ——1921年6月29日	图片一:谢觉哉日记 图片二:何叔衡、毛泽东照片	
	(6)中共一大:会议召开 1921年7月23日,中共一大在上海法租界望志路106号,李汉俊的兄长李书城的住宅内举行。	图片一:今日上海兴业路76号,中共一大会址纪念馆图片。 图片二:"中国共产党第一次全国代表大会会址"金属牌匾图片。	
	(7)中共一大:出席代表 群英荟萃,陈李缺席 风华正茂,开天辟地	单击播放毛泽东等12名一大代表单人照片 单击展示包惠僧照片 单击展示马林、尼科尔斯基的单人照片	

续表

教学流程	教学内容	多媒体运用	设计意图
讲授新课	(8)中共一大:党员总人数 1950年苏共中央移交档案资料记载 2016年6月,中央党史研究的最新考证	资料文本:"已有6个小组,有53个成员"。——《中国驻共产国际代表团档案》 资料文本:2016年6月,中央党史出版社出版发行《中国共产党的九十年》一书,明确采纳58人之说。 资料图片:《中国共产党的九十年》三卷本	在传递教学信息的同时,思想感情层层递进,烘托下一个教学单元模块的展开
	(9)中共一大:大会日程 7月23日开幕 25、26日,休会两天 27、28、29日三次会议 30日第六次会议中断	分别运用PPT自带动画图解大会议程	
	(10)中共一大:中途转移 会议转移嘉兴南湖 南湖会议召开时间	资料文本:2018年6月,光明日报社、浙江省委宣传部、嘉兴市委发布最新重大课题成果,确认南湖会议召开时间为1921年8月3日。	
	(11)中共一大:胜利闭幕 轻烟漠漠细雨蒙蒙 任重道远红船启航	图片资料:何红舟、黄发祥油画作品《启航》 艺术字体:1921年8月3日南湖会议,其中"南湖会议"四字用72号微软雅黑字体加以突出	

　　本案例教学一共分为三节:"中共一大历史回顾""中共一大伟大成就"和"中共一大红船精神",教学立足点落在对红船精神的理论阐述,本案例选取的是第一节的历史回顾,是以历史事实为铺垫来烘托理论学习,因此在设计意图上着重历史述说,但这种历史述说不是平铺直叙,而是融进层层递进的情感发展历程,逐渐将学生引入一种神圣庄严的精神境界。由于本案例中没有涉及音频、视频和动画素材,所以本案例的多媒体运用只涉及文本素材和图像素材,其他各种多媒体素材的运用与以上素材的运用同理。

　　在这里应该强调的是,教案并不是教学讲稿,正常情况下,应该是先有教案,而后根据教案来制作课件、撰写教学讲稿。一部完整的多媒体教案是可以作为课件脚本的,其中"教学内容"一项完全可以作为制作多媒体课件的提纲。在教案中还可以添加很多内容,如教学互动和课堂讨论的设计,但一般来讲,由于高校的思想政治理论课教学设有专门的讨论课,所以一般意义上的教学互动可以较随意地穿插在讲授中,无须专门设计在教学流程里。多媒体教案的书写格式并没有严格规定,可由教师根据教学需要自行合理安排。

(二)高校思政课多媒体教案的设计艺术

1. 多媒体教案要有主题、有灵魂、有生命力

教案是对教材内容进行解析后所编制的纲要性教学文件,是教学活动的基本依据,但不应该将其理解成机械的、死板的教学提示,高校思想政治理论课多媒体教案应该是包含丰富内容、具有深刻启示性的教学文件,要做到有主题、有灵魂、有生命力。

所谓有主题,是指多媒体教案要紧紧围绕教学主题展开,充分体现教学目的和宗旨,每一个小标题都必须是上一级标题的分论点,教学流程的纲要和内容甚至可以独立组合成一篇文章。主题鲜明是一切文章的基本写作要求,也应该是多媒体教案的写作要求。多媒体教案要做到有主题,必须从整体上把握教学内容,从细节上斟酌教学语言,整篇教案内容连贯、一气呵成,教案语言虽然从形式上看有片段化的特点,但整篇教案稍加连缀即可成文。

所谓有灵魂,指的是多媒体教案所提供的不仅是教学纲要和一些多媒体教学素材,而且要体现深刻的思想性,即便是匆匆浏览一遍教案内容,亦可感受到一种溢于言表的灵秀之气,使人产生一种希望继续深入了解的冲动。要做到有灵魂,必须对教学内容有深刻的理解和感受,以积极活跃的思维状态促进情感的投入,充分调动想象力和创造力来创设教学情境、塑造教学形象,任凭思想自由翱翔,把基于人生"小道理"的哲学思想融入政治理论教育的"大道理"中,使多媒体教案既体现学术性又富于哲理性,既有政治性又有文学性,在只言片语的简明概括中透露出深刻的精神内涵,令人回味无穷。

多媒体教案的生命力就体现在简略语言的字里行间,优秀的多媒体教案应该做到有血有肉、情理交融,使人感觉到一种激情的澎湃和生命的洋溢。多媒体教案尽管以简略的表达组成,但寥寥数笔即可勾勒出活生生的教学轮廓。与教学讲稿的细致阐述不同,教案所追求的是"神似"而非"形似",

是以简略的语言传达深刻的精神内涵,以传神的描述概括全部教学精髓,呈现给人的是浸润着生命活力的文体表达，字字句句都会引申出深刻的启示和丰富的联想。

2. 多媒体教案要体现出对教材体系的再创造

教材体系的编写所体现的是教材编写的规律,但不是教学活动的规律,要把教材文本变成教学内容和教学语言，必须对教材体系进行适合教学活动的再创造。高校思想政治理论课多媒体教案作为教学活动的依据,是教师在遵循教学规律的基础上所创造的教学体系，也是教师的教学艺术创作成果,要通过以下过程来完成。

解读教材内容:这是制作多媒体教案的第一步。教师要通过解读教材的内容,弄清教材各章节的写作意图,明确教学主题,搞清知识体系中各部分的逻辑关系,在头脑中建立起教材的知识框架。吃透教材不仅意味着掌握教材的知识体系,也意味着熟悉教材体系中所蕴含的情感和价值观内容,对高校思想政治理论课教学的全方位实施和展开具有重要意义。只有吃透教材,教师才会对如何实施教学活动心中有数，并且能够主动摄取相关知识来充实自己,能够有目的地搜集教学案例和多媒体教学素材资料用于教案编写。

编制学习体系:教学不是照本宣科,教案也不是机械地将教材体系搬上课堂,而要重新组织和安排教材所提供的学习内容,形成既有利于学生的学习和接受、又具有教师鲜明个性特点的教学体系。教案是对教材内容的解析,是把复杂的教学内容解析成一个个有利于学生接受的知识点,而后在分清重点和难点的基础上,重新编制而成的新的学习体系。在高校思想政治理论课有些教学科目中,教师经常会遇到的问题就是教材内容过于泛泛、难以讲深讲透,这种情况就比较适合于专题教学,即打破教材体系,将教材中比较零散的内容糅进一个教学专题中,从而做到主题鲜明、重点突出、与现实联系紧密,能够引起学生广泛关注,有效地增强教学感染力。

编写教学提纲:一般情况下,教案中的教学提纲可以依照教材中现成的目录体系来编写，但三级标题以下的大段内容往往就需要教师通过自己的分析理解来归纳理论要点,根据教学的需要设置分论点和小标题,进行更加详细的理论阐述,使之更加有利于教学活动的展开。特别是对某些教学专题而言,教学提纲的编写完全脱离了教材体系,需要教师综合各部分内容巧妙安排和组织提纲的编写。教师在备课的时候会遇到教材中某些内容实在难以讲授的情况,这就需要教师进行大胆取舍、合理增减,使教学提纲逻辑更加顺畅。

加入教学案例：教学案例的运用应该以合理和适度为要，对于教学重点和教学难点的处理来说，一定要选择最精彩、最贴切的案例，进行充分展开和透彻分析，本着抓住一个问题说深说透的原则进行精深讲解。教学案例在精而不在多，用得过多反而会干扰教学，使教学体系庞大臃肿，让学生感到云山雾罩、不明就里。

适配多媒体素材：多媒体素材并不完全等于教学案例，有些多媒体素材可以单独作为教学案例，如教学影片等。但有些多媒体素材仅仅是教学案例的构成元素，通过图片、音频和动画等素材的组合运用而构成一个完整的教学案例。还有些多媒体素材不过是传递多媒体教学信息的一种形式，是构成教学内容的基本元素，而不能被看作是教学案例。多媒体教案所适配的多媒体素材应该在教案中有所体现，使之成为多媒体教案的组成部分，哪怕写得比较简略也无妨，但不能没有，因为多媒体教案不仅是教学的基本依据，也是制作多媒体课件的重要依据，把多媒体素材的运用策略写在教案中，可以整合多媒体教学的各种教学要素，完善多媒体教学的整体构思。

3. 优秀多媒体教案要由精彩教学语言来组织

在多媒体教案中，教学流程的主体其实就是由各级标题所组成的教学提纲系统，各级标题的语言组织和安排极为重要，要以最简短的语言来提炼和概括教学内容，形成大、中、小各级标题，有些标题来自教材中，但还有些标题是根据教学内容自拟的。即便是教材中的标题，有些也可以视教学需要而加以调整或修饰，更不要说在解析教材内容时自拟的小标题了。对于教学来说，标题系统非常重要，它既是教师讲课的基本思路和线索，也是学生接受教育的知识点串联，是知识的体系性和逻辑性的外在表现。运用精彩的语言来概括教学内容和编织教案的教学流程，是多媒体教案艺术的重要组成部分，能够把普普通通的语言叙述升级到诗意的境界，很好地提升思想政治理论课多媒体教学的审美和艺术层次。如在上一个案例中的"中共一大·早期酝酿"小节，讲稿中有这样一段话：

二十世纪初的中国积弱积贫，被称为是一艘"无一处没有伤痕"的破船。时代呼唤着手握真理的志士仁人，最早酝酿在中国建立共产党组织的是陈独秀和李大钊。"北大红楼两巨人，纷传北李与南陈；孤松独秀如椽笔，日月双星照古今。"李大钊曾以"孤松"作为笔名，这是中国共产党创立时期盛传的一首嵌名诗。(单击)"南陈北李,相约建党",成为我党建党史上的一段佳话。

1920年年初,李大钊不顾个人安危,护送从北洋政府监狱出狱的陈独秀离开北京,前往上海。在护送的路上,李大钊和陈独秀商定要建立中国的马克思主义政党。

1920年8月间,在陈独秀的直接领导下,中国第一个共产党的组织在上海成立,陈独秀为书记。1945年党的"七大"预备会上,毛泽东客观地评价了陈独秀,称他"做了启蒙工作,创造了党"。

而在教案的教学流程中和课件页面上,就将这段话概括为"手握真理屹立潮头,南陈北李相约建党"这样两行小标题,既简练而又富于诗意性,作为教学流程中的一组小标题再合适不过了。

除此之外,多媒体教学素材也有很多是文本形式的,比如有的是对图片的文字说明,有的是配乐讲演的文字稿,有的是名人名言的重要阐述片段,有的是教师的精彩语丝,甚至有的时候也可以把某种理论观点的精彩论证放到多媒体页面上。这些文本形式的教学素材都要进行语言艺术加工,或是加以精炼、修饰、润色,或是进行适当地删减处理,使其具备高度的艺术性,体现出一种雕琢之美。

总之,多媒体教案的艺术性很大程度上体现在语言的艺术美,不要把教案仅仅看作是一种很随便的教学提示,作为一种最重要的教学依据,教案的艺术水平会直接影响到教学课件的艺术性,也会影响到教学讲稿甚至教学表达等多方面的教学艺术水平。

第三章
高校思政课多媒体课件艺术研究

多媒体课件是多媒体课堂教学的基本依托，是多媒体教学最重要的辅助教学工具,它把文字、图形、图像、动画、音频、视频等多种媒体素材在时间和空间两方面进行集成,并赋予它们以交互特性,从而形成精彩纷呈的多媒体应用软件产品,从多方面满足教学需要。一般来说,多媒体课件应该具备以下特点:首先是丰富的表现力。多媒体课件可以更加生动逼真地传递各种视听信息,为教师口述加板书的传统教学提供更加丰富的教学内容;可以生动直观地表现某些抽象复杂的构造和原理,有利于学生对所学知识的理解掌握;还可以在应用多媒体素材的前提下提升教学的审美品质,使教学在传授知识的同时也带给学生美的熏陶和人生的感悟,使教育活动回归到教书育人的教育本真。其次是良好的交互性。多媒体课件可以提供良好的交互控制,便于教师运用教学策略进行教学活动,使教学活动更加"人性化",更加具有创造性。最后是普遍的共享性。网络技术的应用使多媒体信息能够自由传输,实现教学资源的共享,从而促进了课堂教学内容、教学方法等在广泛交流基础上的全面优化。

从广义上看,一切能够运用于教学活动的、可以独立存在的多媒体图像和音视频作品,都可以称为多媒体教学课件,但严格说来,只有那些提供了整章整节教学提纲和教学内容、并且能够全程配合教师进行教学讲授的演示性作品才算是教学课件。教师可以通过购买和网上下载等方式获得多媒体课件,但更多的是自己动手制作课件,因为只有自己制作出来的课件,使用起来才会更加得心应手。因而,制作多媒体课件是多媒体教师的基本功,一个从来都不曾自己制作课件的教师,是不能称为多媒体教师的。虽然现在有很多"工作室"或专门从事多媒体课件开发制作的公司可以提供有偿服务,但从根本上看,做课件是多媒体教师备课工作的一部分,是教师自己的工作和自己的事业,只能凭自己的辛勤劳动去探索和开拓,任何个人"工作室"、任何企业和公司都无法"越俎代庖"。

一、高校思政课多媒体创作工具研究分析

俗话说"工欲善其事必先利其器",多媒体教学是严重依赖于多媒体技术手段的,要制作好的多媒体教学课件,必须对各种多媒体开发制作工具有广泛的了解,而且要精通某些重要的工具软件。

多媒体课件开发制作工具可以包括多媒体制作工具和多媒体素材编辑工具, 后者包括对多媒体图形和图像进行加工制作的图形软件, 如 Photoshop、CorelDraw、Illustrator 等;多媒体动画制作软件,如 Flash、Animator Pro、3Ds Max、Maya 等;多媒体音频处理软件,如 Audition、Sound Forge、Wave Edit 等;还有多媒体视频处理软件,如会声会影、Adobe Premiere、After Effects 等。有些软件在后面还要详细介绍,这里就暂不细说了,本章研究分析的是多媒体制作工具,也就是多媒体教学课件的主创工具。

用来组成各种多媒体素材的多媒体制作工具有很多,比如 WPS 幻灯片、PowerPoint 幻灯片、Authorware、IconAuthor、方正奥思、Director、Action、Multimedia、Tool Book、HyperCard、Flash、Prezi、Focusky 等,不同的制作工具输出不同格式的课件,基本的要求是能够在 Windows 平台上运行和播放,以这个要求而论,甚至可以用 FrontPage 或者 Dreamweaver 来制作网页课件。这些多媒体制作工具都各有所长,能够满足各种多媒体课件的不同创作需要,以其创作方法和结构特点的不同,可以分为以下几种情况:

1. 基于时间序列的多媒体制作工具

基于时间序列的多媒体制作工具制作出来的节目类似于电影或者卡通片,以可视的时间轴来决定事件的顺序和对象上演的时间,具有较强的导航功能和交互功能,优点是操作简便,形象直观,可任意调整多媒体素材的属性,如位置、转向等,但脚本语言相对复杂一些,给创作带来一定难度,不太适合普及应用。这类工具有 Director、Flash 和 Action 等。

2. 基于图标或流程线的多媒体制作工具

这类多媒体制作工具以流程线和图标来组织创作活动, 创作过程中把不同性质的图标按照播放顺序排列在流程线上, 在流程图上可以对任一图标的属性进行编辑,各种多媒体素材都要导入图标中进行播放,流程图表现的是整个多媒体作品的逻辑关系,包括一条主线和若干条分支。每一个图标

所显示的是一个页面,可以通过设置按钮来进行页面的跳转和切换。这种制作工具主要有 Authorware 和 IconAuthor 等,其优点是操作起来比较容易上手,一些基本的应用不需要过多依赖脚本语言,缺点是当课件规模很大时,图标及分支增多,结构复杂令人眼花缭乱。另外,这类多媒体制作工具一般只做多媒体素材的集成及组织工作,多媒体素材的编辑加工则要由其他软件来完成。

3. 基于卡片或页面的多媒体制作工具

这种多媒体制作工具可以将多媒体素材置于页面或卡片上,类似于教科书中的一页或数据袋内的一张卡片,将这些页面或卡片连接成有序的序列进行播放展示,就是一部多媒体课件作品。这类多媒体课件可以插入各种多媒体元素,在结构化的导航模型中,可以根据命令跳至所需的任何一页。这类多媒体制作工具包括 PowerPoint、WPS 幻灯片、方正奥思、HyperCard、ToolBook、HyperCard 等,优点是组织和管理多媒体素材方便,操作极其简便,一些基本应用完全不需要脚本语言,非常适应大众化和普及化的需要。

除了以上几种类型的多媒体制作工具之外,还有许多适用于制作多媒体课件的软件工具,比如电子杂志软件 PocoMaker、Zinemaker 等,也经常被用来作为课件制作工具。近年来基于云端的演示文稿制作软件 Prezi 和全方位支持中文的 Focusky 也正在进入人们视野,这两种软件在制作上虽然是以页面为信息承载的基本单元,但从结构和播放方式来看,与上述各种类型都有所不同。

众多的多媒体制作工具具有各自不同的创作优势,对于高校思想政治理论课来说,最重要的并不是动画功能,因为这类思想教育的课程不需要以动画来演示复杂的原理和机制,思政类课程在多媒体教学中的重要意义一是展示历史事实,二是渲染课堂教学气氛,增强教学感染力。从这些需要出发,思想政治理论课多媒体课件制作工具的选择就应该重在操作简便但能够集成多种多媒体素材,并能够最大限度地发挥多媒体素材的优势。从具体的教学实践来看,目前在思想政治理论课多媒体教学中用得较广的是 Power-Point 和 WPS 演示文稿,此外 Authorware 由于较强的交互性和操作的简便性应用也比较广泛。下面就结合高校思想政治理论课课堂教学的实际运用,分别对 PowerPoint 演示文稿、Authorware、Focusky 和 Prezi 几款软件的性能进行研究分析。

(一)PPT 幻灯片演示文稿

幻灯片演示文稿主要有 Microsoft Office PowerPoint 和金山办公系统的 WPS 幻灯片演示文稿,由于前者普及较早,习惯上我们把微软的演示文稿叫作 PowerPoint 或 PPT,而将金山的幻灯片演示文稿 Presentation 称为 WPS 幻灯片,这里以讨论 PPT 为主。

PPT 不是独立软件,而是 Office 办公应用软件的一个功能。用 PPT 做出来的东西叫演示文稿,演示文稿中的每一页就叫幻灯片,每张幻灯片都是演示文稿中既相互独立又相互联系的内容。2003 版本及以前版本 PowerPoint 的后缀名为.ppt,2007 版本的后缀名为.pptx,PowerPoint,也可以保存为后缀名为.pps 的文件,这是打开后直接显示为全屏的格式,不可对其进行编辑,以这种格式保存,可以防止别人对其进行修改。除此之外也可以保存为 pdf 格式和各种图片格式等,2010 版本及以上版本中还可以保存为视频格式。WPS 幻灯片演示文稿 Presentation 的保存格式为.dps, 实际应用并不是很多,WPS 与 PPT 具有一定的兼容性,所以也可以打开.ppt 文件,反之,WPS 也可以保存为 PPT 的各种文件格式,但功能有所差异。

PowerPoint 具有强大的整合能力和兼容性,能够集成文字、图表、图形、图像、动画、音频、视频等各种多媒体素材,可以打开多种不同品牌不同格式的文档表格和演示文稿(比如和 WPS 演示文稿之间的互通),也可以将整部幻灯片导出到 Word 文档中,还可以将演示文稿保存为"Web 页"或保存为图片。另外,PowerPoint 自带一定的多媒体素材编辑制作功能, 比如可以像在 Word 文档中一样对图片的颜色、亮度和对比度进行简单处理,使其产生强烈的艺术效果,这一点是 Authorware 所不具备的。另外,在音频素材的运用上,PowerPoint 不仅能够插入多种格式的音频文件,而且可以通过"插入–影片和声音–录制声音"来进行录音(如图 3–1)。此外,PowerPoint 可以做出多种动画效果,并且在页面切换和过渡的动画展示上有丰富的表现力,用 PowerPoint 做出的演示文稿简洁明快、操作方便、修改灵活,比其他多媒体软件有更多的优越性,堪称是一款大众化的

图 3–1

优秀软件,在工作汇报、企业宣传、产品推介、婚礼庆典、项目竞标、管理咨
询、教育培训等领域占据着举足轻重的地位。由于 PowerPoint 非常容易上手,
且能够放到网上播放实现资源共享,所以也是教师进行多媒体课件制作的
首选工具。在展示和播放上,PowerPoint 翻页非常方便,甚至可以通过连接接
收器用激光笔来操控翻页,所以在各类讲课比赛中,为了便于教学演讲现场
效果的充分发挥,参赛教师大都采用 PowerPoint 课件进行教学。不仅如此,由
于 PowerPoint 在教学中具有最广泛和最普遍的应用,所以各类教学课件大赛
一般也都采用 PowerPoint(有的也用 Flash)作为标准的课件制作平台,以便
获奖课件能够在网上得到推广。

　　人们一般认为 PowerPoint 只是一款"傻瓜"课件,演示过程单调而呆板,
缺乏良好的人机交互等,其实这是因为对 PowerPoint 的应用缺乏了解,很多
其他多媒体工具的功能在 PowerPoint 中也能够实现。比如 PowerPoint 就可以
用点击缩略图来展开图片的方式在一个页面上布置多张图片,就像是打开
超级链接一样。具体方法是:在幻灯片菜单栏单击"插入—对象",在弹出的
对话框中选择"Microsoft powerpoint 演示文稿"(如图 3-2),页面中央就出现
一个演示文稿对象的窗口(如图 3-3),在菜单栏单击"插入—图片",在演示
文稿对象中插入一幅图片,将图片的
大小调整为演示文稿对象窗口的大
小,点击一下空白处退出该对象的编
辑状态,将它缩小成为尺寸合适的缩
略图,并放到幻灯片页面上的对应位
置。播放这张幻灯片就会发现,当点
击这张缩略图时,就会迅速展开成为

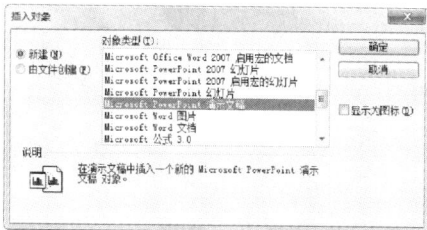

图 3-2

满屏的大图片,再一点击这张大图片
就立即返回缩略图。如果要在一张幻
灯片上放置多张可展开的缩略图,只
需复制这个插入的演示文稿对象,在
其上点右键,在弹出的对话框中选择
"演示文稿对象—编辑",并删除里面
的图片,再重复上面的步骤插入新的
图片,点击空白处退出编辑状态,并排
列好位置就可以了,扫一扫本书封底

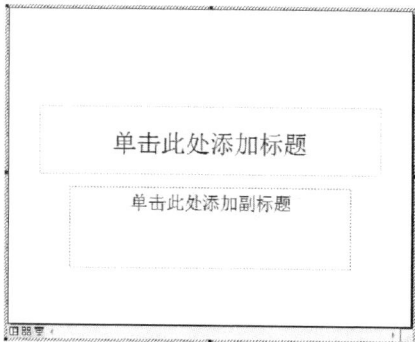

图 3-3

的二维码即可详见本案例的数码资料。除了这种图片导入方式之外，Power-Point 和 WPS 幻灯片都可以导入 PNG 格式的图片，这种格式的图片由于可以保存经过抠图去掉背景的图片素材，所以适合于导入 PPT、WPS 和 Authorware 进行页面美化编辑。

　　PowerPoint 还有一项非常有用的功能，就是保存特殊字体。有时候人们会使用一些非常漂亮的字体来表现艺术效果，可是当换一台电脑进行播放时，这些字体就变成了普通字体，甚至还可能造成排序错乱严重影响演示效果。对于这种情况，只要执行"文件—另存为"，在对话框右上方点击"工具"按钮，在下拉菜单中选择"保存选项"，在弹出其对话框中选中"嵌入 True-Type 字体"项，然后根据需要选择"只嵌入所用字符"或"嵌入所有字符"项，最后点击"确定"按钮保存该文件即可完满解决这个问题。

　　在 PowerPoint 中经常要用到文字链接，但很多情况下链接文字的默认颜色和下划线让人看了不太美观，并且可能与预设的背景色很不协调。其实这些问题并不难处理，对于下划线问题来说，只要不选文字，而是对文本框设置链接，就不会出现下划线了。对于链接文字的颜色来说，可以通过改变幻灯片配色方案来解决，具体做法是点击菜单命令"格式—幻灯片设计"，在打开的"幻灯片设计"任务窗格下方的"编辑配色方案"，在弹出的"编辑配色方案"对话框中点击"自定义"选项卡，就可以对超链接或已访问的超链接文字颜色进行相应的调整了。不过从插入的艺术字体来看，PowerPoint 中的字体似乎都不太令人满意，显得有点太"业余"了，相比之下，WPS 的字体显得更加美观大方，要想弥补这一不足，不妨从 WPS 做好后复制调用，但复制过来后已经是图片，而不再是文字了。

　　控件工具箱为 PowerPoint 提供了多种高级应用，不仅能够实现良好的人机交互，而且也可以使 PowerPoint 完成许多常规操作无法完成的任务。所谓控件，简单地说就是可以通过操作数据或输入代码来设置动作的组件，在 PowerPoint 中，控件被集成在控件工具箱中，在菜单栏点击"视图—工具栏—控件工具箱"就可以调出。控件工具箱中是 PowerPoint 自带的 ActiveX 控件（在 Authorware 中叫 OLE 控件，这是 ActiveX 控件以前的叫法），严格来说，在 PowerPoint 中创建 ActiveX 控件对象需要熟悉 VBA 代码的运用，但实际上只需掌握几个简单的 VBA 语句就可以应付 PowerPoint 中一般的应用了，甚至只需照猫画虎地学会几个有实用价值的案例就足够了，毕竟

图 3-4

思想政治理论课教师不是专职多媒体技术开发人员。在多媒体课件的制作中,控件的运用并不是太多,这里介绍一下运用控件制作选择题的方法。

首先是单选题制作。

1.在幻灯片上用文本框输入单选题:"真理既是绝对的,又是相对的,这是真理问题上的( )"。

2.通过执行"视图—工具栏—控件工具箱"调出控件工具箱(如图3-4所示),点击控件工具箱中的选项按钮,在单选题文本的下方点击,即插入一个选项按钮控件,并复制出另外三个选项按钮。分别在四个选项按钮的属性对话框中把Caption项设置为:A 唯物论、B 诡辩论、C 辩证论、D 二元论,其中,C 是正确答案,将四个选项按钮在题干下面排列好位置。

3. 点击控件工具箱中的命令按钮,在适当位置点击即插入一个命令按钮,并复制出另外两个命令按钮,在按钮上单击右键,在弹出的菜单中选择"属性",在随即弹出的属性对话框的Caption项中分别把Caption改为 "清空""提交"和"下一题",把单选题文本和选项按钮及三个命令按钮排列好位置,布置成图3-5所示的单选题样式。

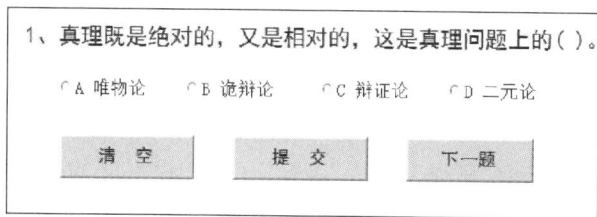

图 3-5

4.分别在"清空""提交"和"下一题"上点右键,调出各自的代码编辑窗口,在起始句"PtivateSubConmaand-Buttonl_Click( )"和结束句"EndSub"之间分别输入事件过程代码:

"清空"命令按钮的代码是:

OptionButton1.Value=False

OptionButton2.Value=False

OptionButton3.Value=False

OptionButton4.Value=False

"提交"命令按钮的代码是:

If OptionButton1.Value=True Then MsgBox("错误")

If OptionButton2.Value=True Then MsgBox("错误")

If OptionButton3.Value=True Then MsgBox("答对了！")

If OptionButton4.Value=True Then MsgBox("错误")

"下一题"命令按钮的代码是：

With SlideShowWindows(1).View

GotoSlide(3)

End With

这里的 GotoSlide(3)指的是下一题转到第三张幻灯片。

最后进行运行调试,直到效果满意为止。

再看一看交互式多选题的制作。

与单选题点击控件工具箱"选项按钮"不同,多选题是点击"复选框",在习题下面拉出复选按钮,通过改变属性对话框中"Caption"中的内容,制作出五个选项,再添加三个命令按钮,分别命名为"提交""重选"和"下一题",如图 3-6 所示。

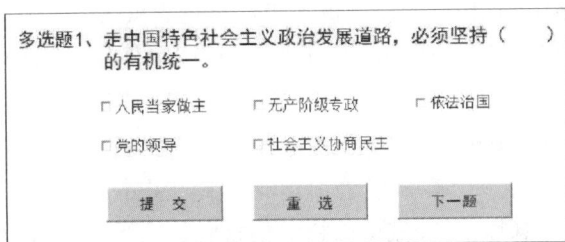

图 3-6

"重选"和"下一题"的按钮代码与单选题中的"清空"按钮一样,只要把"下一题"按钮的跳转页码重新设置一下即可。

"提交"按钮的代码就不同了,要求是当点击错误选项时显示"答案错误",而只选对一个或两个的时候显示"没有选全",只有在选项都正确且不包含错误选项时才显示"答案正确",编辑起来相当麻烦。在本案例中,"提交"按钮起始句和结束句两排代码之间所填入的代码是这样的：

If CheckBox1.Value=True And CheckBox3.Value=True And CheckBox4.Value=True And CheckBox2.Value=False And CheckBox5.Value=False Then MsgBox("答案正确")

ElseIf(CheckBox1.Value=True And CheckBox2.Value=False And CheckBox5.Value=False)Or （CheckBox3.Value=True And CheckBox2.Value=False

And CheckBox5.Value=False）Or（CheckBox4.Value=True And CheckBox2.Value=False And CheckBox5.Value =False）Or（CheckBox1.Value =True And CheckBox3.Value =True And CheckBox2.Value =False And CheckBox5.Value =False）Or（CheckBox1.Value=True And CheckBox4.Value=True And CheckBox2.Value =False And CheckBox5.Value =False）Or（CheckBox3.Value =True And CheckBox4.Value =True And CheckBox2.Value=False And CheckBox5.Value =False）Then

　　　　MsgBox（"没有选全"）

　　　　Else

　　　　MsgBox（"答案错误"）

　　　　End If

　　在这里，"没有选全"的代码是最麻烦的，要通过排列组合一一找出只答对一个和只答对两个选项的情况，还要在每一种情况中把两个错误选项都排除在外，把这些都算作是 Else If…Then 的内容，所以 Else If 后面才会有这么一长串的代码。这段代码翻译成人类语言意思就是"第一项正确而第二、五项错误，或第三项正确而第二、五项错误，或第四项正确而第二、五项错误，或第一、三项正确而第二、五项错误，或第一、四项正确而第二、五项错误，或第三、四项正确而第二、五项错误"。这样的程序设计确实挺笨的，但对非编程人员来说，这种"笨办法"恐怕是最简单的思路了。这么多的代码要是逐字输入可就太麻烦了，大家可以扫一扫封底的二维码获得制作实例，在尝试制作时，可以从这些制作实例中复制代码粘贴到自己的作品中，并进行相应改动，这样就不用费时费力逐字敲键盘了。

　　从这里也可以看出，虽然 PPT 也有很多高级运用，但对于技术的要求还是有一定难度的，而且经常会由于运行环境的变化、软件之间的冲突和不兼容性而变得很不稳定，与简单易行的普遍性要求相去甚远，控件的使用往往还要启用宏和调低安全性，给电脑安全造成一定隐患。所以，PPT 最大的优势并不在于其高级运用，而在于其操作的简便性。由于 PPT 本身就是办公系统软件的一部分，所以具有无与伦比的文字和图形的编辑能力，可以插入和绘制各种图片、图形和表格，并可以运用丰富的自定义动画来安排各种多媒体元素的动态展示，使 PPT 的页面播放美轮美奂、精彩纷呈，具有良好的视觉感受。动画效果并不仅仅是为了好玩，更重要的意义是吸引人们的注意力，避免长时间关注文字内容而引起的心理疲劳，不仅如此，把大段文字内容分解成动画组合,以丰富多彩的动态效果分步骤呈现出来,相当于对文本内容做了解析,也避免了学生直接面对密密麻麻的文字内容,有利于学生对教学内容的消化吸收,对于高校思想政治理论课多媒体教学的课件创作工具选择来说,这是一个重要优势。至于上面所列举的选择题案例,那本来也不是PPT这种课堂演示型课件的长项,而应该是自学型课件特别是网络课件的专长。

除了强大的动画功能,较高版本的PPT在音频和视频的播放上也有自己的优势,可以把音视频内嵌到课件内部。尽管课件会因此而变得更"臃肿",但却从根本上解决了由于路径原因造成的视频播放不畅的问题。较高版本的PPT还可以对影片进行多种形式的修改和编辑,添加许多神奇的艺术效果,如对影片播放屏幕进行发光变体、映像变体、三位旋转处理,对视频形状进行几十种图形设定等。目前,PPT和WPS两种幻灯片演示文稿在性能上越来越接近,在兼容性上,用WPS也可以打开PPT幻灯片并进行编辑,感觉两种幻灯片演示文稿的差别并不大,选择哪一种就要看个人爱好了。

(二)Authorware 课件工具

Authorware 是图标导向式的多媒体制作工具,由 Macromedia 公司开发,2005 年 Macromedia 被 Adobe 公司收购,2007 年 Adobe 宣布停止 Authorware 的研发,等于放弃了这块业务,这款软件的最高版本是 7.02,从目前来看是永远"长不大"了。但 Authorware 并没有退出历史舞台,由于不像其他软件经常更新换代弄得人们眼花缭乱,人们更能静下心来慢慢揣摩 Authorware 的功能。

平心而论,Authorware 之所以被 Adobe 公司弃如敝屣,也并不是没有原因的,比如说动画功能差,比不上 PPT 生动的动画展示,对视频和动画播放的支持也并不比其他软件更有优势,甚至连导入 Gif 动态图片也只能放到流程线上,而不能直接放到页面上,高级操作则需要通过编程来完成,尽管并不十分复杂,但对普通教师来说,也是有很大难度的。此外,Authorware 虽然可以通过发布.exe 可执行文件在其他电脑上运行,但需要进行手动操作,是比较麻烦的。不过,任何软件都有自己的优点和不足,Authorware 虽然有许多不足,但其清晰的流程图、良好的交互性、可以随意设置的链接分支、稳定的页面播放、准确无误的按钮操作,以及打包成.aXr 文件之后的完整形象(这里的 X 代表的是 Authorware 版本，比如 7.0 版本就是.a7p），使 Authorware 给人感觉干净利落、脉络清晰，能够让人放心使用，不像 PPT 那样不小心手一滑，页面就不知道跑到哪去了。

Authorware 最大的优势就是其良好的人机交互，不仅可以通过交互建立起复杂的分支结构，可以通过按钮、热区、热对象、条件响应和文本输入等交互方式建立起应答机制，而且就连普通的图片，在经过简单设置后都可以用鼠标随意拖曳观看。此外，由于 Authorware 只能在其工程源文件 *.aXp 中编辑，打包而成的 *.aXr 文件是不可修改的，所以做出来的课件绝对不会像 PPT 一样拖泥带水、一动就乱，只要在编辑创作过程中设置好，Authorware 就可以做到在操作中准确无误、进退自如，通俗地讲，就是"手感"非常好。对于高校思想政治理论课而言，其实根本用不着所谓高级功能，所需要的仅仅是一些基础性的功能，只要在这些基本功能上表现出色，就是一款过硬的软件。从这个意义上来说，Authorware 功能还是十分强大的，只要充分发挥自己的长处，完全可以和任何一款多媒体软件相媲美。

关于 Authorware 的应用，可以从以下几个方面来探讨。

1. 基于图标和流程线的创作方式

图标是 Authorware 课件的基本组成单位，Authorware 整个程序都是由流程线和设计图标组成的。流程线由主流程线和若干条支流程线组成，创作中把设计图标从悬浮的图标工具栏拖到流程线上，就组成了工作序列。7.02 版本的设计图标包括 14 种创建工具图标，2 个流程调试图标和 1 个调色板图标。显示图标是最基本、最重要的设计图标，一个显示图标代表的就是一个播放页面，其上可以放置静态图片和文字等。其次是等待图标和擦除图标，把等待图标放到流程线上，就代表播放过程在这里暂停，擦除图标则表示把某个图标的内容擦除掉，否则播放结束时那个图标的内容仍然停在那里没有结束。Authorware 就是凭借这些图标的运用及函数、变量和控件实现强大的功能，对一般的课件制作来说，对于显示图标、等待图标、擦除图标、交互图标、群组图标、框架图标的掌握和运用是最基础的，要达到比较熟练的程度。这些图标都是可以复制粘贴的，甚至由交互图标、群组图标和框架图标所组成的流程也都是可以复制粘贴的，这为复杂的 Authorware 操作提供了方便。

2. Authorware 提供的 11 种交互方式

Authorware 不仅可以向用户演示信息，同时允许用户向程序发出指令，传递控制信息,这就是我们说的具有交互性。Authorware 的交互性使用户不是被动接受,而是可以通过键盘、鼠标等来控制程序的运行,不仅可以操控页面的翻动和跳转,而且可以通过输入文本信息、设置交互条件、限制时间和交互次数等方式来实现人机互动。任何一种交互都由交互方法、响应和结果组成。交互的方法指的是用不同的方法来实现用户的交互。如可以设置按钮让用户单击、设置文本输入让用户输入、设置下拉式菜单让用户选择、以热区域和热对象等方式打开链接等。响应就是用户根据不同的交互方法所采取的动作。结果是程序接收到用户的响应后所采取的动作。在人机之间的对话中,Authorware 提供了按键、按鼠标、限时等多种应答方式,还提供了许多系统变量和函数,根据用户响应的情况执行特定功能。

Authorware 提供的 11 种交互响应方式包括按钮、热区域、热对象、目标区、下拉菜单、条件、文本输入、按键、时间限制、重试限制、事件。这些交互响应都是通过交互图标实现的,把一个交互图标拖到流程线上,再拖动一个图标到交互图标的旁边,就意味着这个图标加入交互过程中会弹出一个对话框要求选择交互类型,每一种类型的属性都可以在属性面板中进行设置。比如对按钮交互响应来说,就可以设置按钮的类型、位置、鼠标指针类型、响应方式等,通过点击按钮实现页面的转换。

3. Authorware 课件的基本结构和翻页方式

很多人即使学了 Authorware 也不会用其制作课件,是因为没有弄懂 Authorware 课件的最基本结构,那就是翻页方式。如前文所说,Authorware 的最基本单元就是图标,一个显示图标就是一个页面,所以从根本上说,Authorware 的基本结构就是由显示图标组成的,由图标所构成的页面依次展开,就形成了课件的展开和播放序列。展开的方式有纵向和横向两种,纵向展开就是沿着流程线一路走下去,横向展开则是由框架图标里面的导航结构完成。流程线是一个自动播放的序列, 其意义就相当于时间线, 如果没有设置暂停,那么打开课件之后,流程线上所有的图标会自动依次播放直到结束,因此要在每一个图标后面放置一个等待图标来设置暂停。此外,当全部内容都播放完毕后,还要用擦除图标把展示过的内容都擦掉,否则即使点击了退出按钮,播放过的内容还会停留在界面上不动,就无法从这个流程线上的程序中退出。另外,所有的显示图标都是透明的,要想让显示图标承载内容,必须要导入图片背景或者放置图形背景,否则就会"一眼看穿"所有图层,界面上就是乱哄哄的一片,当然通过透明图层也可以制作出某种效果,使课件更有艺术性。在编辑制作中,如果想同时打开很多图层进行位置的调整,就将先打开的显示图标关闭后,通过按住 Ctrl 键双击另一个显示图标来实现。课件的退出需要运用计算图标,把计算图标拖入流程线的末端,双击打开后输入"Quit( )"即可实现退出,或者在最后的擦除图标上点右键,通过选择"计算…"一项打开擦除图标的代码窗口,并输入"Quit( )"。Authorware 的横向翻页结构需要通过框架图标的导航结构来实现,把一个框架图标拖到流程线上双击打开,就是图 3-7 所展示的导航图结构。交互图标右侧是一组由八个三角形导航图标所组成的横向翻页结构,分别是返回、近期浏览页面、查找、退出、首页、前一页、后一页、末页。打开页面后就显示出一块灰色的导航面板,上面分两排布置着上面导航图标

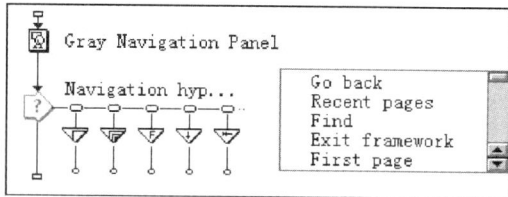

图 3-7

所安排的按钮,如图 3-8 所示,打开课件后点击这些按钮,既可以按照上述的按钮组合实现页面横向翻动和页面的跳转,也可以在框架结构中添加新的导航图标并进行自定义设置,还可以根据需要删除某些按钮。如果不喜欢这种按钮的外观和位置,可以用 Photoshop 软件制作自己喜欢的按钮,导入并替换原程序中的按钮,并把这些导航按钮进行重新排列。

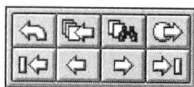

图 3-8

当这些设置完成后,就可以在框架图标的右侧添加显示图标或群组图标,组成由横向翻页动作构成的循环结构,如图 3-9 所示,打开课件就可以进行前进、后退的前后翻页。这种横向排列的图标不同于流程线上的纵向排列方式,如果不点击导航按钮,页面就会一直停留在原位置,不会自动播放完成。

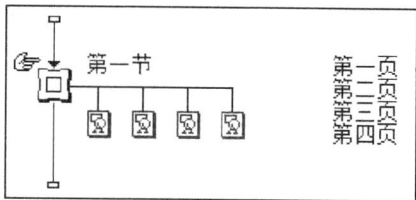

图 3-9

4. Authorware 流程的跳转和超链接

翻页其实就是流程的跳转,在 Authorware 中实现流程的跳转和超链接的方式有很多,对于多媒体课件整体结构的安排和设置很有用。从实用角度来看,有如下几种比较常用的方式:

(1)运用交互图标实现跳转。这是 Authorware 最主要的流程跳转方式,

是借助由交互图标所建立的交互结构实现的，图3-10就是由一个起始界面的显示图标、一个交互图标、一个群组图标和一个计算图标组成的交互结构，计算图标执行的是退出功能，而群组图标则是跳转进入的流程，跳转可以用按钮、热区域、热对象、目标区域等多种响应方式来实现。以这种方式可以进入一个新的学习分支中，而在这个新的学习分支当中，既可以插入框架图标建立

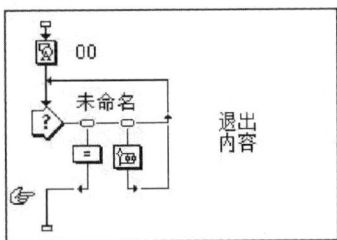

图3-10

横向翻页结构，也可以用交互图标继续创建下一层学习分支。新的学习分支的创建过程可以无限地进行下去。

（2）以文字超链接实现跳转。Authorware的文本也可以用来设置超级链接，方法是选中文字后，执行菜单栏"文本—定义样式"，在弹出的对话框中选"添加"，在新添加的样式中进行导航设置，设置好后关闭，再执行菜单栏"文本—应用样式"就可以了，如图3-11所示。不过，由于Authorware的结构非常复杂，用这种方法设置链接效果不太理想，相比于PowerPoint和WPS幻灯片演示文稿来说，Authorware在这一点上显然是逊色的。但另一方面，Authorware却可以借助导航图标和热区域交互来很好地实现文字超级链接。当然，这就要涉及下面所讲的函数运用。

（3）运用Authorware函数实现跳转。Authorware是用图标、函数、变

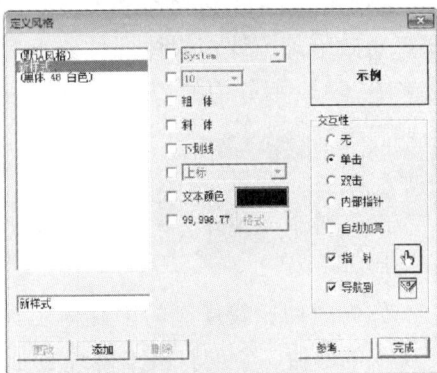

图3-11

量和功能来控制程序的，我们可以借助一些跳转函数来实现流程的跳转，如"GoTo"函数、"Quit"函数、"JumpOutReturn"函数和"JumpFileReturn"函数等，这些函数都比较易于掌握，在第一种情况中实际上已经运用了"GoTo"函数。一般情况下，我们是用计算图标、导航图标来进行页面的跳转。需要说明的是，运用函数进行跳转要求文件中每个图标的名称都不能重复。

"GoTo"函数可以使程序在任何地方跳转到"GoTo"所指的图标处，表达式是GoTo(IconID@"图标名称")。"JumpFileReturn"函数为Authorware内部的文件调用函数，它的作用是将程序从一个文件跳转到另一个文件中，执行

完一个文件后返回到原文件处,其表达式为 JumpFileReturn["filename.a7r",("variablel,variable2,…","folder")],其中"filename"是指要跳转的子程序文件名,"folder"指子程序所在的目录,如果仅仅是"JumpFile",则退出后就不再返回原来的文件。一般情况下,如果两个文件在同一文件夹中,且没有复杂要求,则该表达式可以简化为 JumpFileReturn("文件名")。"JumpOutReturn"函数的作用是跳出 Authorware 本身的程序,并启动 program 参数指定的程序,但并不退出 Authorware,仅将 Authorware 放到后台运行,执行完该程序后重新回到 Authorware 环境。"Quit"函数的作用是退出流程,如何退出取决于后面的参数,该函数可以在计算图标中使用,也可以在擦除图标上点右键输入,语法表达式为 Quit( )。

Authorware 的打包确实有点麻烦,但如果已经在电脑中安装了 Authorware 软件,那么只打包成 *.aXr 文件就可以了,也非常简单。至于说 Authorware 的动画功能比不上 PPT,其实对人文类的课程来说这也不算什么大的缺陷,要说对动画功能有较高要求的科学原理类课件,那也不是 PPT 的强项,恐怕也只有 Flash 才能胜任。所以综合各种利弊,总的来说 Authorware 是思想政治理论课多媒体课件较为理想的制作工具之一,与幻灯片演示文稿各有千秋、不分伯仲,只是在入门的时候比幻灯片演示文稿要更难掌握一些。

(三)Prezi 和 Focusky 动画演示大师

作为两种比较新潮的多媒体工具,Prezi 和 Focusky 是对传统幻灯片演示文稿的颠覆,它们打破了传统 PPT 一张接一张切换播放的单线条播放时序,采用系统性与结构性一体化的方式来进行演示,代表着多媒体课件制作和运用的新概念和新思路。

Prezi 是个云端的演示文稿制作软件,使用者既可以在 Prezi 网站上在线创建编辑,也可以在客户端离线编辑制作。Prezi 的播放可以根据演示需求左右平移、放大局部细节或缩小以显示演示文档全貌。而所有的这些操作都无缝对接,不会给观众带来唐突感。在多媒体素材的调用上,Prezi 支持各种媒体素材的嵌入,可以任意插入你想展现出来的各种图片、视频、PDF 文件等。Prezi 公共版是免费的,畅享版(Enjoy)和专业版(Pro)是需要付费的,但有为期 30 天的 Prezi 桌面版(Prezi Desktop)试用,教育版则是完全免费的。

Focusky 的正式名称是"Focusky 动画演示大师"，这是一款与 Prezi 相类似的新型幻灯片制作软件，其操作的便捷性及演示效果不仅超越了传统的 PPT，甚至比起 Prezi 来还要更"炫"一些。它打破常规，采用整体到局部的演示方式，以路线的呈现方式，通过缩放、旋转、移动的动作进行演示，模仿视频的转场特效，加入生动的 3D 镜头缩放、旋转和平移特效，像一部 3D 动画电影，给听众带来强烈的视觉冲击力。在课件制作方面，Focusky 功能十分强大，可以插入文本、图形、图片、图表、公式、音乐、艺术图形、特殊符号、PDF 文件和 Swf 格式动画，还可以插入多种卡通动画的人物角色，使课件变得更加有趣。Focusky 可以导入和内嵌多种视频格式，可以插入网络视频，而且还可以进行屏幕录制和制作微课。Focusky 的动画功能也十分强大，能提供多种多媒体素材特效，包括手写文字等其他多媒体软件所没有的特效，而且还支持简单的动画制作，使 Focusky 制作的课件丰富多彩，呈现出前所未有的综合演示效果。Focusky 支持多种输出格式，如 HTML 网页版、*.exe 文件、视频、PDF 文件等，可以上传网站空间或者在电脑上播放。由于完全支持中文，并可以通过网络注册账号而免费使用，因此 Focusky 引起很多爱好者的关注，用 Focusky 制作课件也成为许多教师的偏爱。

不过有一利就有一弊，尽管有很多人推崇这些炫酷的功能，但有人也觉得这些功能太花哨了，因为我们运用多媒体教学是为了调动学生的积极思维，以便学生更好地学习和领会教学内容，课件做得过于眼花缭乱只能与教学需要适得其反。当然我们也要以发展的眼光来看问题，一款软件能不能获得广泛的普及，还要看能不能适应实际需要，也要看软件升级换代的前景如何。

随着当今时代信息技术的飞速发展，越来越多的多媒体软硬件技术闯进我们的生活，不仅会有越来越多的多媒体制作工具被不断开发出来，而且也会有越来越多的多媒体展示手段出现，比如电子触摸式黑板的出现，就在一定程度上改变了传统的多媒体操作方式，而目前已初显魅力的 360 度 3D 立体全景画技术，或许有一天也会应用于多媒体课件制作，更不要说网络技术和多媒体技术日益融合对传播手段进步的推动。我们完全有理由相信，在不久的将来，多媒体课件的开发创作一定会呈现崭新的面貌，作为高校思想政治理论课多媒体教师，应该勇于接受新事物，善于学习和应用新技术。

以上探讨了几种多媒体制作软件的功能和特点。因为本书并不是多媒体软件应用的教程，而是与思想政治理论课多媒体教师交流多媒体课件的制作经验,所以只是就某些问题进行探讨。个人经验总是有许多狭隘和偏颇之处,希望能得到同行朋友的批评指正。

二、高校思政课多媒体课件的类型、功能与结构

(一)高校思政课多媒体课件的类型

多媒体课件是根据一定的教学目标设计,表现特定的教学内容,反映一定教学策略的计算机教学程序,可以用来储存、传递和处理教学信息,可以满足不同的教学需要,帮助教师完成教学任务,实现既定的教学目标。由于分类依据的不同,多媒体课件有着不同的分类方法。根据多媒体课件的内容与作用,可以将多媒体课件分为助教型、助学型、练习型、实验型和资料型;根据课件在教学中的应用范围和属性等方面的特点,可以将课件分为理论课件、自学课件、实验课件和网络课件四种类型;根据教学活动的特点又可以把多媒体课件分为课堂演示型、学生自主学习型、资料工具型、操作演练型等;根据多媒体课件的功能和属性,还可以分为页面型课件、生成型课件和网页型课件。综合以上几种分类方法,对高校思想政治理论课的教学需要而言,我们可以将教学课件划分为以下几种类型:

1. 课堂教学演示型

课堂教学演示型课件是应用于课堂教学中的课件,其主要目的是揭示教学内容的内在规律,将抽象的教学内容和知识体系的逻辑关系用形象具体的形式表现出来,以促进学生对教学内容的理解。这类课件重在对学生的启发与提示,帮助学生理解教学内容,促进学生加深记忆,并引发学生的兴趣,有利于学生变被动学习为主动学习。本书所谈到的多媒体课件主要指的就是这类课件。

课堂教学演示型课件既是一种理论课件,也是一种主要以页面展开的方式进行教学演示的课件。理论课件是用于理论课教学的多媒体课件,使用的主体为多媒体授课教师。理论课教学是在教师主导下按时间安排进行的,课件播放进程由教师来支配,适用于按照教学计划进行的课堂教学。课件流程通常为线性结构,根据教师的授课安排,可设计必要的链接和跳转,所以也具有一定的交互性。

理论课件的链接关系一般不太复杂,可以一路翻页播放下去,如 PPT 演示文稿的播放方式。但也可以设置多种翻页方式,比如可以由目录和各级标题链接到相应内容,也可以用按钮实现页面跳转,还可以用缩放、旋转、平移等效果来进行内容转换,如 Authorware 和 Prezi、Focusky 等课件所采用的方式。理论课件的画面要求简洁明快、提纲挈领,要把教材的冗长文本精炼成授课纲要,让学生第一眼就能大致把教学内容了然于胸。此外,理论课件要大量运用各种多媒体素材来辅助教学,如图形、图像、动画、音频、视频等,多媒体元素的安排和多媒体素材的运用构成了教学艺术的重要方面。多媒体教师可以自己动手制作课件,也可以使用别人制作的课件,但即使是使用别人制作的课件,也要根据自己的教学需要进行修改和充实,由于每个教师都有自己的性格特点和兴趣爱好,因而做的课件也会各有千秋,体现出一定的个性特征,是教师教学风格的一部分。

多媒体课件作为思想政治理论课多媒体教师基本的教学文件之一,不仅要体现一定的教学目的,突出教学重点和难点,而且应该具有一定的理论性、思想性和艺术性,要有思想、有灵魂、有主题,在思想脉络、形式展现和教学安排上要有突出、有集中,做到详略得当、主旨鲜明。此外,多媒体课件不是一件简单的"机器装置",而是人格化、人性化的教学手段,要反映出思想政治理论课教师与学生之间的精神交流与情感互动,是体现思想政治理论课教学感染力的重要因素。我们常讲"字如其人""文如其人",其实课件也是一样,在展示教学内容的同时,应该融入教师的理想与追求,体现出教师对教育事业的一片赤诚之心。从这个角度来讲,思想政治理论课多媒体课件应该是一件教学艺术品,凝结着思想政治理论课教师的"师德""师魂"与"师心",寄寓着思想政治理论课教师的事业追求与人生追求,体现着思想政治理论课教师的成就感。

2. 学生自主学习型

学生自主学习型课件使用的主体为教学对象。这种类型的教学课件是供学生自主学习使用的,要求学生可以在个别化的教学环境下进行学习。所以要有相对完整的知识体系和结构,要保证具有足够的知识点和一定比例的知识覆盖率,提供相应的形成性练习供学生进行学习评价,制定考核标准和考核目标,根据难易程度划分不同等级。从结构来看,这类课件通常是模块式结构,包括专业内容模块、知识汇总模块、考核测验模块、帮助模块等。这类课件在流程上要有一个总体的学习进程,但具体的进度却可由学习者根据自己的学习状况来灵活掌握,可以有选择地学习自己感兴趣的内容,有针对性地反复学习训练,随时进行阶段性的自我检测。所以,自主学习型课件要具有界面友好和交互性强的特点,可以通过"前进""后退""返回"和"跳转"的交互性设置来选择学习内容。

自主学习型课件针对的是学生个体,与课堂教学演示型课件的重大差别就是,它可以像书或杂志一样容纳大量内容,包括大量文字和大量图像、图形、图表、动画和视频等,文字内容详尽细腻,一般采取小字号密集排列的方式,只适合个人面对电脑屏幕自学,不宜于面对众多学生的课堂演示。为了提高学习兴趣,这类课件一般都设计了精美的画面,采用令人舒适的色彩,具有良好的视觉效果,并且有配音解说和背景音乐,背景音乐可根据学习者的喜好开关。由于集成了大量的图像、动画和音视频文件,这类课件往往是一个庞大的知识库,所以整个课件本身是一个巨大的文件系统,过去通常是可以自动播放的学习光盘,现在则更多的是放到网上学习。

由于制作难度较大,所以这类课件通常由专业人员设计制作。用于制作这类课件的软件有 Authorware、Flash、Derector 等。近年来,随着微课、慕课、网络课堂、翻转课堂等新概念学习模式的出现,越来越多的学生自主学习是在网络环境下进行,学生自主学习的渠道和学习的手段也在不断变化,传统自主学习型课件的应用范围也在不断缩小,但作为这类课件制作的一般思路,学生自主学习型课件仍然可以为各种新形式学习软件的开发提供借鉴。

3. 网络交流学习型

网络课件以网络作为载体,在网页中可安排设计庞大的学习内容,甚至整整一门课的全套课程,学习进程与安排在给定的网页内容中由学习者支配,可在网上做作业、参加考试并进行在线讨论。网络课件的交互性是最好的,学习者除了可以进行自主学习,还可以随时检索大量的相关资料,开阔知识视野,扩展学习内容,激发了学生的求知欲望。教师可以在网上授课和答疑,与学生进行直接互动,在某些开放的网站,还可以进行更为广泛的学术探讨,促进师生间学术的交流和提高。所以,网络交流学习型课件的作用其实可以从两方面来认识,一方面,是为了便于学生课前学习和课后学习,从这个意义上来说,其作用其实是学生自主学习型课件的功能在网络环境下的延伸。而从另一方面来说,网络交流学习型课件也方便了教师之间的教学经验交流,使得不同单位和不同地域的教师能够有一个教学交流的平台,在资源共享的基础上相互促进、共同提高。

从技术要求上来看，制作网页课件的软件为网页编辑软件，如 Front-Page、Dreamweaver 和 PageMaker 等，小规模的网页课件可以由教师自己制作并上传到校园网的网络教学平台，或者上传到其他相关教学网站。但很多课程的网络教学都是成体系的，不仅需要注意教学课件的问题，也需要重视教师个人能力方面，特别是高校思想政治理论课往往需要教师集体备课，由专业人员统一设计、制作并上传和维护，有些课程还要求学生在网上参与讨论或交作业，这就需要教学团队的配合，需要多个部门的通力协作才能完成。

(二)高校思政课多媒体课件的功能

与其他门类的课程相比，高校思想政治理论课多媒体教学课件有自己的独特之处。首先从教学要求上看，高校思想政治理论课多媒体教学课件既要体现人文学科的教学特色，又要具有思想政治理论课的教学感染力，还要有大学教育的大容量知识和信息，能够通过课件辅助教学来增强思想政治理论课的教学效果，深入浅地实施理论教育。其次从技术要求上看，高校思想政治理论课的教学课件不要求多高深的技术难度，但要有一定的技术含量，人性化的诉求往往是通过一定的技术手段来实现的，无论是运用于课堂教学的理论型课件，还是运用于网络的学生自主学习课件，都需要一定的技术支持，我们不提倡华而不实、卖弄技巧，但这并不是说排斥技术手段的运用和发挥，学生对有才华的老师总是很钦佩的。此外，从艺术与审美要求来看，高校思想政治理论课的教学课件应该高度重视艺术性，要充分挖掘和发挥多媒体手段所具有的表达优势，以提高思想政治理论教育的教学效果和课堂教学感染力。

综上所述，思想政治理论课多媒体课件应具有如下功能：

1. 传达信息

多媒体课件与传统板书教学最根本的区别就是能够提供包括图、文、声、像的全方位教学信息。高校思想政治理论课教学往往需要运用大量的历史资料作为教学案例，包括历史图片资料及音视频资料等，这些多媒体信息不仅把大量知识传达给学生，扩大了学生的知识面，也能使学生产生各种主观的感受，激发思维的主体性，把被动接受变成主动思考，从而增强学习的自主性。当然，信息量的扩大会带来一个选择性的难题，如何在海量的信息中选择最适合教学需要的内容，正是多媒体教学及多媒体课件需要解决的问题。

2. 组织教学

多媒体课件以超文本系统优化了教学内容的组织安排，把清晰的知识脉络展示给学生，有助于学生接受复杂的理论系统，并在头脑中迅速建立知识框架结构。同时，多媒体课件以各种多媒体元素的运用丰富了教学内容，使教学案例更加感性生动，也使教学过程更具有交替感和节奏感。另外，多媒体课件以友好的交互环境调动学生积极参与，增强了学生的学习主动性。

3. 解释疑难

以图形、图表、动画、视频等多种手段帮助学生理解某些难于掌握的教学内容，促进对复杂知识的理解和掌握。这里需要指出的是，思想政治理论课的教学难点与自然科学类课程的教学难点并不一样，后者主要是关于细节和微观问题，涉及的是科学原理和科学实验，如复杂机械运动、化学反应过程、数学模型建立等，完全可以通过动画甚至电脑全真模拟来清晰阐释。但人文学科的基本研究手段是思辨，涉及的是事物的逻辑关系和矛盾运动，既有逻辑的方法又有历史的方法，既要有理性的推导，又要有对历史和人生的感悟。所以，思想政治理论课的教学难点除了解释某些比较晦涩的理论观点之外，更主要的是人生观、世界观和价值观的确立，需要在课件中综合运用各种多媒体手段，而不是仅凭多媒体动画的演示就能阐释清楚的。

4. 激发兴趣

传统板书教学只是在黑板上写字，而多媒体课件以各种多媒体元素刺激学生的感官，使教学活动变得丰富多彩、富于趣味性，能够更好地激发兴趣，提高学生的学习自主性。多媒体课件激发学生兴趣的方式有很多，比如运用学生喜爱的卡通形象、动画寓言故事、趣味小视频来渲染课堂气氛，用网络名言和搞笑段子来使话题变得轻松活泼等。但要注意的是，激发兴趣不一定非要搞笑，以某种崭新角度重新审视一个老生常谈的问题，同样可能会激活思维并激发学生的兴趣，而多媒体课件所提供的是无限的可能性。

5. 调动参与

多媒体教学课件以教学内容为题材，以学习者为对象，以计算机为载体，以网络为传播工具，提供了多种学习途径，可以广泛地调动学生自主参与学习过程。特别是对学生自主学习型和网络学习交流型课件来说，提供了与学生直接互动的机会，使学生可以自主选择学习内容和学习进度，并可以通过测验进行学习结果的检验。

6. 实施美育

我们用丰富多彩、功能齐全的多媒体课件取代板书,并不仅仅是扩大信息量,更重要的是要充分利用多媒体的各种功能,美育就是多媒体课件的重要功能之一。多媒体课件中的优美字体、精美画面、引人入胜的音视频和动画无不向人们展示出美的追求。对于以信仰和价值观教育为主旨的高校思想政治理论课而言,美育具有重要的意义,它不仅可以陶冶情操、完善人格,而且能够以美育提升精神境界,在信仰和意识形态教育中灌注美的灵魂,强化思想政治理论教育课程的教学感染力。从这个意义上来说,多媒体课件提供了充分的技术条件和艺术手段,促进了美育与思想政治理论教育的深度融合。

从目前高校思想政治理论课多媒体教学的实际情况来看,多媒体课件的开发应用并没有充分体现出这些功能,普遍存在着多媒体课件不合理运用的现象。比如,有些课件大量堆砌文字,把多媒体课件当成电子黑板或电子杂志;有些课件在表现手法上机械呆板,缺乏灵性和美感;有些课件制作粗糙,把文字和图片胡乱拼凑在一起,让人看了很不舒服;有些课件应用多媒体素材过多过滥,没有体现出运用多媒体素材的意义,反而把多媒体素材变成"影像垃圾"和"影像污染";还有些课件无视教学的实际需要,肆意炫耀和卖弄多媒体技术,却弄巧成拙影响了教学效果,等等。

出现这些问题的原因,除了教师多媒体课件制作经验不足、技术水平不够及审美修养不足、教学态度不端正、时间和精力投入不够等原因外,也存在着缺乏多媒体教育理论指导的因素。这就需要我们在多媒体教育理论上进行深入探索,在教学实践中总结摸索出规律性的东西,并上升到理论高度,成为具有指导意义的应用理论。有了理论的指导,高校思想政治理论课的多媒体课件制作才会逐步提升档次,走出低水平循环的误区,开辟多媒体教学的崭新境界。

(三)高校思政课多媒体课件的结构

多媒体课件的基本结构包括目录结构、树状结构、线性结构、循环结构和3D展示等。目录结构是以目录的形式打开下一级的内容;树状结构是从一个内容层层展开,通往更多的分支,其实目录结构也可以看作是多个树状结构的并列,而树状结构展开后就是目录结构;循环结构指的是可以用鼠标或键盘随意操纵页面的前进或后退；线性结构则是单击鼠标或键盘一路走下去而不能后退。严格来说，PPT幻灯片并不能算是线性结构，因为可以点击键盘上后退的箭头符号使其倒退，也可以通过页面隐藏来设置简单的目录，但在习惯上人们通常还是将PPT当作线性结构看待。在常用多媒体制作工具中，只有Authorware既可以应用目录结构和线性结构，也可以应用循环结构，一款Authorware多媒体课件往往是由多种结构组合而成的。

从多媒体课件的展示和播放来看，多媒体课件的结构则表现为页面的翻页方式。与上述结构相对应，多媒体课件的翻页方式无外乎有纵向翻页、横向翻页、任意跳转、3D展示几种方式，不同多媒体制作工具所制作的课件，在翻页的方式上各有所长，比如运用PowerPoint或WPS幻灯片制作的课件，就是以纵向翻页为主，虽然也可以通过超级链接和隐藏幻灯片来设置页面跳转，但这种设置并不稳定，稍一不小心页面就会溜走。Authorware课件由于其良好的交互性，可以任意设置横向翻页、纵向翻页和页面的跳转，当打开课件进入目录页的界面后，点击按钮或其他形式的链接，即可以顺利进入任意页面，不会因为不小心触碰了其他部位而造成页面"溜走"，不过正因为这样，也使得Authorware课件的导航结构非常复杂。我们探讨多媒体课件的结构，其实只有以Authorware课件作为研究对象才有意义，因为幻灯片演示文稿的结构太简单了，不能很好地体现课件结构对多媒体教学的作用和意义。

下面我们以制作Authorware课件模板为例，与大家共同研究不同课件结构在高校思想政治理论课多媒体教学中的运用。

Authorware课件的展开结构分为目录打开、横向翻页、纵向翻页、页面跳转四种情况，目录打开以交互图标来实现，横向翻页以框架图标来实现，纵向翻页即沿着流程线一路走下去，页面跳转则要通过在计算图标和导航图标中运用函数来实现。

根据上述这些功能，本案例的设计要求有如下四项：

（1）建立运用目录界面打开的整章课件模板结构（目录结构）

（2）以框架图标设置课件每一节的横向翻页结构（循环结构）

（3）建立单个教学知识点的纵向展开结构（线性结构）

（4）设置教学内容直接链接到习题的页面跳转结构

本案例以2018年版《毛泽东思想和中国特色社会主义理论体系概论》第四章、第一节为内容填充示例，课件目录中第二节与第三节皆为虚设，正式制作课件的时候，只要将第一节的结构整个复制过来，粘贴到本章目录结构中交互图标的右侧就是了。

　　本案例制作中的教学提纲如下：

　　　第一节　社会主义建设道路初步探索的重要理论成果
　　　一、从借鉴苏联经验到反思苏联模式的弊端
　　　二、调动一切积极因素为社会主义事业服务
　　　三、正确认识和处理社会主义社会矛盾的思想
　　　四、走中国工业化道路的思想
　　　第二节　本节标题为虚设可以被复制替换
　　　第三节　本节标题为虚设可以被复制替换
　　　——本章复习思考题

　　第一项，建立运用目录界面打开的整章课件模板结构。

　　点击菜单栏中的"新建"，在弹出的对话框中选择"不选"，于是就新建了一个 Authorware 的工程源文件。点击菜单栏中的"窗口"，在下拉菜单中选择"属性"，于是在 Authorware 窗口底部就出现了属性面板，在"大小"中选择1024×768，在"选项"中取消"显示标题栏"和"显示菜单栏"两项，并勾选"屏幕居中"。

　　接下来往流程线上拖入两个显示图标，分别命名为"本章封面"和"本章目录"，两个显示图标之间拖入一个等待图标，勾选"单击鼠标"和"按任意键"，再拖入一个交互图标到流程线上，并在交互图标右侧拖入一个计算图标，命名为"退出"，交互方式为"按钮"，用鼠标点一下计算图标头上的小疙瘩，在窗口底部属性面板的"分支"中选"退出交互"，双击打开计算图标，在其中填入"Quit( )"，保存后关闭，再往流程线上拖入四个群组图标，分别命名为"第一节""第二节""第三节"和"复习思考"，交互方式为"热区域"，属性中的"分支"一项都选"重试"。整个流程图如图 3–12 所示。

　　双击打开显示图标"本章封面"，用绘图工具中的矩形工具绘制一个页面大小的方框作为背景图片，填充

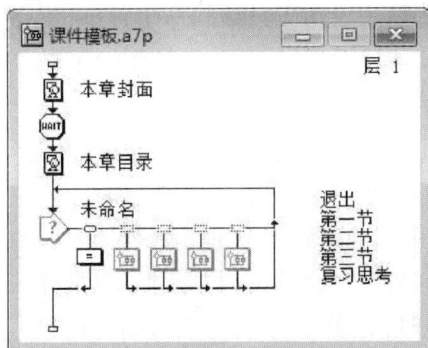

图 3–12

任意一种颜色,再用"文本工具"写入"课件模板",调大字号居中,并与背景图片进行群组(防止刚才输入分文本不小心滑跑),再双击打开"本章目录",依照上述方法绘制一个背景图片,填充另一种颜色,然后用文本工具写入上面的目录内容,并调整好位置。关闭"本章目录"显示图标,按住 Shift 键双击打开交互图标,随即在目录页背景下显示出一个退出按钮和四个群组图标热区域交互的虚线框,用鼠标按住虚线框的边缘,调整四个虚线框的大小和位置,与各节标题逐一对应好,使每个虚线框正好涵盖与之相对应的标题文字,课件目录打开的链接就完成了。

接下来,如果觉得退出按钮不太美观,也可以事先制作好退出按钮的小图片,选中按钮图标上方的小疙瘩,点击底部属性面板的"按钮"选项,打开按钮编辑器,点击"添加"导入自制按钮,但要注意,按钮编辑器要求导入的共有四个按钮图案,分别是"未按""按下""在上"和"不允",分别表示的是按钮通常的状态、按下按钮的状态、鼠标经过按钮时的状态、按钮不起作用时的状态,四个图案从颜色上要有所变化,这样才能使课件更有动感。关于这些操作的实例,以及各类按钮的图片,扫一扫封底的二维码即可获得。

在这一步中,我们运用了以交互图标进入下一层内容分支的两种形式,即按钮和热区域。除了以按钮和热区域交互的方式打开下一层内容页之外,还可以用其他很多种交互方式,但最常用的就是按钮、热区域、热对象三种方式,这里就不一一介绍了。

第二项,以框架图标设置课件每一节的横向翻页结构。

双击第一节的群组图标,我们就进入了第一节的内部结构,在这节内容中,我们采取横向翻页的方式来排列下一级标题的四个问题。

首先在第一节的流程线上拖入一个显示图标,命名为"第一节封面",打开后用绘图工具绘制一个背景,用文本工具输入第一节封面的字样后关闭,仍然像上一步那样拖入一个交互图标到流程线上,在交互图标右侧拖入两个按钮交互的计算图标,分别命名为"退出课件"和"返回目录",如图 3—13 所示。双击打开后在其中分别写入"Quit( )"和"GoTo(IconID@'本章目录')",在

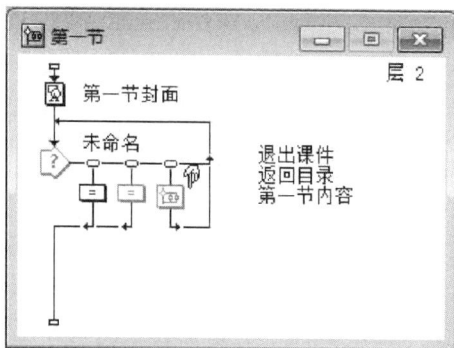

图3-13

底部属性面板的"分支"选项中都设置为"退出交互",再把一个按钮交互的群组图标拖到后面,命名为"第一节内容",属性中的"分支"选项为"重试"。双击打开第一节封面的显示图标,关闭,再按住 Shift 键双击交互图标,这就同时打开两个图标,在第一节封面背景下将三个按钮安排在合适位置排列好,如果觉得这些按钮不美观,可以按照上面的步骤导入自制按钮。

接下来就是最关键的设置。

双击打开"第一节内容"群组图标,拖一个框架图标拖到流程线上,命名为"第一节横向翻页",再拖四个群组图标到框架图标右侧,分别命名为"第一节内容 001"到"第一节内容 004",在每一个群组图标内的流程线上拖入一个显示图标,分别打开四个显示图标并分别绘制红、橙、黄、绿四种背景以示区别。点击播放,当进入第一节的内容页面时,就会发现在每一个页面上都有一个排列着导航按钮的灰色面板,如前面的图 3-8 所示。点击"前进""后退""退出"等按钮,页面就会进行翻页和跳转,此处的流程结构已是横向翻页的结构了,需要用按钮来操控,如图 3-14 所示。

接下来,我们要对按钮进行自定义设置。这八个按钮有些在这里是用不着的,可以删除,有些则需要进行一些改变,以适应本节内容学习的需要。首先双击打开框架图标,在弹出的导航面板流程图中删掉"Go back(退回)"、"Recent pages(最近访问的页面)"、"Find(查找)"三个导航图标,因为在教师的正常讲述

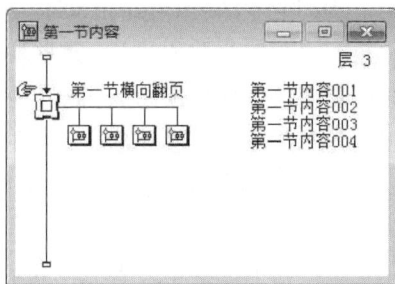

图 3-14

中,这三个导航按钮几乎没有什么用,只有在进行课堂练习时才会发挥作用。然后再拖两个导航图标(或计算图标)到交互图标的右侧,分别命名为"返回目录"和"退出",交互方式为按钮,如图 3-15 所示。

在两个图标上点右键选择"计算"(计算图标双击即可)打开两个图标,分别输入"GoTo(IconID@'本章目录')"和"Quit( )"。这样,框架结构中就剩下了"返回目录""Exit

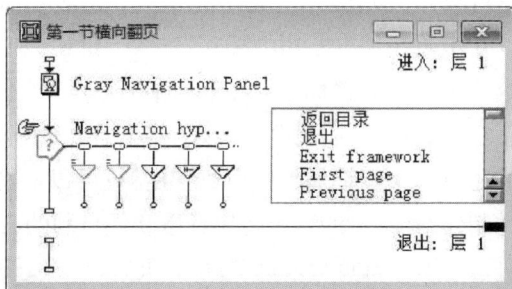

图 3-15

framework""First·page(首页)""Previous page(后退)""Next page(前进)""Last page(末页)"和"退出"七个导航按钮,其中"Exit framework"是离开框架结构,本身就具有"返回上一层结构"的含义,但如果要将其作为"返回本节"按钮,还要在其上点右键并选择"计算…"打开,输入"GoTo(IconID@'第一节封面')",否则当多次进行页面跳转的时候,就可能出现程序错乱。

　　到这里还没有设置完,接下来打开"后退"和"首页"两个导航图标的属性面板,在"激活条件"一栏中填入"CurrentPageNum>1",如图 3-16 所示;再打开"前进"和"末页"两个导航图标的属性面板,在"激活条件"一栏中填入 "CurrentPageNum <Page-Count", 这是为了避免 "前进"和"后退"动作到头后还循环进行。经过这些设置,当页面前进到末页的时候,"前进"和"末页"按钮就呈现

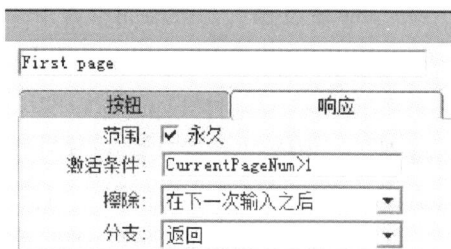

图 3-16

不可用的非激活状态,而当页面后退到首页的时候,"后退"和"首页"按钮也都是不可用的非激活状态。这些变量的填写位置都在窗口底部的属性面板,需要点击每个导航按钮头部的小疙瘩才能显示出来。为了方便大家理解,可以通过扫封底二维码获取进行到这一步的工程源文件,该文件就在"Author-ware 课件模板制作案例—模板制作阶段性示范"文件夹中,文件名是"课件模板步骤 001.a7p",大家可以对照上述文字内容进行研究体会。

　　当按钮的属性都设置完毕我们会发现,按钮的位置和外观都不太美观,没关系,我们完全可以导入自制的按钮来替代它们。自制按钮事先用绘图软件做好,每个按钮都要有四种状态,所以七个按钮要做成 7 组共 28 张小图片,这 28 张小图片中,每一组都要按照"未按""按下""在上""不允"的顺序进行编号,以便于按顺序导入。除了这 28 个框架结构的按钮外,我们还要制作几个其他地方常用的按钮"进入""退出"和"返回目录",在本案例中,这几个按钮就比较简略了,只有两种状态,即当鼠标经过时闪亮,其他时候一律正常。这样,我们就事先做好了 34 个按钮的小图片用来导入。除了这些,我们还可以给按钮加上音效,这些音效可以从网上下载,也可以自己用音乐软件制作,本案例的音效是用音乐软件自制的,都是 Mp3 格式,包括"进入""前进""后退""首页与末页""返回"五段,可以通过扫封底二维码获得制作实例,在"Authorware 课件模板制作案例—按钮—框架导航按钮及声效"文件夹中。

双击框架图标进入其内部结构,就会呈现出图3-16所示的流程图。首先删除显示图标 Gray Navigation Panel,因为这个灰色导航面板实在不太美观,而且我们在制作这个模板的案例中,并不需要一个放置按钮的面板。当然,如果确实需要一个放置按钮的面板,也可以保留这个图标,只是用另一幅你所喜欢的面板图片来替代原来的灰色面板图片。接下来,就是逐个选中七个导航按钮,进行导入和替换,打开按钮编辑器的按钮在窗口底部属性面板的左下角,需要点一下导航按钮头部的小疙瘩才能显示出来。按钮编辑器打开后,在其左下方"添加""删除"和"编辑"三个功能键中点击"添加",就弹出一个按钮编辑窗口。每个按钮都要按照编辑器中的顺序导入四种状态,同时还可以导入音效,本案例的设计是只有在按下按钮的时候才应用音效,按照按钮编辑器中的顺序,当激活"按下"选项,导入按下状态的按钮图片时,点击右下方导入声音的按钮,找到音效文件导入即可。常见的音频文件格式如 Wav、Mp3、MIDI 等,都可以导入 Authorware7.02 版本中。

当这一切过程都进行完毕后,就可以根据页面设计和排版的需要双击打开交互图标,对这些按钮的位置进行排列和布置,直到满意为止,本案例是将其一字排列在页面的底部,可以根据窗口底部的坐标安排位置,用菜单栏中的排列工具进行精细调整。

第三项,建立单个教学知识点的纵向展开结构。

我们以第一节的第一个中标题 "从借鉴苏联经验到反思苏联模式的弊端"为例,建立下一个层次的展开结构。首先双击打开"第一节内容001"群组图标,进入第一节内部流程结构(即层2),来安排布置第一节第一个问题的内容。我们将流程线上的显示图标命名为"第一节内容001页面",双击打开该显示图标,在页面上用文本工具输入两行小标题:

"——苏联经验具有强大的优越性"

"——苏联模式的弊端逐渐地显露"

将文本调整好位置后关闭,设置第一行小标题的展开结构。

第一,将一个交互图标拖到流程线上,再拖两个群组图标到交互图标的右侧,分别命名为"苏联经验优越性"和"苏联模式的弊端",如图3-17所示。交互方式都设置为热区域,在属性面板中设置

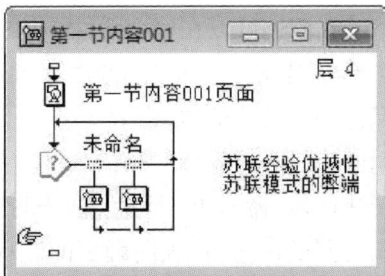

图3-17

好各选项,"匹配"选择"单击","鼠标"选择手型,"擦除"选择"在下一次输入之后","分支"选择重试。

第二,双击打开第一个群组图标"苏联经验优越性",拖三个显示图标和三个等待图标到流程线上,三个显示图标分别命名为 "苏联经验优越性0001""苏联经验优越性0002"和"苏联经验优越性0003"。依次打开三个显示图标,把"苏联经验具有强大的优越性"小标题下的三个分标题分别输入三个显示图标,再拖一个擦除图标到流程线的最后,按照图3-18的顺序排列好。

第三,依次选中三个等待图标,在属性面板中勾选"单击鼠标"和"按任意键"两项,去掉"显示按钮"选项。第一个显示图标的特效设置为"开门方式",擦除图标的特效设置为"关门方式",其他显示图标的特效随意。用鼠标拖动所有显示图标和等待图标依次装入擦除图标(一放手就会自动跳回原位),这一切完成之后关闭群组图标。这一层结构完全是线性结构或纵向翻页结构,一路单击鼠标或按任意键即可。

图3-18

第二个群组图标 "苏联模式的弊端" 的内部设置与第一个群组图标完全相同,按照第二和第三两步去做就可以了。

第四,在第4层双击打开显示图标"第一节内容001页面"再关闭,按住 Shift 键的同时,双击打开交互图标,调整热区域虚线框的大小和位置,使"苏联经验优越性"和"苏联模式的弊端"的两个虚线框分别与"——苏联经验具有强大的优越性"和"——苏联模式的弊端逐渐地显露"两段小标题的文本完全重合,由小标题链接到内容的结构就制作完成了。

我们还可以在这个线性结构的流程线中插入其他的结构, 比如在显示图标"苏联模式的弊端0002"的页面上插入两幅可以用链接打开的图片,这又是一个目录结构。做法是拖一个交互图标到该显示图标后面,并删除该显示图标后面的等待图标,然后拖一个计算图标到交互图标右侧,交互方式选择热区域,命名为"下翻",双击打开后在里面输入"--",这实际上是一个退出交互的按钮,在纵向翻页的流程结构中,没有这样的设置是不能继续的。这个下翻按钮可以设置鼠标经过时图像反转, 方法是拖一个显示图标到计算图标右侧,命名为"鼠标经过00",在属性面板的"匹配"选项中选择"指针处于指定区域内",把事先制作好的两幅颜色为反相的文字图案"以苏为鉴"分别导入"苏联模式的弊端0002"页面和"鼠标经过00"的页面,在"鼠标经过00"页面的反相图案下输入文本"点击此图案下翻",然后通过按 Shift 键同时打开两个图标,把两个页面上的正反相两个图案对齐位置,最后打开交互图标,将热区域交互的下翻按钮虚线框、"鼠标经过00"显示图标的虚线框和正反相两个图案的大小、位置相重合,这个下翻按钮即制作完成。

再拖两个群组图标到右侧,分别为"图片一"和"图片二",交互方式为热区域。分别在两个群组图标的流程线上拖入显示图标、等待图标和擦除图标,分别在显示图标中插入两幅图片,调整好位置和大小,并按照上文的方法设置好热区域交互。

到这里,单个内容单元的纵向和横向展开结构就算是设置完成,全部的流程设置如图 3-19 所示。在这些结构中,群组图标(包括内部所有内容)、交互图标及其右侧的所有内容和结构都可以整体复制到任何一个流程线,将文本和图片加以替换即可作为模板使用。如果还想让这两个小标题的文本更有动感,可以运用"鼠标经过"特效,这里就不多介绍了,大家可以参见进行到这一步的工程源文件,该文件在扫描本书封底二维码"Author-ware 课件模板制作案例—模板阶段性示范"文件夹中获取,文件名是"课件模板步骤002.a7p"。

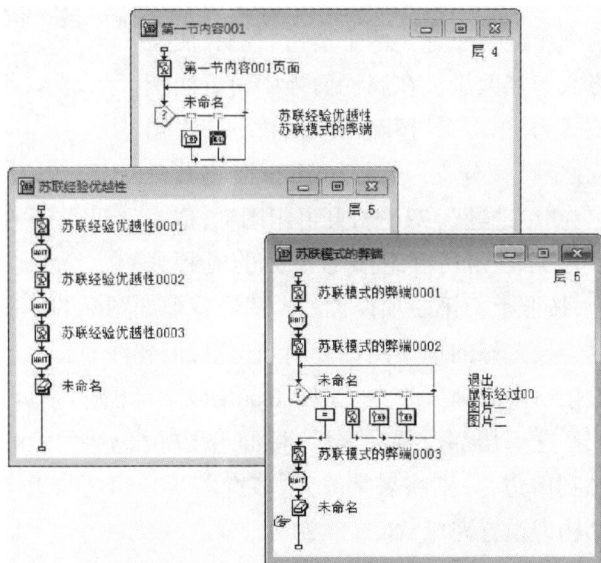

图 3-19

第四项,设置教学内容直接链接到习题的页面跳转结构。

习题部分的设计是基于这样一种思路:首先,整章的习题分成单选题、多选题、问题与思考三类,集中到课件最后部分的习题库,以便学完每一章后的集中练习；其次，教师在课堂教学中，可以根据教学内容需要随时从习题库调用习题，所以要设置好从教学页面到习题库某一题的页面跳转；最后，还要设计好从习题页返回原来的内容页面的跳转，以便教师继续讲下一个教学内容。

首先要建立习题库，在层 1 打开"复习思考"群组图标，在层 2 建立一个由交互图标构成的目录展开结构。具体做法是：拖一个显示图标到流程线上，命名为"习题库目录页"，双击打开，在页面上分三排输入"单选题""多选题"和"问题与思考"，作为链接到三类习题的目录。接下来就是设置"退出课件"和"返回目录"的程序，如果对前文的内容已经掌握了，那这一步就是轻车熟路了。再下来就是拖一个群组图标到两个按钮右侧，交互方式为热区域，在属性面板中设置匹配方式为"单击"，"擦除"选项为"下一次输入之后"，"分支"选项为"重试"，将其命名为"单选题"。双击打开群组图标，拖一个框架图标到群组图标里面的流程线

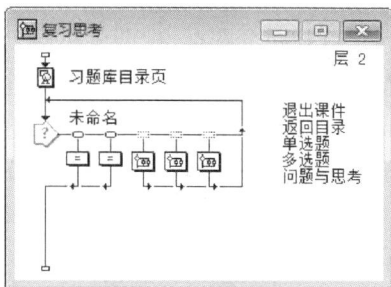

图 3-20

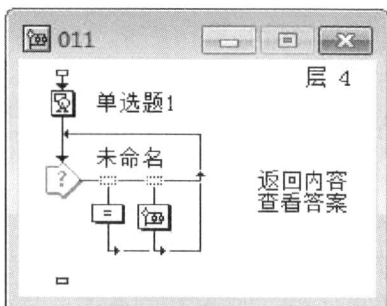

图 3-21

上，按照上面第二项设计的做法设置框架图标的导航按钮，或者干脆将上面已经设置好的框架图标复制到这里，但要注意，一定要把"Exit framework"导航按钮中的函数改为"GoTo(IconID@'习题库目录页')"。

这一切都设置完之后，将群组图标（包括里面的框架图标）复制两个粘贴到后边，分别将名字改为"多选题"和"问题与思考"，这样，习题库的基本结构即设置完成，如图 3-20 示。

下一步，双击打开群组图标"单选题"，拖一个群组图标到框架图标后，用数字序号命名为"011"，再双击打开011，按照图 3-21 设置一个交互结构，其中显示图标"单选题 1"是第一道单选题的页面，计算图标"返回内容"以热区域链接到与习题相关的教学内容页面，需要输入页面跳转的函数变量才能起作用，在后面还要详细说明。这一切都设置完之后，复制若干个群组图标 011 到后面，并用 012、013、014……等序号标注，每一个群组图标就是一

个单选题。特别需要注意的是,里面的显示图标"单选题1"一定要做相应的改动,变成"单选题2""单选题3"等(有时候,在复制群组图标的时候,程序会自动把里面的序号进行排序)。单选题部分完成之后,再把刚才的群组图标011复制粘贴到"多选题"和"问题与思考"群组图标里,并按照光盘附带模板案例工程源文件中的设置进行相应改动。至此,习题库模板建立完毕,三类习题的框架结构如图3-22所示。

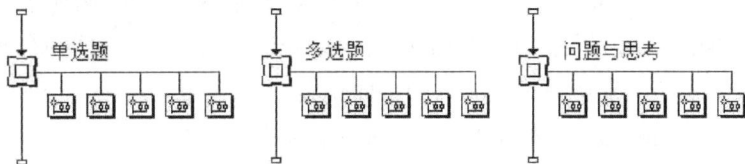

图 3-22

下面就要设置教学内容与习题之间进行跳转的链接。

回到第一节的框架结构,打开并进入群组图标"第一节内容001",双击打开显示图标"第一节内容001页面",在页面适当位置输入文本"课堂练习与思考",关闭显示图标,拖一个导航图标到交互图标右侧,命名为"习题导航",交互方式为热区域,点右键选择"计算…"打开,在里面输入"GoTo(I-conID@'单选题1')",然后打开交互图标,将"习题导航"图标的虚线框对准显示图标中的文本"课堂练习与思考"调试好,页面习题导航即设置完毕。

转到习题库,进入第一个单选题的群组图标"011",双击打开显示图标"单选题1",用文本工具输入单选题及选项,排列整齐后关闭,再进入群组图标"查看答案",双击打开显示图标"单选题1答案",在合适的位置输入答案后关闭。最后,回到上一层,双击打开计算图标"返回内容",在函数及变量窗口中输入"GoTo(IconID@'第一节内容001页面')",至此,这一单选题的调用及返回的结构设置完毕。有了题库的模板,其他的题型一律照葫芦画瓢。

这里要提醒大家注意的是,习题库与第一节虽然都用了框架图标的横向翻页结构,但运用的方式并不一样,大家可以结合光盘中的案例来仔细体会,区别出二者的不同之处。

除了习题库之外,我们还可以在课件结构中添加一个"回顾与小结"的模块,包括本章内容简要回顾及知识图谱、本章知识点、本章重点、本章难点等内容。这部分课件结构可以复制整个第一节的群组图标粘贴到"复习思考"群组图标的前面,将里面的内容变换一下即可。要特别注意的是,一定要将复制过来的相关图标都重新命名！在知识图谱或知识点中,可以按照上述方法,运用 GoTo 函数对其中的文本内容设置导航链接,跳转到相关的教学内容再返回,但跳转点太多也容易导致混乱,需要谨慎处理。这部分结构详见课件模板案例,通过扫封底二维码获得,这里就不再详细说明了。

介绍到这里,整个课件模板制作完成。

回顾制作过程,我们会发现,Authorware 课件的页面展开结构无非有以下几种:交互图标横向展开(目录结构)、框架图标横向展开(循环结构)、流程线纵向展开(线性结构),再加上运用函数变量的页面跳转,总共有四种结构。为了顺利实现运用函数变量的页面跳转,每个图标的名称都不能重复,一旦要跳转到的图标名称重复,计算窗口就会提醒"比一个图标更多的是标题'xxxx',请更正你的表达式。"这时候,我们就应该知道是图标名称出现了重复。由此看来,Authorware 课件的制作确实比较复杂,相比 PPT 或 WPS 幻灯片来说有一定难度,但有了课件模板就简单多了,很多结构都可以进行复制粘贴。当然,如果对 Authorware 整体结构和功能过于陌生的话,就连复制粘贴都摸不着门,所以本书不仅提供了一个课件的模板,而且比较详尽地介绍了模板制作过程,熟悉了这些制作过程之后,模板的运用就不在话下了。以上过程的介绍用了很多篇幅,给人的感觉是异常复杂难懂,其实操作起来并没有书面介绍那样难,如果能对照光盘中附带的模板进行揣摩,理解起来就更简单了。当然,我们也并不否认 Authorware 确实有一定难度。

可能有人会问,既然 Authorware 课件制作如此复杂,为什么还要用它呢?一句话,Authorware 很有魅力!强大的交互功能使其可以清晰地显示不同层次的教学内容,对高校思想政治理论课教学来说,可以简明生动地表达教学内容之间的逻辑关系,有助于理论问题的阐述。如果我们要对 Authorware 进行一句话的评价,那就是:它是一款"高冷"的软件,操作的复杂性使它只能是少数人的偏爱,而卓越的交互性又使其极具魅力。它最大的缺憾就是不能将视频文件内嵌打包,而随着研发活动的停止,这一缺憾似乎是永远伴随着它了,笔者唯一希望的是,有一天 Authorware 会重新得到青睐,续写它极具魅力的"Authorware 后传"。

三、高校思政课多媒体课件的创作艺术研究

多媒体课件的制作是一种教学艺术创作活动,不同教师在创作多媒体

课件上都有自己的一套做法,在创作方法上千差万别,但高校思想政治理论课多媒体课件的创作还是有章可循的，有很多可以相互交流借鉴的创作经验,乃至形成课件艺术创作理论。

(一)课件风格结构取决于教学内容的选择

多媒体课件的重要作用之一,就是搭建基本的教学平台,所有的教学内容都要在这个教学平台上展开。它承载着教学内容展示、师生教学互动、知识练习及能力培养、课外学习及测验等多种功能,教学平台搭建的好坏直接影响到学习效果。

1. 满足教学需要是多媒体课件的基本要求

多媒体课件的功能可以从展示结构、交互方式、素材导入几方面来体现，在选择课件功能的时候，要考虑到多媒体展示方式是否有利于教学表达、能否方便地运用各种多媒体素材、多媒体交互方式能否满足教学应用、是否有利于与学生之间的互动等。不同类型的课程、不同的教学内容,对课件功能的要求都不同。

对正常的课堂讲授式教学来说,由于对教学规范性要求相对较高,所以要求课件功能完备齐全,能够方便地翻页和跳转,顺利地播放多媒体影片素材,具有良好的交互性,满足课程导入、课程讲授、课堂提问、课堂练习等各种教学需要。而其他各种类型的课程,如习题课、讨论课、专题教学、翻转课堂教学等就有着不同的教学需要,需要突出某一方面的课件功能。比如 PPT是线性结构的课件,由于操作简单,可以点击鼠标或任意键一路翻下去,不会干扰教师的讲授思路,因而比较适合专题教学这类集中于问题的教学;目录结构的课件就比较适合于正常教学;而树状结构的课件交互性比较强,可以实现不同内容之间的跳转,比较适合习题课教学。另外,不同的教学内容,对于多媒体课件功能的要求也各不相同,对于史实比较多的课程来说,图片的展示和视频的播放是否顺畅就更重要一些；而对于抽象的理论阐释比较多的教学内容来说,要求课件文本简明清晰,层级布置合理,能够通过链接和跳转显示知识的逻辑关系,比如对马克思主义哲学原理、思想道德修养与法律基础、毛泽东思想和中国特色社会主义理论概论课的大部分章节来说,文本的运用就很重要。文本作为一种多媒体元素,是多媒体课件艺术的重要内容,运用文本要干净利落、组织安排得当,从形式上要有一种韵律美,不能掉以轻心随意滥用,特别要注意文字量不能太大,不能满课件都是大段文字。

2. 反映课程特色是多媒体课件的外观要求

不同的教学内容有着各自不同的外观特色,从主题色调、背景设置、页面安排、情趣风格等方面都要有所体现。良好的观感是多媒体课件打动人的关键因素之一,必须与教学内容相贴切,并且给人以舒适美观的第一印象,至少不能引起人们的心理不适。高校思想政治理论课是马克思主义意识形态教育,多媒体课件外观从总体上应该体现红色主题的特征,要体现出意识形态教育的严肃性和庄重性,要以体现崇高之美的审美情趣来打动人,将学生带入神圣而崇高的精神境界。但具体到每一门课程和特定的教学内容,也要进行具体的分析和理解,在总体反映思政课教学美学特征的基础上,不同教学内容要体现不同的审美特色,当教师打开课件的时候,就使学生沉浸到本课程的知识体系和学术氛围中,专心致志地开始学习。

对课件外观的审美和艺术要求往往是抽象的,是一种只可意会却难以言传的东西,不同的人往往有不同的理解,但无论如何,贴切反映教学内容、以一定的视觉享受体现出与教学内容相适应的审美趣味,对多媒体课件来说是很重要的,用心揣摩、认真对待与阄圄应付的结果是绝对不同的。多媒体课件的审美观是教师的脸面,如同写的一手漂亮的版书一样,美观大方、贴切得体的多媒体课件是高校思想政治理论课教师的骄傲和自豪,是他们在课堂上教授学问和宣讲真理的底气所在,是自信心和自豪感的精神支柱。

3. 多媒体课件要有主题、有灵魂、有个性

作为多媒体教师授课的基本依托,课件从内容和形式上都要具有统一性,要有主题、有灵魂,并体现出教师独特的教学风格。所谓有主题,指的是课件内容不能杂乱无章,每一段内容都要围绕某一个主题而展开,在形式上要做到风格一致,不能像打补丁一样东一块西一块胡拼乱凑。所谓有灵魂,指的是既能够主题鲜明、深入透彻,又能够情趣盎然、灵动鲜活,具有一种人性的感召力。体现在课件的形式美上,就是用有生命力的艺术形象来打动人,在多样化的艺术形式中体现审美情趣的统一性,让人感到有一种洋溢着生命澎湃的无形力量呼之欲出。反之,如果课件从头到尾都是呆板和程式化的平铺直叙,没有任何形式和节奏的变化,也没有充分运用艺术形象来突出教学主题,像流水账一样,让人一看就感到厌烦,没有灵魂的教学课件是缺乏艺术性的、失败的教学课件。

除了有主题、有灵魂之外,教学课件也要打上教师个性风格的烙印,有

个性才有生命力和感召力,才能充分体现出教师的人格魅力,使高校思想政治理论课教学入脑入心。多媒体课件的个性风格体现在课件结构、页面风格、过渡安排、特效运用、文体风格、文字排列等方面,与教师的教学风格、学术风格、思维风格、表达风格、审美风格,乃至教师的个性、志趣和价值追求等都是相通的。除了外观和表现形式的不同之外,思政课多媒体课件的个性风格还体现在很多方面,比如从教学内容的安排来看,有的课件追求内容详细、面面俱到,有的课件则是内容简练,把大部分内容都留给教师讲授,课件上只有各级标题和某些重点内容的概括文字说明。再比如从教学行文风格来看,有的课件逻辑严谨,表现出比较明显的学术性,有的课件则带有较强的抒情性,注重情感的宣泄和情绪的表达,还有的课件叙事感较强,教师可以随着课件内容的展开而徐徐诉说、娓娓道来。各种个性风格都是不同表现形式的综合运用。

要做到教学课件有主题、有灵魂、有个性并不是一件简单事,也很难用"量化标准"来描述和规定,教师必须用心去体会和感受,凭借自己的审美感受来进行艺术创作。要想使自己的课件打动别人,首先必须要打动自己,教师在备课和制作课件艺术作品的时候,思想和感情应该始终处于亢奋状态。教学课件的生命力来自教师的创造力,麻木的心灵是孕育不出灵动作品的。

(二)多媒体素材的运用决定了课件的成败

1. 多媒体素材在多媒体教学中的核心作用

多媒体教学艺术在很大程度上是运用多媒体素材的艺术,所谓多媒体素材,从一般意义上来说,指的就是用来传达多媒体教学信息的多媒体资料,包括图像、音频、视频、文本、图形、动画等。多媒体素材不同于多媒体元素,后者通常指的是一种抽象的概念,有时候也代指构成多媒体课件的最小单位,而多媒体素材则是由多媒体元素构成的,每一件多媒体素材都是一件完整的作品。比如我们可以说影像是一种多媒体元素,但只有按照一定的规律编辑在一起,能够传达完整多媒体信息的影像,才可以称为是多媒体影像素材。

多媒体素材在多媒体教学中具有核心地位,甚至可以说,多媒体课件艺术就是运用多媒体素材的艺术。多媒体素材具有多种教学功能,可以传达多种教学信息、传递各种情绪和情感、营造艺术与审美的教学气氛等,可以被广泛地运用在课堂教学的各个环节,比如导入教学内容、突出教学重点、解释教学难点、调节教学气氛、发起课堂讨论、概括教学结论等。多媒体素材既可以单独使用,也可以几种多媒体素材组合使用,甚至可以与其他教学手段联合运用。与其他门类的教学相比,高校思政课多媒体素材的运用是最多的,几乎可以包括所有类型的多媒体素材,其中尤以图像和视频素材的运用为最。因此,多媒体素材艺术是高校思想政治理论课多媒体教学艺术的核心内容,也是本书的重点研究内容。

2. 多媒体素材是经过教师艺术加工的教学素材

如上文所述,多媒体素材必须是一件完整的作品,无论是单件的图片、动画、音视、视频作品,还是多种艺术形式的组合运用,都必须要完整表达一个教学内容,在艺术形式上不能有残缺,即便是对于原始资料存在残缺的素材资料,也要通过艺术手段加以装饰。因为多媒体素材呈现给学生的应该是独立完整的教学信息,既不能是残缺不全的片段,也不能是与其他内容的素材混在一起,让学生自己来分辨哪些才是教学所需的内容。正因为如此,所以教师在运用多媒体素材进行教学的时候,都要进行一定程度的加工,有时候甚至要自己动手进行多媒体素材创作,制作出属于自己的教学艺术作品。

对于高校思想政治理论课的多媒体素材来说,运用最多的还是图像资料素材和教学影片。对图片素材来说,应该包含教学内容所要求的全部视觉信息,不用进行额外的解释和说明,而且应该是诸多图片资料中最能再现历史原貌、最能展现人物精神,且具备一定审美性和艺术性内涵的图片。对教学影片来说,应该是一段有始有终、内容完整的视频片段,反映的是一段完整的历史过程,或者是一段逻辑完整的论述。有些教学影片比较长,需要从中截取某些内容的片段,但很多情况下,直接截取的片段往往夹杂着许多累赘的内容,而这些累赘的内容很可能由于比较有趣而喧宾夺主,分散和干扰学生的注意力,直接影响教学效果,这在高校思想政治理论课多媒体教学中是很常见的,往往让教师觉得很无奈。在这种情况下,就需要教师对多媒体素材进行一定的艺术加工,甚至根据原有的素材资料进行重新制作,而不是原封不动地拿来就用。

3. 思政课多媒体素材要具有艺术性与政治思想性

高校思想政治理论课的多媒体素材既要具有艺术性,也要具有明确的政治思想性。作为教学艺术所需的素材资料,艺术性是对多媒体素材的基本要求,每一件多媒体教学素材都应该是一件教学艺术品,都应该包含形象性、情感性、审美性、创造性等艺术要素,要运用生动具体而鲜明的艺术形象来打动人、感染人,使人在陶醉于美的享受的同时获得心灵的浸润,使自己的精神境界得到升华。

更重要的是,高校思想政治理论课多媒体素材所承载的是政治思想教育功能,必须是具备政治思想性的教学艺术作品,要有正确的政治方向、坚定的政治立场和专业的政治理论素质,要以习近平总书记所提出的"八个相统一"的要求规范多媒体素材的政治思想内容,特别要注重政治性和学理性相统一、价值性和知识性相统一、建设性和批判性相统一,使高校思想政治理论课多媒体素材在精益求精的基础上,成为既具备艺术性、又具备政治思想性的多媒体教学素材精品。

(三)多媒体课件艺术是"动"与"静"的艺术

多媒体教学不是把多媒体课件当成板书来使用,而是运用多媒体课件创造出丰富多彩的教学艺术效果,让教学动中有静、静中有动。因此,多媒体课件艺术既是静态的艺术又是动态的艺术,"动"与"静"的组合运用,在高校思想政治理论课多媒体教学艺术中发挥着重要的作用,具有别具一格的美学意义。

1. 多媒体课件的"显动"与"隐动"

所谓"显动",指的是多媒体课件中那些看得见、听得到的动态呈现效果,可以分为形式上的动态展示和内容上的动感信息两大类,前者包括多媒体课件的动态切换过渡、多媒体动画特效及多媒体声效,后者包括音频、视频和动画等多媒体素材的各种动态信息,也包括多媒体页面的跳转所构成的交互性动态信息等。这些动态的呈现方式使多媒体教学的信息传递具有趣味性和审美性,开辟了多媒体教学的审美新空间,缓解了学生听课中的心理疲劳,给高校思想政治理论课多媒体教学艺术增添了无限的魅力。

所谓"隐动",指的是那些并非凭借感官来直接感受的动态效果,即隐含在教学过程中的心灵触动和情感流动。"隐动"是体现在多媒体课件中的喜怒哀乐等情绪变化,是多媒体课件带给人们的冷峻、凝思、安详、炽烈、豪放等各种情绪和情感的表现。对于高校思想政治理论课教学艺术而言,最高的艺术境界就是激发学生高尚的情感,使学生在充沛的情感体验中深刻领略马克思主义真理的魅力,更加珍惜党领导人民披荆斩棘、继往开来的辉煌历史,增强对党的热爱,增强对伟大祖国和伟大的社会主义事业的热爱,树立中国特色社会主义的四个自信和对共产主义伟大理想的坚定信念。

在"显动"与"隐动"中,"隐动"才是多媒体课件艺术所追求的真正动态,是多媒体教学艺术的本质与精华,"隐动"可以包含"显动",但不局限于"显动",静态的页面也同样可以承载激起人的感情涟漪的教学内容,同样包含"动"的因素。

2. 多媒体课件的"物静"与"心静"

所谓"物静",即多媒体课件从本质上说是静态的,呈现的主要是静态的信息和静态的美。尽管多媒体课件有很多动态呈现效果,但课件毕竟不是电影,多媒体课件中的动态效果是以人机交互为前提的,在没有触发交互条件的情况下,课件就是静静地待在那里,传达着静态的教学信息,也把美与和谐默默地展示给人们。"物静"对于多媒体教学来说是基本的教学要求,因为教学不是娱乐,学生对于教学内容的领会和掌握需要足够的时间,每一个多媒体页面都必须有一定的停留时间,留给学生进行细细地思考和记笔记。做好课件静态设计是课件艺术的基本要求,要根据教学需要精心提炼教学提纲与核心内容,并以艺术和审美的原则进行页面布置。

所谓"心静",指的是教学过程中为了调节教学节奏和烘托教学高潮,往往有意制造慢节奏和低调的教学气氛,体现在教学课件中,就是要从课件的播放和多媒体素材的运用等方面加以设计,使课件带给人一种心绪的宁静。"物静"呈现的是真实的静止状态,而"心静"只是心理上的和缓和静止,"心静"是与前文所述的"隐动"相对应的状态,甚至可以说是"隐动"过程中的一段相对静止。"心静"并不意味着课件没有任何动态效果,它所呈现的只是出神与凝思的心理状态,或者是为教学高潮做铺垫,或者是作为一种含蓄隽永的结尾处理方式,在教学节奏的控制中担任重要角色。

"物静"追求的是课件本身的静态审美效果,而"心静"则是一种动态的"静",是"动中有静"和"以静制动"的辩证统一,所追求的是多媒体教学整体效果的和谐统一。

3. 通过对"动"与"静"的把握提高课件艺术水平

"动"与"静"是多媒体课件所固有的表现方式,在高校思想政治理论课多媒体教学中,对"动"与"静"的运用具有重要的教学意义,是多媒体教学艺术的精华所在,对营造教学气氛、掌握教学节奏、避免心理疲劳、拓展审美空间具有重要意义。

与其他各种艺术形式一样，多媒体课件艺术也没有常规的创作法则可循，需要多媒体教师用心去体会和揣摩。所谓"动"并不意味着大量影片、动画和特效的堆砌，"动"之源头是"仁者心动"，要在深刻理解教学内容的基础上把握教学节奏，抽出情感发展的主线，以此作为"动"的基本依据。多媒体动态效果和多媒体素材的运用都要围绕这条主线进行策划和设置。"动"要有铺垫、有起伏、有章法，讲求"蓄势待发"和"待机而动"，"动"也要动得干净利落、简洁自然，不能拖泥带水或以"动"遮百丑。"动"从小处而论，表现为页面的动态切换和多媒体文字的某种闪动效果，其作用在于丰富表现效果和缓解心理疲劳；从大处而论，则是多媒体教学整体节奏和情感的流动，是多媒体教学宏观设计的动态效果。

"静"既是多媒体课件的基本状态，也是与"动"有着高度关联的课件艺术效果。首先，多媒体课件要高度重视静态效果，不是只有"动"起来的课件才是好课件，和谐大方、清丽脱俗的页面效果往往使人们第一眼就喜欢上这个课件，即使没有太多的动态效果，也不失为一款优秀的课件。其次，多媒体课件要充分重视"心静"的精神意蕴，"心静"既要做到心无旁骛和心如止水，又要把"静"置于"动"的参照系中来看待，通过调整"动""静"关系来驾驭。如果说"动"相当于多媒体课件的动能，那么"静"就相当于课件的势能，是一种引而不发或蓄势待发的状态，是以"静"来烘托教学主题。通过对"动"与"静"的把握，可以赋予多媒体课件生命力，使多媒体课件不再是一个死板的"机器"，而是人性化的教学艺术品。

还应该提到的是，以上对于多媒体课件艺术的论述，主要适用于人文社科类多媒体教学，特别是适用于高校思想政治理论课的多媒体教学，因为这是以美育人和以情感人的教育，对教学的艺术性有更高的要求。对于理工类的多媒体教学来说，更主要的是教授科学方法和培育科学价值观，不需要如此细腻的教学艺术内涵，也不需要如此多样的多媒体教学艺术手法和多媒体素材。这也就是为什么理工类教学课件的文件都非常小，而思想政治理论课教学课件的体量都很大，包含大量的教学影片和其他各种多媒体素材，教学课件的文件夹少则几百 M，多则几个 G，甚至十几个 G。从这个意义上来说，高校思想政治理论课多媒体教学课件的艺术含量要更高一些。

总的来说，思想政治理论课多媒体课件不仅仅是把传统的板书搬上屏幕，而是综合了多种信息传达方式和艺术表现手段的现代化教学工具，它不仅是重要的教学手段，而且也应该是思想政治理论课教师的教学艺术作品，应该体现思想政治理论课教师的事业追求和艺术志趣，是高度人格化的教学工具。多媒体课件的创作艺术需要教师具备高度的教学艺术修养，要通过大量实践来磨炼。

第四章
高校思政课多媒体页面艺术研究

一、多媒体页面设计与教学平台的搭建

多媒体课件作为一种教学内容的载体,承载着教学内容展示、师生教学互动、知识练习及能力培养、课外学习及测验等多种功能,是一个最基本的教学平台。这个教学平台能否很好地承载教学内容取决于多方面因素,页面设计是重要因素之一。

(一)多媒体页面设计的教学意义

1. 展示教学内容

多媒体页面设计并不仅仅是以好看为目的,而是要以实用性作为首要目的,是为教学服务的,因此,多媒体页面设计的首要意义就是展示教学内容,包括教学提纲和各类文字资料。从这个意义出发,多媒体页面设计最重要的问题就是如何合理安排这些文字内容,使这些文字内容的排列布置既醒目又美观,做到详略得当、疏密合理、重点突出、节奏鲜明,而且还要体现出教学内容的逻辑关系,符合教学流程设计的需要,体现教师授课的方法和意图。多媒体页面设计并不是随意地下载几张图片做背景就算了事,而是要充分运用各种点、线、面构成的图案进行页面分割,在各种分割区域合理布置文字内容,使整个页面呈现良好的美感,以最简明的方式展示教学内容,让学生能比较容易地进入学习状态,更好地投入学习。

2. 适配教学素材

多媒体页面设计另一个意义就是合理安排和摆放教学素材,既包括图片、图形、动画、音频和视频等一般性多媒体素材,也包括各种多媒体教学案

例素材。这些多媒体教学素材不能随意地胡乱放置,必须要有序地摆放在合适的页面分割区域,位置应该相对固定,与页面的文字区域组成和谐有序的页面构图,既不干扰文字排列,又与相关的教学内容遥相呼应,方便教学中随时展开和取用。有些教学素材可以用小图标的方式摆放在固定区域,有些教学素材则可以用超链接的方式直接安排在文字内容中,设置变色文本点击打开,这些都需要通过页面的合理设计来实现。

3. 区分层级关系

教材中的教学内容要通过大、中、小各级标题来区分,各级标题在教学课件中可以用不同层级的页面来区分,多媒体页面设计的重要意义之一,就是以总体风格一致但色彩和图案略有差异的构图来表现页面的不同层级,使教学内容有序展示。

多媒体页面的层级关系也就是由教学内容的层次性,页面的层次性设计在总体构图和色调统一的前提下,各个不同层级的页面在构图上进行细微的改变,以体现教学进入下个级别的小标题内容。由于不同级别的教学标题所展示的是不同层次的教学内容,所以页面设计的侧重点也不同,浅层次的页面以展开教学提纲和放置附加内容为主,而较深层次的页面则是以详细展示教学内容和放置教学素材为主,二者在页面分割和页面布置上就有较大的不同。通过这种分层设计,使教学内容在多媒体课件中立体化层层展开、步步递进,有利于学生的理解和教学活动的有序进行。

4. 营造教学气氛

多媒体课件相比于板书教学的重要优势就是传达视觉感受,通过多媒体页面的精心设计来表现特定的审美趣味,营造教学气氛。从这种意义上来说,高校思想政治理论课多媒体页面设计必须从色调、构图和图案等方面体现"红色美学"的审美倾向,并表现出不同课程、不同章节、不同历史时期的审美意象,营造出崇尚真理、追求理想、积极向上的教学气氛。另一方面,也要注意不要使这种"红色美学"设计脱离现实的大众审美标准,不要显得过于陈旧和刻板,因为我们的教育对象是当代大学生,他们的审美观是打上深深的时代烙印的,多媒体页面设计既要体现思想政治性,又要做到赏心悦目,使学生在心理愉悦的状态下顺理成章地进入学习状态。

（二）多媒体页面设计的审美要求

1. 体现与教学内容相适应的审美趣味

多媒体页面设计从根本上来讲是为了传递教学信息，不仅要从内容上进行详尽有序的文字表达，从标题上进行简明生动的语言提炼，而且也要在页面设计上充分体现与教学内容相适应的审美趣味。

这种审美趣味既包括直接表现教学内容的具象性因素，如与教学内容有关的照片、图形、绘画、漫画、图案等，也包括间接表现教学内容、具有一定象征性意义的抽象审美因素，如色彩、具有象征意义的抽象图案等。对高校思想政治理论课多媒体教学而言，在页面设计中经常把历史照片和具有强烈视觉冲击力的绘画、雕塑作品等作为背景设计的重要视觉元素，也经常把红旗、红星、镰刀、斧头、华表、长城、天安门等照片和图案融入设计中，有时候也把一些有趣的卡通漫画放到页面上提升趣味性。此外，在多媒体页面引用名人名言的位置也经常插入政治领袖的气质肖像，用来衬托名人语录，体现教学内容的高度政治思想性，这些都属于具象性因素。抽象审美因素指的是经过变形设计的象征性事物，如对飘舞的红旗进行变形设计后产生具有强烈象征意义的审美图案，既能让人感觉到一种炽烈的思想感情，又可以作为页面构成的分割形式。这种能够进行变形设计的内容有很多，甚至连人物肖像都可以通过色调分离、剪影化等方式变成抽象图案，构成页面分割的一种形式。

以具体的或抽象的构图内容来体现与教学内容相适应的页面审美趣味，在高校思想政治理论课多媒体页面设计中应用很普遍，有些比较简单的设计可以由多媒体教师自己来完成，但有些比较复杂的设计只能出自专业设计人员，不是教师本人所能胜任的。

2. 体现现代设计艺术的审美艺术原则

除了与教学内容相关的审美趣味之外，多媒体页面的设计也要体现现代设计艺术的审美艺术原则，即形式美的原理与法则。我国艺术设计专业教育中广泛设置的"三大构成"基础训练课程，系统而充分地体现了形式美的一般性原则。"三大构成"指的是平面构成、色彩构成与立体构成，是现代艺术设计基础的重要组成部分。

平面构成是运用点、线、面和律动组成的富有极强的抽象性和形式感、既严谨又有无穷律动变化的装饰性构图,是理性与感性相结合的产物,是探讨二维空间视觉规律及各种视觉元素构成规律的基本视觉的艺术语言。平面构成的要素包括点的构成、线的构成和面的构成,其构成形式主要有重复、近似、渐变、变异、对比、集结、发射、特异、空间与矛盾空间、分割、肌理及错视等,基本格式可分为90度排列格式、45度排列格式、弧线排列格式和折线排列格式。

色彩构成是从人对色彩的视知觉和心理效应出发,按照一定的色彩规律去组合配置各色彩要素之间的相互关系,以创造出符合审美需求和创意设计的色彩效果。色彩构成包括色彩的构成原理、色彩体系与色彩的属性、人对色彩的视觉效应、视知觉的多种表现、色彩的心理效应、色彩构成的法则等。色彩的构成法则是色彩形式美的基本法则,包括色彩的均衡、色彩的节奏与韵律、色彩的单纯化、色彩的主次、色彩的呼应、色彩的点缀、色彩的互补七大方面,是有关色彩运用的基本视觉艺术语言。

立体构成研究的是三维空间内立体造型的构成方法和设计原理,是由二维平面形象进入三维立体空间的构成表现,主要运用于建筑设计和工业设计中,与多媒体页面设计的直接关系不是很大。

上述有关形式美构成法则的内容是艺术专业的基础知识和基本训练,对于其他学科来说,可以用"隔行如隔山"来形容,一般情况下,思想政治理论课多媒体教师不可能系统掌握。但掌握一些形式美的构成法则,在多媒体教学实践中逐渐提升自己的审美修养,培养独具一格的审美眼光,则不是高不可攀的。

(三)高校思政课多媒体页面的个性风格

多媒体页面的个性风格是多媒体教师的"品牌",从一个侧面反映了教师的教风教态,是教师审美素养、文化素养、理论修养、教学态度和教学习惯的综合体现,珍视自己的个性存在,就是珍视自己的荣誉和责任心,是作为一名教师的事业心和自尊心的宣示。

从一般意义上来说,高校思想政治理论课多媒体页面可以分为庄重型、抒情型、沉稳型、典雅型、活泼型等不同的个性风格。

庄重型页面主色调浓烈厚重,页面布局均衡稳定,文字内容不多但重点突出,简练而醒目,图形、图像、音视频等多媒体元素摆放整齐,整个课件显得恢宏大气、庄严肃穆,颇具视觉冲击力,比较注重突出思想政治理论教育的主题。

抒情型页面则倾注了教师的丰富情感和才气,在页面设置上,主色调色彩丰富,页面格局灵活多变,文字排列错落有序、美观大方,整个课件气韵流动、一气呵成,具有较强的韵律感和抒情感,令人感到美观舒适。

沉稳型页面注重内容充实全面,按部就班地展开教学流程,页面设置朴实无华、落落大方,整个课件虽不十分吸引人,但才情内敛、历久弥新,追求的是"宁静而致远"的境界。

典雅型页面在审美风格上追求细腻和淡雅,主色调通常是浅颜色,页面清新自然、注重留白,背景图案多采用幽静素雅的自然景色,文字排列简练自然,多媒体图片等素材的运用通常很注重修饰,页面转换与过渡含蓄优雅,给人一种家庭般的轻松和温馨,比较适宜于女教师娓娓道来的教学风格。

活泼型页面一般来说体现了年轻教师的教学风格,页面构成追求动感,色彩和图案活泼有趣、引人入胜,体现了青春的活力和旺盛的创造力,把思想政治理论教育的主题融入现代性的艺术追求,容易与青年学生产生共鸣。当然,这些课件风格的划分并不是绝对的,很多课件都是同时具有多种风格,或者是根据不同教学内容而运用不同风格来表达,但总的来说,一个多媒体课件的总体风格是有着大体上固定的模式可循的。

多媒体页面要有自己的个性风格,但不能以个性为由排斥多媒体页面的规范性。所谓个性,应该是规范性下的个性,是有章法、有法度的个性,是统一的版式设计、行文规范下的个性,而且对于个性风格本身来说,也必须是从头至尾一以贯之,零零散散东拼西凑的课件是谈不上个性风格的。

二、高校思政课多媒体课件的板式与封面

对于一门课的多媒体课件来说,各个章节的课件从板式风格来看应该是统一的,这关系到学生能否更好地熟悉教师的教学"套路",从而更好地实现师生互动,也关系到学生对教师的教学态度认可与否。反之,如果教师的教学课件东拼西凑,今天这样,明天却又是另一套东西和另一种风格,零零碎碎没有整体感,就会让学生感到教师的教学态度不认真,对课堂教学敷衍了事,也会让人感觉做事没有章法,忙三迭四、乱七八糟,缺乏教师应有的从容与沉稳,不利于教师形象的塑造,也不利于教师威信的树立。

第
四
章

（一）多媒体课件整体板式风格的统一性

1. 课件结构与展示方式的统一

如前所述，多媒体课件所起到的并不仅仅是演示文稿的作用，多媒体课件是各种多媒体元素的综合运用，有着相对复杂的结构，不仅要支持图像、声音和视频的展示和播放，而且要能够显示教学内容的逻辑结构，把教学内容完整清晰地呈现给学生。多媒体课件并不等于演示文稿，多媒体课件页面的交互结构和展示方式相对于一般意义上的演示文稿而言要更复杂一些。

在第三章我们已经讲到，多媒体课件的结构包括目录结构、树状结构、线性结构、循环结构和 3D 展示等。一般情况下，多媒体课件都是各种不同结构形式的组合运用。比如我们打开多媒体课件进入目录页，再点开目录中各节的标题链接，这就是目录结构。进入每一节的封面后，节以下教学内容可以继续采用目录结构来展开，但也可以改为横向翻页的循环结构，用"前进""后退""返回本章""返回本节""退出""首页""末页"等一系列按钮来操作，使节以下的各个次级标题能实现随意翻页。这就是目录结构与横向循环结构组合运用的课件主体结构，在这个主体结构框架内还可以继续插入其他的结构形式，但不要过于复杂，以免造成思维的混乱。

对于教师来讲，同一门课的课件要有统一的风格，打开方式、展示方式、操作方式要有一致性，同一级标题的封面和页面要以相同的设计安排来呈现，课件的结构要体现出规律性，当打开一个级别的封面或页面时，要让人一眼就辨认出这是哪一个层次的教学内容。这样才能使学生尽快适应教学课件，也尽快适应教师的教学习惯和教学风格，从而有助于熟悉教学内容的逻辑结构，有益于对知识体系的了解和掌握。学生对于课件，也如同面对一个老师一样，开始的时候是陌生的，经过一段时间之后，才逐渐熟悉起来。多媒体元素和各种按钮、链接摆放位置的相对固定，有助于学生尽快适应和熟悉课件，不至于对课件感到眼花缭乱、一头雾水。

2. 主色调和图案风格的一致性

对于全程使用多媒体课件的教师来说，另一个应该关注的问题就是要让所有课件的主色调和图案风格相一致。包括每一章每一节封面的构图风格、每一章乃至一门课全程课件的主色调等。这些看似无关紧要，其实对学生是有一定影响的，东拼西凑的课件至少给学生一种教师不认真的印象，感觉教师的生活态度和人生态度不端正,教书育人者首先自己就没能严谨做人。

从课件的主色调来看,高校政治理论课传播的是马克思主义和中国特色社会主义的信仰,马克思主义政党一向是以鲜红色作为自己的标志,因为红色容易让人心潮澎湃,象征着如火如荼的革命激情和理想主义者的火热情怀,如同《国际歌》中所唱的那样,"快把那炉火烧得通红,趁热打铁才能成功"。中国共产党的党旗和我国的国旗都是鲜红色的,象征着中国革命的胜利是革命先烈用鲜血换来的,具有崇高的价值和永恒的生命力。因此作为政治理论课,用红色或暖色调作为课件的基调是自然而然的,不像中文课的多媒体页面上布置得一片春江碧水、柳绿花红。不仅如此,即便是同为暖红色调也应该有所区别,在讲述中国近代革命的时候,应该以深红色调为主,象征着中国近代革命冲破黑暗迎来曙光,而在社会主义建设时期就应该是以鲜红色为主,因为那是一个"火红的年代"。在改革开放及当今高速发展的新时代,红色基调就应该更加明快,而且在某些部分应该突出湛蓝色,因为几千年的中华文明正在走向湛蓝色的海洋。但作为中国共产党红色基因的象征和标志,高校政治理论课的多媒体课件总体上为红色基调,这是思政课教学课件的基本审美要求。

关于课件的图案风格,大体上有简朴型、庄重型、规范型、活泼型等,从政治课的严肃性来说,最好采取规范型的风格,以规范端正的构图形式为主,当然也可以有局部的活泼,不过应该适量。其他的不管是简朴型还是庄重型,都因人而异,以体现教师个人的兴趣爱好和审美特质为出发点。但不管采用什么类型,一门课的各章节大体上要具有一致性的图案风格。

(二)多媒体封面的设计艺术及教学意义

封面指书刊外面的一层,有时特指印有书名、著者或编者、出版者名称等的第一面。封面又分封一、封二、封三、封四,一般书刊封一印有书名、出版者和作者等。封面起着美化书刊和保护书芯的作用,是书籍和杂志的包装,它是通过艺术形象设计来反映书籍和杂志的内容,能够折射出设计者对美学意识的感悟,以及对形式美的追求与创新,好的封面设计能够长久地感动读者。封面所表达的意蕴丰富与否、它的生命力长久与否,都体现在它的创意之中,所以说创意是封面设计的生命力之所在。多媒体课件的封面并没有谁来规定设计标准,它是多媒体课件创意和制作者根据课件的需要自己设计制作的,以反映教学内容、吸引学生关注、体现教师的个性特点及审美情趣为出发点。好的多媒体课件封面会让学生久久地回味,也会使学生在一定程度上对教学内容产生兴趣。

多媒体课件的封面大体上可以分为章的封面、节的封面、教学专题的封面,另外还有章的目录页。通常情况下,多媒体教师制作课件经常是到网上随便下载一张风光图片,或者选一张PPT幻灯片自带的模板插到演示文稿中,用课件本身所带的美术字体把一章的标题打在图片上,就算完成封面制作。对于不是艺术类专业出身的教师来说,这种做法虽然无可厚非,但艺术效果和教学感染力肯定不会很理想。好的多媒体课件封面应该充分反映章节内容、体现设计者的设计思路和审美情趣、采用专门的图片编辑软件来加工制作,并且在风格上要与本章本节的其他页面形成一个系列,使章节的封面及目录各有自己的表现侧重,让人一目了然。

对于非艺术类专业的思想政治理论课教师来说,他们没有学过艺术设计的三大构成,设计不出高大上的艺术封面。但尽量让封面漂亮一些总还是做得到的,而且他们熟悉本章教学内容,懂得采用哪些视觉元素来概括本章内容,体现符合教学要求的审美趣味。

其实,多媒体课件的封面设计本来就不同于商业化的艺术设计,教师自己设计课件的封面和页面虽然达不到专业艺术设计的水平,但也恰恰因此而避免了商业化气息,使多媒体课件成为传达丰富思想感情的、高度个性化的教学艺术作品。艺术作品的价值并不全在于它有多专业,而在于这件作品是否有灵秀之气,是否恰如其分地体现了一种精神内涵,有了精神内涵才会有生命力和感染力。教学艺术作品的精神内涵是以对教学内容的深刻理解为前提的,从这个意义上说,没有谁比教师对教学内容的理解更深刻。

图4-1是《社会主义本质和根本任务》一章的封面,是循着科学社会主义的三次历史性飞跃展开设计思路的。马克思与邓小平的头像分别象征着社会主义从空想到科学,

图4-1

和开辟具有国家民族特色多种模式实践的两次飞跃，突出了以邓小平为首的共产党人以发问"什么是社会主义""怎样建设社会主义"为逻辑和历史起点，把对社会主义的认识提高到新的科学水平，开辟了社会主义的新境界，成功探索出一条中国特色社会主义道路的画面情节。画面设计上以标题来分割画面，标题

图 4-2

虽然被分成几段，而且用了经典特黑简、经典细空艺、经典繁空艺多种不同的美术字体，但散而不乱，使"社会主义本质""根本任务"两组文字很醒目突出，整个画面构图很紧凑并获得了很好的平衡感。图 4-2 则是用图案分割画面，与前者构图方式迥然不同，整个画面显得很简洁，只有人像、旗帜和美术字体，这是另一种封面设计。有些封面甚至可以更简单，比如一个主色调与教学内容相匹配的渐变色背景或蓝天背景，运用镜头光晕特效进行简单处理，再加上一幅雄健飘逸的大字书法，既可以构成一个封面设计。简单的才是美的，对于多媒体封面的构思来说也是如此，一个构图简单而又蕴意深刻的封面设计，只要处理得当，足以秒杀任何杂乱无章的"奇思妙想"。

　　节的封面应该与章的封面相区别，比如把本节的几个三级标题放在封面上，但不一定采取设置链接点击进入的目录结构，小标题目录只是为了提示本节内容而已。每一节实际上是个单元模块，进入这个模块之后才算是内容的展开。以图 4-3 所示的节封面为例，右下角有一排按钮，分别是"返回目录""进入"和"退出"，点击"进入"按钮进入内容，之后采取横向翻页的循环结构展开教学内容。一般来说，如果章的封面以图画为主，那么节的封面最好以文字为主，反之亦然。有区别才会形成秩序，使教学课件井然有序，能更好地发挥

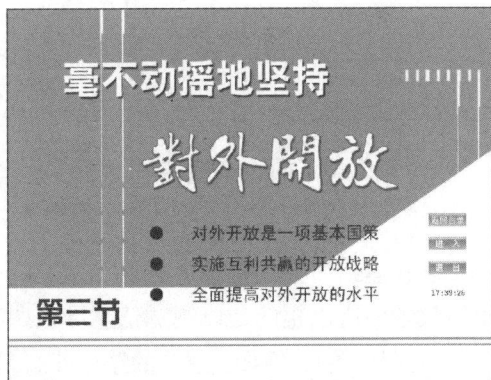

图 4-3

出多媒体教学的表达优势。

　　多媒体课件的目录要放在封二,目录页要有各节的题目、本章提纲及本章小结、课后练习及复习思考几个部分,设置目录文本的超级链接,点击直接通往各节,在目录页应该设置一个退出按钮,以便随时退出。作为多媒体课件的页面之一,目录页当然也要讲求美观大方,在空白处设计一些与本章内容有关的栏头花絮,图案设计风格和页面主色调应该与其他页面基本上协调一致。好的目录页同样会提振心情让人感到赏心悦目,在目录页的设计安排上,也应该以一颗"匠心"来认真对待。有道是细节决定成败,细致认真的人从来都是大处着眼小处入手,目录页尽管不起眼,但也可以体现教师的情趣和追求,不要让目录页成为整个课件中一个令人倒胃口的败笔。图4-4是专题授课"中国梦"的目录页,右侧的华表和人民大会堂穹顶是象征着中国人民民主权力的影像元素,镜头光晕象征着中国梦的辉煌和耀眼,目录整齐排列于页面左侧,目录下方有一个退出按钮,整个页面主色调鲜明,构图完整紧密,文字大小适中、疏密有度,具有比较良好的视觉观感。

图4-4

　　多媒体封面除了目录页之外,一般都不直接承载较多的文字信息,在多媒体教学中所承担的是以视觉信息导入课程的功能。但我们不能小看这种功能,它是学生接触教学内容的第一步,传递的是关于本章或本节教学内容的直观感受,好的封面设计可以引导学生沉浸到某种特定的教学意境中,对教学内容加以更多关注。此外,有些封面设计本身就具备一定的情节性,教师在开始某一章教学的时候,完全可以通过对封面的解读而引出话题,对本章教学内容进行大致的介绍,从而起到导入课程的作用。多媒体课件的封面设计也应该是多媒体教学设计的内容之一,既要充分注重封面的审美效果,也要充分注重其在传递教学信息、创设教学情境和概括学习内容方面的作用,使多媒体封面与多媒体课件实现完美契合,并且让多媒体封面也具有一定的教学意义。高校思想政治理论课多媒体教学艺术是一个整体,任何一个细节都不应该是额外的累赘,多媒体封面亦是如此。

三、高校思政课多媒体页面的层次和布局

页面是展示多媒体课件授课内容的主要区域,就像黑板一样,因此多媒体课件页面的整体布局很重要。一个好的多媒体课件一定要将教师授课的脉络和意图清晰地表达出来,就像教师的板书一样,如果教师随心所欲地满黑板乱写乱画,弄得学生眼花缭乱,不知教师所云为何物,肯定收不到好的教学效果。

(一)高校思政课多媒体页面层次

多媒体课件的页面比黑板优越的地方之一,就是它能够以链接的方式随时打开新的页面,从而大大地扩大了书写的容量,但与此同时也容易造成书写内容过多和使用页面过滥的问题。书写内容过多会造成学生记笔记跟不上的问题,使用页面过滥则导致表达混乱。所以,多媒体课件的页面安排一定要有章法,不要无休止地随意链接页面,要做到层次清晰、结构清晰,每一个页面出现时必须要让人清楚其链接的来源,让人一看到页面就知道进入了哪一级的标题。

从高校思政课多媒体教学的实践经验来看,多媒体课件的页面可以分为一级页面、二级页面、三级页面和散页等形式,其中一、二级页面主要作为标题页面,三级页面是内容页面,散页是可以较随意插入的页面或画面。因而从功能上来看,可以把这四种页面归结为标题页面、内容页面和散页三种类型。

第四章

1. 一级页面

一级页面指的是打开课件或者点击"进入"按钮后进入的第一层级的页面，一级页面是课件的最基础标题的页面。

从页面的结构上看，一级页面要显示出章、节的标题，至少要显示出是哪一节。可以把一节的标题安排在页面顶部的页眉区域，一级页面主要是授课纲要，基本上都是大字标题，标题设置文字链接，通往下一级页面。一般情况下，一、二级页面都以标题为主，具体内容一般都放在三级页面或者散页上。

以 Authorware 课件为例，一级页面一般是章、节之下的中等标题，一节之下有几个标题，就可以设置几个一级页面，页面之间可以用"前进""后退""首页""末页"等按钮来进行横向翻页，构成横向循环的课件结构。当然，标题页面也可以采取目录结构，即把几个标题放在一个页面上，然后用文字链接的方式打开每个问题，进行纵向翻页。两种安排各有优点，但从实践经验来看，后者由于链接太多也容易给人乱糟糟的印象。

2. 二级页面

二级页面是由一级页面上的链接所打开的页面，其内容主要是一级页面内容的进一步展开，是更详尽的下一级标题。二级页面的设计要与一级页面有所区别，但这种区别主要指的是修饰性图案的变化，或者页面基本色调的轻微变化，也可以把一级页面上的章节标题都去掉，但页面的主体框架不要有大的改变，要让学生感觉到进入到更深入的探讨阶段，但是问题仍旧是原来的问题。在这一级的页面中，可以在多媒体素材的展示区把需要作为事例展示给学生的图片、视频和声效等案例素材加进去，并设置打开方式。

二级页面所承载的内容要比一级页面更加丰富。但二级页面可有可无，如果章节以下没有更多层次的小标题，就可以直接进入以承载内容为主的三级页面。

3. 三级页面

三级页面是内容页，主要是展示详细授课内容的页面，在这一级别的页面上可以按照教学需要安排文字、图像和音视频等。为了使页面容量增大，三级页面的设计是最简洁的。

由于三级页面承载了更详细的教学信息，包括文字信息和视觉信息，所以在页面布置上也可以有更多的变化，特别是可以加入很多装饰性图案，作为与教学内容相关的视觉元素，用来突出本页面内容的特色。在这个页面上可以通过设置文字链接或小图标链接跳转到其他的内容模块，退出按钮或翻页按钮仍然属于正常的按钮序列。

图 4-5 显示在课件"中国梦"三级页面的右下角增添了一个小提琴图案，是因为在这个页面上有一段小提琴曲《毛主席的光辉把炉台照亮》的衬乐，打开页面衬乐就自动播放。尽管出现了一些细微变化，但构图格局和色调都没变，仍然是作为内容页面的三级页面。这幅三级页面上的内容讲的是共和国创业时代党领导人民战天斗地、改天换地，不仅为日后梦想的放飞奠定了雄厚的物质基础，而且推进了科

图 4-5

学教育事业、医疗卫生事业、体育事业和妇女解放事业等各项社会事业的全面进步，中国梦并不全在于产值有多高，而在于社会的全面进步和发展。这个页面虽然也是用两张热区域缩略图继续打开更详尽内容的链接，但这已经不是标题页面了，而是一个内容页面，也就是稍加变化的三级页面。这些变化体现了美学上的多样统一，也增加了课件的趣味性，使画面由于有了生气而不再单调。

这些装饰性图案或图片既可以是静态的，也可以构成动画形式，使页面以动画形式展开，增加了多媒体课件的动感和趣味性。很多课件制作工具都可以用导入的 PNG 格式无背景透明图片来合成课件动画，如 PowerPoint 等，这些动画形式配以动态文字，使教学过程呈现活跃状态，能够有效地吸引学生的注意力。

4. 散页

散页是对三级页面上主要教学内容的延伸，用于进一步拓展知识视野、丰富教学事例。如对教学中所引用的名人经典论述、对教学论点的举例说明、对所讲内容的简要评论等，都可以用散页的方式链接到课件页面的序列中。散页上的内容既可以以文字资料为主，也可以以图片为主。散页可以占满整个屏幕，也可以是浮动画面，甚至可以用鼠标在屏幕画面上随意拖动。对 Authorware 来说，一般在散页上就不再有按钮、文字链接或图片链接了，因为散页往往是单张图片，或者是纵向线性结构的多张图片，可以单击鼠标或按任意键进行翻页或退出。在 Authorware 中，可以通过对属性面板中"层"

的设置来隐藏按钮,使散页的视觉效果更好。

　　之所以叫作散页,是因为它的画面构成不属于课件中的规范页面系列,而是以精心选择制作的美图来传递某种视觉信息, 或者以美图来烘托文字的内容,使学生能够伴着审美的愉悦来接受页面文字所传递的信息,深化对教学内容的理解和掌握。散页一般用在二级页面以后,是三级页面功能的进一步延伸,在某种意义上,散页也可以理解成配以文字的多媒体图片素材,除了传递拓展的教学信息之外,承担的主要功能就是创设情境和渲染气氛。

　　图4-6是2108年版《毛泽东思想和中国特色社会主义理论体系概论》第九章第一节"实现中华民族伟大复兴的中国梦"中的内容,在讲到中华民族的昨天"雄关漫道真如铁"的时候,插进了这样一幅散页,页面上既没有体现章节的标题,也没有这一章的 Logo,风格上与原来的页面体系完全不同,以显示这是一个独立知识模块。

图 4-6

　　如果说课件的一、二级页面主要是课件的"骨架",那么三级页面和散页就是课件的"血肉",特别是对于散页来说,由于能够以美图美文抓人眼球、引人关注,因而是课件中最亮丽的部分。

　　这里所说的散页,既可以是具有视觉冲击力的历史照片,也可以是与文字内容相契合的充满诗情画意的合成图片。精美的散页是思想政治理论课教师艺术修养和审美情趣的体现,是多媒体课件以美育人的精华部分之一,担负的是美感教育和"视觉教育"的功能,在某种程度上影响着多媒体课件的水平和质量。所谓"视觉教育",指的是以具有强烈视觉冲击力的图像或者影像传达某种感受,使被教育者获得文字语言和口头语言之外的审美体验,并产生情感上的倾向性,使理想信念和价值观的教育内化于心。

　　教育心理学认为,人的大脑两半球各有相对独立的意识功能,左半球主管言语活动、数学运算、逻辑推理等,是抽象思维中枢;右半球主管图形识别、音乐节奏、空间定向等,具有不连续性、弥漫性、整体性等功能,是处理表象知觉和进行形象思维的中枢。对多媒体教学来说,图像的运用开发了右脑的潜能,使单一性和直线型的思维模式发生了本质变化,多媒体图像所传达的视觉信息带给人的感受是多样的,或喜悦、或压抑、或奔放、或缠绵,这些复杂的感受很容易弥漫到人的整个思维中,促使思想政治理论教育作用于深层心理机制,所产生的作用深刻而持久。

所以,对于多媒体教育手段,我们不能仅仅理解成用演示文稿代替板书,多媒体教育是一种现代化教育,它不仅提供了先进的教育手段,而且革新了教育理念。综合运用各种多媒体手段,并使其发挥最大的优势,这才是多媒体教育的真正含义。

(二)高校思政课多媒体页面布局

所谓页面布局,指的是把多媒体页面划分为不同区域,使得每一个区域都承担各自的功能,形成一套完整的功能结构,有利于充分发挥多媒体教学的优势,也便于教师顺利地操作。

多媒体页面的布局很重要,各种页面元素如文字、图像、按钮及各种装饰图案等,只有当其分布合理且摆放位置相对固定,才能发挥最大效能。多媒体页面要做到提纲挈领、简单明了,哪些内容需要学生记笔记,哪些内容仅仅是展示性的,或者是仅仅需要学生简单了解而不需要记笔记,一定要加以区分。要最大限度地合理利用版面空间,使内容与空白部分分布均衡,使人看了感到很舒服。有些教师在制作课件的时候不太注重页面布局,图片及文字随手乱放,不仅操作起来很不方便,而且显得邋邋遢遢,让人看了感觉很不舒服。作为教学课件,既要有实用性,也应该兼顾页面的观感。在多媒体课件制作过程中,精心安排页面布局使其更加科学合理,看似简单实则不易,需要在长期探索中总结教训、积累经验。

多媒体页面的布局体现为页面的分割艺术和页面的排版艺术。

1. 页面的分割艺术

多媒体页面的分割实质上就是对教学内容的安排,井井有条的排列使教学更有逻辑性,有助于学生更好地理解教学流程。

对于页面的分割来说,不同的课件制作者会有不同的个性风格,但一般来说,对于作为"骨架"的一、二级页面来说,其主要功能是排列下一级教学内容的文字标题或小图标,用来链接到下一级教学内容的页面,有时候也摆放一些多媒体素材。这两级页面的布局应该包括主页面区、辅页面区、页眉、页脚、页脊等几个部分，每个部分都承担相应的功能。页面的元素包括文字、图片、课件 Logo、饰物、按钮等。图 4-7 就是一级页面的布局示意图。

主页面区：其实对于一、二级页面来说，主页面区不过就是几个标题而已，但必须要安排在页面的视觉重心，也就是页面上最吸引人注意力的部分。视觉的重心一般是在黄金比例中，但画面轮廓的变化、色彩和明暗的分布等都可对视觉重心产生影响，所以视觉重心要凭着感觉来把握，以直观的审美判断来确定。

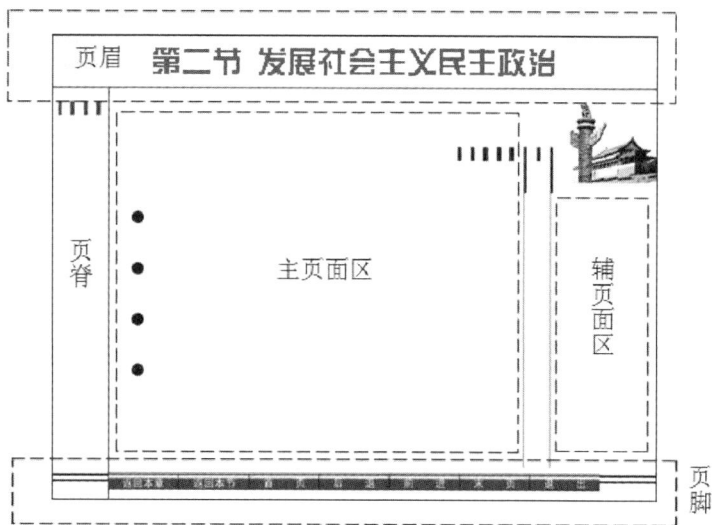

图 4-7

在高校思想政治理论课的四门课程中，有些课程的时事性、政治性和政策性非常强，在表达上更多考虑的是政治用语的精准性，因而标题经常存在长短不一的情况，有些标题甚至长达几十个字，中间存在几次停顿（即逗号）的情况，这样一些小标题排列在一起，不仅看起来缺乏美感，而且也不利于学生理解掌握，这就需要多媒体教师巧妙构思、精心安排，尽量让文字看起来更舒心。

有的时候，出于对页面审美效果的考虑，小标题也可以用体现标题内容并有序排列的小图标来替代，小图标可以是设置了链接的图片、图案、图形、美术字体等，点击即可打开链接。

辅页面区：辅页面区的内容是教学主干内容之外相对比较零散的教学

内容,如导入课程、补充说明、总结归纳、结语等,或者提供额外的案例素材,用图片或文字链接到下一个级别的页面, 比如播放视频案例的小图标就可以放在这里。

页眉、页脚、页脊:页眉也是标题栏,放置课件的主干标题,页脚部分可以放一排横向翻页的按钮,组成这一级课件的循环结构。比如把页眉设计成一个舞台上方类似檐幕的门楣,门楣上是本节标题,本章标题可以放在主页面下方不太显眼的地方,或者放在左侧的页脊部分,也可以干脆省略。当然,章节标题的安排并没有固定的程式,完全可以根据需要灵活处理,但必须要有规律性。

一级和二级页面主要是用作展示标题,一般并不适合摆放图片,如果确实需要展示图片,也要通过在下一级链接一幅散页来实现。所以,图片在这里除了作为装饰图案,基本上都是作为链接按钮的小图标,这类小图标本身就是按钮,以热区域方式链接到下一页,当鼠标经过时图像翻转成负相以引人注意,单击图标即可打开链接。

三级页面是用来承载详细教学内容的,在这类页面中,除了保留课件的 Logo 和少量页面分割线之外,其余的页面构图内容都可以取消,以最大限度地节省空间。所以,这些页面的构图就不再受主、辅页面分割的约束,布局则要灵活得多。散页则根本就脱离了整个页面构图体系,完全是自由安排和设计。

对多媒体页面进行分割是为了让教学内容的安排整齐有序, 并让学生尽快熟悉教师的教学习惯,使教学过程在秩序井然的氛围中顺利进行。不同的教师对于多媒体页面的安排会有不同的习惯,不一定都按照以上的分割方式来安排教学内容,但不管怎么说,合理安排教学内容、完善多媒体页面的功能设计,是多媒体页面设计的重要一环,不能简单地理解为就是为了"好看"。

2. 页面的排版艺术

多媒体页面的排版艺术与书刊杂志的排版是有区别的, 后者是为了满足阅读的需要,而前者是为了满足教学的需要。多媒体页面排版既要符合教师的教学要求、适合教师的教学习惯, 又要适应学生的学习方式和接受习惯。在符合教学大纲要求的基础上,多媒体页面的排版是可以对某些教学内容进行一定程度上的调整和简化的,即是说,可以对排版的内容进行改变。多媒体页面的排版是多媒体教学艺术的一部分, 是不同教学风格在版面安排上的体现,不能仅仅将其理解成文字编辑或美术编辑的工作。

多媒体页面的排版艺术包括文字的排版和图文的排版。

文字排列的审美观感会在很大程度上影响学生的注意力,对文字进行排版是为了让多媒体页面的文字排列更加简明有序、和谐美观,便于教师实施教学活动,并有利于学生理解和记忆。

从实用性角度而言,多媒体文字排版本身就是对教材内容的再创造,是以形式上的和谐统一来体现教学内容的逻辑性,是为了有效实施教学活动而进行的。另外,多媒体文字排版也是对教学内容的精简,目的是使教学内容更加精炼和规范,让学生一目了然、快速地接受。以对文字标题的处理为例,高校思想政治理论课的各级标题往往是极不规则的,标题过于冗长是较为普遍的现象,即使用小字号也无济于事。另外,一组标题往往长短不一,按照自然排列方式来排版则显得很不美观,让人一看就产生厌烦。这就需要教师充分发挥自己的才华,在将教材体系转换为教学体系的过程中,以保留原意为原则,对标题进行一定程度的加工,使标题排列错落有致、井然有序,很好地体现彼此之间的逻辑关系,有利于学生系统地掌握知识。

从艺术性的角度来看,文字排列的和谐统一本身就是一种构图,同样具有艺术美感,运用多媒体图片素材再精彩,如果文字排版弄得一塌糊涂,也是一种失败。多媒体课件的文字排版是课件制作中的重要一环,可以有效地提高多媒体课件的艺术和审美效果,进而提高学生对多媒体教学内容的关注程度。排列美观的文字实际上相当于一幅多媒体艺术图片,很多时候,仅凭排版的美观即可先声夺人,在取得与多媒体艺术图片同样的审美艺术效果的同时,也增添了教学的诗意性,极大地提高了教师的自信心,并能够使学生对授课内容兴趣盎然。在多媒体课件的制作中,对多媒体文本的精心策划和巧妙安排要花费大量的时间和精力,绝不是简单地将文字输入页面就算了事,相信很多高校思政课多媒体教师对此有着深刻的体会。

除了文本排列本身,排版中对字体的运用也具有艺术性。在多媒体页面所运用的文字中,除了有特殊用途的美术字体可以少量采用繁体字,绝大部分文字应该采用规范汉字,也就是我们平常所说的简体汉字,这是运用汉字的基本规范。在字体上,建议大家少用宋体字,多用黑体字等其他字体,因为黑体字较之宋体字横竖均匀,不论远近看都很清晰,而宋体字横细竖粗,远了就不易辨认。

图文排版艺术是对文字和图片排列艺术的综合运用。

　　一般来说,多媒体课件的一、二级页面是标题页,即使有时候要运用小图标代替文字标题,也不能算是图像作品,所以在图文排版中主要考虑的是文字在页面整体构图中的均衡性, 当页面上包含装饰性图案或背景图片的话,也要将其进行综合考虑。

　　三级页面和散页的布局则是自由的, 完全是以符合审美原则为排版根据,最基本的要求就是页面布局均衡。均衡是一种形式美的构图法则,讲求的是视觉的平衡和构图的完整,要让各种画面元素的构成具有稳定性。各种视觉元素摆放在一起,即要做到疏密相间,又要做到彼此呼应顾盼,形成多样统一的关系。同时,页面文字的大小也要与各种视觉元素相适应,让人产生视觉上的舒适感。

　　多媒体图文排版艺术要体现出运用图文信息的艺术性, 文字的运用要简练和醒目,要与图像信息相互照应、互为补充;图片的安排和摆放要疏密相间、和谐统一,与页面上各种多媒体元素形成整体构图的完整性;要注意色彩和色调的整体性,做到主色调突出、冷暖色彩搭配、明暗效果均衡。多媒体图文排版最重要的教学意义,就是要鲜明地传达多媒体图文信息,体现出明确的主题性,最忌讳的就是杂乱无章。如果让各种多媒体元素胡乱地堆放在一起,不仅有碍观瞻,而且会使学生如坠云里雾中,不知道教师究竟想表达什么。

　　图 4-8 就是一幅三级页面的图片及文字摆放安排, 三幅图片并没有死板地排成横排或竖排, 而是以看似较随意的方式摆成一个放倒的等腰三角形构图, 与页面的文字和右上角的 Logo 形成大致均衡的关系。在这幅页面安排中, 由于放置图片的位置是空白, 所以在色彩上体现不出均衡感, 如果将三幅空白图片的位置换成带色彩的图片, 在色彩上就获得了均衡感, 整体构图也就具有了稳定感。

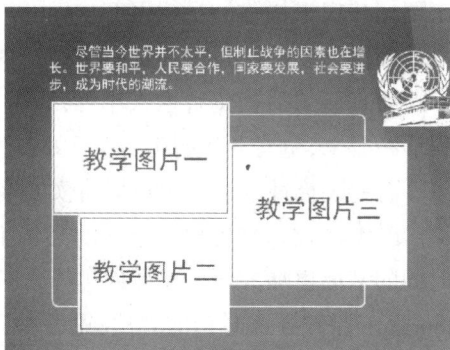

图 4-8

第四章

（三）高校思政课多媒体页面的趣味性

多媒体页面设计既要讲求层次和布局，也要讲求趣味性。所谓趣味性，指的主要是以适当的装饰为多媒体页面增添情趣，使页面活跃起来。这些装饰既可以使页面更加人性化，又是页面布局的一部分，使多媒体页面更加丰富多彩，凸显高校思想政治理论课多媒体教学艺术的个性化色彩。

课件的 Logo 可以是制作单位的标识。但如果制作者是教师个人，也可以把 Logo 作为某一章，或者某一门课程的标识，而把作者姓名和其他信息写在右下角。Logo 一般放在页面的左上角或右上角，置于显眼的位置，无论在哪一级页面，位置都是不变的。图 4-9 就是为教学专题课件《实现中华民族伟大复兴中国梦》制作的 Logo，天安门作为中国的标志性建筑，后面渐盈的凸月则是与梦境相关联的影像元素，预示着花好月圆的美好意境，拼合在一起就是个中国梦 Logo。它在本专题课件的一级页面仅仅是 Logo，但到了二级和三级页面，同时也可以是隐藏的退出按钮，当鼠标经过时出现"单击退出"或"单击下翻"的文字提示，单击 Logo 就可以退出页面。

图 4-9

按钮对 Authorware 课件来说是至关重要的，因为 Authorware 课件处处都要用按钮来操作，有些按钮是 Authorware 自带的，有些按钮可以根据需要自己制作，导入 Authorware 即可。

在页面的适当位置插入小饰物，可以体现教师的个性和趣味，使页面变得活跃起来，也有利于拉近与学生的距离。

有些装饰性的内容也可以有实实在在的用途，比如时钟。

时钟是教师掌握教学进程的必备工具，把时钟放在多媒体页面上会使时间的掌握更加方便。在课件中导入时钟的方法有很多，这里介绍两种 Authorware 课件导入时钟的方法：第一种方法是利用 Authorware 本身的函数显示当前时间：打开交互图标，在合适的位置输入文本{Full Time}，鼠标点一下空白处，立即变成"00:00:00 上（下）午"的时间格式，然后打开属性面板，点击"显示"，在"更新显示变量"前面的小方框里打钩就行了。

另一种是 Flash 数字钟表，这种数字钟表和真的钟表一样有表针和表盘，不仅美观，而且更加直观。教师讲课的时候往往无暇细看时间，顶多就是瞥一眼,所以这种数字钟表更方便教师随时掌握讲课进度,在 Authorware 课件中的插入也并不难。

　　要事先准备一个 Swf 格式的 Flash 数字钟表。插入时首先打开要插入钟表的页面所在的交互结构(这里要注意的是,Swf 影片不能直接放在页面上,而必须是导入到流程线上),把鼠标的小手放在显示图标"放置时钟的页面"和交互图标"未命名"之间,然后点击菜单栏中的"插入",在下拉菜单中依次点"媒体"—"Flash Movie",随即弹出一个对话框,在对话框中点 Browse 键弹出另一个对话框,通过浏览找到放置数字钟表的目录,双击导入,把"Linked"前面方框里的勾取消,把"Scale"里的 100%变成 20%(大小可以根据自己的需要确定),然后点"OK"完成导入。这时,在显示图标"放置时钟的页面"后面就多了一个 Flash Movie 图标,如图 4-10 所示。

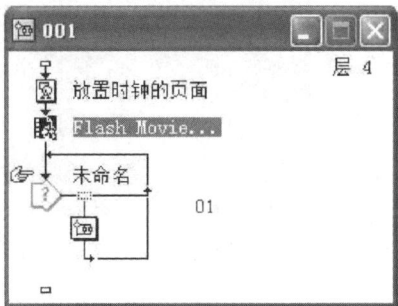

图 4-10

选中这个 Flash 影片的图标,打开属性面板,点击"显示",把模式设置为"透明",如图 4-11 所示。这样就完成了数字时钟的导入。

图 4-11

　　不过,现在还是有点问题,点击"播放",就会发现钟表所在的位置实在是不令人满意,不过没关系,这个时候的 Flash 时钟位置是可变的,用鼠标把它拖到你满意的位置就行了。关掉播放,点"文件—发布—打包",保存成 a7r 文件再播放,发现时钟已经固定在你满意的位置,不能再移动了。

　　装饰图案、图片和艺术文本的运用也会增加多媒体页面的趣味性,特别是运用动画过渡插入的图案、图片和文本,能够使多媒体页面活跃起来,并使整个多媒体课件更加具有动感,能够更好地吸引学生的注意力,具有良好的教学效果。

第四章

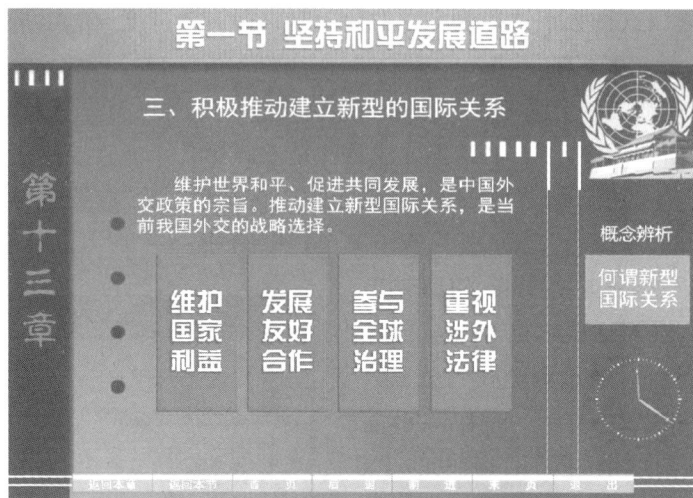

图 4-12

图 4-12 是一个完整的一级页面布局示例,整个页面的主、辅页面区分割清晰自然,主页面区是文字小图标形式的标题,白色字体在暗红色背景下显得很醒目。辅页面区置放了一个概念辨析知识模块小图标,右上角是本章的 Logo,右下角是一个 Swf 格式的 Flash 数字钟表,表盘数字均为暗色,以免干扰学生注意力。页脚是一排操作按钮,页眉是本节标题,而本章标题安排在页脊,设置成暗色,也是为了避免视觉干扰。整个页面布局以直线构图为主,虽然显得有些呆板,但秩序井然、构图完整,体现了一种庄重沉稳的教学风格。

多媒体页面是多媒体教学的基本展示窗口,多媒体页面设计对于高校思想政治理论课多媒体教学来说,不仅具有展示教学内容和传达教学信息的作用,而且在很大程度上具有美育的意义。页面设计的基本要求是层次分明、逻辑清晰、主题鲜明、风格统一、意蕴丰富、至善至美,要体现真善美的统一。以美育人是多媒体教学优势的重要体现,体现在多媒体页面设计上,就是要以形式美创造审美的教学意境,使学生沉浸在崇高的精神境界中,潜移默化地陶冶审美情操,提升自己的人生境界和思想层次,进而更好地接受思想政治理论教育。

第五章
多媒体图像：多媒体素材艺术研究之一

一、多媒体图像概述

（一）多媒体图像的相关问题

图像是对客观对象的一种相似性、生动性的描述，是人类社会活动中最常用的信息载体，它包含了被描述对象的视觉信息，是人们最主要的信息源。图像为人类构建了一个形象的思维模式，是我们学习知识和了解客观世界的重要途径。据统计，一个人获取的信息大约有 75%来自视觉。图像除了反映真实的视觉世界，还有模糊教育的功能，现在的青年人是在读图时代成长起来的，对图像的敏感性比以往任何时代都要强烈，面对信息化时代的海量信息，如果在课堂教学中把图像因素排除在外，是很难得到学生的共鸣的。

图像是各种图形和静态影像的总称，这里所说的多媒体图像，指的就是静态的多媒体图形和多媒体静态影像。图形是指主要由外部轮廓线条构成的图像，对多媒体课件来说，图形无处不在，可以用来构成多媒体页面的美术图案，也可以用来作为教学图解。影像是人对视觉感知的物质再现，多媒体静态影像可以是照相机拍摄的照片，也可以是手工绘制的画作。影像特别是照片，因其对历史及现实世界的最真实反映，在思政课多媒体教学中的应用是比较多的。除此之外，高校思政课多媒体教学课件经常应用的就是艺术图片，即用软件合成制作的与教学内容相契合的"美图"，这种图片可以增强课件的美学效果，增强政治理论课的教学感染力。综上所述，高校思政课多媒体课件的插入图像应该包括照片、画作、教学图解和艺术图片。

　　多媒体教学所采用的图像当然都是数字图像，计算机中显示的图形一般可以分为两大类——矢量图和位图，矢量图不受分辨率的影响，可以任意放大或缩小图形而不会影响清晰度，但难以表现色彩层次丰富的逼真图像，不能像照片那样显示真实场景，只能呈现出卡通效果，而且也不能导入 Photoshop 软件进行编辑加工，所以多媒体课件制作中运用得最广泛的图像是位图文件。

　　位图由不同亮度和颜色的像素所组成，能够精确表现物体的形状、色彩和大量的细节，呈现出逼真的图像效果。位图图像有很多种格式，其中比较常用的有 BMP 格式、GIF 格式、JPEG 格式、PSD 格式、PNG 格式、TIFF 格式等。

　　BMP 是 Window 操作系统中的标准图像文件格式，是无压缩文件，画质没有损失，但文件所占用的空间很大。GIF 原义是图像互换格式，这是一种无损压缩格式，分静态和动画两种，其中以 gif 为扩展名的动画应用非常广泛。JPEG 格式是一种支持 8 位和 24 位色彩的压缩位图格式，在获得极高的压缩率的同时能展现十分生动的图像，适合在网络上传输，是目前应用最广泛的图形文件格式，多媒体课件插入的图像绝大多数就是这种格式的文件。PSD 格式是图像处理软件 Photoshop 的专用格式，可以存储所有的图层、通道、参考线、注解和颜色模式等信息，使用 Photoshop 对图像进行编辑加工的工程源文件就保存为这种格式。PNG 格式是一种可以进行无损压缩的位图文件存储格式，所占的空间比 JPEG 大，但由于是无损压缩，画质好于 JPEG。TIFF 格式是一种灵活的位图格式，在保存过程中有多种选择，可以进行图像和图层的压缩，也可以保留完整的图层等有关信息，作为工程源文件存储，便于下次用 Photoshop 编辑加工。

　　多媒体图像在多媒体课件中应用得非常广泛，熟练掌握图像处理软件 Photoshop 对多媒体课件制作有着至关重要的作用。对于一般的多媒体课件制作来说，JPEG 和 PSD 两种格式的文件几乎是每时每刻都伴随制作者的，JPEG 文件可以应用在所有课件中，PSD 格式文件则是用 Photoshop 制作 JPEG 等格式图像的工程源文件。在运用 Photoshop 对图像进行加工制作完成后，要以 PSD 格式将工程源文件保存起来，便于以后对图像的进一步修改，以 JPEG 格式输出的图像则是用来插入课件的标准多媒体图像。对于多媒体课件的编辑制作来说，PNG 格式也是很重要的，因为这种格式可以保留去掉背景的图片，导入课件页面设置透明格式后，就可以与其他图像和文字进行叠加，进行美术编辑。这种 PNG 格式的文件可以在 PHotoshop 中进行加工，输出和保存文件时只要把背景设为不可见就行了。从这里可以看出，Photoshop 软件是很重要的，如果不能熟练掌握 Photoshop 软件对图像进行处理，要做出高质量的多媒体课件几乎就是不可能的。

　　Photoshop 输出的文件默认为是具有红(R)、绿(G)、蓝(B)三个颜色通道 24 位真色彩的图像。红绿蓝是色光三原色，而 24 位真色彩指的是计算机的色彩模式，计算机表示颜色是用二进制，8 位一个字节，每个字节构成一个颜色通道，一个颜色通道也就是 8 位色彩，能显示的色彩为 28=256 色，16 位色彩即 216=65536 色，24 位色彩即包含 RGB 三个颜色通道共 224=16777216 色，已经达到了人眼分辨的极限，所以称为"24 位真色彩"，虽然也有 24 位以上的色彩，但对普通课件制作来说，24 位色彩就已经足够了。

　　由于上课使用的大屏幕投影都是普屏的，所以课件所需图像文件在满屏时的分辨率是 1024×768，制作课件页面都是按照这个分辨率来设置图片文件的大小。当然，在这一章我们讲的是多媒体课件的插入图像，多媒体封面及页面问题将在其他章节探讨。

(二)多媒体图像的审美要求

　　所谓多媒体图像在日常语汇中往往被笼统地称为图片，包括图形、图画和照片。网络时代，互联网上海量的图片可供人们自由选择，但同时也带来一个选择的艰难，面对同一题材众多的图片，往往令人眼花缭乱难以取舍。所以，多媒体课件应用图像并不是简单的拿来主义，而是一种艺术的再创作，不论是简单的剪裁取舍还是复杂的加工合成，都有一定的艺术含量在其中，要求课件的制作者必须有一定的审美修养，对多媒体图像的审美要求心中有数。一般来说，多媒体图像的审美要求可以从以下几个方面来看：

　　1. 图像的质量

　　对照片来说，除了污渍、划痕等由于保管不善而造成的问题外，影响图像质量的因素主要有清晰度、颗粒度、色彩还原等。照片以外的多媒体图像作品也可以参照这个标准。

　　首先，从一般的质量要求来看，多媒体插入图片首先要干净，没有污渍和划痕，很多历史照片保存至今，可能沾染了很多污渍，特别是由于底片很容易被划伤，在放大成照片时有大量划痕，显得很不美观，在插入照片时尽量避免选取这样的照片,实在要用,也应该尽可能对画面进行技术处理。

其次,在影像质量上,应该以清晰度最佳、颗粒度最小和色彩还原最好为宜,因为我们插入图片的目的就是把真实的历史展示给人们,图片越真实细腻越好。清晰度与光学镜头的质量、感光度、相机的像素,以及摄影曝光量是否准确等都有一定关系,高清晰度的照片真实细腻,景物边缘锐度高,可以最大限度地展现被摄物体的细节,高清晰度的照片画质当然是最好的。颗粒性是胶片摄影的一个非常重要的性能, 由于传统胶片摄影是以卤化银颗粒组成影像的,胶片上所记录的影像放大到一定程度时,会出现密度不均匀的颗粒状形态,胶片颗粒度随着胶片感光度的增高而增高,颗粒越小照片的画质就越细腻,反之照片的画质就越粗糙,画面就像是由许多麻点组成。但颗粒粗糙并不意味着照片“不美”,有些照片还刻意追求粗颗粒的审美效果。色彩还原指的是照片色彩是否与原景物的色彩相一致, 早期彩色摄影由于技术的限制,色彩的表现力当然不如今天,但对于历史照片来说,最重要的就是历史感本身,那些看起来仿佛已经褪色的历史照片,所带给人们的正是跨越历史时空的距离感与朦胧感,一百年前的优秀彩照展示到人们眼前,仍然会让人觉得“美哭了”。

但是这里要注意的是,要把影像质量差与有意识的审美处理相区分,有意地虚化、粗颗粒化,有意识使照片变旧发黄,这都是摄影艺术手段,与照片本身肮脏和残缺是不一样的。残缺成为美是有条件的, 那就是首先必须要“美”,离开了美,残缺依旧是残缺,肮脏只能让人觉得猥琐和闹心。另外,网上有些照片是小尺码照片翻拍的,经过放大就严重模糊了;还有些照片是低质量的视频截屏,采用这些照片会严重降低课件的质量,能不用就尽量不要用。当然,有些重大的历史事件没有留下清晰的影像资料,只有上述那些小尺码的、高度模糊的历史照片,在这种情况下,宁可用反映这段历史的油画作品或雕塑来代替,也不要采用这种模糊的照片。

对现代数码摄影作品来说, 影像的质量还涉及噪点的问题。从定义来看,噪点(Noise)主要是指数码相机感光元件将光线作为接收信号并输出的过程中所产生的图像中的粗糙部分,也指图像中不该出现的外来像素,噪点多产生于低照度拍照,噪点是数码影像特有的毛病。传统胶片摄影在高感光度或者低照度拍照时,存在颗粒粗的问题,但并不存在噪点问题。颗粒粗并不都被认为是缺点,有时候还被认为是一种美学追求,但数码摄影的噪点却绝对没有任何美学价值,所有人都很讨厌噪点。做课件如果遇到噪点太严重的数码照片，就只好舍弃了。

2. 画面的构成要素

（1）画面的景象构成：谈到画面的构成要素，主要涉及的是绘画和摄影作品，按照摄影美学的要求，一幅完整的影像画面，一般情况下应该由主体、陪体和环境几部分组成。也就是说，一幅艺术作品画面的景象应该包括主体、陪体和环境。

主体：主体是画面的主要表现对象，是画面的最重要部分，集中体现了摄影作品的主题思想，一幅完整的影像画面必须要有主体，如果没有主体，人们就不知道这幅画面要表达什么内容。在一幅画面中，主体可以是一个对象，也可以是一组对象；可以是人物，也可以是动物和其他的物体，还可以是自然景物。从主体在画面的位置来看，它既是画面的内容中心，也是画面的结构中心和视觉中心。主体在画面上必须醒目，比如被安排在黄金分割点上加以强调，或者运用光线、色彩和构图等手段使主体凸显出来。

陪体：陪体是作为主体的陪衬而出现的，是与主体有着密切联系的景物或人物，在内容上与主体相互呼应，使主体更加突出、鲜明，共同完成表现主体的任务。在构图上，陪体则起到均衡画面、渲染气氛等作用。应该特别注意的是，陪体是用来烘托主体的，无论什么时候都不能喧宾夺主颠倒了主体和陪体的主次关系。依据影像作品表达意图的不同，有时候需要陪体，有时候则不一定需要陪体。

环境：就是主体周围的景色、人物、景物和空间等，是画面的重要组成部分。环境在构图中起到烘托主体的作用。环境在画面中一般以前景、中景、背景的形式出现，在摄影构图中是一种不可忽视的因素，起到突出主体、增加照片空间感和深度感的作用。

多媒体课件插入的图像，应该是一幅完整的画面，必须要表达出教学的目的和意图，是教学内容的一部分，所以必须是主题明确、主体鲜明突出，主体、陪体和环境共同构成画面语言，在展示历史人物或历史事件的同时，使受众群体感到舒心，获得一种审美的愉悦。有时候，摄影作品的原作不一定适合直接插入课件，这时候可以对原作进行适当的剪裁，剪裁也要遵循这些画面构成的原则。

图 5-1 是摄影家沙飞 1937 年秋天在河北涞源浮图峪长城拍摄的著名摄影作品《八路军战斗在古长城上》，照片的左下角是一个严阵以待的八路军机枪手，身边有一位紧握驳壳枪、弯腰注视前方的指挥员，作为这幅照片

的主体,战士威武的身姿与雄伟的长城相互映衬,显示了一种英勇不屈的英雄气概,虽已残破却巍然屹立的长城,以大略S型的走向从远处的群山蜿蜒伸展到脚下,把背景和前景统一起来,使画面在具有空间感和深度感的同时也显得十分紧凑。这幅作品虽然是一幅摆拍作品,但具有很强的现场感和震撼力,它把长城与士兵组合在一起,表达出一种很强烈的象征寓意,使人感受到中华民族的伟岸和不屈。在选取与抗日战争和爱国主义有关的教学图片的时候,这样的优秀摄影作品很有典型性和代表性。

图 5-1

　　有时候插入的图片不是占满整个屏幕,而是插入页面的某个区域,那么剪裁的时候就要把页面本身的构图考虑进去,以保证整个页面构图的和谐统一。

　　(2)画面的影像构成:画面的影像构成,指的是构成影像的诸视觉要素,包括影调、线条和色彩。

　　影调就是构成影像画面的一系列不同等级的黑、白、灰,是光线照明下景象所呈现的一系列不同等级的明暗变化,也是构成黑白摄影可视形象的基本要素。一般来说,影像的黑、白、灰级别和层次越多,景物的细节和质感表现就越好,但出于艺术的需要,有的时候黑白之间的灰色调过渡层次少一些,明暗对比强烈,反差比较大,影像呈现出一种粗犷、刚性的美,这就是硬调,反之则为软调。由于受到早年摄影技术发展水平的制约,在新闻和纪实性的历史照片中,这种硬调影像很常见,虽然损失了某些细节和质感,但也拉开了审美的时空距离,给作品增添了朦胧感和历史美,有些摄影作品甚至故意处理成硬调粗颗粒的模糊艺术效果。

摄影美学依据影调的明暗倾向,把影像分为高调、低调和中间调。所谓高调,就是整个画面以白、灰等浅色调为主,以少量的深色调作为点睛之笔,给人以轻松、明快、纯洁的感觉。低调照片是指色调浓重的照片,画面大部分是深暗色调,以少量的亮色调提振画面,给人以沉稳、刚毅、肃穆、凝重、神秘等感觉,低调照片常用侧面光或逆光,适合表现以黑色为基调的题材。

从画面内容的角度来看,影调的作用和意义主要是烘托气氛和表达情感倾向,而从构图的角度来看,影调又可以用来组织视觉重点、突出主体、均衡画面、表现空间等。在多媒体课件中,不仅插入的照片或图像要考虑影调的布局,散页页面的处理同样也可以借鉴影调的运用规则,前文已经指出,散页是美图+美文的页面,除了"抓人眼球"的美图,必须还要给美文留出空余的地方,美文如果是白色字体,那么画面必须是低调处理的图片,为的是不让文字与背景的画面顺色,使人难以看清画面上的文字,反之亦然。

线条是影像画面的重要因素,是景物的轮廓线,和影调一起在二维平面上构成物体的三维立体形状。除了有表现形状的作用之外,线条还有表意的作用。线条有直观的线和暗含的线,暗含的或无形的线条代表的是一种势态,以不同规则排列的线条有机组合在一起,建立了一种画面的秩序,形成了画面的透视结构,在构图中有着重要表现,传达着某种感受。比如稳定的水平线可以带来平静与安宁,斜线和对角线可以带来兴奋与活力,曲线则被人称为"美的线条",它广泛存在于自然景物中,往往给人以流畅、柔和的感觉。线条运用得当,就会使画面自然流畅、悦目动人,使整个画面和谐统一,主题在线条的律动中得到升华。其实,在对自然景物的审美分析和提炼中,线条是无处不在的,从公路轨道、河岸水网、阡陌交通、高压输电线路,到舒展的人体、卷曲的海浪、绵延的山脊,等等,都可以成为组成画面构图的主体线条。这些具体形象也可以抽象出来,提炼成单纯由线条组成的画面和图案。当然,这是现代专业艺术设计的内容,需要专业的艺术训练和学习,但对于高校思政课多媒体教师来说,粗通艺术设计的一般知识,可以在一定程度上提高自己的艺术修养,有助于创意和制作出自己满意的多媒体课件。

色彩是客观世界的华丽外衣,是构成影像的又一个重要因素。色彩的自然属性是物体的物质结构,是对不同波长光线选择吸收、反射所形成的,从色别、饱和度、明度三个方面来区分:色别就是不同的颜色,饱和度指的是颜色的鲜艳程度,明度也就是亮度。除了客观方面的属性之外,色彩还受主观感受的影响,具有色彩感受上的主观性。比如人们把色彩与温度相联系,形成色温的概念,把偏于红色的颜色称作暖色,把偏于蓝色的称为冷色。根据主观感受,人们往往赋予颜色以不同的感情色彩,比如红色有温暖、热情、激情的性格,也有恐怖、流血等感觉;蓝色有理智、理性、平静等感情色彩;黄色有明快、辉煌、活泼的特点;绿色象征着生命力,有希望、宁静、和平的色彩感觉;黑色有神秘、恐怖的一面,也有高贵庄重的一面。

色彩的运用要注意以下几个问题:

首先,色彩的运用要有目的性。运用色彩是为了表现某种主题,而不仅仅是为了好看,不能为了表现色彩而表现色彩。

其次,色彩运用要有整体观念。画面一定要有一个基本的色调或者叫主色调,主色调体现的是画面的主题和基本的情感倾向。

最后,色彩运用要有对比配置。色彩的对比主要指的是冷暖色调的对比,在一幅以暖色为主的画面中要有一定比例的冷色,反之在冷色为主的画面中要有暖色。

政治理论课多媒体课件的色彩运用,主要体现在插入画面(包括照片、画作和艺术图片等)、多媒体课件的封面及栏头,以及多媒体页面设计上。多媒体页面的色彩运用要和授课内容有联系,一般情况下,作为政治课的多媒体页面,其基本色调通常以暖色调为主,以体现如火如荼的革命主题,其他色调的照片、画作和各种艺术图片也可以通过加工而变成暖色调革命主题的图片。政治理论课多媒体课件从整体上来说,是以红色基调为主的。但这并不排斥其他色彩的运用,在红色或暖色基调的基础上运用冷色作为对比色,可以活跃画面,丰富多媒体页面的表现力。另外,同为政治理论课多媒体页面,在体现不同历史时期的内容的时候,也可以运用冷暖主色调的交替变化。比如讲述革命和建设时代的内容,可以运用暖色调的页面或封面,以体现革命时代的激情;而讲述改革年代内容的时候则可以变为冷色调页面或封面,因为改革年代相比之下更具有理性特征。

目前,有很多教学和科研成果的评奖活动,其中就有很多不同级别的教学课件比赛,吸引了很多年轻教师参与,在为教师职称评定增添得分机会的同时,也促进了教学课件水平的提高,但一个比较突出的问题就是,这类比赛评比的标准一般都比较抽象,没有一个相对具体细致的评价体系,特别是对于课件的审美观感,往往停留在大概印象的水平上,评委打的也都是"印象分"。如果能够在课件翻页结构、栏头及页面设计、照片引用、画面构图、色彩基调等诸多方面为各类课件比赛设置较为详细的标准，特别是在美学要求方面有一些更具体的要求，那么对于多媒体教师提高课件制作水平会有很大帮助。

3. 构图的形式法则

构图的形式法则内容很丰富，不仅包含很多美学知识，而且需要通过大量艺术创作实践才能掌握。但构图形式法则的一般性内容往往是大众性审美标准的体现，还是不难掌握的。

多样统一：多样统一又称和谐，是指把画面中众多各有差异的人或物按照烘托主体和画面结构完整的要求，协调地安排在一起组成一个整体。多样统一是"寓变化于整齐"，是形式美中对称、平衡、比例、变化、参差、虚实、节奏和韵律等规律的集中概括，是一切艺术形式美的基本规律，是哲学上对立统一规律在艺术上的运用。

多样与变化体现了客观事物形态与个性的千差万别，是大千世界的本来面目。多样产生变化，变化是画面元素的基本存在状态，为画面提供了丰富的视觉信息，单调的、没有变化的构图就像是一潭死水，呆滞乏味而缺乏生气，不可想象没有变化就会形成一幅画面。但是变化不是消极的，多样也不是纷乱零散的，必须统一于画面的整体布局中。所谓多样统一，就是要把各种画面元素按照美的原则协调地组织起来，作用于视觉，使人在心理上产生愉悦的感觉。多样与统一相辅相成不可偏废，没有多样和变化就没有生气，反之只多样不统一就会杂乱无章没有主题。在摄影构图中，多样统一既体现在主体、陪体、环境等景象构成要素间的完美组合，也体现在影调、线条、色彩、形状等影像构成要素的完美组织。多样统一要求画面尽量简洁，简洁就是美，是艺术作品所追求的最高境界。

对称与均衡：对称与均衡是构图的基础，主要作用是使画面具有平衡感和稳定性。对称与均衡是普遍的自然规律在造型中的应用。对称指的是沿着中轴线左右两侧的视觉重量分布是相等的，给人一种端庄、肃穆、安定的感觉，艺术家在表现严肃性主题时，常采用对称构图，但有时候对称也会使人觉得呆板和乏味。均衡是一种有形式变化的平衡，指的是沿着中轴线两侧有不等量、不等质或不同景物形态的构成形式，在视觉重量上呈现均势。均衡是从运动规律中升华出来的美的形式法则，具有变化的活泼感，均衡的法则使画面在稳定中富于变化。对称意味着秩序、统一，非对称喻示着自由、多样，因此均衡比对称更加生动而有活力。

第五章

　　对称均衡所追求的都是稳定与平衡，稳定不仅表现在画面中心轴两侧的布局上，也表现在上下结构中，根据生活经验，视觉重量要呈现出上轻下重的分布，所以均衡在构图中经常表现为"品"字形构图。

　　所谓"品"字形构图，就是在画面上同时出现三个物体的时候，应使其呈现三角形状，像个"品"字，从均衡效果出发，视觉重量较大的物体处于横向中轴线上方，其他两个物体虽然较小，但总体的视觉重量大于前者，往往置于中轴线的下方，由此构成一种稳定性较好的均衡。新闻照片由于抓拍的需要，不一定会赶上这种构图完美的瞬间，但很多新闻照片都会在后期加工的时候加以剪裁，多媒体课件插入照片也可以进行剪裁，以"品"字形构图剪裁人物组合照片是很常见的。

　　为了追求画面的平衡稳定，在人物视线的前方或运动物体的前方应该留有空白处，作为人的视野或运动物体的伸展余地，这样才能获得一种心理上的平衡感。空白处虽然没有景物，但仍然有视觉重量，与后面的人或物体构成一种均衡。

　　黄金分割：黄金分割是指把一条线段分割为两部分，使其中一部分与全长之比等于另一部分与这部分之比，其比值的近似值是 0.618，由于按此比例设计的造型十分美丽，因此称为黄金分割，这个分割点就叫作黄金分割点。从古希腊至 19 世纪，这个比例一直被认为是最适合的分割比例，在造型上具有

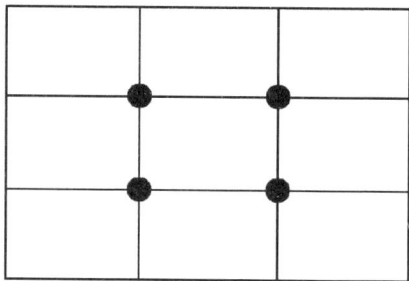

图 5-2

审美价值，广泛应用于美术、建筑、音乐、摄影等艺术上。在摄影上，传统胶片摄影中 135 胶卷（也包括 35 毫米电影胶片）的片幅是 24×36，近似于黄金比例，大部分照片的剪裁基本上是近似这个比例的。摄影艺术运用黄金分割法则，主要表现在黄金分割点、线、面的运用，即按照边线上的黄金分割点连线分割画面，形成黄金分割线和交叉的黄金分割点，把主要景物安排在这些点和线上，这就是画面视觉中心或趣味中心所处的位置。我国传统绘画理论中的"井"字形构图与此很相近，即把画面各条边三等分，通过三等分连线把画面划分为九个格子，几条线就处于近似黄金分割点的位置，几条线的交叉点即近似于黄金分割点，如图 5-2 所示。黄金分割是被人们广泛应用的构图形式法则，美术史上曾经将其作为经典法则，在很多艺术领域都被认为有着特

第五章

殊的审美价值。

形式美的构图法则有很多,除了以上介绍的,还有渐次与重复、对比与调和、节奏与韵律等。同时,构图作为一种表现形式,也有着强烈的主观性,比如我们强调画面的稳定和均衡,但均衡是一种方法,不均衡也是一种方法,均衡和不匀衡各有各的表意特点。构图法则是一般意义上的形式美,但有时候为了特殊需要,也会故意采用反构图的画面布局。在这方面既需要一定的美学理论知识,也需要大量的艺术实践,在细细品味与揣摩中逐渐提高自己的艺术修养。

4. 摄影的表现手法

摄影艺术有自己的表现手法,即通过视角、取舍、光影、虚实、明暗等技术手段和构图形式来传达某种信息和视觉感受,像语言一样表达我们的意思,这就是摄影语言或者叫镜头语言。

从拍摄位置来看,有拍摄距离、拍摄方向和拍摄高度的变化。拍摄距离的变化决定了景物范围,即景别,可分为远景、全景、中景、近景和特写,各种景别在表现主题上具有不同意义,具有不同的关注重点。比如远景提供宽阔的视野,表现事物的宏观场面和气势,宜采用大块面的影调和色彩,而对细节往往不太注重,即所谓"远山取其势";全景则是展现某一场景的全貌,用来表现具体对象或事物的特色;中景和近景对人物或事物的表现就更加具体,涉及动作、手势、情感交流,表现出更多的细部和表情;特写通常用来表现局部和人物肩部以上的细节,关注的是物体的精细构造和人物细微的情感流露,更加注重照明、布局、影调和色彩构成,人物特写注重眼神、嘴角和其他面部表情的细微刻画。拍摄方向的变化有正面角度、斜侧角度、侧面角度、反侧角度及背面角度的变化,正面角度主要拍摄对象表现正面具有典型性的形象,比较端庄稳重。斜侧角度具有更加丰富多样的变化,在摄影中应用得非常广泛。侧面角度和背面角度在拍摄人像上即为侧影和背影,选择这些角度往往是为了突出某种重要的意义,如老人佝偻的背影突出的是老人一生的艰辛。反侧角度以反常的角度,表现的往往是人物特有的精神和气质,如果应用得当,则可能获得出其不意的生动效果。拍摄高度的变化分为平角度、俯角度和仰角度,平角度具有正常的透视效果,是人眼习以为常的客观景象,显得亲切自然。俯角度可以表现广阔的地面景物,具有开阔的视觉效果,在表现战场、建设工地、深宅大院和游行集会等场景的时候,具有宏伟壮观的效果,运用俯拍也可以使对象变形,产生强烈的视觉冲击力。仰角度拍摄可以使主体显得高大、雄伟,会增加视觉冲击力和艺术表现力。

从光线与构图来看,可分为对光线与光影的处理两个方面。光线是摄影的生命,没有光线就没有摄影。摄影用光分为自然光和人工光,除了少数人物摄影之外,新闻和纪实摄影所用的主要是自然光。摄影表现手法所关注的是如何运用光线构图,从这一角度来说,光线可以分为直射光和散射光。散射光没有明确的方向和光影,影调平淡中间层次丰富,对景物的表现比较柔和细腻。直射光有明确的方向和光影,明暗反差比较大,可分为顺光、侧光、逆光、斜侧光、逆侧光、顶光和脚光,其中顺光、斜侧光和逆光在摄影作品中较为常见。光影是光线制造出来的景物,是摄影构图中的重要因素,能够增强主题表现的力度,丰富画面内涵,使人产生联想,光影还参与造型和构图,对摄影作品的成功起着重要作用。光线的运用有力地烘托了主题,以各种不同的视觉感受打动受众群体,是摄影表意的重要手法。

从摄影镜头的性能来看,有景物取舍、远近虚实和广角变形等摄影语言的表达手段。摄影镜头包括标准镜头、长焦距镜头和短焦距镜头,短焦距镜头也就是广角镜头,焦距最短的是一种超广角镜头,也叫鱼眼镜头。景物范围的取舍关系到作品的内容和主题,而镜头是取景的主要依据,不同的镜头具有不同的功用,运用得当才能最贴切地体现摄影者的创作意图。标准镜头的视角与人眼是最接近的,拍摄的景物范围相当于人眼的视野,透视关系也与人眼直接观察景物时的感受相似。长焦镜头的焦距大于标准镜头,视角小于标准镜头,景深(即清晰度范围)也小,适宜于虚化前景和背景以突出主体。短焦距镜头视角大,景深也大,但所摄景物的畸变也非常明显。镜头的运用与光圈和快门相互组合,产生虚实变化和景物畸变等多种艺术效果,丰富了摄影的表达方式。

摄影也是一种语言,这种语言是凭借拍摄位置、光影造型和光学镜头特性等表现手法来表达的。相对于文字语言来说,摄影语言更含蓄,其所传达的美学意境往往是只可意会不可言传的。图片和摄影作品是多媒体课件制作不可缺少的基本素材,要运用好摄影作品,使其为多媒体课件增辉添彩,就要尽可能熟悉摄影语言,懂得摄影的表现手法可以提供哪些视觉信息,给人们哪些视觉思考。在上一章,我们提出"视觉教育"的概念,要充分利用"视觉教育"来提高思想政治理论课多媒体教学的水平,教师就必须懂得"视觉语言",并善于运用"视觉语言"来表达个人感受和传递教学信息。

二、图像在思政课多媒体教学中的作用

(一)展示事实、再现历史

多媒体教学最大的优点是感性直观,能够将图片、声音、视频和动画等多媒体素材优化组合,将一些用文字和板书难以传递的内容向学生展示。高校政治理论课是中国化马克思主义的意识形态教育,传奇般的中国革命斗争的历史、社会主义建设和改革开放的伟大实践,是对青年学生进行世界观、人生观、价值观教育,并使其坚定共产主义信仰和中国特色社会主义共同理想的重要依据,因而在教学中必然要大量引用历史事实。有了多媒体教学手段,教师就可以避免过去那种"口述历史"的单调和尴尬,将活生生的历史场景和历史事实呈现给学生,使学生有身临其境的感受,在很大程度上增强教学感染力。

这里所说的历史照片包括新闻照片和纪实照片,涉及历史事件、历史人物、社会纪实等不同类别的摄影作品。"决定性的瞬间"是现代新闻摄影理论的重要概念,是由世界抓拍大师、法国摄影家卡蒂埃·布勒松首先提出的,指的是摄影者在某一特定的时刻,将形式、设想、构图、光线、事件等所有因素完美地结合在一起,要在几分之一秒内抓拍下对一个事件具有决定性意义的瞬间,并用强有力的视觉构图表达出来。这个理论奠定了现代新闻摄影理论的基础,布勒松也因此被称为"现代新闻摄影之父"。

"决定性的瞬间"理论表明,凡事都有其决定性瞬间,摄影者要善于捕捉平凡人生的瞬间,用极短的时间抓住事物的表象和内涵,并使其成为永恒。按照"决定性瞬间"理论,好的新闻和纪实摄影作品必须体现摄影者的社会关怀,要把自己对人类命运的关注投射到拍摄对象中,与被拍摄者同呼吸共命运,这样才能深刻感受到大众的疾苦,才能准确把握按下快门的决定性瞬间。"决定性的瞬间"与历史的真实性密切相关,如同有些照片往往让人感觉不像本人一样,"客观"的镜头所捕捉的也不一定是真实的历史,影像记录历史的真实性和客观性,除了记录者本人的客观公正,也取决于影像的获取是否恰如其分地选在决定历史走向的"决定性的瞬间"。

自1839年法国人达盖尔发明摄影术以来,摄影就成为记录人类活动的重要手段,并由此诞生了摄影记者这个职业。从诞生之日起,摄影记者便以其特有的职业追求和社会担当独行于世,用摄影镜头记录下人类历史上许许多多重大的历史瞬间和历史人物,给人类留下不同时代的宝贵记录,也诞生了许多杰出的摄影大师。在近代中国革命的历史上,曾涌现出许多杰出的摄影记者,如中国投身新闻摄影的鼻祖、战地记者王小亭;中国革命新闻摄影"第一人"沙飞;从新民主主义革命时期一直拍摄到改革开放时期的著名摄影家吴印咸;实地拍摄过地道战、地雷战,中国共产党抗日敌后根据地摄影事业开拓者之一的石少华;拍摄过大量八路军抗战作品,拍摄过很多毛泽东肖像并拍摄了开国大典的徐肖冰、侯波夫妇;中国纪实摄影奠基人、唯一一个为毛泽东和蒋介石都拍过肖像的摄影家郑景康;拍摄过我国第一颗原子弹爆炸的老一辈摄影家孟昭瑞,等等。记录中国革命历史的还有很多国际友人,比如第一个向世界报道红军长征的外国记者埃德加·斯诺、曾经采访过中国抗战的著名战地摄影记者罗伯特·卡帕等人。他们不仅是摄影技术高超、经验丰富的职业摄影者,而且是那个时代的见证者。他们以博大深厚的社会关怀,满腔热忱地投身于时代,用摄影镜头实时记录下无数珍贵的历史瞬间,给我们留下对历史的深刻记忆。这些大师的作品构图讲究,运用光影的技术娴熟,善于捕捉历史的"决定性的瞬间",代表了当时的最高水平。由他们记录下的影像中国历史,不仅真实客观,具有极高的新闻价值和历史价值,而且具有极高的审美价值,是展示历史事实最具代表性的作品。循着大师们的足迹去感受波澜壮阔的历史,经常浏览和欣赏大师们的摄影作品,对于提高自己的审美情趣和鉴赏水平有很大意义。

那么,作为多媒体课件所需的摄影作品应该有哪些要求呢?

首先,应该本着适当性和高质量的要求。所谓适当性,指的是不能不加限制地"堆砌"和罗列照片,这样做会使学生产生审美疲劳。当今世界本来就是一个海量信息的社会,各种图片铺天盖地遍布互联网,有时候甚至多得让人感到厌倦,所以课件引用历史照片要精益求精,选取那些能够恰如其分地表现教学内容的精品。所谓高质量,指的是要善于选取最具有代表性、最具有视觉冲击力、能打动人心的照片。同一题材的历史照片往往有很多,究竟选择哪一幅插入多媒体课件,是需要一双"慧眼"的。从艺术追求来看,多媒体课件选用的历史照片要做到符合审美原则,能够打动人心,具有视觉冲击力。

造成强烈视觉冲击的画面因素是多种多样的,如浓重的色调、独特的视角、强烈的动感、温馨的氛围、炽烈的情感、悲壮的气氛和排山倒海的气势等，都会在不同程度上给人以心灵的触动，让人久久地凝望并陷入深思。艺术无成法，很多情况下靠的是人的主观感受，要让自己所选取的照片打动别人，首先自己要被打动，一幅连自己都懒得多看一眼的照片是不可能打动别人的。

艺术是人学，艺术作品的冲击力来自于人性的力量，摄影艺术也不例外，人物性格和内心世界的刻画是体现摄影作品艺术追求的关键因素。俗话说，眼睛是心灵的窗子，人物的肢体语言和人物的目光是刻画内心世界的关键。比如中国青年报记者解海龙当年拍摄的希望工程纪实摄影《我要上学》组照中，有一幅大眼睛小女孩特写，这是一幅刻画人物内心世界的成功作品。照片中，大眼睛小女孩苏明娟清澈的目光中饱含着对知识的渴望，充满了对未来的憧憬和期盼，这双大眼睛打动了无数人，成为希望工程的代表性照片。

制作多媒体课件是教学艺术的创作活动，多媒体课件是多媒体教师的教学艺术作品，多媒体课件要选用高质量的摄影作品，归根到底还要依赖于教师自身艺术修养和鉴赏水平的提高。优秀的教学课件依赖于优秀的素材，优秀素材的获得依赖于课件制作者的慧眼，慧眼则得益于慧心。多媒体教师不仅要有一颗献身于教育事业的匠心，也要有一颗执着于艺术追求的"慧心"，只有做到锲而不舍、匠心独运、精益求精，才能培养出艺术气质，做出来的课件才能有灵气、有灵性，成为多媒体教学课件艺术的上乘之作。

其次，采用的摄影作品要有出处。采用有出处的历史照片，一方面是出于对作者知识产权的尊重，另一方面，对于教学来说，可以避免出现张冠李戴的错误（这种错误甚至在很多纪录影片中都会出现），使插入的历史照片与教学内容更好地结合。多媒体授课采用照片来展示历史事实，并不是让学生走马观花地看一眼了事，而是要结合教学内容加以渲染和引申，营造一种情境，让学生产生一种代入感。很多历史照片的背后都有一段佳话或是一个震撼人心的故事，给照片增添了魅力，也丰富了多媒体授课的内容，使学生不自觉地融入此情此景。比如王小亭的作品《上海南站日军空袭下的儿童》是很多人都非常熟悉的摄影作品（图5-3），这幅照片揭露了日军的滔天罪行，是日本帝国主义侵略中国的见证，是中华民族饱受战争灾难的缩影，引发了国际社会的强烈反响，是战争题材的经典之作。而在这幅照片的背后也有着一连串的故事，这些故事本身就是这幅历史照片的一部分，是对中华民族那段苦难历史的回顾,它既开阔了学生的视野,也丰富了课堂教学的教学内容。一幅历史照片往往就是一个教学案例,要配合教学重点和教学难点的讲解来采用,有出处、有故事,才能充分展开尽情发挥,才能有目的、有重点地把教学内容讲深讲透。

图 5-3

　　有些历史照片可能是摆拍的或者说是事后补拍的,如何看待这类照片呢? 实际上,在新闻摄影史上一直存在关于抓拍与摆拍的争议,摆拍始终无法摆脱造假的质疑。从新闻照片的客观性要求来说,摄影者仅仅是记录者,新闻摄影不能干涉被摄主体,不能影响事物的发展进程。但实际上新闻摄影的摆拍比比皆是,有些甚至是经典的新闻历史照片,如二战中苏军《胜利旗帜插到帝国国会大厦》、美军的《国旗插在硫磺岛上》、经典照片《时代广场胜利日之吻》、麦克阿瑟在菲律宾登陆等新闻照片,都是摆拍和事后补拍的照片,我国 20 世纪 60 年代宣传雷锋的新闻照片也有一些是补拍的,比如那幅雷锋送老大娘回家的著名照片,就是根据雷锋真实的事迹事后补拍的。

　　对于摆拍照片,人们普遍认为,只要尊重事实就不算造假,补拍和摆拍不是关键,关键的是拍摄的照片必须和做过的事情完全吻合。因为很多"决定性的瞬间"确实很难捕捉,事后根据真实发生过的事件,到事发现场进行补拍,基本上也是还原了历史原貌,所以尊重事实的补拍和摆拍是为人们所接受的。对于高校政治理论课教学课件选用的历史照片来说,我们当然可以采用那些被公认为是历史事实的摆拍和补拍照片,但作为思想政治教育类的课程,培养学生诚实的品质是教书育人的重要目的,所以在采用这类历史照片的时候，在教学中或者在课件的照片题注中应该予以说明。

有时候，我们在课件中也会采用历史上的宣传画、海报和书籍插图，虽然这不是真实的历史照片，但反映了时代的风貌，凸显了时代的主题，体现了时代的审美特质，在一定程度上再现了历史的原貌，所以我们仍然可以将其作为历史照片来看待。

（二）理顺逻辑、图解原理

科学原理的图示在教学课件中很常见，作为大学的政治理论课来说，虽然并不像理工农医类课程那样，有许多复杂难懂的科学原理，但有时候也需要用教学图示来演示某些理论的逻辑关系，特别是在马克思主义哲学这门课程里，有些理论观点如果用图示来讲授效果会更好。所谓图解科学原理有两种方式：一种是静态的图示，用实线和虚线连接的方块示意图，这个比较简单，PPT 或 Authorware 本身都具有绘制示意图的功能。另一种是动态图示，也就是动画。本书并没有把多媒体动画单列出来，只在这里附带论及，但不能否认动画在图解科学原理中的重要作用。多媒体动画有两种，除了课件本身自带的动画功能之外，也可以用专门制作动画的工具软件，如 Flash 和 Photoshop 等来制作动画图示。Flash 动画可以输出 Swf 格式动画和 Gif 格式动画。Swf 动画是矢量图动画，适合网络传输或网页应用，加入代码后可人机交互，Gif 动画是位图图形，不能人机交互。Photoshop 制作的动画是 Gif 格式，可以是无限循环的动画。这些动画都可以插入 PPT 和 Authorware，但在 Authorware 中只能调用控件来插入。

Authorware 的动画演示功能不如 PPT 强大，对于 Authorware 课件来说，可以用 PPT 制作演示动画，然后把 PPT 页面插入 Authorware 课件中，具体插入方法将在本章第三节"多媒体图像素材的运用"部分附带加以介绍。

需要说明的是，无论是静态的图示还是动画演示，都是以讲明道理为目的，动画并不一定比静态图示更有优势，政治理论课毕竟不像理工科那样，有很多必须采取动画演示才能讲清的复杂内部结构。有时候，采用静态图示更能让人对概念之间的关系一目了然。

（三）营造情境、渲染气氛

　　很多情况下，多媒体课件中并不是原封不动地插入原照片，而是将多幅照片或图片加以合成，制作成合成图片，甚至在合成图片中嵌入文字，用来营造某种情境、渲染气氛、美化页面。这时候我们运用多媒体图像就不是为了展示真实的历史，而是以画面语言来传递某种理念。比如我们在上一章所讲的"散页"，就是由若干与授课主题相关的照片或图片合成并配上相应文字的美图，此外，课件各个章节的封面和多媒体页面的装饰性图片或图案也都属于这种情况。

　　对于这种应用，我们就不是以纪实摄影的真实性作为要求，而是选用符合艺术创造所需要的照片，素材的选择既要符合主题需要，也要符合审美要求，从图片或照片的质量上看，还要便于剪切加工制作。这类图像的作用是配合教学内容的需要，以象征性的手法进行审美的艺术的浸润和渗透，增进思想政治教育课程的感染力与渗透力，把政治理论教育的内容内化于心，使之在受教育者知、情、意全方位心理过程中起作用。所以，这类图像往往是将英雄形象与具有象征意义的景物或抽象图案组合在一起，以衬托英雄形象的伟岸、崇高、壮烈等品格。比如我们把铁人王进喜的雕像从背景中剪切出来，与阴云密布的天空合在一起制成合成图片，乌云象征着 20 世纪 60 年代复杂的国际形势下，中华人民共和国所面临的严峻局面，铁人雕像则是中国精神的形象表达，这幅合成图片体现的是中华人民共和国创业时代风雨兼程的英雄历程，渲染的是一种崇高的中国精神，可以表现一种坚韧不拔的精神，以雄浑苍劲的画面有力地烘托创业时代中国人民的刚毅与豪迈，令人不禁想起当年毛泽东的著名诗词"暮色苍茫看劲松，乱云飞渡仍从容"。类似这样的画面配以文字可以用在很多相关教学内容中，把政治理论教育和教学融入诗意与审美的意境。

　　从某种意义上来讲，这种情况和广告传媒图片的作用很接近。当然，作为思政课教师，我们既没有专业广告设计者的水平，也没有大量时间进行这类创作。但爱美之心人皆有之，让那些能够打动自己的精神和信念化作对美的追求，并以自己有限的艺术"天赋"投入创作，其实不正是人与生俱来的创作冲动吗？艺术的真谛不在于有多专业，而在于是否将自己的爱倾注其中，有了爱，作品才会有灵气，只要热爱教育事业，热爱多媒体教学艺术，并且对

第五章

你的创作倾注了真情，相信你所创作的课件作品一定能打动人。当然，制作这些合成图片的工作量是很大的，如果有可能，多媒体教师的作品可以发到相关的网站上实现资源共享，使大家在交流中得到共同提高。

三、高校思政课运用多媒体图像的艺术

图像是思政课多媒体教学中运用最为广泛的多媒体素材，是多媒体教学最基本的艺术表现手段之一，图像素材的运用既要紧贴教学内容、突出教学主题，又要有章法、有意境、有技巧。

（一）传达教学信息的纪实图片

在教学中运用新闻和纪实图片，是为了准确而生动地传达多媒体视觉信息，让学生对教学内容有较为深刻的视觉感受。但视觉信息的传达并不仅仅是将图片简单地展示给学生，在教学中运用纪实图片既要考虑到图片的教学意义和质量要求，又要考虑到学生对纪实图片的视觉感受。此外，还要充分考虑到多媒体课件所提供的技术支持能否很好地表现教师的教学意图，教师怎样巧妙运用现有技术条件来展示和安排纪实图片，以充分满足教学需要。

在课件中插入的新闻和纪实图片大体上有三种处理方法：一种是位置固定在屏幕上的图片，另一种是可以通过点击小图标进行打开的图片，还有一种是可以用鼠标进行拖动观看的图片。此外，有些课件也能以 3D 展开等多种神奇的特效将图像素材进行平移、放大、旋转、翻页操作，但笔者以为特效的运用没有止境，运用纪实图片最好的效果是让学生看清楚，而不是把学生弄得眼花缭乱。

对于位置固定的图片来说，尽管插入方法很简单，但也讲求一定的章法，比如是满屏还是留边，几幅照片在一起如何摆放，照片要不要加上衬底，要不要进行一些艺术处理等。对于很多历史照片来说，或多或少都需要进行加工处理、修复和美化。比如调整明暗和反差，用印章工具去除水印和瑕疵，也可以对照片进行剪裁、加边框和投影，也可以把照片处理成油画画布的效果，甚至可以把黑白照片处理成棕色的怀旧照片、处理成火烧或卷角照片等，以显示照片的历史沧桑感。此外，还可以将照片置于各种衬底背景下，比

如置于粗麻布背景下,并在衬底图层往斜上方打一道底光,使背景变得更加深沉厚重,让凸凹不平的麻布在侧光效果下更具立体感,以突出年代久远的怀旧味道。对于这些技巧,在技术上都可以由 Photoshop 软件来处理,而在艺术上则要得益于一双慧眼。

Photoshop 软件的功能十分强大,提供了多种图像处理手段,操作起来也并不十分复杂,完全能够满足对照片进行简单处理的需要,是多媒体课件制作所必需的辅助工具,学会运用 Photoshop 软件对图像进行简单处理,是多媒体教师必须掌握的基本技能之一。

当屏幕上有多幅图片的时候,就要根据平面构图的形式法则合理安排图片的摆放位置,做到散而不乱。如前文所述,平面构图讲求多样统一,要把每一幅图片按照美的原则协调地组织起来,作用于视觉,使人在心理上产生愉悦感。一般情况下,屏幕上最多摆放三到四幅图片,太多了就看不清了。图片摆放应该错落有致,过于齐整显得很死板,过于散乱则给人以乱哄哄的感觉。一般情况下,当把两幅照片摆放在一起的时候,可以有横向排列、竖向排列和斜线排列三种处理方法,斜线排列就存在照片部分重叠,注意重叠面积越小越好。把三幅照片摆放在一起的时候,基本上是按照"品"字形构图摆放的,照片之间可以有部分重叠,但不能影响观看,摆放时要充分考虑到画面的平衡,使每张照片的摆放自然得体分布均匀。四幅照片的摆放就比较复杂了,可以分为规范排列和不规范排列两种方法,规范排列要注意避免死板,不规范排列则要注意整个画面的均衡性。

政治理论课多媒体课件经常会介绍和引用经典著作的内容,经常会展示不同时期出版的经典著作。原版的经典著作往往是文物级别的旧时出版物,对这些照片的处理要有历史感,使人透过历史的时空来感受若干年前的此情此景。这些照片大都是实物拍照,并不是真实历史照片,所以只要剪切出著作实物,把背景删除后另加衬底就可以了。用套索工具剪切的时候不用横平竖直太刻板,因为对于老旧版本的书籍来说,卷角、撕边、翘棱、有污痕都是正常的,更显得有视觉冲击力,如图 5-4。

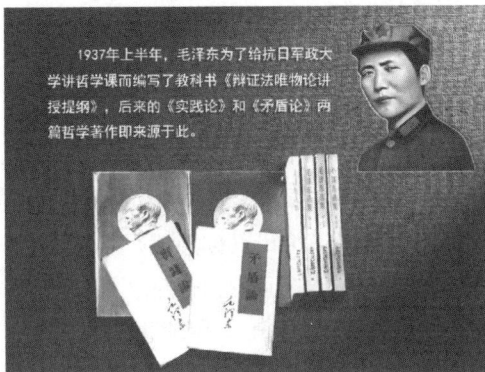

图 5-4

对于能够通过点击小图标缩略图而打开的图片，不同的多媒体工具有不同的方法，比如 PowerPoint 课件可以通过设置超级链接打开隐藏页面的方法，或者运用"插入—对象"的方法来展开缩略图，而在 Authorware 课件中则是运用交互图标建立下一层分支结构来打开大图片等。

对于可以用鼠标进行拖动的图片来说，主要是运用于 Authorware 课件中，在 PowerPoint 中就没有这个功能。Authorware 的这个功能有多种情况，其中一种情况是通过拖曳大幅照片来展示细节。当插入的图片比屏幕大得多，缩小之后就难以看清，这时候，要看清某个部分的细节，最好就是用鼠标拖曳照片观看。

图 5-5 是历史上《辛丑条约》签订的现场照片，对于中华民族来说是非常屈辱的历史记载，帝国主义列强咄咄逼人的强势，庆亲王奕劻和李鸿章的老朽孱弱与无

图 5-5

奈，都在照片中表现得淋漓尽致，但由于照片画幅很宽，缩小插入就是一幅狭长的合影，看不清细节和人物表情。如何做到既能够看清人物的细节，又能够概览照片全貌？这就需要运用 Authorware 提供的照片拖曳功能。

首先要用 Photoshop 软件对这幅大照片进行缩放，将这幅照片的大小变成 1823×768，这样，其高度便与 1024×768 像素的 Authorware 课件屏幕相一致，当拖动照片时，就可以进行平移观看，然后还要将这幅照片缩小，制作一个用于设置超级链接的小图标。

　　新建一个 Authorware 文件,命名为"《辛丑条约》签订现场大照片鼠标拖动"(扩展名为.a7p)。在底部的属性面板中设置背景颜色为黑色,大小为1024×768,选项中取消其他的勾选,只勾选"屏幕居中"。拖一个显示图标到流程线上,命名为"首页",再拖一个交互图标到流程线,命名为"控制",拖一个群组图标到交互图标右侧,在弹出的交互类型话框中选择"热区域",如图5-6,再点击窗口底部属性面板中的"鼠标"选项,在弹出的对话框中选择小手标记,其他选项默认。将这个群组图标命名为"可拖曳观看照片",这样就构建了由图 5-7 所示的流程图,这是第一层流程图。

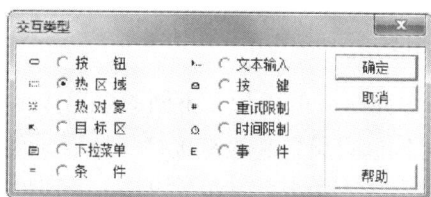

图5-6

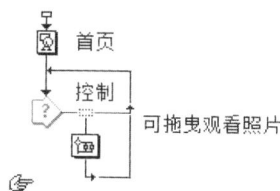

图 5-7

　　下面来布置这个程序的首页画面。

　　双击打开显示图标"首页",导入页面背景图片和缩小的辛丑条约签订现场图片作为小图标,在文本框中输入文字,调整好位置后关闭页面。接下来,在按下 Shift 键的同时双击打开交互图标"控制",这样就同时显示了"首页"和"控制"内容。页面中的虚线框"可拖曳观看照片"就是热区域交互的反应区域,课件制作完成后,在首页画面上点击这一区域就可以打开下一层画面的链接。用鼠标调整虚线框的大小和位置,使虚线框和《辛丑条约》小图标完全重合后,点击"调试—停止"关闭页面。

　　接下来构建第二层流程。双击打开群组图标"可拖曳观看照片",拖动一个显示图标、一个等待图标和一个擦除图标到流程线,将显示图标和擦除图标分别命名为"大幅照片"和"擦出并退出",用鼠标选中等待图标,在 Authorware界面底部的属性面板中勾选 "按任意键",并把"单击鼠标"和"显示按钮"两项都去掉。最后在擦除图标"擦除并退出"上点右键,在弹出的下拉菜单中点击打开计算图标,输入字符"Quit( )"后关闭。这就构建了第二层的流程,如图 5-8 所示。

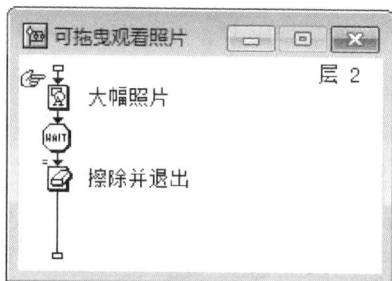

图 5-8

下面是最关键的一步。双击打开显示图标"大幅照片"，导入《辛丑条约》签订现场的大图片，在属性面板中进行如下设置：

"位置"和"活动"项中都选择"在区域内"，然后单击"基点"按钮（注意是按钮而不是右边的数字区域），将图片向右拖动，使其左侧边对准屏幕左侧边缘；再单击"终点"按钮，将图片向左拖动，使其右侧边对准屏幕右侧边缘，此时界面中会出现一个黑色矩形，放开手后就消失；再单击"初始"按钮，将图片移动到居中的位置，这是打开课件时大图片最初所在的位置。以上调整过程中图片的属性设置如图 5-9 所示。调整过程中图片的高度始终不变，这就需要用手稳稳地把住鼠标。最后，还可以对大图片的打开设置特效，比如设置成"以相机光圈开放"。至此，大图片拖动的课件制作完

图 5-9

毕，点击"文件—发布—打包"，在弹出的对话框中勾选全部四个选项，点击"保存文件并打包"，形成一个.a7r 文件，双击打开后就可以体验大照片拖动观看了。大图片拖动观看的工程源文件.a7p 文件及打包后形成的.a7r 课件，都在本书所附二维码"Authorware 课件案例"目录中。

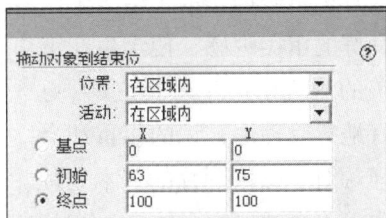

实事求是地说，对于这种情况的拖曳展示功能来说，Focusky 和 Prezi 等课件的 3D 展示功能要更胜一筹，比 Authorware 运用更加随意，导入方式也非常简单。但过于随意也会造成画面的飘忽不定，视觉效果不见得一定比 Authorware 的拖曳展示更好。

Authorware 课件中鼠标拖动图片的另一种情况是把多幅图片放在同一个画面内，用鼠标拖动着点开自由摆放观看。这种情况比较简单，只是根据摆放图片的数量拖动若干显示图标在第二层的流程线上，每一个显示图标中只插入一幅图片，显示图标之间没有等待图标。除了背景图标的属性都选"不能移动"之外，其他图标属性设置是："位置"选择"在屏幕上"，"活动"选择"任意位置"。注意，必须在属性设置之前把图片导入显示图标，并且按住 Shift 键逐个打开显示图标，把图片依次摆放好。

本案例选取的内容是党的十九大点赞的科技成果，课件.a7p 文件的流程图如图 5-10，其中，第二层流程图是双击打开群组图标"拖曳照片"后里面的内容，在流程线上有六个显示图标，一个是背景，其他五个就是可以用鼠标拖动观看的照片。以上制作案例可以通过扫封底二维码获得，在"Author-

ware 课件案例"文件夹中,名为
"党的十九大点赞的科技成果
多幅图片鼠标拖动",包括工程
源文件和打包文件。

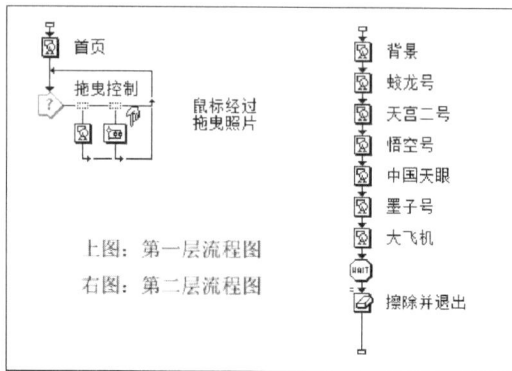

图 5-10

插入历史照片是为了透过
照片还原真实的历史,对插入
照片进行修饰是为了给学生以
良好的审美观感,使学生在审
美的愉悦中产生敬畏之心,更
好地感受理论知识的庄重和严
谨。对于插入图片的艺术处理并无成法,它需要多媒体教师精心揣摩,只有
锲而不舍地研究和体会,才能在教学实践中摸索出一条属于自己的路数。

(二)用来渲染气氛的寓意画面

在教学课件中应用得比较多的是寓意画面,也就是运用有寓意的合成
图片来作为衬底,配以所讲授内容的简要文字构成的授课内容页面。这种寓
意画面也就是上一章所讲的美图+美文,是体现多媒体教学课件独特魅力的
精华所在,它不一定要以真实的历史照片为主,而是运用有寓意的照片或画
作拼合而成,是多媒体页面中的内容页面,即散页。有时候寓意画面是一幅
完整的大幅图片,有时候又可以像报刊杂志的栏头一样,选取一些有寓意的
视觉元素点缀在画幅的边角,烘托页面的主题内容。

寓意画面有时候可以作为抒情图片,有时候也可以作为内容文字的衬
底,其本身也需要由主体部分和衬景部分构成,如前文所述,摄影作品的景
象构成包括主体、陪体和环境,其实这也是所有画作的基本构成因素。一幅
图片必须具备主体才能体现主题,衬景则是作为环境而存在,陪体可有可
无,但主体和环境是无论如何不能缺少的。

作为政治理论课抒情页面的衬景,一般都是选取那些有寓意的景象,涉
及自然景物和社会生活的方方面面,如山峦、霞光、云海、浪涛、时钟、舞者、
雄鹰、惊涛拍岸、黄河壶口、残垣断壁、苍松劲柏、天安门夜景、飞扬的旗帜、
凝视的眼睛、奔腾的骏马、绵延的长城、由远及近的列车轨道、隆隆碾过的车
轮,等等。

云的形状千奇百怪变幻莫测,可以表现为风起云涌、风云莫测、风卷残云、黑云压城、风轻云淡、风云激荡等多种社会环境和政治氛围。图5-11是香港著名摄影家陈复礼的作品《搏斗》,这是一幅合成的摄影艺术作品,把船工奋力划桨的图片和汹涌而至的钩卷云图片合在一起,象征着人在恶劣环境面前奋力拼搏的顽强意志,云的象征意义在这里表现得非常突出。除了云之外,莽莽荒原、巍巍群山、惊涛巨浪、苍松劲柏等也都是具有很强烈象征性的自然景物。

图 5-11

长城是中华民族精神的象征,是古老中华文明的物质承载者,选取不同形态的万里长城作为衬景,体现着中华民族历史的绵延,彰显着中华民族性格的坚毅,也记载着中华民族的兴衰荣辱。天安门和华表是各族人民凝聚一体的表征,是构成政治理论课多媒体页面的重要影像元素。五星红旗是中华人民共和国的国旗,在各种具有象征意义的画面中既可以作为主体,也可以作为衬底。老式蒸汽机车非常漂亮,是工业时代、机械时代的象征,当它冒着滚滚浓烟,汽笛长鸣一声迎面而来的时候,仿佛是一个巨人喘息着喷云吐雾由远而来,以蒸汽机车或车轮组成的画面,象征着历史的进程不可阻挡。这些自然景象和人文景观都是寓意画面的基本素材,根据教学内容和艺术性的要求将其拼合成寓意画面,作为承载文字的页面衬底,可以使多媒体页面更有生气,使学生在接受理论教育的同时,在精神上和情感上同步跟进,让思想理论教育内化于心。

下面结合几幅作品来探讨多媒体画面在渲染气氛中的运用。

作品一:以象征性视觉元素表现某种精神境界

这是以长城和连绵的群山等象征性视觉元素来表现中华民族精神的画面,此类寓意画面在思政课多媒体教学中经常用于爱国主义主题的渲染。

长城照片资源有很多,但直接作为页面并不理想,因为一插入文字就破坏了原构图,所以需要进行适当加工制作。这里就是把三幅照片进行合成,制作成具有民族精神寓意的图片，这幅合成图片既给插入文字留下足够的空间，也可以进行进一步修改变成一幅抒情画面。我们选用画面的主体是一幅长城烽火台照片，将其导入 Photoshop 图层，并用多边形套索工具沿着长城边缘进行选择，将需要保留的部分圈在里面，反选，按 Delete 键删除多余部分，剩下的就是作为画面主体的烽火台。在下一层导入山峦起伏的长城远景照片，用多边形套索工具去除不需要的天空部分，复制图层并进行水平翻转，然后再复制一次，把三幅山峦照片调整位置摆放，造成山势起伏、层峦叠嶂的视觉效果，如图 5-12。最后在背景图层的上一层导入一幅云图片，用橡皮工具擦除多余部分，调整好位置，这幅寓意画面就制作完成了。用黑体字在画面左上部分输入民族精神的概括文字，对文字图层加上投影效果，使文字在黑白相间的乌云背景下显得更加清晰。

图 5-12

如果想把这幅图片制作成一幅抒情画面，也可以在适当位置添加其他景物或人物，图 5-13 就是将埃德加·斯诺拍摄的八路军号兵的侧面剪影照片合成到画面，命名为"气贯长虹"，这幅以长城作为衬托的八路军号兵画面，以挺拔的身姿和昂扬的斗志展示了中华民族英勇不屈的精神，看到这幅画面，人们似乎听到了万里长城绵延的山谷间响彻的嘹亮军号，听到了中华儿女为民族而战的豪迈誓言，感受到强烈的精神震撼。这时候，长城和山峦就不再是画面主体了，长城上的烽火台是八路军号兵的陪体，号兵的侧影才是画面主体。

图 5-13

以上是铺满页面的多媒体图像作品，是将长城、群山、号兵等视觉元素以合适的位置和大小组合到一起，所形成的几个构图完整的全幅画面。其实这几个视觉元素也可以单独运用，比如缩小后放置在页面底部或角落，来作为多媒体页面的装饰性图案。如果将长城、群山或号兵直接导入 PPT 页面，那首先必须将其分别保存为背景为不可见的 PNG 图片格式，导入后即为透明无背景，可随意缩放移动。还需要说明的是，图片制作完成后，要把 PSD 格式的工程源文件保留起来，如果想换一个内容，仍然可以用原来的工程源文件添加新的文字内容进行制作。作为给大家提供的多媒体制作素材，扫封底二维码可获得该案例的工程源文件，具体放置在"Photoshop 工程源文件"的文件夹中，操作并不十分复杂，供大家制作课件插图时作为参考，也希望各位教师同行能创造出更多的力作。

作品二：运用某种历史场景来营造时代氛围

这个多媒体画面创作是有关 20 世纪 50 年代社会主义工业化教学内容的衬底画面。新中国成立后的"一化三改"其核心是"一化"，即工业化，社会主义工业化教学课件衬底画面的设计既要有工业化的视觉元素，又要体现那个时代人们特有的建设热情。

本案例这个衬底画面由三部分构成，即一面抽象变形的装饰性旗帜图案、一对卡通效果的大齿轮和一对喜庆气氛中的母女，喜庆气氛中的母女取自 20 世纪 60 年代一幅宣传画《毛主席万岁》，这是我国著名宣传画大师哈琼文为新中国成立十周年而创作的著名宣传画作品，图中那对母女的脸上洋溢着那个年代的人们特有的幸

图 5-14

福感，装束是典型的 20 世纪 50 年代盛装，这幅画留下了对中华人民共和国历史的深刻记忆，比纪实照片更能体现出时代风貌，而且从画中剪切出来后构图很完整很有稳定感，适合用来拼合成新的艺术图片。一对大齿轮是运用 Photoshop 软件制作的，图层设为 70%不透明，置于一组装饰性旗帜之上，由黄而红的放射状背景是用渐变工具中的径向渐变拖曳出的。

画面制作完成后如图 5-14 所示，使人一看就沉浸到 20 世纪 50 年代的那种社会氛围中。这幅图可以作为抒情画面，也可以用来制作章节的封面，但这样还不能作为衬底画面，因为整个画面是个构图完整的合成图画，没有

第五章

给输入文字或插入热区域交互的小图片安排位置。要让这幅合成图片成为课件的衬底画面,必须对这幅合成图片的视觉元素位置进行调整,直到给输入文字留出足够大的空余面积。

　　除了这种处理方法之外,也可以用 Photoshop 的滤镜工具对这幅图画进行渲染处理,比如处理成浮雕画面效果,如图 5-15 所示。这样,画面色调的深浅就比较均衡了,我们就可以在画面上的任意位置输入文字或者插入热区域交互的图片链接了,当然,如果是输入文字的话,文字下最好还是外加一个半透明的衬底,这样文字

图 5-15

显示的反差效果能够更好一些。从图片的意境上我们还可以发现,将其处理成浮雕图片后,合成图片的历史感也显得更强了一些,犹如电影中常见的时空转换艺术手法:现实场景随着时间流逝而逐渐石化成纪念碑的浮雕。浮雕图片可以产生一种审美的时间距离和空间距离,更好地表现了年代久远的社会生活主题。

　　作品三:以凝重的气氛表现重大历史情节

　　本案例表现的是苏联解体的悲剧性历史情节,是对照苏联改革失败来讲述中国改革开放的伟大经验时运用的散页画面。

　　讲述中国改革开放的伟大历程,离不开反面的例证,那就是苏联领导人戈尔巴乔夫的改革。邓小平说,改革开放是中国第二次革命,但不是一个阶级推翻另一个阶级意义上的革命,而是社会主义制度的自我完善和发展。只有社会主义才能救中国,只有社会主义才能发展中国,中国的改革必须坚持社会主义方向,坚持人民民主专政,要在党的领导下有序进行。而苏联改革遵循的是另一种改革观,搞多元化、西式民主和多党制,放弃了党的领导,背离了社会主义方向。四十多年过去了,两种改革终于分出了高下——中国的改革取得了巨大成功,使十几亿人口的古老东方大国焕发了勃勃生机,创造了人类历史上罕见的发展奇迹。而苏联改革却导致了国家的解体,昔日与美国平起平坐的超级大国苏联竟然在一夜间消失了,继承了苏联遗产的俄罗斯

今天也难以再现往日的辉煌，"金砖四国"的说法虽是对它的褒奖，但不免也透露着几丝难言的苦涩。

针对这些内容，我制作了一幅散页图片，这幅图片以乌云密布的莫斯科为背景，主体是苏联部长会议主席尼古拉·伊万诺维奇·雷日科夫的论著《大国悲剧》，在画面空白处配上这样一段文字："当一个走错路的大国就这样淡出人们的视野的时候，正在奋进的人们会更加珍惜自己所选择的道路"。

这幅图片是用三张照片拼合而成的，一张克里姆林宫的斯巴斯克塔楼照片，这是莫斯科最著名的钟楼，也是苏联和今日俄罗斯国家政权的象征，用魔术棒工具选中并按 Delete 键删除天空的空白处。再导入一张山雨欲来、乌云密布的图片作为背景，仔细调整到满意的位置。最后把《大国悲剧》一书的立体图剪切出来，导入最上面的图层，在合适的位置输入文字，这幅图片就算是完成了。三张图片素材本来有两张都是彩色的，但最终去色处理成黑白图片，其原因一方面是因为笔者对黑白摄影的偏好，另一方面也是因为这种反差强烈的黑白图片给人一种冷峻和压抑的感觉，更适合表现悲剧性的题材。尤其是悬于背景图片上的那本书，其上几个醒目的大字"大国悲剧"更是给人以触目惊心的警醒之感，如图 5-16。

作品四：以典型视觉形象表现特定历史文化背景

不同的历史文化背景都有典型视觉形象作为具有符号意义的象征物，比如我们以金字塔和狮身人面像象征古埃及文化等。本案例是以一座苏联时期的著名雕塑，象征苏联经验和模式。

图 5-16

由于中国社会主义革命和建设都曾经受到过苏联的影响，对苏联模式弊端的反思是探索中国特色社会主义道路的开端，因此有关苏联十月革命和社会主义建设的内容在教材中多有涉及，当然有关苏联的多媒体素材也大量运用在课件中，图 5-17 是对苏联工业化模式反思的页面，画面主体是

苏联时期的著名不锈钢雕
塑《工人和集体农庄女庄
员》，是苏联女雕塑家薇
拉·伊格娜吉叶芙娜·穆希
娜于1937年创作的，成为
新生的苏维埃国家的象
征，1948年，该雕塑的正
面像被定为莫斯科电影制
片厂的官方标志，中国很
多老一代人由于常看苏联
时期的影片，对这座雕塑
应该是很熟悉的。在本案

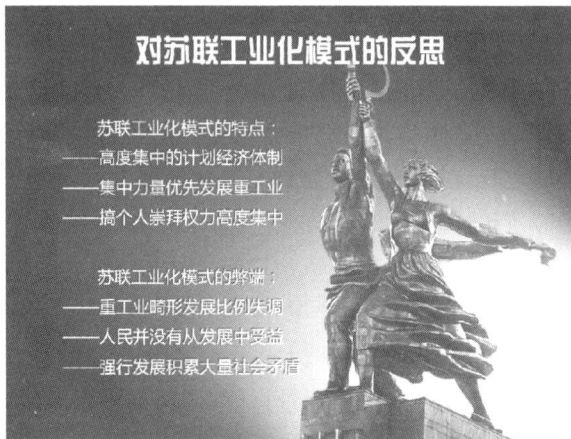

图 5-17

例的画面上，从右下部雕像背后射出一道橘红色底光，光源照射的方向与雕像背光的受光方向基本一致，像底光探照灯照在舞台幕布上一样，形成一个椭圆形的光照区域。这种用光方式就是模仿了上述电影片头的用光，整个画面以深红色调为主，使人联想起苏联的辉煌时代，与教学内容中的情境完全吻合。

　　以上就是对用来渲染教学气氛的几种多媒体画面的创作分析，出于突出作品艺术性的需要，这几幅教学艺术作品都是构图完整的全画幅图片。但正如上文所述，每件作品也都可以拆开单独运用，画面上的视觉元素都可以分别保存为无背景的 PNG 格式文件，单独导入课件的页面进行重新组合，这类图片素材既可以自己动手制作，也可以在很多素材网站上下载，但根据教学内容自己制作的艺术图片无疑能贴切地体现教学内容，更适合教学需要。

　　这些审美化的图像把思政课教学带入高度审美化的教学意境，在传达教学信息的同时，也和学生们分享教师的主观感受，浸透着强烈的教学情感，使高校思想政治理论课教学能够撞击学生的心扉、触动学生的心灵，充分发挥"视觉教育"的强大功能。由于这些"美图"的设计制作在技术上并不难，无非就是图像的剪切和叠加，所以也能够很容易地被思政课教师所掌握。要设计和制作好这类图片，需要在对教学内容具有深刻理解的基础上，恰当地选取相应的绘画或摄影作品作为基本素材，此外，教师也要具备一定的审美素质。

　　这里要特别注意的问题是，以上这些教学艺术作品有些属于运用别人作品的"二次创作"，因此要注意相关知识产权法律问题。

在高校思政课多媒体课堂教学中，会经常直接引用他人创作的摄影、绘画、音乐和影视作品来展示史实，或者运用他人的艺术作品来合成制作自己的多媒体艺术作品，用以渲染教学气氛和辅助多媒体教学。引用他人的艺术创作，特别是摄影和绘画艺术作品来辅助教学，是高校思政课多媒体教学中一个难以回避的问题，如果舍弃不用这些他人创作的艺术作品，所谓多媒体教学也就没有意义了。但无论是直接引用他人作品还是根据他人作品而进行的"二次创作"，都必须符合知识产权的相关法律规定，不能侵犯他人的知识产权。

我国《著作权法》对合理使用他人的作品有明确规定，在十二种情况下可以不经著作权人许可，不向其支付报酬，但应当指明作者姓名、作品名称，并且不得侵犯著作权人依照本法享有的其他权利。其中与本书所研究的多媒体教学有关的内容包括以下几方面：为个人学习、研究或者欣赏，使用他人已经发表的作品；为介绍、评论某一作品或者说明某一问题，在作品中适当引用他人已经发表的作品；为学校课堂教学或者科学研究，翻译或者少量复制已经发表的作品，供教学或者科研人员使用，但不得出版发行；对设置或者陈列在室外公共场所的艺术作品进行临摹、绘画、摄影、录像。这里所谓的适当，在《著作权法实施条例》第 21 条有明确规定，即"使用可以不经著作权人许可的已经发表的作品的，不得影响该作品的正常使用，也不得不合理地损害著作权人的合法权益。"

从法律规定来看，多媒体教师所运用的历史照片和他人画作，以及用他人艺术作品所创作的多媒体教学艺术作品，都只限于个人欣赏和课堂教学需要，要指明作者姓名和作品名称，且必须做到合理引用，不能歪曲作品的原意进行肆意地"恶搞"。另外，教师的"二次创作"也不能向外扩散而导致原作者的权益受到侵犯，特别是不能用于以营利为目的的商业活动。在为教学研究而发表的论文或出版的论著中引用他人作品，当属《著作权法》第 22 条中规定第二种情况，即"为介绍、评论某一作品或者说明某一问题，在作品中适当引用他人已经发表的作品"，但必须做到合理引用。

（三）装饰性栏头花絮及图片文字

多媒体图片的运用，除了以上几种情况之外，也可以作为装饰性栏头花絮来使用。作为栏头花絮的图片一般都是小幅图片,与文字标题或文字内容搭配使用,可以事先用图像软件处理完毕后完整地插入课件,也可以从素材库中选取去除了背景的PNG格式图片文件,导入课件后,搭配各种字体进行随意组合。在PowerPoint等课件中导入的PNG文件效果非常出色,而Authorware中虽然也可以导入这种格式图片,但效果很差。装饰性栏头花絮在书刊杂志的编辑排版中是很常见的,在多媒体课件中运用得也很广。在教学意义中,这种栏头花絮可以增加教学中的趣味性,而且可以在一定程度上提示教学内容,有些思政课多媒体教师凭着一张图片就可以滔滔不绝进行临场发挥,声情并茂地讲出许多内容。

除了装饰性栏头花絮之外,图片文字实际上也应用很广。图片文字在这里所起的作用实际上与装饰性栏头花絮是一样的,不仅是传达文字的教学信息,而且也是多媒体画面整体构图的一部分,起到的是装饰性的作用。这类图片文字往往是名人名言、格言警句、诗词手书等,虽然可以用普通的黑体或宋体字插入文本框直接输入课件的页面,但效果要大打折扣。如果采用书法字体以图片形式插入页面,则会使文字呈现出艺术效果。中国书法本身讲求的就是字画合一,字即是画,书法的最高境界讲求的就是构图,一幅优秀的书法作品就是一个完美的构图典范,是可以当作画作来欣赏的。同样,很多写意人物或山水运笔遒劲、挥洒自如,远观就像一幅书法作品,因而又具有"字"的神韵。西方绘画艺术发展到现代,已经从具象艺术进化为抽象艺术,乃至有些画作就是把颜料随心所欲地泼到画布上形成抽象构图,这一点与中国书法的追求是异曲同工的。课件中直接应用书法图片来书写名言名句,可以为课件增添艺术含量,让学生在美的熏陶中领略名言名句的深刻意蕴。

有些历史名人本身就是书法大家,其名言名句本身就是书法作品,比如毛泽东的草书书法功力颇深,甚至被人称作"毛体"。中国书法讲求"字如其人",透过书法能够看出一个人的性格和志趣,当课件中引用毛泽东的名言时,如果直接用其手书,就可以感受到毛泽东豪放不羁的性格和壮志凌云的追求,做到内容与形式的完美结合。

除了少数名人名句留下原创的书法作品,大部分都需要根据名言的内容来搜寻相匹配的书法,当然,有些教师自己擅长书法,就可以亲自动手来书写,但大部分需要用字库中的字体来书写,这些字库包括各种书法字体,如宋体、黑体、楷体、篆体等,甚至还有手写体和名人字体,就连毛泽东的书法体都有了毛体字库，应用起来很方便。把书法作品制作成课件所需的图片，既可以用 Photoshop 软件进行制作，也可以用 3Ds Max 三维动画软件的"倒角文字"工具来制作闪烁着金属光泽的文字，还可以在 PowerPoint 中制作好后保存为 PNG 格式图片文件。制作完成后可以在 Photoshop 软件中或者在 PowerPoint 中进行各种艺术处理，如描边、反转、变形、添加阴影、浮雕处理等，最后插入到特定的背景中，或者与其他图片合成。

　　图片文字的字体风格应该根据内容的需要来选择，如邓小平斩钉截铁的名言"坚持党的基本路线一百年不动摇"，就适合用比较刚劲的字体来表现。颜楷体产生于大唐帝国繁盛时期，刚劲雄浑气势恢宏，骨力遒劲而气概凛然，用颜楷体书写邓小平这句名言再适合不过了。而对于邓小平那句"什么是社会主义，怎样建设社会主义"这个建设中国特色社会主义的首要的基本理论问题，则可以用普通行书体在 3Ds Max 软件中制作金属光泽的倒角文字，以体现这个苏格拉底式哲学追问的崇高价值。实事求是是党的思想路线和马克思主义的认识路线，"解放思想，实事求是"是 20 世纪 80 年代思想启蒙的主题，这样一句具有里程碑意义的大时代宣言，如果在课件里用普通字体随便输入就没意思了，这种情况下，不妨用 3D 做成金属倒角文字，配以用 Photoshop 制作的红色纪念碑，组合在一起做成碑文文字。本书附带了一些制作案例，扫封底的二维码即可上网获取资源。

　　一般情况下，字数较多的时候直接在课件中插入文本框书写就行了，但有时候在其他电脑上播放课件的时候，该电脑可能没有这种字体，就会造成字体的混乱，也可能因为电脑系统的不同而造成排序错乱，而用字体图片就没有这个问题，而且制作图片文字的工作量也并不比文本框直接输入课件大多少。比如我们完全可以把马克思在《路易·波拿巴的雾月十八日》中的那段著名论述做成图片文字，但由于字数较多，且因为马克思与中国书法并无联系，所以就不适合用中国书法的艺术字体了，不过，在适当位置仍然可以用外文书法字体来标明出处，使文字图片更加美观，如图 5-18。

图 5-18

　　这些装饰性图画或图案，以及

装饰性艺术字体,用在多媒体页面上,可以丰富画面内涵、美化页面装饰、衬托教学内容、平衡页面构图、传达某种象征意义,起到丰富画面内涵、渲染气氛、烘托主题的作用,是多媒体教学美育功能的重要体现。

(四)用来图解原理的图形和动画

一般来说,除了马克思主义哲学之外,其他几门课中涉及图解科学原理的内容并不多,涉及用动画来图解原理的更是很少见,不像自然科学类的课程,会经常运用动画来演示复杂的物体构造、模拟物理化学反应过程等,课件制作软件本身基本上就能满足要求。在这方面,PowerPoint 的动画功能要比 Authorware 更强大一些,由于大部分教师对 PowerPoint 都比较熟悉,所以这里就不再赘述了。

需要一提的是,如果用 Authorware 制作课件,那么完全可以把用 Power-Point 制作的动画导入 Authorware 文件,这样就把两种课件制作工具的优势都发挥出来了。导入 PowerPoint 的具体方法是这样的:在 Authorware 流程图上双击打开要导入 PowerPoint 文件的页面,依次点击"插入—OLE 对象",在弹出的对话框中选中左边圆圈中的"由文件创建",如图 5-19 所示,再点击"浏览"找到 PowerPoint 文件存放的位置,双击打开,注意不要点小方框中

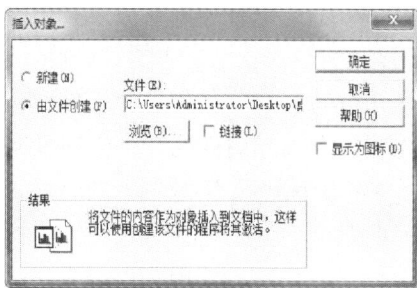

图 5-19

的"链接",这样就把 PowerPoint 文件导入 Authorware 页面了。导入页面之后是个缩略图,首先进行大小和位置的调整,然后还要设置一下属性,依次点击"编辑—演示文稿 OLE 对象—属性…",在弹出的对话框中有两个选项,在"激活触发条件"中选"单击",在"触发值"中选"显示",勾选小方框的"打包为 OLE 对象",点"确定"就完成了,最后把 Authorware 课件打包发布。

当然,制作动画最好的工具是 Flash,用 Flash 可以制作 Swf 格式

图 5-20

的动画影片,也可以输出 Gif 格式的动画图片。除此之外,用 Photoshop 软件也可以制作 Gif 格式的动画图像。这些动画影片或 Gif 图像都可以如图 5-20 所示那样,利用 Authorware 插入媒体的功能加以导入。PPT 中的动画导入就更简单了,完全可以直接导入页面。

图像是首屈一指的多媒体元素,不仅包括多媒体插图和页面装饰图案,就连页面构图本身也是多媒体图像,所以,熟悉和掌握多媒体图像的制作和应用对制作多媒体课件至关重要。

现代多媒体制作手段日新月异不断更新换代,除了应用于课堂教学的 PowerPoint、Authorware、方正奥斯等传统的软件平台,各种新的多媒体软件不断颠覆传统课件的演示方式,令人眼花缭乱目不暇接。比如 Focusky 软件就是模仿视频的转场特效,加入 3D 镜头缩放、旋转和平移特效,采用整体到局部自由切换的演示方式来展示内容。在这些新潮的技术手段面前,以翻页方式逐层打开的展示方式,以及页面划分层级的做法似乎变得没有意义了,学生的关注点也不再是静态画面的视觉冲击力,而是放在了画面转换的"炫酷"上,前文所讲的关于多媒体图像的知识也似乎是过时的、没有价值的。

但是传统的美学观念却不是能够轻易颠覆的,以页面形式展示课件内容、以一张接一张切换播放来翻页和以链接方式进行页面跳转,这种近似于人们看书的传统阅读习惯也不可能被轻易放弃,这就决定了图像作为最重要的多媒体要素,其美学价值的衡量仍然要以翻页课件的标准为依据,以呈现静态的美为基本尺度。高校思想政治理论课是中国化马克思主义的意识形态教育,以中国近代以来新民主主义革命的伟大胜利、社会主义建设和改革的壮阔历程作为教育的依据,因此多媒体课件所应用的各类图像,实质上具有"革命美学"的特征,以庄严和崇高为基本的审美倾向,以静态和稳定的古典主义风格为基本的审美追求。如前文所述,多媒体图像在思想政治理论课多媒体教学中不是为了单纯地追求好看,而是承担着一种"视觉教育"的功能,传统的美学观念在这里仍然不能为"技术主义"所颠覆,以美育为核心的"视觉教育"在思想理论教育中担任着重要角色。这些记载着历史的丰功伟绩和与新时代凯歌行进的多媒体图像,会作为中国大时代叙事的生动写照"印"到学生大脑里,在心中泛起美的涟漪永久地贮存于记忆的最深处,成为永恒的价值坐标。

图像在思想政治理论课多媒体教学中不是点缀,而是传达教学信息的一种形式,运用图像来丰富教学内容应该讲求审美性和艺术性,但不应该以炫耀特技为出发点,而是要重在展示历史事实,重在增加教学感染力,以影像教育和美育教育来拓展理论教育的疆域,使学生全方位感受思想政治理论课课堂教学的亲和力。多媒体图像的运用是教学的一部分,多媒体图像运用得好与不好,从根本上来说,取决于教师的理论修养、审美素养、备课水平和知识积淀,而制作技术仅仅是运用的平台。充实的教学内容是课件艺术的先决条件,深厚的审美修养则是课件艺术的底蕴,那些富有哲理的美图美文,是教师理论修养和教学艺术相融合的艺术性展示,是理论通俗化、大众化、审美化的表现形式。从艺术角度来说,多媒体图像的运用也应该讲求艺术境界,要贴切而适当、优雅而沉稳、深刻而含蓄,若要达到较高境界,离不开理论功底的支撑、审美修养的托衬和实践经验的磨炼。

多媒体教学以图像、声音和影片等多媒体元素打开了人们的文化视野,把教育事业推向前所未有的高度,思想政治理论教育作为信仰和意识形态教育,是有血有肉且包含丰富文化内涵的,如果剔除了文化的"血肉肌肤",那就成了"骨感"的空洞说教。多媒体教育作为现代化教育手段和文化传承的有效载体,其表现力和渗透力是相当强大的,充分运用多媒体所提供的技术手段,最大限度地发挥多媒体教育的文化优势,对促进高校思想政治理论教育水平的进一步提高意义重大,值得广大教师在实践中深入研究和探索。

第六章
多媒体音频：多媒体素材艺术研究之二

一、多媒体音频的分类与格式

（一）多媒体音频的分类

声音是物体振动产生的波动，通过声音介质（空气、液体或固体）传播并能被听觉器官感知和接收。我们通常所说的音频，指的是能够被人的听觉器官感知的声音频率，范围在 20~20000 赫兹（HZ）。要把各种声音记录保存下来，就需要把声波转换成各种可以保留的信号，由此产生各种录音方式，比如用胶木唱片保留声音信号的机械录音、用电影胶片记录声音信号的光学录音，还有把声音信号转换成电磁信号加以保存的磁带录音等。过去长时间以来，人类都是用高仿真的模拟信号来传递和保留声音信息的，磁带录音曾经是记录声音信号的主要形式，随着数码时代的到来，数字信号取代模拟信号成为保留声音信号的主要形式，我们说的多媒体音频，就是指可以运用于电脑中的数字声音信号，即数码音频。虽然从理论上说，模拟信号是用连续变化的电磁波表现声音信号的数据，而数字信号是用电压脉冲序列表示数据，模拟信号本应更加真实自然。但实际上，模拟信号由于在每一步的加工过程中都会损失一部分信号，而数字信号在加工和传递过程中几乎没有损失，所以数字信号反而比模拟信号更优越，并且可以方便地运用于电脑设备中。

从内容来看，与多媒体课件有关的音频包括语音、音效和音乐三类，这三类多媒体音频素材又可以更详细地划分为多媒体音乐、原声资料、配音解说、朗诵和演播、各种音效等。

多媒体音乐指的是可以运用于多媒体的音乐，以数字声音信号的形式存在,并以数码技术为技术依托的音乐形式。作为数字格式的音乐,多媒体音乐依电脑而存在,既可以作为独立的音乐作品在电脑上欣赏,也可以通过各种多媒体软件进行加工和再创作,成为多媒体艺术作品的组成部分。随着音乐软件的水平不断提高,很多过去由作曲家、乐队和录音师合作完成的乐曲,现在都可以由"一体化音乐制作人"一个人独立完成,硬件设备只需一台带外置声卡的电脑和一个 midi 键盘就够了,很多广告音乐和电视剧音乐都是这样完成的。多媒体音乐是多媒体音频中最重要的内容,在多媒体课件的制作中发挥着重要作用,在这方面,除了要掌握至少一种音频编辑软件之外,还要具备一定的音乐美学修养,懂得一定的音乐知识,才能对多媒体音乐资料运用自如,制作出高水平的多媒体课件。由于多媒体音乐涉及很多内容,我们将在下一部分进行更深入的探讨。

　　所谓原声资料,包括现场原声和人声,在多媒体课件中恰如其分地运用原声资料,可以在很大程度上提高课件的层次水平。自从 1857 年法国发明家斯科特(Scott)发明了声波振记器,人类就开始记录声音,一百多年来留下了大量的声音资料,这是用声音记录保留下的历史。原声资料特别是历史人物的讲话原声,是活生生的历史见证,和历史照片及历史影片一样,原声能够将人们带回特定的历史年代,使人们深感历史的宏大与深沉。比如 1949 年开国大典上毛泽东宣布中华人民共和国中央人民政府成立的原音,邓小平在 1978 年中央工作会议上的讲话"如果现在再不实行改革,我们的现代化事业和社会主义事业就会被葬送",还有习近平总书记的那句"我更坚信,中华民族伟大复兴的梦想一定会实现"。这些都是划时代的声音,是开启了一个崭新历史时代的恢宏之音,具有强烈的标志性意义,运用在多媒体课件中会产生震撼效果。再如苏联反法西斯战争期间由著名播音员尤里·列维坦(图 6-1)播出的节目"莫斯科在广播",就是著名的历史原声,在苏联反法西斯战争期间,每当听到这声音,就意味着要有重大的事情发生,尤里·列维坦的播音对鼓舞人民斗志和宣传国家号令发挥了重要作用,成为苏联反法西斯战争

图 6-1

的标志,因而被称为"国家的声音"。据说列维坦的声音曾让希特勒无比愤怒,1941年德军逼近莫斯科的时候,曾把他列为仅次于斯大林的第二号暗杀目标。历年莫斯科红场阅兵仪式开始的第一句话就是:"请注意,莫斯科在广播",这句话便把现场气氛带回1941年莫斯科红场阅兵庄严而神圣的历史瞬间,可见历史原声在宣传和教育活动中的重要性。有些重要的外文历史原声尽管我们听不懂其内容,但由于涉及重大历史事件,对人们来说已经是耳熟能详了。比如日本天皇的投降广播,当那萎靡、机械而又呆板的日语宣读声传入人们的耳中,人们立即知道这就是所谓的天皇"终战诏书",眼前会立即浮现出战争发动者失落沮丧、呆若木鸡的情景。这是伟大的反法西斯战争胜利的重大标志,它牵扯着中国人痛彻心扉的记忆,也映衬着中国人民最终取得伟大胜利的自豪。

所谓配音和解说,一般是指按照新闻播音的语调和语速来播讲某一段教学内容,而这段教学内容一般情况下不宜采用教师口授的方式来传达给学生,也不需要学生用记笔记的方式来记录。多媒体音频中的配音解说主要是运用在教学影片中,当然有时候也可以用在静态的多媒体页面中,随着翻页播放。既然是配音和解说,当然要求以规范的新闻播音的方式进行,即吐字清晰、自然流畅、抑扬顿挫、语速适中,不能有重复、迟疑、停顿等表达上的瑕疵,而且要求声音优美动听、表达亲切自然。这些要求一般人是很难达到的,所以教师在制作课件时可以找学生中的播音员帮忙录制,有些通用的内容也可以从网上下载。

朗诵演播在这里是指诗词歌赋的朗诵和精彩的文学作品的演播。思想政治理论课教学不是文学课教学,但很多时候也会运用一些文学作品导入课程、渲染气氛、丰富教学内容,或是对课堂教学某些环节进行艺术化处理。中国近代以来的革命、建设和改革历程是一段充满诗意的宏伟历程,社会革命的波澜壮阔和仁人志士的慷慨悲歌,使思想政治理论教育不仅是循规蹈矩的说理过程,也是有血有肉充满感染力的激情演绎。多媒体课件中所需的朗诵演播既有历史人物的泣血之作,也有后世文人墨客的感怀之作。比如人民领袖毛泽东不仅是一位无产阶级革命家和政治家,也是一位诗人,他以诗一般的豪迈书写着中国历史,也书写着自己的壮怀人生。毛泽东的诗词气势磅礴、恢宏大气,恰当地引用和插入毛泽东诗词的朗诵音频,会很好地烘托气氛,增强思想政治理论课的教学效果。在网上有很多毛泽东诗词的朗诵作品,都可以作为插入多媒体课件的音频资料,当然教师也可以根据需要亲自

第六章

录制朗诵作品。除了毛泽东诗词,还有许多充满革命英雄主义和革命浪漫主义的诗词歌赋、感人书信等,都可以录制成朗诵演播的音频资料插入课件中,比如林觉民的《与妻书》、夏明翰的《就义诗》、叶挺的《囚歌》、陈毅的《赣南游击词》、闻一多的《最后的演讲》,还有国父孙中山的很多著名演讲、梁启超的美文《少年中国说》等。近年来网上流传着国家一级演员王余昌创作并朗诵的诗歌《今夜星光灿烂》,他从一个老兵的角度回顾新中国成立那段激情岁月,情深意切的朗读感动了无数网友。这些音频资料的运用不仅丰富了教学内容,而且给多媒体教学增添了一抹亮色,使教学更加具有感染力。当然,这类朗诵演播的音频资料的运用在精而不在多,其在教学课件中所起到的是画龙点睛的作用,用多了就是画蛇添足。

音效是指由各种人声、音乐或音响所制造的现场效果或戏剧性效果,运用音效可以营造场面真实感,通过渲染气氛使人产生某种特定的听觉感受和心理感受。音效包括自然的音响和人工合成的音响,也包括具有某种功能的音乐片段。在多媒体课件中会经常用到音效,这些音效小到进入、退出页面和前后翻页时的效果声,大到模拟各种场景时的环境音效,如号角声、爆炸声、枪击声、洪水声、雷电声、关门声、鼓掌声、欢呼声、嘈杂声、马的嘶鸣声、汽车发动声、飞机呼啸声,等等。有些音效也把多种声音效果及音乐效果组合到一起,来制造某种气氛,如喜庆气氛、温馨气氛、紧张气氛、悲壮气氛、诡异气氛、恐怖气氛等。音效的运用使多媒体课件具有了灵气,使学生在林寒涧肃、空山鸟语中感受自然的美好,在群情激昂、万众欢腾中感受革命运动的崇高,在马达轰鸣和汽笛长鸣中感受工业化的魅力,让多媒体教学呈现立体化的多维效果。

互联网为人们提供了无尽的方便,在网上有大量的各类音效供使用者下载。音效的合成制作也很简单,只要掌握了一两种音频编辑软件,几乎就可以满足一般性的创作需要了。

(二)多媒体音频的格式

多媒体音频的格式虽然有很多种,但平时比较常见、用得比较多的不外乎以下几种格式:

CDA 格式:CDA 格式即我们通常所说的 CD 音轨,是 CD 音乐光盘中的文件格式,文件后缀名为.cda。标准的 CDA 格式是 44.1K 的采样频率,速率

88K/秒，16 位量化位数，是近似无损的音频格式，也就是说基本上忠实于原声，因此被应用在 CD 音乐光盘中，我们常说的"无损音频"一般都是指传统 CD 格式中的 16bit/44.1kHz 采样频率的文件格式。不过这种格式并不便于我们使用，因为我们在 CD 光盘中看到的"*.cda"文件，实际上并没有真正包含声音的信息，而只是一个索引信息，不论 CD 音乐的长短，看到的都是 44 字节长，如果直接复制 cda 文件到硬盘上是无法播放的，只有使用专门的抓音轨软件才能对 CD 格式的文件进行转换。

WAVE 波形音频格式：WAVE 是微软和 IBM 共同开发的 PC 标准声音格式，文件后缀名为.wav，是一种通用的音频数据文件，用于保存 Windows 平台的音频信息资源，被 Windows 平台及其应用程序所支持。标准格式的 WAVE 文件和 CD 格式一样，也是 44.1K 的采样频率，速率 88K/秒，16 位量化位数。所以我们通常使用 WAVE 格式来保存一些没有压缩的音频，也就是经过 PCM 编码后的音频（在计算机应用中，能够达到最高保真水平的就是 PCM 脉冲编码调制，因此 PCM 成为约定俗成的无损编码，代表了数字音频中最佳的保真水准，能做到最大限度的无限接近）。由于 WAVE 格式依照声音的波形进行存储，因此也称为波形文件，要占用较大的存储空间。CD 唱片包含的就是 WAVE 格式的波形数据，只是扩展名没写成".wav"而是".cda"。当然 WAVE 文件也可以存放压缩音频，但其本身的文件结构使之更加适合于存放原始音频数据并用作进一步的处理。WAVE 格式的优点是易于生成和编辑；但缺点也很明显，在保证一定音质的前提下压缩比不够，不适合在网络上播放。

在 Windows 平台下，基于 PCM 编码的 WAVE 是被支持得最好的音频格式，所有音频软件都能完美支持，而且本身可以达到较高的音质的要求，因此 WAVE 也是音乐编辑创作的首选格式，适合保存各类音乐素材。此外，WAVE 也被作为一种中介格式，常常使用在其他编码的相互转换之中。

MP3 格式：MP3 格式诞生于 20 世纪 80 年代的德国，其全称是动态影像专家压缩标准音频层面 3，也就是 MPEG 标准中的音频部分。MP3 被设计用来大幅度地降低音频数据量，因而是一种有损压缩，可以将音乐以 1:10 甚至 1:12 的压缩率压缩成容量较小的文件，特点是基本保持低音频部分不失真，但是牺牲了声音文件中 12KHz~16KHz 高音频这部分的质量，因而音质比 CD 格式或 WAVE 格式的声音文件要差。不过对于大多数用户来说，MP3 的音质与不压缩音频相比没有明显的下降。由于 MP3 文件尺寸小音质好，所以在它问世之初还没有什么别的音频格式可以与之匹敌，直到现在，这种格式还是风靡一时，作为主流音频格式的地位难以被撼动。用 MP3 形式存储的音乐就叫作 MP3 音乐，播放 MP3 音乐的机器就叫作 MP3 播放器。

WMA 格式：WMA 就是 Windows Media Audio 编码后的文件格式，它是微软公司推出的与 MP3 格式齐名的一种新的音频格式。由于 WMA 在压缩比和音质方面都超过了 MP3，更是远胜于 RA（Real Audio），即使在较低的采样频率下也能产生较好的音质。WMA 是为网络推出的，因而支持流技术，即一边读一边播放，可以很轻松地实现在线广播。此外，WMA 还支持防复制功能，支持通过 Windows Media Rights Manager 加入保护，可以限制播放时间和播放次数甚至于播放的机器等。WMA 有着优秀的技术特征，在微软的大力推广下，这种格式被越来越多的人接受。

MIDI 格式：MIDI 是英文 Musical Instrument Digital Interface 技术的缩写，该技术最初应用在电子乐器上用来记录乐手的弹奏，以便以后重播。随着在电脑里面引入了支持 MIDI 合成的声音卡，MIDI 正式成为一种音频格式，文件后缀名为 *.mid。*.mid 文件格式由 MIDI 发展而来，它并不是一段录制好的声音，而是记录声音信息，然后再告诉声卡如何再现音乐的一组指令。这样，一个 MIDI 文件每存 1 分钟的音乐只用大约 5~10KB，由于文件小，因而 *.mid 文件主要用于原始的乐器作品、流行歌曲的业余表演、游戏音轨及电子贺卡等。*.mid 文件重放的效果完全依赖声卡的档次，这种格式的最大用处是在电脑作曲领域，它可以用普通的作曲软件或打谱软件写出，也可以通过声卡的 MIDI 口把外接音序器演奏的乐曲输入电脑里，制成 *.mid 文件，许多播放器都支持普通的 MIDI 文件。

AAC 格式：AAC 是高级音频编码技术 Advanced Audio Coding 的缩写，是杜比实验室为音乐社区提供的技术，是遵循 MPEG-2 的规格所开发的技术，因而也是 MPEG-2 规范的一部分。AAC 所采用的运算法则与 MP3 的运算法则有所不同，它通过结合其他的功能来提高编码效率，其音频算法在压缩能力上远远超过了以前的一些压缩算法。AAC 同时支持多达 48 个通道的音轨，采样率达 96 KHz，并且在 320Kbps 的数据速率下能为 5.1 声道音乐节目提供相当于 ITU-R 广播的品质，可以在比 MP3 文件缩小 30% 的前提下提供更好的音质。AAC 也是目前最好的有损格式之一，和 MP3 比起来，不仅音质比较好，也能够节省大约 30% 的储存空间与带宽。AAC 有多种编码，比特率最高为 448Kbps，并且在 448Kbps 的比特率下已经几乎很难分辨出其与无损压缩的区别。将高压缩率的 H264 视频格式与 AAC 音频格式封装在一起组成的 MKV 视频套装，可谓是强强联合，是目前最受欢迎的高清高压缩率的视频格式之一。另外，手机音频格式 m4a（MPEG4 的音频标准）所封装的也是 AAC。

当然，我们这里只是列举了常用的音频格式，其他的音频格式还有很多，这些主要是与多媒体课件制作有关的视频格式。在以上的音频格式中，用得最广的就是 MP3 和 WAVE。MP3 作为一种高压缩率的音频格式，不仅是网络上最为常见的下载格式，而且为很多多媒体软件所支持，可以导入 PPT、Authorware 等课件中。WAVE 在音频编辑加工中有重要作用，有些主流音频编辑软件如 Adobe Audition 等只支持.wav 波形文件，而不支持.mp3 格式的音频文件，要对.mp3 音频文件进行剪辑，只能先将其转换成.wav 波形文件才行。音频文件格式的转换其实也很方便，不仅网上有各种音频转换器供免费下载使用，而且有些音频播放器本身也具有格式转换功能，如千千静听等，很多视频制作软件也可以用来转换音频文件的格式，如会声会影等，转换速度非常快。有些网站甚至还提供了在线音频格式的转换，用起来也非常方便。

二、多媒体音乐与高校思政课多媒体教学

在多媒体音频的应用中，多媒体音乐当然是最主要的部分，要很好运用多媒体音乐来实施美育和辅助多媒体教学，就必须了解音乐的美体现在哪些方面。

（一）音乐的构成要素与音乐美

音乐美是一种艺术美，是通过把各种构成音乐的要素有机组合起来而产生的艺术美感。音乐是由一个个音符组合而成的，不同的音符按照一定的形式要素，如将曲调、节奏、结构、曲式、音色、调性等进行组合，就构成了一曲曲美妙动听的音乐。这些构成要素是音乐的基本表现手段，也是音乐美的基本表现方式。

1. 音乐的旋律美

旋律（Melody）也叫曲调，是指通过艺术的构思把声音组织起来，从而形

成有规律的和谐运动,使人们感到很好听、很有"味道",从乐谱上看,旋律是由连续演奏的音符所组成的序列。在音乐中,旋律是乐曲的基础,乐曲的思想感情都是通过它表现出来的,正如奥地利音乐美学家爱德华·汉斯立克所说:"占首要地位的是没有枯竭、也永远不会枯竭的旋律,它是音乐美的基本形象。"①

众所周知,艺术要通过艺术形象来表达创作意图,在不同的艺术门类中,创造艺术形象的手段并不相同。文学是通过对话和描写刻画人物性格来创造艺术形象;美术是通过线条、明暗和色彩来创造艺术形象;音乐是通过旋律创造艺术形象的。作为声音艺术和时间艺术,音乐艺术形象不是具象化的形象,而是借助想象和联想,通过给人以某种暗示而创造的模糊的艺术形象,有时候通过模拟来表现某种情景表象,有时候则表现为一种情趣和情绪,对音乐艺术形象的理解和欣赏,往往因欣赏者的阅历、修养和审美经验的不同而不同。音乐风格的不同主要体现在曲调上,不同民族、不同时代、不同作曲家的音乐创作风格都不同,主要是因为在曲调的运用上有着各自不同的经验和风格。比如传统的俄罗斯风格就是以小调式为主,感觉就像是以悠远深沉的曲调来讲述一个故事,听起来忧郁唯美,而传统的中国曲风则是以五音调式为主,不用4和7这两个音,所以民族风格的乐曲不管是用什么乐器演奏都可以辨别出来。

从曲调的构成来看,构成音乐的最小结构单位称为"乐汇",同时具有功能含义和结构含义的乐汇叫作"动机",通常是由两三个音组成的特定音型作为音乐的起始动机,要在音程和结构上具有自己的特征,构成个性鲜明的形态,并贯串发展于全曲之中。动机发展成乐句,乐句组成乐段,乐段组成更大的部分,直至完整的作品。一首作品可以只有一个动机,也可以有多个动机。虽然动机通常只有区区几个音,但它却是整首音乐的灵感来源。一首音乐作品是由若干个乐段组成的,构成乐段的基本框架是起、承、转、合。所谓"起"就是开端第一个乐句,是音乐的初步呈示;"承"相当于种下的种子开始萌芽,是在第一句基础上的继承发展,通过重复、变化、呼应、展开等手法加深已经呈现的乐思;"转"是转折,是指这一句在节奏、音调上出现戏剧性的变化;"合"是一个回归原点的合拢。"起承转合"要以一个特定的音为中心,这个音是起始点、核心点和结束点,一个乐段中的其他音都与它有联系,围

①　[奥地利]爱德华·汉斯立克:《论音乐的美》,杨业治译,人民音乐出版社,1980年。

第六章

绕它发展变化。这个规律有点像诗词中的七言绝句的起承转合，很多情况下一个乐段就是由四个乐句组成，这一点也和七言绝句不谋而合。可见，在某种程度上各类艺术都有相通之处。

音乐的美主要体现在曲调的美或旋律的美上，美好的旋律能够使人产生深深的心灵触动，或是温情脉脉令人陶醉，或是荡气回肠感人至深，或是宽广博大夺人心魄，或是激昂震撼催人奋进，赋予人美好的心灵世界，将人带入高度净化的审美境界。

2. 音乐的节奏美

音乐的节奏（Rhythm）是指音的长短和强弱的规律性变化，音乐的节奏常被比喻为音乐的骨架。节拍是音乐中时值相等的强拍和弱拍有规律地周期性重复，表示节拍的单位叫"拍"，将"拍"按照一定强弱规律组织起来就叫做"拍子"。节拍是节奏的存在和表现形式，节奏必然存在于某种节拍之中，而节拍也必然是某种节奏的节拍。在乐谱中，节拍具体指的是每一小节的音符总长度，常见的有四二拍、四三拍、四四拍、八六拍等。节拍不能被我们直接听到，而只能凭感觉来感受，它体现着强拍和弱拍的组合规律。众多有强有弱的音符，在长度相同的时间内，按照一定的次序反复出现，形成有规律的强弱变化。比如四二拍就是一强一弱的交替反复，而四三拍是强、弱、弱，四四拍是强、弱、次强、弱。在音乐中，"强"与"弱"看似简单，但是人们可以根据这些简单的"强"与"弱"变化出很多种拍子来，从而表现各种情绪和情感，并创作出各种不同风格的乐曲来。比如二拍是一种进行的节奏，表现的是一种激昂、明快、坚定的感受；三拍表现的是一种活泼和愉快的氛围，有一种行云流水般的舒畅感觉，典型的三拍就是圆舞曲的节奏；四拍表现一种宏伟和大气，通常有赞颂和赞美的含义，比如歌曲《长江之歌》采用的就是四四拍，给人的感觉是空间的广阔和时间的绵延，体现了一种博大、辽远、沧桑的诗情画意，洋溢着对长江的赞美之情，间接表达了对中华民族悠久历史文化的讴歌。如果用书法的术语来形容音乐节拍的话，四二拍体现的是"刚"，四三拍体现的是"柔"和"巧"，四四拍体现的则是"拙"，在平实中隐含着大气，在稳健中透射着力量。

节奏和节拍在音乐中的表现意义十分重大，如果说节奏是音乐的骨骼，那么节拍就是音乐的脉搏。音乐的节奏美通过节拍和速度的有机组合创造了不同类型的和谐，是音乐美的重要体现。节奏是可以独立存在的，有些音乐作品可以是没有曲调的单纯节奏，如爵士鼓的演奏，没有曲调的节奏同样体现着音乐的美。

3. 音乐的结构美

音乐上往往用"织体"的概念来概括音乐的结构形式,包括时间上的结构形式和空间上的结构形式。我们这里所谈的结构主要是音乐的空间结构形式,或者说是纵向结构,也就是音乐的声部。一首音乐可以只有一个声部,也可以有多个声部,单声部音乐只有一个旋律,而多声部音乐则是两个以上不同的声部的组合,各个声部在旋律、音色、音区上相互配合、同时并进,多声部的音乐一般要有高音、中音、次中音和低音部等多个音区,各音区按照一定的音乐规则组合在一起,高音嘹亮、中音浑厚、低音深沉,各声部有机组合在一起,错落有致、悠扬悦耳,形成一首完整和谐的乐曲。

多声部音乐可以分为主调音乐和复调音乐。

主调音乐是只有一支主要的旋律,其他的声部不能独立存在,只对主旋律起烘托和陪衬作用,这种烘托和陪衬主要是通过和弦的运用来实现。和弦指的是具有一定音程关系的一组声音,将三个或以上的音按照三度或非三度的叠置关系,在纵向上加以组合就成为和弦。三度和弦通常有三和弦(由三个音组成)、七和弦(由五个音组成),还有九和弦、十一和弦、十三和弦等。简单地说,当多个音同时发声,只要不是同度或八度关系,就构成和弦,也就是产生了和声效果。和弦中除了几个音同时发声的柱式和弦,还有将和弦中各音先后连续奏出的分解和弦,以及半分解和弦,作为和弦的装饰性或音型化处理方法,常作为伴奏织体,在主调音乐中应用。

与主调音乐不同的是,复调音乐是两个或两个以上各具相对独立意义的旋律同时进行,通俗地说,就是两首或两首以上的不同乐曲或歌曲混在一起进行演奏或演唱。当然,复调音乐的纵向组合是有规则的,否则就乱成一锅粥了。由于纵向结合的方式不同,从而形成了不同类型的复调乐曲,如对比式复调、模仿式复调、补腔式复调,以及二声部、三声部、四声部,还有更多声部的复调。中国人十分熟悉的一种合唱方法——轮唱,即是被称为"卡农"的复调音乐的一种形式。在轮唱中,一个声部的曲调自始至终追随着另一声部,造成一种此起彼伏、连绵不断的效果,象征着某种排山倒海式的力量,如《黄河大合唱》中的第七乐章《保卫黄河》,就是以齐唱和轮唱进行的。

单声部音乐太单调寂寞,多声部音乐更能很好地体现美学中的多样统一,使音乐呈现立体化结构。多声部使音乐变得厚重,在音色上更加饱满,在听觉上给人以更好的审美享受。主调音乐和复调音乐虽然是两种截然不同的立体化结构,但始终贯穿着和声的运用,和声不仅是多声部音乐的音高组织形态,也是音乐创作的重要写作技巧和音乐的基本表现手法之一,在内容的表现、乐曲的结构和声部的组合等各个方面都需要运用和声学的基本原理。

4. 音乐的曲式美

如果说多声部代表着音乐的纵向结构,那么曲式就是音乐的横向组织结构或时间结构。跟文学作品要分成章节和段落一样,音乐在时间上的延续,无论长短都必须有一个结构框架和基本章法,而不能是混沌一片,这种结构框架或者章法就称为曲式。它不是由谁创造的理论,而是在大量实践中总结出来的音乐范式。如果说旋律和节奏相当于文学上的语法修辞,那么曲式就类似于文学体裁或诗词格律,是规范乐曲的若干种框架。曲式按照传统可以分为小型曲式和大型曲式,在表现手段上大致包含对比、展开、变奏、重复四个原则。

小型曲式包括一部曲式、二部曲式、三部曲式、复二部曲式及复三部曲式。一部曲式是完整的曲式中规模最小的结构,可以由一个、两个、三个或三个以上乐句组成,一般有比较明显的终止式,能够表达一个完整或相对完整的乐思,一部曲式与乐段在结构上是一致的。单二部曲式的作品由两个乐段组成,单三部曲式的作品由三个乐段组成,各个乐段之间都有着一定的联系和构成规律。对于复二部曲式和复三部曲式来说,其结构中本身已经包含了单二部曲式或单三部曲式,所谓"复"就是"复合"的意思,当然,与单二部曲式和单三部曲式相比,复二部曲式和复三部曲式的结构更为复杂。

大型曲式包括回旋曲式、变奏曲式、奏鸣曲式等基本范式。回旋曲式顾名思义就是音乐主题反复地回旋萦绕,主部和各个不同的插部交替出现,体现一种绵延不断的思绪或感受。变奏曲式则是由基本主题的最初陈述及其若干次变化,重复或展开(即"变奏")所构成的曲式,它体现的是一种递进关系,把基本主题一遍遍重复,一步步推向高潮,全曲在高潮中结束。如果说变奏曲式好似一首以排比和反复为基本修辞手法的长诗,那么奏鸣曲式则更多地体现了叙事与抒情相结合的特点,是在讲述一个感人至深的故事。标准的奏鸣曲式由呈示部、展开部和再现部组成,呈示部抛出主部和副部两个互相对比的部分,展开部把呈示部的音乐材料加以充分的变化、发展,以造成戏剧性的高潮,而再现部则把呈示部的音乐加以重复或变化重复,升华主题并让人久久回味。比如小提琴协奏曲《梁山伯与祝英台》就是采用的奏鸣曲式,是中国有史以来最著名的小提琴曲,是一支完全民族化的西乐作品。乐曲在呈示部从引子开始,在主部、连接部、副部和结束部依次呈现了同窗三载、草桥结拜、十八相送、长亭惜别等缠绵感人的爱情经历,在展开部是对逼婚抗婚、楼台会、哭灵、控诉、投坟等悲剧性的刻画,象征着爱情被狂风暴雨所摧残、所撕裂,最后在再现部重新出现了雨过天晴、风和日丽般的爱情主题,暗示着两人双双化蝶,在草地上和花丛中翩翩起舞。这是全曲最精彩的部分,主题在这部分反复再现,象征着美好的爱情在历尽劫难之后,终于在另一个世界实现。这是一个凄美的爱情故事,结尾以神话的想象给人们留下了无限的欣慰和憧憬,令人久久难以忘怀。

音乐的曲式美是一种宏大的审美创作空间,不论优美、崇高,还是悲剧、喜剧,都可以在曲式的框架里得到充分展示;荡气回肠的主题、恢宏壮丽的乐章、欢乐喜庆的气氛、凄婉惆怅的倾诉,不论哪种音乐题材,都可以找到与其美学风格相匹配的曲式安排;高山流水松涛阵阵、天籁之音旷古绝唱,无论多么伟大的音乐作品,都必须循着一定的范式来创作,都与曲式密不可分。

5. 音乐的音色美

音色是指音的感觉特性,不同的发声体由于其材料、结构不同,发出的声音的音色也不同。音色的不同取决于泛音,所有能发声的物体发出的声音除了一个基音外,还有许多不同频率的泛音伴随,正是这些泛音决定了不同的音色,使人能辨别出是不同的乐器或不同的人所发出的声音,音色是音乐中极为吸引人、能直接触动人感官的重要表现手段。音乐作品包括器乐和声乐两类,那么音乐中的音色就应该是指乐器的声音种类和嗓音的音质。

不同的音色具有不同的感情色彩和表现力,以人声来说,男高音高亢挺拔,女高音嘹亮柔美,女中音浑厚而温暖,男中、低音则是敦厚宽广、沉稳古朴。同样是男高音,戏剧男高音和抒情男高音也不一样,戏剧男高音发声结实有力,声音宽广而富有表现力,音量较大;抒情男高音则具有清亮的音色,声音优美、明朗而富于诗意。西洋唱法、民族唱法、戏剧唱法和通俗唱法的发音更是差别巨大。对乐器来说音色的种类更多,小提琴纤柔华丽、大提琴深沉醇厚、小号嘹亮清爽、圆号丰满柔和,竖琴的弹拨如流水般清澈、手风琴的演奏如清风般悠扬、二胡拉起来恰似在耳边倾诉,作为乐器之王的钢琴则是音域宽广、优雅动听。各种各样的声音特质对作曲家来说,就像是画家手中的色彩一样,会令他们创作的旋律、和声、节奏、力度产生鲜明的效果。俄罗斯作曲家里姆斯基科萨科夫说,配器是作品灵魂的一部分,一首为管弦乐团想出的作品是离不开某些音色的。

音色的美是音乐美的重要内容之一，是音乐特别表现力的重要方面。从声乐角度来说，美好的嗓音是歌唱者必备的先天条件，而从器乐角度来说，每一种乐器都必须有良好的音质，尽管音色千差万别，但所发出的声音都能给人们带来某种听觉享受，能够唤起人们心中的美，这些都只能是乐音而不能是噪音。另外，音色美与不美不仅取决于每一个歌唱者或每一件乐器的声音本身，也取决于其所处的音乐环境，比如一般认为甜美的嗓音比沙哑的嗓音美，但在摇滚音乐里，沙哑的嗓音却是独具魅力的。优秀的音乐作品总是能够把音色和其他因素恰当地组合在一起，形成不同内容和不同风格的乐曲，使音色美得到最大限度的凸显。

（二）音乐的社会教育功能

1. 从历史看音乐的社会教育功能

音乐从来就不是单纯的娱乐活动，自古以来，音乐就承担着社会教育的功能和任务。音乐产生于社会生产劳动，起源于人们对自然声响的模仿，远古的劳动号子是原始音乐的雏形，而早期音乐则往往与祭祀活动和各种礼仪活动有关，人们在肃穆的吟唱中祭祀神明、祭奠祖先、祈祷未来，载歌载舞庆祝丰收、庆贺婚庆、迎接军队凯旋，从而使音乐具有了一定的社会意义。

进入阶级社会之后，音乐被用来为统治阶级的政治服务。在我国西周时代，礼乐是国家大事，不仅具有宗教意义，而且被用来作为教化活动的重要手段，成为维护封建等级秩序的工具。春秋战国时期，孔子打破了音乐的宗教束缚，主张赋予音乐"仁"的道德内涵，第一次把音乐提到了美和善统一的高度，强调音乐作为教育手段的作用，要求音乐必须具有"仁爱"的精神。孔子认为音乐可以教人向善，也可以诱人作恶，他倡导"雅乐"而排斥"郑声"。"雅乐"平和中正、节奏缓慢，是西周初年制定的宫廷音乐体系，和法律、礼仪共同构成贵族统治的支柱。孔子把雅乐比做正人君子，认为雅乐"尽美矣，又尽善也"，有助于养成以仁义为特点的高尚道德品质，不会去做悖礼违义的事情。而对于节奏强烈、缠绵悱恻、富有感官刺激性的"郑声"，孔子深恶痛绝，认为这种音乐任凭感情自然发展而无节制，容易诱发人们的私欲，将其比作"谗佞小人"而主张禁绝之。

古希腊非常重视音乐教育，认为音乐教育是美善教育的基础，是培养公民道德品行的重要途径。哲学家柏拉图反对把音乐看作是一种娱乐，他非常强调音乐的社会作用,把音乐与其政治理想《理想国》联系起来,认为音乐能对人的精神道德产生潜移默化的影响,主张把音乐作为培养其"理想国"公民的重要手段。柏拉图的学生亚里士多德和老师的看法有所不同,他承认音乐的娱乐作用,同时认为道德品行的培养不是靠刻板的说教和严苛的规训,而要在对美的欣赏、体验和感悟中塑造善良的人格。他高度重视音乐对性情和灵魂的陶冶,认为音乐是一种幸福的心语流动,是带给人们快乐与幸福体验的愉情的互动,可以使心灵得到净化,有利于公民道德品行的培养。

中世纪西方音乐与基督教的关系是密不可分的,甚至可以说,现代西方音乐就是在教会音乐的基础上发展起来的,是基督教滋养了西方音乐。各种音乐体裁和音乐形式都是在早期代表性的基督教音乐格列高利圣咏的基础上发展起来的,都是以赞美上帝、感化民众为出发点,几乎所有著名音乐家,包括巴赫、亨德尔、海顿、莫扎特、贝多芬等,都创作过弥撒曲、安魂曲等宗教音乐作品,贝多芬将《庄严弥撒曲》视为自己一生中的杰作,亨德尔创作的清唱剧《弥赛亚》在演出时震撼了所有观众,在演奏至第二幕终曲《哈利路亚》时,在场的英王乔治二世竟然激动得站了起来,开创了演奏到此处全场起立的先例,宗教对音乐的影响可见一斑。宗教音乐一度是西方音乐的主流,是服务于宗教事业的,以传播福音、感化大众、提升人的精神境界为宗旨,其所承担的社会教育功能是不言而喻的。

近现代以来,音乐的宗教意义逐渐淡漠,其娱乐功能得以体现,但社会意义并没有减弱,因为从深层来看,音乐所展示的是人的精神世界,无论是标题音乐还是非标题音乐,实际上都包含着人的追求、希冀和人的悲喜,都是一定社会意识的反映,区别只是隐含与直接抒发之分。优秀的音乐作品是一个民族、一个国家、一个时代的精神象征和标志,与政治和上层建筑联系密切。

伟大的音乐蕴含着伟大的精神,伟大的音乐也播撒和传承着伟大的精神。产生于战火中的《马赛曲》表达了法国人民争取民主、反对暴政的自由精神,它不仅是法兰西民族精神的象征,也是欧洲乃至世界各国人民争取自由的精神武器。据说,结束流亡生活的列宁就是在《马赛曲》的歌声中回到俄罗斯的,而根据《马赛曲》创作的同名高浮雕作品位于巴黎凯旋门的右侧墙面,是象征民主精神的纪念碑。不仅如此,由诗人欧仁·鲍狄埃创作的、被称为世界无产阶级进行曲的《国际歌》,一开始就是用《马赛曲》的曲调演唱的,直到比尔·狄盖特正式为《国际歌》谱曲,但在曲调上仍然受到了《马赛曲》的影响。中国的《国歌》是世界上最雄壮、最动听的国歌之一，但创作者聂耳就曾坦言，当初创作《义勇军进行曲》亦受到了《国际歌》和《马赛曲》的一些影响。可见《马赛曲》的激昂旋律中所体现的自由精神是超越时代、超越国界，也超越了音乐本身的。

伟大的音乐蕴含着强大的力量，使人动容、催人奋进，能够给人以精神的激励和心灵的慰藉。比如苏联卫国战争时期的歌曲《神圣的战争》，被誉为用音符写成的檄文和战争动员令。"起来，伟大的国家……"，当雄伟而悲壮的曲调响起时，犹如战神降临，又似悲愤的俄罗斯在咆哮，让人们周身热血沸腾、群情激昂，勇敢地冲进枪林弹雨、冲向炮火前线。苏联红军战士就是唱着这首歌血战斯大林格勒、决战库尔斯克、解放苏联全境并最终攻克柏林，取得反法西斯战争的伟大胜利，这首歌因而被誉为"苏联伟大卫国战争的音乐纪念碑"。再如来自我国民间的二胡曲《二泉映月》，诉说了盲艺人阿炳一生的坎坷和悲苦，忧伤而又深邃的曲调把一个饱经沧桑、一生凄凉，而又执着地憧憬着幸福和光明的盲艺人形象呈现给世人，在优美而平实的旋律中蕴含着无尽的凄切，传达着感天动地的大爱，著名指挥家小泽征尔听后激动得热泪盈眶，认为"这种音乐只应跪下来听"。《二泉映月》以悲情诉说呼唤着世人的良知，永远激发着人们发自心底的对幸福和善良的渴望。

自近现代以来，中国经历了巨大的社会变迁，伟大的时代催生伟大的艺术，一大批不朽的音乐作品应运而生。在烽火连天的革命战争时期诞生的《义勇军进行曲》《黄河大合唱》等，唤醒了沉睡已久的古老民族，振奋起中华民族的坚强意志，是民族精神的象征。以第一面五星红旗升起为题的交响曲《红旗颂》，以极其辉煌的旋律赞颂了中国革命的庄严与神圣，讴歌了年轻共和国的伟大，整首乐曲恢宏大气、气壮山河，把新中国的辉煌岁月永远定格在人们心中。而著名电视片《话说长江》的主题歌《长江之歌》，则是在20世纪80年代思想解放的背景下，体现爱国主义和民族精神的音乐作品。这首歌是四四拍，节奏舒缓而有力，通过歌颂长江的古老悠久、源远流长和气势磅礴，抒发了对祖国母亲的依恋和热爱，使人深深地沉浸于历史的冥思中，滋生出对中华民族最深沉的爱恋。

音乐是凝固的历史，每一首音乐作品的背后都有一个故事、一段历史。当我们欣赏一首音乐作品时，就会自然而然地联想起那段留下美好记忆的时光，爱会油然而生，并充盈我们整个心灵。行无言之教、开启心灵之窗，这正是音乐的感染力所在，比起其他各种艺术形式，音乐的社会教育功能自有

第六章

其独特的一面。从历史上看，无论什么时期，也无论哪个阶级、哪个国家，都非常重视音乐的社会教育意义，特别是重视严肃音乐对凝聚民族精神、整合社会价值方面的正面作用，从而把音乐作为提升人的精神境界的重要手段。

2. 音乐的美育功能与思想政治理论教育

思想政治理论教育作为价值观和意识形态教育，虽然从根本上说要提升受教育者的思想政治理论水平，提高受教育者的思想理论修养，但对于高校思想政治理论课而言，运用多种教育手段进行思想政治理论教育仍然具有重要意义，特别是在当今多媒体手段已经被全面采用的前提下，以多媒体所提供的艺术手段来改善思想政治理论教育的课堂教学，使思想政治理论课更加深入人心，在教师中达成广泛的共识。音乐艺术由于其美育功能而被作为增强课堂教学感染力的重要手段，具体来说，可以从以下方面来理解：

首先，不同时代有着不同象征意义的音乐主旋律，借助音乐的联想，可以构建起对某一时代或某一历史时刻的直观印象，有助于历史传统和革命传统教育的深入进行。

如前文所述，音乐不是具象艺术，音乐艺术是借助于联想和想象，通过给人以某种暗示而创造模糊的艺术形象。音乐是对时代特征的感性和模糊的反映，不同时代的音乐，在旋律、节奏、曲风等各方面都有较大差别。战争年代的音乐明显地带有悲愤、激昂、雄壮等特点，新中国诞生之初的音乐往往带有热烈、辉煌、喜悦的特点，改革开放初期的音乐则更多地体现出冷静、深沉和理性的特点。比如交响乐《红旗颂》和大合唱《祖国颂》所塑造的共和国成长时期的音乐形象，都非常辉煌壮丽，带有明显的抒情和赞美的意味。而《江河水》描述的虽然是孟姜女哭长城的故事，但由于曲调凄怆哀怨，而且曾被运用于音乐舞蹈史诗《东方红》第一场"苦难岁月"，所以意义也有了变化，在人们的印象中成为苦难深重的旧中国的音乐形象。由于不同时期革命重心随地域转移，不同时期的音乐主旋律在曲调上往往也带有不同的地域特色。比如同样是革命战争时期的音乐，在红军时期是以湖南地方特色为主，而抗战时期则是陕北特色，我们一听到《山丹丹开花红艳艳》，就马上联想到革命圣地延安，联想到波光粼粼的延河水和巍巍宝塔山，眼前就会浮现出在抗战最艰苦的年代，中国共产党领导抗日民众坚持敌后抗战的模糊印象和总体感受。

音乐虽然不能体现逻辑思维，也没有视觉形象，但音乐所表达的情感是朦胧而深邃的，为人们留下驰骋想象的广阔天地。通过联想，在头脑中形成一幅幅生动的画卷，从而形成对某一历史时代的鲜明而深刻的感受。比如提到刚刚成立的新中国，脑海中就会呈现红旗招展、阳光明媚的欢乐场面，而一提起旧中国，就会联想起风雨如晦、暗无天日的场景。这些感受具有鲜明的感情色彩，决定着受教育者情感和认知的归属，影响着受教育者的价值判断，并且通过认知的综合，把中华民族的苦难与辉煌、沉沦与崛起的总体印象深深地印刻在受教育者的心灵深处，引导受教育者去深入思考和探索，从而有助于受教育者接受正面教育，从历史传统和革命传统教育的角度来说，也有助于受教育者正确价值观和历史观的形成。

其次，以音乐的美育功能而论，可以通过培养审美情操来提升精神境界，提高学生的政治思想品格。

关于音乐的美育功能，千百年来人们提出各种观点和解释，亚里士多德认为音乐同人的情感一样都是一种运动过程，可以模拟人的各种感情状态，人们可以在欣赏音乐中得到快感，从而使心灵得到净化。"激情说"音乐美学认为音乐是"人们热情的心灵的表现"，是描写各种心灵波动和心底意向、表达人类各种激情的艺术，是能把人类引向更高境界的一种精神启示。"能量派"音乐美学则认为音乐的本质并不是音响形式，而是音乐中的某种意志倾向性，这种意志倾向性同音乐构成的各种因素不可分割地紧密联系在一起，通过存在于音响现象内部的能量形式体现出来。虽然众说纷纭，但不论哪些观念和学说，都承认音乐对人类的精神境界、道德情操所产生的积极影响。音乐的美是以旋律、节奏、结构、音色等形式要素构成的，是一种形式美，同时由于音乐能够反映社会生活带给人的各种情绪情感，因而又具有一定的思想性，间接反映了社会意识形态和道德观念。

当包含着丰富情感的思想内容以音乐的形式美作用于人的听觉时，能够激发起听者强烈的感情共鸣，激发出对美好事物的向往和憧憬，使人沉浸在美好的旋律中，内心充满敬畏，由此排斥了各种杂念，净化了心灵世界，使纯洁、真诚、美好的感情占据了心灵的空间。正如柏拉图所言："节奏与乐调有最强烈的力量浸入心灵的最深处，如果教育的方式适合，它们就会拿美来浸润心灵，使它也就因而美化。"[①]作为高校思想政治理论课多媒体教学的素材，我们所引用的音乐大多是与政治主题相关的严肃音乐，是附带一定的社会内容、具有政治思想性的音乐，除了给人一般性的审美享受外，还具有一

---

① 伍蠡甫主编：《西方文论选》（上卷），上海译文出版社，1979年，第29~30页。

定的审美指向性，它把对美的追求和一定的道德观念、意识形态融合在一起，在革命传统及革命文化的趣味和气氛中，传承革命精神、弘扬爱国主义和社会主义的时代主旋律。音乐的美育功能在这里得到了拓展和延伸，通过美育培养的是优秀的政治思想品格，提升的是爱党、爱国、爱社会主义的高尚精神境界。

最后，适当地运用音乐配合教学，能够创造课堂教学的和谐气氛，使思想政治理论课的教学在美好的氛围中进行。

和谐美好的教学气氛对于思想政治理论课的课堂教学来说十分重要，会拉近与受教育者的心理距离，使学生消除心理上的拒斥，激发出学习潜能，保持思维活跃、注意力集中、求知欲强烈的学习状态，使教学双方在教学过程中心有灵犀，配合默契，师生间交流充分，教师教的最佳心理状态和学生学的最佳心理状态相吻合，双方处于互动积极的状态。创造和谐美好教学气氛的方法有很多，除了注重师生平等交流、积极开展教学互动之外，教学情境的创设也是重要手段。所谓教学情境，是指教师在教学过程中创设的情感氛围，是课堂教学的基本要素，创设教学情境是教师的一项常规性教学工作，教学情境的创设有生活性、形象性、问题性、情感性等诸多要素，合理运用音乐调动学生的情绪和情感，使教学活动入情入境，是多媒体课堂教学创设教学情境的具体实施手段之一。用来创设教学情境的音乐可以是与政治主题相关的音乐作品，也可以是一般的抒情类音乐作品；可以是舒缓优美的音乐，也可以是铿锵有力、奋发向上的音乐；可以是充满怀旧感的红色主题，也可以是现代节奏的动感音乐；可以用作教学内容的一部分，也可以作为讲课的背景音乐。但无论如何，前提是必须与授课内容和授课风格、节奏协调一致，而不能硬"塞"进教学中。此外还要注意，教师必须了解音乐作品的内容，不能光凭"好听"来选择，因为思想政治理论课是政治教育，不能让有些曲调虽好但内容反动的音乐出现在课堂正面教育的教学环节中。在这方面是有教训的，比如某幼儿园的典礼仪式上竟然播放日本法西斯的《军舰进行曲》作为背景音乐，虽然是出于无知，但也实属难以让人接受。如果在思想政治理论课的多媒体教学中出现这样的事情，绝对是不应该的。

(三)红色主题音乐素材资料概览

我们按着时代的顺序欣赏不同时期的音乐作品，实际上等于在阅读由音乐谱写的历史,当然,这些音乐既包括历史上的音乐,也包括后人为那个历史时期所谱写的主题曲。对于高校政治理论课多媒体教学和多媒体课件制作来说,红色主题经典音乐是重要的多媒体素材。

1. 红色风暴主题

从 1921 年中国共产党成立,到国共合作掀起轰轰烈烈的大革命,再到国共关系破裂之后,共产党举起土地革命和武装反抗国民党反动派的旗帜,这个时期可以说革命战争如火如荼、革命风暴席卷中华大地。我们姑且将这个时期的音乐作品称为红色风暴主题,包括《国际歌》《国民革命歌》《工农兵大联合歌》等。

作为"全世界无产阶级的歌",《国际歌》是 1871 年欧仁·鲍狄埃在巴黎公社失败时创作的诗歌,后由皮埃尔·狄盖特谱曲,成为世界无产阶级的歌。列宁说过,一个有觉悟的工人,不管他来到哪个国家,不管命运把他抛到哪里,都可以凭《国际歌》熟悉的曲调给自己找到同志和朋友。《国际歌》曾经先后是苏联国歌和党歌,最早是由郑振铎翻译到中国,并发表在 1921 年《小说月报》上。1920 年,瞿秋白赴莫斯科考察,其间屡屡听到大家引吭高歌《国际歌》,受到深深的震撼和鼓舞。于是在 1923 年将俄文版《国际歌》带回国内,并付出大量心血翻译成中文,将中文歌词和简谱发表在中国共产党的机关刊物《新青年》的第一期(复刊号)上,《国际歌》从此在中国广泛流传,成为中国无产阶级革命的一首战歌。《国际歌》的法文原文共有六段,翻译到苏联作为国歌的时候只剩下一、二、六段,中国也自然而然受其影响只保留三段歌词。今天我们唱的《国际歌》中文歌词,是萧三和陈乔年参照了法文和俄文而译成的,在翻译中保留了瞿秋白对 Internationale(国际)这个词的国际通用音译"英特纳雄耐尔"。《国际歌》的旋律庄严神圣、雄壮有力,充满了为真理而斗争和献身的神圣感,体现了无产阶级为争取人类解放而斗争的远大理想、宽广胸怀和坚定意志,是共产党人的"圣歌"。

《国民革命歌》就是那首著名的"打倒列强,打倒列强,除军阀"歌,也叫作《北伐军军歌》,是用一首法国儿歌《雅克兄弟》的曲调填的词。这首歌曾经被用作中华民国的暂代国歌,中原大战时阎锡山的军队曾将其改编为《打倒老蒋》,大革命失败后共产党曾将其改编为《土地革命歌》,可见其影响是相当广泛的,说是那个时代的音乐主旋律也不为过。

《秋收暴动歌》和《农友歌》都是湖南革命时期的民歌,由军旅作家张士燮等整理并创作,在 1964 年首演的大型音乐舞蹈史诗《东方红》中上演。在

第六章

这部音乐舞蹈史诗中上演的同时代歌曲还有《北方吹来十月的风》《安源路矿工人俱乐部之歌》《工农兵联合起来》《就义歌》等，这些音乐虽然有很多是时隔四十多年后整理创作的，但大都以当时的原创曲调作为依据，基本上能够再现19世纪二三十年代大革命时期和土地革命时期的音乐主题。

2. 红色根据地主题

以著名的"三大起义"为代表，党领导的众多武装起义有力地回击了国民党反动派的屠杀，先后建立起井冈山革命根据地、中央革命根据地、洪湖及湘鄂西根据地等大大小小十几块农村革命根据地，轰轰烈烈地搞起了工农武装割据。这个时期的音乐主题主要体现在红色根据地建设上，有根据毛泽东诗词《西江月·井冈山》谱写的同名歌曲，写的是1928红军打破敌军对井冈山根据地第二次"围剿"中的黄洋界保卫战，还有表现人民群众打土豪分田地、积极支持红色政权的《八月桂花遍地开》、体现红军北上抗日离开根据地时人民群众依依惜别的《十送红军》等歌曲。

在红色根据地主题的音乐作品中，还有许多优秀的电影音乐，比如电影《闪闪的红星》中的《红星歌》《映山红》《红星照我去战斗》，电影《红孩子》中的《共产儿童团歌》，还有反映洪湖及湘鄂西革命根据地人民革命斗争的艺术影片《洪湖赤卫队》中的电影歌曲等。1960年，一部反映海南琼崖革命根据地工农红军第二独立师第三团女子特务连战斗生活的影片《红色娘子军》在全国公映，此后又被改编成芭蕾舞剧艺术影片，影片的主题歌《红色娘子军连歌》被广为传唱，而舞剧中的几段著名音乐片段《快乐的女战士》《万泉河水》等，欢快清爽、优美动听，体现了革命力量在广阔辽远的大地上蓬勃发展，红色根据地军民团结、鱼水情深的感人场面，是非常优秀的红色经典音乐作品，改编成各种音乐体裁后，也曾在世界舞台上演奏。

3. 红军长征主题

长征是人类历史上罕见的壮举，是一部壮丽的革命英雄主义史诗，毛泽东主席曾经说长征是宣言书，长征是宣传队，长征是播种机，它向全世界宣告，红军是英雄好汉，只有红军的道路，才是中华民族解放的道路。歌颂长征的音乐作品有很多，比如反映红军不畏苦难、战胜各种艰难险阻的合唱《四渡赤水出奇兵》《过雪山草地》等，还有反映红军通过少数民族地区时与民族兄弟情深谊长的歌曲《情深谊长》等。

作曲家丁善德于20世纪60年代创作了交响乐《长征交响曲》，分为"踏上征途""红军：各族人民的亲人""飞夺泸定桥""胜利会师"四个乐章，全曲跌宕起伏、气势雄伟，令人心潮澎湃。1965年，为纪念红军长征胜利30周年，又一部纪念长征的音乐作品问世，这就是大型声乐套曲《长征组歌》，这部作品把各地区的民间曲调与红军传统歌曲的曲调融合在一起，分十个部分描绘了长征途中十段惊心动魄的历程，作为以长征为题的大型经典音乐作品，《长征组歌》是中国合唱史上的精品，是20世纪华人经典音乐作品之一。

4. 领导抗战主题

抗日战争是中华民族近代以来最伟大的民族解放战争，中国共产党坚决维护民族独立和尊严，领导广大抗日军民浴血奋战，承担了最艰苦的敌后战场的战略任务，是有组织开展十四年抗战的唯一政党，不愧为抗日战争的中流砥柱。

有关中国共产党领导抗战的音乐作品可以分为：抗日救亡主题、革命圣地主题和敌后抗战主题。

抗日救亡主题的作品有声乐作品《五月的鲜花》《松花江上》《救国军歌》《大刀进行曲》《跟着共产党走》等。伟大的音乐诞生于伟大的时代，就在燃遍全国的抗日烽火中，诞生了中国近代以来最伟大的两部音乐作品，即《义勇军进行曲》和《黄河大合唱》。

1931年"九一八"事变爆发，东北军不战而退，时任辽宁省警务处处长、兼沈阳市公安局局长的黄显声将军拒绝执行不抵抗命令，毅然率公安队和警察与凶恶的日本关东军进行了血战，终因寡不敌众而退出沈阳，退守锦州，在中共地下党员刘澜波的协助下，以锦州为中心组建了辽西抗日义勇军，率先在辽西大地点燃了抗日烽火，各路义勇军随后纷纷揭竿而起。1933年，田汉响应中国共产党"反对日本帝国主义进攻义勇军，援助义勇军，到义勇军中去，进行彻底反日民族革命战争"的号召，和聂耳先后来到热河抗日前线慰问义勇军，在这里受到了深深的震撼，后来根据各路义勇军的誓词和口号写出了《义勇军进行曲》，先是作为电影《风云儿女》的插曲，后来很快在全国传唱，新中国成立时被定为国歌。

《黄河大合唱》则是在1938年抗战最艰苦时，诞生在中华民族母亲河黄河之滨的伟大音乐作品。诗人光未然在黄河壶口附近目睹了黄河船夫与狂风巨浪搏斗的场面，激发了创作灵感，创作了朗诵诗《黄河吟》。音乐家冼星海听后激动不已，抱病奋笔疾书，六天完成《黄河大合唱》的创作，以慷慨悲歌的激昂旋律热情讴歌了中华儿女不屈不挠的坚强意志，赞颂了伟大的民族精神，成为中国音乐史上又一部巨作。20世纪60年代之后，先后为殷承宗和石叔诚改编为不同版本的《黄河钢琴协奏曲》，并走向世界，为世界很多著名交响乐团演奏，成为享誉世界的伟大音乐作品。

革命圣地主题的作品有《东方红》《延安颂》《山丹丹花开红艳艳》《抗日军政大学校歌》《咱们的领袖毛泽东》《军民大生产》《南泥湾》《兄妹开荒》《毕业歌》等。中国共产党立足陕甘宁抗日根据地，投身于抗日救国和民族解放的伟大事业中，是中华民族的希望，该主题的众多音乐作品是来自革命圣地的声音，以音乐形象体现了共产党人造福于中华民族的"初心"。

体现敌后抗战主题的作品有《到敌人后方去》《在太行山上》《游击队歌》《团结就是力量》《歌唱二小放牛郎》《沂蒙小调》等，还有后来的电影《地道战》的主题歌和插曲《毛主席的话儿记心上》，很多作品人们都耳熟能详，听起来倍感亲切。

5. 人民英雄主题

解放战争是两个前途和两种命运的大决战，中国人民在争取战后和平的努力失败后，与国民党反动派进行了最后的巅峰对决。以1947年6月刘邓大军在鲁西南强渡黄河、千里跃进大别山为标志，人民解放军开始了强大的战略反攻，经过决定性的三大战役之后，解放军横渡长江席卷全中国，在大陆范围内彻底埋葬了蒋家王朝，建立了中华人民共和国，中国人民从此站起来了！这是人民革命取得辉煌胜利的重要历史时期，也是以革命英雄主义缔造当代中国的伟大时代，故而暂且将这一时期的音乐主题称之为"人民英雄主题"，包括解放战争和新中国成立初期的音乐作品。

《七律·人民解放军占领南京》是直接反映战争场面的音乐作品，是根据毛泽东同名诗词谱写的大合唱，作品气势恢宏、雄壮有力，描述了解放军排山倒海的气势，抒发了人民革命取得伟大胜利的欣慰和感慨，成为解放战争主题的经典音乐之一。

1991年，反映我军与国民党反动派最后决战的影片《大决战》三部曲在全国上映，由作曲家施万春和温涛创作的主题曲《江山如此多娇》，把解放战争题材的音乐推上了新的高度，这部作品曲调优美流畅，不只是以鼓号来描述战争的雄伟气势，更是意在抒发人民革命胜利的欣慰之情。乐曲开始的时候比较舒缓，具有较强的抒情感，通过音乐主题的多次变奏逐渐推到高潮，似浩浩荡荡的江河汹涌奔流，象征着在这场"命运的大决战"中，人民必将胜利、民族必将解放的历史洪流不可阻挡。作品跨越了历史的时空，站在时代的顶峰回顾和俯瞰那场中国命运的对决，令人心潮澎湃、感慨万千，它不仅是优秀的电影音乐，而且经常被用来作为朗诵的配乐。

流行于那个时期的音乐有《解放区的天》《没有共产党就没有新中国》《咱们工人有力量》等歌曲，但大量的音乐是后来创作的，比如歌颂"红岩精神"的《红梅赞》《绣红旗》，歌颂军民鱼水情深的《沂蒙颂》，电影歌曲《谁不说俺家乡好》等。

在抗美援朝期间，英勇的中国人民志愿军在朝鲜浴血奋战、保家卫国，谱写了革命英雄主义又一曲凯歌，表现抗美援朝战争的音乐有《志愿军军歌》《全世界人民团结紧》，还有电影《上甘岭》主题歌《我的祖国》（一条大河波浪宽）、电影《英雄儿女》插曲《英雄赞歌》等。《我的祖国》是一首描写祖国壮丽山河、烘托革命英雄主义的抒情歌曲，三段歌曲中，前半部抒情女高音歌唱了祖国山河锦绣、稻花飘香的自然景色，表现了中国人民的淳朴勤劳，以及新中国洋溢的青春力量，曲调祥和宁静，展开了一幅祖国山美、水美、人更美的抒情画卷，对祖国和家乡浓烈的爱恋之情油然而生。副歌部分的三段混声合唱梯次递进，第一段轻轻切入，仿佛怕惊扰了这幅美丽的画面，第二段和第三段则如山洪喷涌一样倾泻而出，向人们宣示着保卫祖国、捍卫和平的强大信念。

新中国成立后，我国东南沿海和南海经常遭受敌特袭扰和周边国家侵犯，赞扬军民携手共同保卫祖国的海防前哨，也是人民英雄主题的内容，如电影《南海风云》插曲《西沙我可爱的家乡》和电影《海霞》主题曲《渔家姑娘在海边》等，后者由于曲调优美而被改编成交响乐《海霞组曲》，曾在世界舞台上演奏。

以新中国开国大典为题的音乐作品是人民英雄主题的最强音，有1965年吕其明创作的《红旗颂》和施万春为影片《开国大典》创作的主题曲《人民主题》（也称为《人民万岁》）。

《红旗颂》以赞美革命红旗为主线，通过在呈示部描述开国大典的盛况、展开部抚今追昔回顾以往人民革命的蹉跎岁月和艰辛历程、再现部重现礼花绽放、红旗如海的欢庆场面，展现了新中国的伟大与辉煌，是作者面对五星红旗心潮澎湃、喜极而泣的真情流露。这首管弦乐是为1965年第六届"上海之春"写的开幕曲，首演之后迅速传遍全国，成为红色经典。出生在20世纪60年代的一辈人是听着《红旗颂》长大的，那时在新闻广播、新闻纪录片中常常能听到这首无比辉煌的乐曲。伟大的音乐是一个民族的灵魂和精神象征，这首乐曲是对新生共和国伟大与辉煌的写照，铭刻在几代人的集体记忆中。

《人民主题》是施万春先生的力作，这部以人民的名义来命名的乐曲，是为电影《开国大典》创作的主题曲。这部作品深沉厚重，史诗般的旋律深情地讲述着一个伟大国度的兴衰荣辱，在回顾与展望中宣示着人民蕴含的伟力。在第二段中，以"咚咚"的重鼓为背景融入了国歌的旋律，像是开国大典上伴随着轰鸣的礼炮奏响义勇军进行曲，又像是战场上在隆隆的炮声中高呼："起来，起来，起来！我们万众一心，冒着敌人的炮火——前进！"同时，隆隆的鼓声也象征着新生共和国的历史足音，使人不禁联想到，在历史沉重而坚定的脚步声中，一个伟大的国家和她的人民，正在面向未来发出坚定的誓言！这部作品以庄严的旋律完美地诠释了人民的光荣与伟大，昭示了新生的人民共和国在人民的旗帜下前程似锦。

6. 创业年代主题

1949年新中国成立后，年轻的共和国经历了辉煌的发展历程，这是一段风雨兼程的创业之路，所以我们把这段时间的音乐归结为创业年代主题。

歌颂社会主义祖国是这个时期的重要主题，有《歌唱祖国》《我们走在大路上》《社会主义好》《祖国颂》《马儿啊你慢些走》等歌曲，在20世纪五六十年代，这些歌曲飘荡在大街小巷，成为几代人的温馨记忆。20世纪50年代，中国发展借鉴了苏联经验，也得到了苏联老大哥的帮助，苏式风格和苏联音乐受到当时年轻人的追捧，手风琴、列宁装、布拉吉、篝火晚会、高尔基和奥斯特洛夫斯基的小说、苏联歌曲《莫斯科郊外的晚上》《山楂树》《红莓花儿开》《喀秋莎》等成为年轻人生活的一部分。新中国的建立不是改朝换代，而是改天换地，带来了社会的全面进步和发展，社会生活的崭新面貌是又一个宏大的音乐主题，包括那些我们耳熟能详的少年儿童歌曲《我们是共产主义接班人》《让我们荡起双桨》《听妈妈讲那过去的故事》《学习雷锋好榜样》《我们的田野》等。民族事业是一项伟大的社会事业，反映少数民族人民庆祝翻身解放的音乐，如蒙古族歌曲《草原上升起不落的太阳》《赞歌》《草原晨曲》，藏族歌曲《翻身农奴把歌唱》《毛主席派人来》等，都体现了共和国创业时代欣欣向荣的社会面貌。

20世纪60年代，我国以乒乓外交打开外交新局面。1971年，在日本名古屋举办的第31届世界乒乓球锦标赛奠定了我国乒乓外交的基础，同年在北京举行的亚非拉乒乓球友好邀请赛上，中国进一步展示了自己的国际形象，收获了广泛的友谊。两次乒坛盛会都有音乐主题，《乒坛盛开友谊花》是新影厂拍摄的纪录片《乒坛盛开友谊花——第三十一届世界乒乓球锦标赛》的主题歌，曲调极其优美，是一个时代的标志。在北京举行的乒乓盛会推出的两首歌曲，分别是纪录片插曲《银球飞舞花盛开》和团体操歌曲《友谊花开万里香》。这些歌曲不仅是体育盛会的音乐，而且几乎是 20 世纪 60 至 70 年代我国外交题材新闻纪录电影中经常采用的标志性背景音乐，从那个时代过来的人一听到这些熟悉的旋律，就会从心底涌起对那个时代的深切缅怀。

社会主义工业化是过渡时期总路线的主体，是刚取得政权的中国共产党人的执着追求，是国家走向现代化的根本，也是共和国创业年代的主题。优先发展重工业体现了新中国成立初期经济发展的既定方针，作为工业血液的石油及石油工业，在当时有着特殊意义。从过去被定义为"贫油国"，并一度被"老大哥"卡脖子，到大庆油田滚滚出油，共和国创业年代凝聚了满满的石油情结。这方面的音乐有《石油工人之歌》《克拉玛依之歌》，还有歌颂大庆工人的《石油工人硬骨头》和电影《创业》主题歌《满怀深情望北京》。除了石油之外，也有反映钢铁战线的音乐创作，如电影《火红的年代》主题歌《钢铁洪流永向前》和小提琴曲《金色的炉台》。《金色的炉台》是音乐家陈钢根据原创歌曲《毛主席的光辉把金色的炉台照亮》改编的，这首原创歌曲是由上海冶金工业局歌曲学习班集体创作的，取材于毛主席视察炼钢厂与工人亲切交谈时的场景。改编后的小提琴曲旋律优美、情深意切，形象地表现出在钢花四溅、炉火正红的高炉车间，领袖与工人亲切交谈的温馨场面，小提琴的娓娓诉说配以洪亮而流畅的钢琴伴奏，折射出时代的辉煌与灿烂，代表了共和国创业时代的音乐形象。这首乐曲的节奏由舒缓而激烈，旋律由深情的缅怀逐渐发展到热烈欢腾，具有强烈的叙事感和怀旧感，非常适合用作共和国创业年代主题诗歌的朗诵配乐，也可以用作教学专题片的背景音乐。

7. 激情岁月主题

中国革命和建设的伟大胜利使中国人民欢欣鼓舞、心潮澎湃，革命战争年代带给人们的激情并没有随着和平年代的到来而消失，在那个"激情燃烧的岁月"里，神圣的憧憬、无尽的崇拜和昂扬的斗志纠结在一起，形成某种特定的音乐主题，这里姑且称之为"激情岁月主题"，主要有歌唱领袖、歌唱党的歌曲和军旅歌曲等。包括《太阳最红毛主席最亲》《毛主席走遍祖国大地》《唱支山歌给党听》《北京的金山上》《金瓶似的小山》《北京有个金太阳》《三大纪律八项注意》《红军战士想念毛主席》《浏阳河》，等等。2001 年首播的电视剧《激情燃烧的岁月》，第一次赋予革命时期的怀旧主题以特定的符号意义，片中的主题曲是由中国交响乐团团长、作曲家关峡创作的，取材于关峡创作的《悲怆的黎明》歌剧前奏曲，气势磅礴、震撼人心，而这部电视剧的片尾曲音乐悠远深沉，勾起了人们对激情年代的深切缅怀，经常被作为朗诵配乐。

激情岁月主题的音乐作品在曲调和思想内容上并不一定紧跟时代，但那是人们最温馨的回忆，人们情不自禁地唱起这些歌曲，是因为在感情上与这些熟悉的曲调紧密纠缠在一起，这些歌曲使深藏在人们心中的缅怀和激情有了宣泄的空间。今天，这些歌曲仍然被人们反复歌唱，并演绎成不同的音乐体裁进行演奏，是物质至上的年代里人们的精神寄托，时常勾起人们对以往的深切怀恋。

8. 改革开放主题

20世纪80年代初，中国奏响了改革开放的蓝色狂想曲。改革开放带来了神州巨变，中国人终于走出了激情年代的狂热和躁动，像欢快的溪流聚成江河，轰鸣咆哮着奔向大海，去拥抱那一望无际的蔚蓝色。蓝色是一种偏冷的颜色，在文化上象征着冷静、忧郁、理性、爱情等，改革开放的年代是理性的年代，人们摒弃了乌托邦式的幻想，从一点一滴开始，以辛勤的劳动创造未来。

这个时期的音乐从欢庆"十月的胜利"的《祝酒歌》开始，经过1978年真理标准大讨论和党的十一届三中全会实现伟大的历史转折，中国开始步入反思与启蒙的社会阶段，在文学上出现"反思文学""伤痕文学""寻根文学""朦胧诗"等文学流派，这些现象在影视艺术和音乐艺术上也有所反映，如反思"文革"的电影《泪痕》和反映知青题材的电视剧《蹉跎岁月》等。《蹉跎岁月》主题曲《一支难忘的歌》并不是简单地抒发"受到伤害的一代"的人生感叹，而是对知青岁月的诗意化回顾，与其说是抚摸伤痛，不如说是憧憬和励志。20世纪80年代，中国改革开放的巨船已经升满风帆，正待扬帆远航，人们没有时间总是沉湎于过去。特别是打开国门后，对外部世界的震惊激励着人们放下历史包袱，义无反顾地投身改革开放的大潮。时代呼唤年轻人建功立业，所以青年励志的文艺作品大量涌现，如歌曲《年轻的朋友来相会》《请到青年突击队里来》，电影《小字辈》主题曲《青春多美好》等，这些音乐受到了青年人广泛欢迎。

由于社会生活趋向多样化，空洞的政治口号不再受人青睐，所以在当时出现了革命精神"暂时退场"的现象，但与此同时民族情怀却在"闪亮登场"。1979年，随着电影《海外赤子》的热映，主题歌《我爱你中国》迅速红遍全国，唤醒了中国人的民族意识,激发了中华儿女拳拳爱国之心。1983年,央视播出多集电视片《话说长江》,主题歌《长江之歌》成为爱国主义的标志性歌曲,和《黄河大合唱》相映生辉,成为歌颂民族精神的两部姊妹篇,后来也被改编成《长江交响曲》,成为又一部气势磅礴的音乐巨作。与此同时,一部充满爱国主义情怀的港版电视剧《霍元甲》热映,主题歌《万里长城永不倒》再一次倾倒了国人,大街小巷都在播放这首粤语歌曲。在1984年央视春晚上,一首《我的中国心》把爱国主义推上新的高潮,由于央视在舆论导向上的权威性和巨大影响力,由央视春晚推出这首歌,也为爱国主义与革命精神在新的历史条件下的结合打下了基础。当然,港澳的爱国主义音乐作品是不能归入红色主题的。

20世纪80年代初,一股清新的风刮过神州大地,那就是《在希望的田野上》。这首饱含田野芬芳气息的歌曲通过对家乡充满希望的田野的歌颂,抒发了对美好生活的赞美,此时正值家庭联产承包责任制在农村改革中全面铺开,人民满怀信心踏上致富之路,改革大潮在农民的喜悦中席卷全国,勤劳的中国人正在一片满载着中国人世代希望的田野上辛勤耕耘。这首歌曲唱出了人们的心声,给生机盎然的改革时代注入了一股充满活力的清泉,伴随人们走过那段筑梦的岁月,其象征意义是不言而喻的,是那个历史时期的标志性音乐。

至此,中国改革开放全面展开,表现中国人民在党的领导下同心同德、自力更生、艰苦创业,向着既定奋斗目标努力前进的优秀主题音乐作品大量涌现。中国人民唱着《东方红》站起来,唱着《春天的故事》富起来,唱着《走进新时代》跨入21世纪,在新的世纪创造了更加引人注目的发展奇迹。党的十八大和十九大以来,中国特色社会主义逐渐进入了新时代,实现中华民族伟大复兴中国梦成为中国人民的精神旗帜,给红色主题音乐带来新的灵感。

三、音频在高校思政课多媒体教学中的运用

(一)作为教学内容的音频作品

作为教学内容的音频作品主要有历史场景及人物录音、独立播放的音乐作品、诗歌朗诵和录音解说作品。

第六章

1. 历史场景及人物录音

历史场景录音主要包括历史事件的现场录音,如战争现场录音、群众游行现场录音、记者采访现场录音、会议现场录音,甚至某些恐怖事件的现场录音等,但由于人听觉本身的敏感度所限,除了某些比较清晰的现场录音之外,绝大多数历史场景录音都是一片嘈杂,与一般的效果声运用没有多大区别,没有太多应用价值。

人物录音指的是人物原声录音,在本章前一部分已有叙述,这里我们主要探讨的是应用多媒体音频的技术性问题。

多媒体课件是由页面构成的,所以人物原声的录音自然也要插入页面来播放,但插入页面的方式不同,插入页面后如何播放也不同。以插入页面的方式而论,有嵌入和链接两种,所谓链接指的是设置了播放路径,音频文件独立于课件之外,一旦音频文件的路径变了,有可能就不能播放了。嵌入指的是将音频文件打包到课件之中,隐含在多媒体课件内部,当然课件的文件也随之增大,显然这种嵌入式的音频文件导入方式要更优越。目前,较高版本的 PowerPoint、WPS 演示文稿、Authorware 等软件都可以嵌入音频文件,在插入音频文件的时候可以自主选择导入方式。除了导入方式外,还要设置音频文件的播放方式,播放方式有手动播放和自动播放两种,播放人物原声往往是配合讲课内容进行,播放时间要看授课进展的情况,所以一般都是采取手动播放,自动播放则适用于背景音乐的导入。在上述的 PowerPoint、WPS 演示文稿和 Authorware 中,导入音频时都可以选择播放方式。

作为教学内容的人物原声的运用,虽然也可以采取简单插入、随意播放的做法,但好的教师总是认真对待每一个教学细节,想方设法使教学更加生动,就像一个好的家庭主妇在一日三餐中总会想方设法做一些风味小菜,调剂全家的胃口,让大家吃得兴致勃勃。那么,在多媒体课件中插入人物原声音频又需要做些什么呢?

首先就是对声音进行编辑处理。一般来说,由于早期录音条件所限,人物原声中的杂音比较多,所以在条件允许的情况下,可以对其进行适当的剪裁,去掉效果太差的部分,还可以通过降噪音、消除嘶音、加入混响等加以美化。当然,并不是每一个人物原声的音频文件都能够应用上述处理的,如果经过这些处理后导致声音严重失真,那真还不如“原汁原味”播放,这要具体问题具体分析。

其次是对声音的插入进行修饰。一方面,声音的运用应该与页面内容相匹配,可以在页面插入人物的图片并配以适当的文字;另一方面,根据教学内容的需要,也可以为人物原声配以背景音乐,使人物原声的运用更加饱满,也更有美感,更能营造一种现场气氛。这就需要教师充分利用课件所提供的技术支持,根据教师本人现有的技术水平,精心设计、巧妙运用。目前,多种课件制作软件都能够满足这些需要,比如对于较新版本的 WPS 演示文稿来说,可以导入作为背景音乐的音频,也可以同时导入独立播放的音频。背景音乐在播放时不显示图标,但翻页时音乐仍然在延续,独立播放的音频在播放页面上显示小喇叭图标,高级版本在播放中鼠标放在小喇叭上,就可以显示进程和音量,从而实现播放控制,而且在一个页面上可以同时插入多个音频,但这种独立播放的音频只能在当前页面上播放,翻页后立即停止。在 PowerPoint 演示文稿中,不仅可以导入各种形式的音频,甚至还可以在进行插入操作时进行声音录制,录制完成后插入页面。当然,PPT 不同版本的功能也不尽相同,而且 PPT 有些功能就不如 WPS。需要注意的是,上述导入音频的方式都是链接的方式,虽然有些版本可以嵌入课件,但会导致文件过大而失去意义。当然,这些声音文件的链接都是相对路径,只要和演示文稿放在同一个文件夹,而且文件夹名称保持不变,就能正常播放。对于演示文稿来说,一般情况下都支持 wav 和 mp3 等格式。

对 Authorware 来说,导入声音文件就比较麻烦了。因为在 Authorware 中,一种导入方式只能导入一个音频,这种限制就使音频的运用不能尽情发挥,特别是有时候在播放中需要进行播放控制,要做到这一点,就要运用内部控件及函数,制作起来就更复杂了。不过,由于 Authorware 课件有很多优越的性能,因这些不足而弃之不用实在是不值得。

这里我们探讨一种运用 Authorware7.0 制作的两个音频同时播放的方法,就是毛泽东主席在开国大典上那句著名的"同胞们,中华人民共和国中央人民政府今天成立了"原声,配以电影《开国大典》的主题音乐《人民万岁》(施万春创作)的剪辑片段作为背景音乐。

制作方式如下:

新建一个 Authorware 的.a7p 文件,命名为"同时播放实验 001",打开后按照图 6-2 所示,首先拖动一个显示图标到流程线上,命名为"背景 1",导入事先准备好的天安门焰火背景图片,点击菜单栏的"修改→图像属性",随即弹出图像属性对话框。"版面布局"一栏中把"位置"的 X 轴和 Y 轴都设置为"0"。再拖一个声音图标到流程线上,命名为 sound1,点一下该图标,在下方

的属性面板就显示出该声音图标的
属性,点击"导入"按钮导入背景音
乐,导入后设置音频文件的属性,在
"计时"一栏下面设置执行方式为"同
时",播放为"直到为真",如图 6-3
所示。用声音图标导入的音频文件
是嵌入式的内部导入,并一起打包在
课件中。

接下来, 再按照图 6-2 的流程
图所示, 拖动一个等待图标和两个

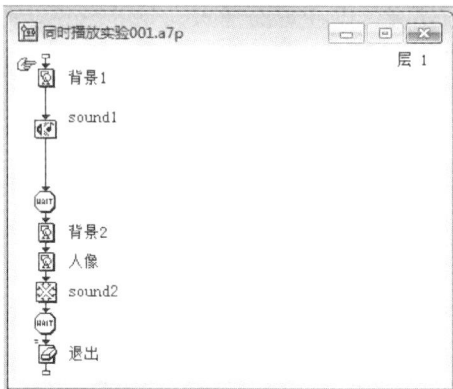

图 6-2

显示图标到流程线,将图标属性设置为"按任意键",两个显示图标分别命名
为"背景 2"和"人像",分别导入事先制作好的发散背景图案和人像,先双击
打开"背景 2",再按住 Shift 键双击打开"人像",仔细把两张图片对准,然后关
闭两个页面,背景 2 页面特效设置为"激光展示 1",人像页面特效设置为"原
色"。再接下来就是运用 DirectMediaXtra 来导入人物原声,先把 Authorware7.0
的小手光标定位在流程线人像图标的后面,然后点菜单栏"插入→Tabuleiro

Xtras→DirectMediaXtra",弹
出 DirectMediaXtra 属性对
话框,如图 6-4 所示,按照
图上的设置进行打勾选择,
选好后确定,命名为sound2,
然后点一下这个图标,在下
面的属性面板中调整控制
滑杆的位置, 两项都选择
"在屏幕上",在"初始"右边
的 X 轴和 Y 轴分别输入800
和 700,人物原声文件就导
入了。但与上一个用声音图
标导入的音频文件不同的
是,这个音频文件只是以相
对路径的链接方式导入,并
没有打包在课件中,所以必

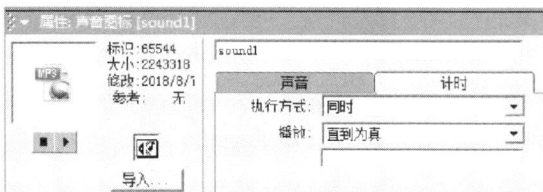

图 6-3

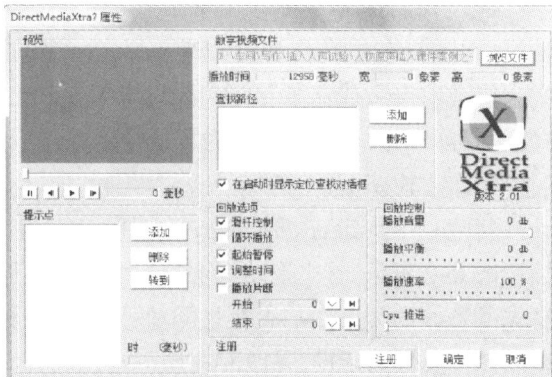

图 6-4

须与课件放在同一个文件夹中，且文件夹的名称不能变，否则就不能播放。

这一切完成之后，拖一个等待图标到流程线，在属性设置上选择"按任意键"，再拖一个擦除图标，在该图标上点右键，选择以"计算…"打开，写入"Quit( )"保存并关闭。最后点击菜单栏中的"文件→发布→打包"，在弹出的对话框中将各项全部勾选，点击"保存文件并打包"，这个课件案例就算是制作完成了。

扫一扫封底二维码，可以获得制作实例，具体在"音频导入案例作品"→"人物原声插入课件案例"文件夹中，名称是"开国大典人物原声"，扩展名为.a7p的是工程源文件，扩展名为.a7r的是打包形成的播放文件（由于知识产权的原因，本案例没有提供背景音乐，需要您自己寻找音乐作品并按照上述方法插入）。播放方式是：双击打开.a7r播放文件，显示出天安门礼花背景，背景音乐随之自动播放，再按任意键翻页，显示出径向发散图案背景下毛泽东开国大典讲话的半身像，同时显示出播放控制滚动条。当音乐进行到合适位置时，就可以点击播放键播放人物原声。这段人物原声可以反复播放，当音乐结束时，按任意键就可以退出播放。

历史场景和人物录音在多媒体教学中的运用是灵活多样的，有兴趣的教师可以广泛探索实践，摸索出更好的经验。

2. 独立播放的音乐作品

对于独立播放的音乐作品来说，由于思想政治理论课并不是音乐课，播放音乐的目的并不是为欣赏而欣赏，而是为了通过播放音乐再现历史场景，使学生切实感受当时的气氛，在审美的熏陶中领略历史的宏伟和壮美，使思想境界得到升华。对于思想政治理论课来说，独立播放音乐必须注意两个方面的问题：

一方面，必须要明确，播放音乐是多媒体教学的有机组成部分，要契合到教学内容中去。思想政治理论课不是音乐欣赏课，思想政治理论课多媒体教学中艺术手段的运用，目的是以美育促进政治思想理论素质的提高，美学手段在这里起的是间接作用，发挥的是"以美储善"的作用。从内容来说，思想政治理论课多媒体课堂教学中所运用的都是与红色主题相关的音乐作品，美育的依据也不是泛泛的美学内容，在这里我们不妨称这类美学为"革命美学"或"红色美学"，通过这些艺术和美学的手段，我们要唤醒的是"红色记忆"，传播的是"革命精神"。从运用的时机来看，音乐的运用是为了配合课堂教学，要与教学活动的进行有机结合。在"教学行文"中，音乐的作用相当于抒情部分,要有实际内容作为铺垫,否则就成了无病呻吟。反过来说,抒情是为了升华叙事和说理部分的精神境界和思想境界,是为了把对真理的叹服进一步转化成情感的归属而内化于心,多媒体音乐的运用要立足于此。

另一方面,既然是以艺术手段辅助教学,因而又必须有一定的艺术含金量,既要体现出教师的艺术修养,又要使学生获得一定的知识积累。有道是细节决定成败,如果音乐的运用只是走马灯式的一走一过,那学生也只是走马观花且听且过。要让学生印象深刻,就应该围绕这些作品进行创造性发挥,让学生听后能有较为深刻的理解。当然,除了教师口述之外,也可以制作成动画或影片,以具体的情节和场面帮助学生加深理解。把红色主题音乐制作成课堂教学 MTV,是对现代信息技术手段的进一步发掘和利用,对于增强思想政治理论课多媒体课堂教学的感染力来说,效果往往是出乎意料的,笔者曾经制作了交响乐《红旗颂》的教学 MTV,用以配合有关新民主主义革命伟大胜利这部分内容的课堂教学。尽管这首曲子在中小学音乐课上可能不止一次出现,然而根据乐曲结构配上电影画面播放,效果却大不一样。有人可能认为,对于有歌词的音乐作品来说,会比较容易被学生理解和接受,而对于交响乐、民族乐等纯音乐作品来说,怎么可能被轻易接受呢?其实这是一种误解,我们在教学中运用的音乐作品主要是红色主题的标题音乐,本身就包含了具体的内容,只不过是隐含在音乐的旋律中,如果配以具体的画面和情节,就成了一幅激荡人心的生动历史画卷,令人浮想联翩、心潮起伏。从实际效果来看,笔者制作的《红旗颂》教学 MTV,每次播放结束都获得学生热烈的掌声和回应。

下面介绍一下笔者制作教学 MTV《红旗颂》的部分创作思路。

这首交响曲是三部奏鸣曲式结构,引子之后是"呈示部"+"展开部"+"再现部",最后以尾声结束。

引子部分以雄壮的国歌开始,共出现三遍国歌旋律,第二遍比第一遍更加高亢,而第三遍则转入沉静,似乎预示着万众瞩目的一个伟大时刻的来临。在画面的编配上,第一遍国歌响起,一面舞动的国旗从 2009 年国庆晚会天安门夜景中淡入,并出现 1999 年国庆大阅兵时双胞胎女兵姐妹行军礼的静态画面,同时用 3D 软件制作的"红旗颂"三个立体金字从背景推出,落在尾音上。第二遍国歌响起,出现北京奥运会上国旗班战士擎起国旗、向国旗敬礼,以及天安门广场升旗仪式的场景,每一个动作都准确地落在音乐的重音上,显示出一种非凡的气势。第三遍国歌响起,画面从天安门广场的清晨开始，漫天的朝霞呈现祥瑞之气，一位女子的面部大特写从寂静的背景中淡入，期待的目光悠远而热切。伴随着音乐渐渐从国歌声转入第一主题，飘动的五星红旗动画再次渐入画面，并成为画面过度的背景。这里要说明一下，笔者创作这部教学音乐短片的灵感，即来源于此前制作的一幅国旗飘动的Gif动画，这是用 Photoshop 的动画工具 ImageReady 制作的动画，自我感觉比较满意，遂决定以这幅动画为基础，制作一部关于五星红旗的教学艺术短片。还应该说明的是，每个人对于音乐的理解都不一定相同，按照笔者的理解，在引子部分，作者把一个伟大祖国的形象呈现出来，以嘹亮的国歌旋律庄严地宣告一个伟大的国家从此诞生了！如果用画面来呈现的话，应该是一个穿越历史时空的综合展示，也包括后来所取得的伟大成就。毕竟我们是站在今天的角度来欣赏这首乐曲，如果仅仅用当时的历史画面来表达，视野就有点狭窄了。所以，本片在"引子"部分大量运用了当今中国最辉煌、最感人的画面以衬托这段音乐。

在呈示部一开始，第三遍国歌旋律引出了主题一，这是一段无比辉煌的旋律，描述的是第一面五星红旗冉冉升起时，万众欢腾、红旗如海的景象，这就是贯穿全曲的"红旗主题"。这段辉煌的主题热情奔放、大气磅礴，从容不迫的四四拍节演奏中蕴含着动人心魄的雄伟和壮丽，就像作者吕其明自己所说的那样，表现了从黑暗中走过来的人们对红旗那种无比自豪的感情。

《红旗颂》主题一：红旗主题

1= C　4/4

第六章

　　但音乐的内涵并不止于此，在欢腾场面的背后，曲作者用颂歌般的旋律抒发了一种心潮澎湃、百感交集的复杂心情：面对无数先烈用鲜血染红的旗帜，人们在热泪盈眶、充满幸福憧憬的同时，也怀着对过去苦难和坎坷的追忆，对牺牲的人民英雄的深切怀念，以及对革命胜利的无限欣慰。这一切都要以适当的画面来表现。

　　以笔者的理解，这一段的画面应该主要集中在开国大典的盛况上，即接着上一个女子面部大特写的镜头，飘动的五星红旗作为背景淡入，毛泽东、朱德等领导人从轿车中出来，缓缓走上天安门城楼的场景与五星红旗飘扬叠加在一起，预示着一个重大的历史瞬间即将出现。镜头随后迅速切换，在欢声如潮的场景中，毛泽东庄严宣告中华人民共和国中央人民政府成立。

　　随后就是一波高过一波的欢腾场面，毛泽东向群众挥手致意、群众纵声高呼毛主席万岁、解放军骑兵和坦克通过天安门广场、开国元勋们向阅兵部队敬礼、朱德与聂荣臻乘车检阅部队等场面交替出现，渐渐把场面推向高潮，但与此同时，也贯穿着毛泽东、刘少奇、周恩来、贺龙、宋庆龄、李济深、张澜等人深沉的表情，使人联想到革命的胜利来之不易，新中国的奠基者并没有被胜利冲昏头脑，冷峻而犀利的目光仿佛在凝视着曲折坎坷的历史。

　　接下来，主题一由 C 调转 D 调重复两次，进入主题二。笔者对于主题二的理解是抚今追昔。音乐由主题一的辉煌和高亢转向舒缓平和，似乎是激动过后的人们静下心来，开始专心细致地描绘和规划未来的美景，因此在这段主题的画面中，以一位巧手绣娘开场，继之以翻身农民的笑颜、孩子的调皮可爱、国庆日的繁荣、江南水乡的温馨，还有政协会议上民主人士纷纷献言献策、鼓掌投票，人民代表把一面"主权在民"的锦旗赠给中央、少数民族代表赛福鼎亲手为毛主席穿戴民族服装等场景。这些新中国成立之初的祥和场面很容易将人的心绪带回往事。主题二重复了三次，随着主题的深入，镜头的画风渐变，从白天欢乐场面渐入夜色的寂静，聚焦到毛泽东办公室的彻夜灯光，衬托出人民领袖难平的思绪，由此引出了浮想联翩的追忆。

　　在连接部双簧管深情如歌的旋律下，画面中依次出现祖国壮丽的河山、绵延不断的万里长城、翻涌而至的浓云，预示着原本山川秀丽的祖国渐渐为某种不安的气氛所笼罩。

　　随着旋律进一步由宁静祥和急转直下，国歌旋律再次出现，渐渐发展为急促不安、险恶丛生的旋律，预示着灾难即将降临，中华民族"到了最危险的时候"。画面上出现奔涌咆哮的黄河、急速拉近的长城烽火台、由近推远的人民英雄纪念碑，随后出现一只警觉的眼睛，焦灼地注视着中华大地上的变故，在眉头紧锁的目瞳中，中华大地烽烟四起，人民生灵涂炭！沉重的旋律发展到最低谷，风格一转，出现轻快的进行曲风格的主题一变奏，在画面上配的是八路军轻装出兵、在平型关向日寇果敢出击的历史镜头，中国人民苦难而辉煌的奋斗历程就此展开，音乐由此进入展开部。主题一在这部分出现两次，由轻快发展到厚重缓慢，象征着革命力量已经由弱变强，发展成浩浩荡荡、无坚不摧的革命洪流。展开部的镜头画面主要是各个历史时期人民军队对敌作战的场面，最后以解放军百万雄师过长江、攻占南京"总统府"、在天津金汤桥胜利会师、跋山涉水席卷全国、和平接管城门进驻北平、受到人民群众夹道欢迎等镜头结束。

在再现部，主题一再次出现，画面中出现五星红旗飘扬的动画，在红旗动画背景下，闪过毛泽东、朱德、刘少奇、周恩来、任弼时"五大书记"在西苑机场阅兵的镜头，接下来在红旗动画背景下，礼花、天安门、英雄雕塑交替出现。在尾声部分，引子再现，伴随着《国歌》的旋律，全曲逐渐进入最高潮。画面上，朱德向战士敬礼、女战士殒命疆场、红岩烈士英勇就义、英雄王成高呼向我开炮、江姐和狱友含泪绣红旗等历史瞬间在红旗和礼花背景下一一闪过，以北京奥运会开幕式小女孩《歌唱祖国》的镜头压轴。最后，在祖国雄鸡形版图背景下，华表、和平鸽现于画面，光芒四射，"祖国万岁"四个苍劲的行书字体从背景向外推出，音乐在高潮中轰然结束。

这就是这部教学影片的大概创作思路。

对音乐的理解往往因人而异，而且笔者音乐水平有限，这部教学MTV只能说是大体上表现出了这部音乐作品的情感内涵。其主要意义在于给历史场景赋予了音乐的表现力，借助音乐烘托了教学气氛，营造了高校思想政治理论课的审美意境，为教学艺术的深入探索做了一个有益的尝试。

3. 诗歌朗诵和录音解说

高校思想政治理论课教授的是马克思主义和中国化马克思主义的基本理论，是影响学生世界观、人生观和价值观的意识形态教育。但以坚定信仰为立足点的理论教育不是苍白的，而是生长在生命之树上最诱人的果实，思想政治理论教育也需要红花绿叶的陪衬，需要生命之泉的浇灌。在高校思想政治理论课的多媒体课堂教学中，教学艺术与艺术教学其实是互为表里的，只要让教育深入人心，各种艺术形式和艺术手法都可以加以吸收借鉴。对多媒体教学来说，诗歌朗诵和录音解说其实用得并不是很多，而且主要是用来点缀和陪衬,但如果能够恰如其分地加以运用,往往会有意外的效果。

诗歌朗诵和录音解说在多媒体课件中大体上有三种运用:

第一,著名的诗歌和散文名篇。包括革命志士和历史名人的诗歌散文等,这类作品运用得当的话,会使课堂教学充满豪壮之气,较好地增强教学感染力,特别是当运用于教学比赛的时候,应该是一种很好的加分因素。由于前面已经说得比较详细,此处不再赘述,值得一提的是,诗歌散文等艺术作品的运用犹如画龙点睛,宜少不宜多,见好就收点到为止,有些作品篇幅很长,运用的时候只选用其中精彩段落即可,比如梁启超的《少年中国说》即是如此。

第二,重要论述和名人名言。所谓重要论述既包括较长的概念,也包括围绕某一理论观点的核心论述,特别是对于中共中央历届党代会中一些重要的历史决议来说,虽然措辞严密惜字如金,但有时还是比较冗长的。比如党的十三大对社会主义初级阶段的基本路线的表述、党的十五大对依法治国的基本表述等,如果由教师读一遍之后再来分层次详细讲解分析,读的时候往往就会比较"赶",或者说匆匆忙忙地囫囵读一遍,可是不读一遍似乎又缺点什么。在这种情况下,如果事先用播音员的腔调和语速录下来,上课时把字正腔圆、铿锵有力的录音播放出来,效果就会大不一样。

所谓名人名言,主要是指马克思主义经典作家、伟大的革命导师、党的重要领导人、著名的马克思主义理论家,甚至也包括其他的历史伟人,如革命先行者孙中山先生等,他们对某一问题的精彩论述都可以归结为名人名言。虽然有些名人名言有原声录音,但绝大多数很难找到原声,这种情况下也可以采用新闻播音方式录制播放。在共产主义运动史和中共党史上,许多领导人和理论家的文笔是非常出众的,可读性非常强,比如马克思的《共产党宣言》,作为国际共产主义运动第一个纲领性文献,不仅是一篇逻辑缜密、言辞雄辩的理论文章,而且知识广博、言辞犀利、文采出众,犹如史诗般恢弘壮阔。把马克思的一些著名论断进行录音播放,获得"宣言"一般的震撼效应,其效果远比教师匆匆读一遍要好得多。

第三,属于教师自己的精彩论述。教师在撰写讲稿的时候,经常有文思泉涌、奋笔疾书的时候,在教学讲演中也经常会有滔滔不绝、口若悬河的时候,很多发人深省、引人入胜的思路和语言就此成为教师的精彩论述。这些"神来之笔"是很宝贵的,不仅可以转化为教师重要的教学成果和科研成果,而且可以成为属于教师自己的"名言警句",用在教学中受到学生欢迎。这些属于教师自己的精彩论述,同样是具有思想性和文学性的"名言",制作成演播作品在课堂教学中播放,不仅具有深刻的启发性,而且会增强教师的自豪感和自信心,并由此而获得学生广泛的钦佩和尊重。

那么这些诗歌朗诵和录音解说从何而来呢?

一些著名的诗词朗诵可以从网上下载,但其他的就得教师自己想办法了,可以找学生播音员帮忙录制,有条件的教师也可以自己录制,由于课件制作对音质的要求并不高,所以也用不着什么高级的录音设备,更用不着专业的录播间,一部手机就足以应付了,平心而论,手机录音的效果比花几百元置办的所谓主播话筒性比价更高。

很多教师同行很喜欢朗诵,那就不妨自己尝试着录音,朗诵是个与教师职业有关的爱好,可以作为教师训练教学表达基本功的重要手段之一,多练习朗诵对教师是有益的。但尝试仅仅是尝试,真要把自己的播音或朗诵录音拿到课堂上播放,那还是要拿出一点真功夫的。不管怎么说,播音是一个专业技能,既需要具备一定的声音条件,又需要一定的专业训练。以声音条件而论,要求嗓音干净利落,吐字发音要清晰,发音器官没有任何障碍,汉语四声要发音到位;以专业训练来说,必须要掌握正确的发音要领,呼吸要顺畅流利,汉语普通话发音要规范正确、圆润流畅、朴实大方、亲切自然,不能有任何方言,还要掌握好节奏和语速,不能单调呆板,也不能矫揉造作。要出色地演播好一件作品,还要很好地理解作品的内涵,把自己的感情倾注其中。好的播音员要能够适应多种感情色彩的表达, 或是庄重大气、或是亲切自然、或是婉转灵秀、或是深沉凝重,各种感情色彩都要表达到位。同样是语言艺术,朗诵和播音尽管有某些联系,但差异明显,只要能说上几句普通话,几乎人人都可以上台朗诵,但播音是不行的。

诗歌朗诵和录音解说都涉及语言艺术的问题, 需要教师具有一定的语言艺术修养,而课堂教学本身就是教师的艺术作品,课堂教学成功与否,要靠教师以一颗"匠心"来细心揣摩、精心雕琢,要在博采众长的基础上,根据自己的特点发展自己的教学艺术风格。

(二)作为背景音乐的音乐作品

在多媒体教学中,除了作为教学内容而独立播放的音乐外,更多的是作为背景音乐而应用的音乐作品,有些是制作教学影片的配乐,有些是教学过程中伴随讲课而播放的音乐。可能有人会质疑,教师在授课中还要配乐,这岂不是把教学当成娱乐节目了吗? 可笔者在这里要反问的是,难道多媒体教学就仅仅是将多媒体当成演示文稿吗? 如果那样的话和板书教学有何不同? 事实上,多媒体的运用早已颠覆了传统的教学方式,多媒体手段极大地拓宽了教学视野,也极大地丰富了教学的内涵,多媒体图、文、声、情并茂,使教育和教学活动产生了质的飞跃。在这个大背景下,任何人都不可能对各种多媒体素材的运用采取拒斥态度,唯一的问题就是如何使多媒体手段得到更有效的施展。课堂教学当然不是娱乐节目,多媒体手段也不能随意滥用,应用多媒体素材最基本的原则是有效和适度。适度,指的是多媒体手段是用来衬托教学主题、促使学生关注教学内容的, 不能喧宾夺主甚至分散学生注意力。有效,就是应用多媒体一定要体现出教学的效果,不能仅仅追求好看或好玩。

背景音乐的作用,一方面是突出主题。有些教学内容涉及比较重大的历史过程,在我们的舆论宣传中,有很多关于这类重大历史题材的文艺作品和音乐,比如歌曲《春天的故事》就是有关邓小平1992年"南方谈话"的音乐作品。改革开放是思想政治理论教育的重要内容,当教师漫不经心地随手打开这首乐曲,先让学生听一段前面的伴唱,然后压低音量,在歌曲的伴奏音乐衬托下娓娓讲述,营造一种春风扑面的氛围时,学生会更深刻地体会到"邓小平南巡之后,中国从南到北春潮涌动"这句话的含义,帮助学生把注意力集中到改革开放这个宏观背景上,思维呈现活跃状态。

除了突出主题之外,背景音乐另一方面的作用是渲染环境气氛,创设教学意境,使课堂教学在良好的氛围中进行。音乐也具有教育意义,美好的音乐能够净化心灵,提升人的精神境界,让音乐伴随课堂教学进行,给教学插上美的翅膀,在陶醉中启迪人的良知和善念。从这个意义上来说,作为渲染环境气氛的音乐倒不一定都是红色主题音乐, 但必须与教学气氛和教师讲课的节奏相适应。这类背景音乐与朗诵配乐不一样,因为朗诵配乐是有时间限制的,哪些部分需要较平缓的曲调,哪些地方需要比较高亢的曲调,都是事先安排好的,但讲课是很随意的,要以教学内容为中心,不可能刻意追求这种戏剧性效果。一般来讲,这种背景音乐必须以平缓和抒情为主,不能有明显的跳跃,更不能是爵士风格的强节奏乐曲,而最好是与授课主题相关的音乐,能够表达某种感情、营造某种气氛。

除了在前面介绍的一些红色主题音乐,比如开国大典主题音乐《人民万岁》和《金色炉台》等，还有很多非常优美深沉的乐曲，甚至包括很多外国作品，都可以作为渲染教学环境的音乐。比如电视剧《激情燃烧的岁月》片尾曲的怀旧主题、电影《黄河绝恋》中的思恋主题《夕阳山顶》、罗马尼亚电影《沸腾的生活》中热烈奔放的浪漫主题、电影《辛德勒名单》的悲情主题、电影《出埃及记》中的凄凉主题、电影《简·爱》的圣洁主题等。经典电影《时光倒流七十年》讲述的是一段穿越时光的浪漫恋情，这部电影的主题曲《似曾相识》舒缓而优美，带着人们徜徉在时光的长河里，在人的心灵深处荡漾着深切的缅怀与美丽的伤感，有一种夺人心魄的美，非常适合用作怀旧题材演讲和叙述的背景音乐。我国作曲家张千一创作的四幕民族舞剧《大梦敦煌》的舞剧音乐，被称为中国最成功的舞剧音乐之一，其中第四幕的《月牙之死及飞天》优美细腻、庄严宏大，充满民族音乐的曲风，被很多朗诵爱好者用来作为朗诵的配乐。

一般来说，音乐是没有国界的，是借助联想和想象来表现人类美好憧憬的，传达的是一种美妙而模糊的听觉感受，凡是能够激发内心共鸣、制造某种和谐气氛的音乐，都可以用来衬托教师的即兴教学演讲。有时候，教学中也会涉及宇宙自然的内容，可以运用歌颂大自然的或科幻色彩较浓厚的音乐作品，比如鲍罗丁的《在中亚细亚草原上》、巴赫《G 弦上的咏叹调》、电视片《航拍中国》中的女声吟唱、莎拉·布莱曼的 Scéne d´Amour、马思涅的《泰伊思冥想曲》等。在当代影视作品中，这类音乐作品就更多了，有足够的选择空间满足多媒体课件应用的需要。

那么背景音乐怎样应用到课件中呢？不同的课件制作软件在这方面各有千秋：有人喜欢用 PPT 和 WPS 演示文稿做课件，也有人喜欢用 Authorware、方正奥思、Director、Flash 等做课件，有的教师甚至专门喜欢用 Dreamweaver 做网页课件。不过就文科类课程而论，用得比较多的还是 PPT、WPS 演示文稿和 Authorware。在 PPT 和 WPS 中插入音乐比较简单，不必多说，而在 Authorware 中插入音乐相对复杂。在这里，与大家分享在 Authorware 课件中插入音乐的两件不同教学艺术作品的创作经验。

作品一：可以调节音量的背景音乐插入。

这里选取的是邓小平"南方谈话"的教学内容，所编配的背景音乐是钢琴独奏的《春天的故事》（王佑贵创作）片段，课件打开后的界面如图 6-5 所示，以邓小平肖像为主体的蓝色背景图案上，左下方是教学内容提示，可以通过按任意键来变换教学内容，右下角是播放控制，包括播放进度控制滑杆和音量控制滑杆。下面就介绍这个课件片段的制作过程。

首先，新建一个 Authorware 7.0 文件，命名为"可变音量的背景音乐插入"，屏幕居中，大小设置为 1024×768，按照图 6-6 的流程图先拖入两个显示图标，命名为"背景"和"内容00"，在背景图标中导入背景图片，按 Shift 键双击"内容 00"同时

图 6-5

打开两个图标，在适当位置填写文字资料，关掉。接下来，参照前文中的图 6-4 插入 DirectMediaXtra，在弹出的对话框中导入音乐文件，勾选上"滑杆控制"项，回到主流程线，将 DirectMediaXtra 图标名称命名为"音乐"，在"音乐"属性面板的"版面布局"中进行设置，位置选"在屏幕上"，可移动性选"不能移动"。双击打开"背景"图标后，再单击"音乐"图标，在版面布局"初始"后 X 和 Y 轴填入数字，调节播放滑杆的

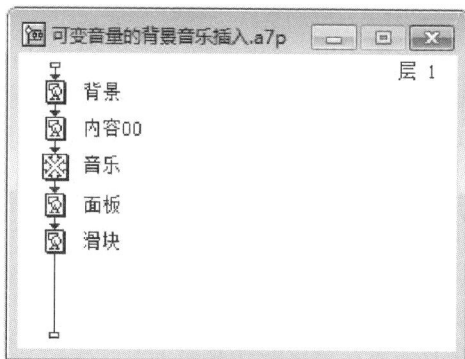

图 6-6

位置直到满意为止，本案例中两个坐标的数字分别是 800 和 670。

再拖一个显示图标到流程线上，命名为"面板"，双击"面板"打开后利用 Authorware 自带工具在右下部分适当位置绘制一个控制面板，如图 6-7 的上图。然后单击"音乐"图标调出进度控制滑杆，与控制面板的位置相互调试，调试合适之后的样子如图 6-7 下图所示。接下来再拖一个显示图标到流程线上，命名为"滑块"，用图形工具画一个小方块，经过后面的设置，用来改变音量大小。接下来在"滑块"图标的属性面板中进行如下的设置：位置和活动都选择"在路径上"。接下来，双击打开"面板"图标后再单击打开"滑块"

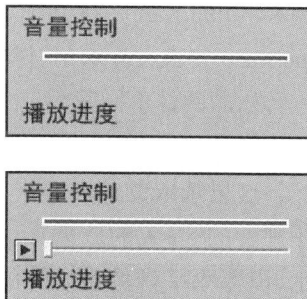

图 6-7

图标,对滑块进行路径的设置,路径的长度和位置要与控制面板中滑轨的长度和位置相吻合,路径的起点在右侧,终点在左侧。然后在“滑块”的属性中进行设置,基点位置为0,初始值为-10,终点值为-40。

下一步就是利用系统函数CallSprite进行进一步设置。

在主流程线上拖入一个计算图标,放在显示图标“滑块”后,命名为“音量初始化”,双击打开后输入如下内容:

CallSprite(@“音乐”, #SetVolume ,INT⟨PathPosition@“滑块”⟩)

再接下来,在主流线上拖入一个交互图标,命名为“音量控制”,在交互图标的右侧拖入一个群组图标,选择类型为“条件”,在属性面板中将条件设置为“MouseDown”,响应为“永久”。双击打开这个群组图标,在二级流程线上拖入一个决策图标,命名为“判断”,选定决策图标,在属性面板中,在“重复”选项后选择“直到判断值为真”,然后在下面方框中输入“~Mouse-Down”。在决策图标右侧拖入一个计算图标,命名为“音量设置”,双击图标输入如下内容:

CallSprite(@“音乐”, #SetVolume ,INT⟨PathPosition@“滑块”⟩)

以上步骤完成后,拖一个等待图标到主流程线,再拖一个擦除图标,命名为“退出”,在“退出”上点右键用“计算”打开,写入“Quit( )”,这个课件片段就算完成了。如果还想继续添加文字内容,可以在“退出”图标前插入,方法是每添加一段文字,就增加一组“显示图标+等待图标+擦除图标”,具体做法参见光盘案例。需要说明的是,这个课件片段可以很方便地嵌入Authorware课件整体,只要把主流程线上所有图标全部选中复制,再粘贴到课件中一个群组图标里,不再需要任何其他改动。这个案例作品中的音乐是采用链接方式用相对路径导入的,打包文件与音乐须放入同一个文件夹,而且文件夹的名字不能改变,否则就播放不出来。

这个案例的制作实例可以通过扫描封底二维码获得,在“音频导入案例作品”→“作品一:可以调节音量的背景音乐插入”文件夹中,可以参照文中介绍打开.a7p工程源文件进行研究揣摩。这个文件夹中总共应该有三个文件,除了工程源文件之外,还有以.a7r为扩展名的打包文件和一个音频文件(本案例没有提供音乐作品, 所以这里只有两个工程源文件, 没有音频文件)。由于该音频文件是以外部链接导入的,不包含在打包文件中,所以打包文件很小,共145K。打包文件的播放方式是双击打开、调节音乐的音量、按任意键翻页。在本案例中,为简化起见,背景图片是不变的,所谓翻页指的只是

第六章

文字更新,当翻到最后一页时,仍然是按任意键退出。

作品二:可翻页的背景音乐插入。

在上面的案例作品中,调节音量大小只能在翻页之前,如果翻页之后又一次调节音量,文字内容就需从头播放,很不方便。而本案例是采用音乐图标导入背景音乐,虽然不能调节音量,但制作简单、翻页方便、应用更为普遍。这个多媒体音频插入案例作品的音乐是内部导入,完成后音乐打包到课件中。

制作时只要拖一个音乐图标到流程线上,设置好计时方式,无论后面插入多少群组和页面都不影响播放。本案例插入的音乐是小提琴曲《金色的炉台》,运用这首音乐来营造共和国创业时代特有的社会氛围。图 6-8 就是这个背景音乐插入的流程图,点击音乐图标,在属性面板的计时选项中进行设置,执行方式选择"同时",播放的次数可以根据自己的需要来选择,设置完之后就按照正常的 Authorware 课件制作程序添加内容,无论进入下面哪一级页面,背景音乐都不会停止,

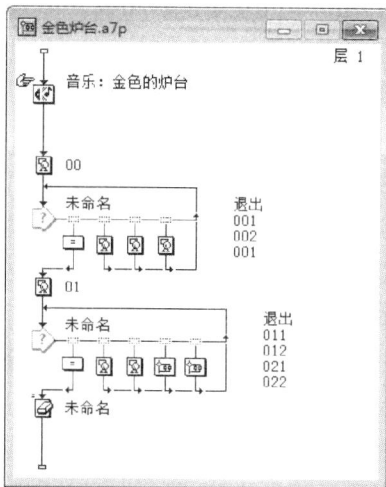

图 6-8

直到播放完毕。扫一扫封底的二维码,可获得本案例制作实例,具体在"音频导入案例作品"→"作品二:可翻页的背景音乐插入"文件夹中。操作中,如果出现不能翻页或退出的情况,把鼠标放到页面右上角的 Logo 上,当出现小手即可单击鼠标左键下翻或退出。以上两个课件案例都没有提供音乐作品,只是提供了课件结构,需要读者按上述方法自己导入音乐。

其实说到背景音乐的插入,PPT 和 WPS 演示文稿似乎更方便一些,既可以插入背景音乐,也可以在一个页面插入多首播放音乐,而 Authorware 的音乐图标就只能插入一首音乐。不过 PowerPoint 和 WPS 演示文稿也有自己的弱点,比如背景音乐不能设置停止,而且也不能调节音量,而播放音乐又只能在一个页面播放,翻页即停,如果播放过程中一不小心手碰到键盘,把页面弄"溜了",音乐也随之停止,这就显得很煞风景。背景音乐的插入对于不同的课件来说,处理方法和手段千差万别,娴熟的技巧要靠大量实践来磨炼,课件制作水平的提高也伴随着教师修养水平的提高,不是一天两天的事。

第六章

(三)作为课件装饰点缀的音效

音效就是指由声音所制造的效果,是指为渲染气氛和增进场面真实感而制造的人工声音效果,包括乐音和效果音。音效在课件中主要是作为装饰和点缀,一般用在课程的导入、课件的打开和翻页等动作、音频作品的装饰等方面。可以从网上下载现成的音效,也可以自己合成制作,甚至也可以利用音乐制作软件来制作。音效导入课件的方式与导入音乐大同小异,甚至可以运用音频编辑软件与音频作品直接合成到一起来运用。音效大量应用在影视作品和电子游戏中,对于教学课件来说没有太多的应用,即便是作为美化装饰,也不能用得太多,否则就显得太"花哨"了,会削弱教学课件的严肃性。

音效的制作主要是通过各种音频软件完成的,我们借此机会来讨论一下关于音频工具的应用。与多媒体课件有关的音频工具应用大体上有音频的获取、音频格式转换和音频文件编辑等方面。

音频的获取是制作和运用音频的先决条件,包括原创音频资料和引用他人的音频资料,现代电子技术的普及给音频资料的获取提供了极大的方便,一台电脑甚至一部手机就可以制作原创的音频资料,当然这是在要求不太高的情况下,不过对于制作多媒体课件来说,这些设备完全能够满足要求。用电脑录制原创音频有很多方法,可以用 Windows 自带的录音机,也可以用专门的录音软件。此外,专业的音频编辑软件如 Adobe Audition 等都带有专业录音功能,如果电脑安装的是独立声卡,那么录音就更方便了。对于录音话筒的选择,不建议选择几百元低档次的所谓主播话筒,因为这样的话筒甚至还不如普通的耳麦和手机录音机。除了自己原创的音频资料之外,大量运用的其实还是他人的音频制作,这类音频资料可以通过购买光盘或网上下载来获得,甚至也可以利用各种软件来录制,但要充分注意和重视与知识产权等有关的法律问题。关于音频格式的转换,有很多专门的软件都可以用,但很多视频编辑软件都具有音频格式转换的功能,如会声会影和 Promiere Pro 等,如果能用现有的软件完成格式转换,就没有必要让自己的电脑安装各种乱七八糟的软件,因为这不仅会增加个人电脑信息泄密的危险,而且有时候会导致电脑程序,特别是视频解码程序的错乱,带来很多不必要的麻烦。

音频文件的编辑合成技术对于多媒体音频的应用来说,是必须要掌握的,这方面有很多软件可以选择,不过还是推荐大家使用 Adobe Audition 专业音频工具软件,Audition 提供音频混合、编辑、控制和效果处理功能,支持128 条音轨、多种音频特效和多种音频格式,可以很方便地对音频文件进行修改和合并。

尽管很多功能我们实际上都用不到,但由于它能很方便地对波形文件进行剪辑,能够进行降噪、消除嘶声和添加混响等操作,而且有比较强大的录音功能,用起来还是十分得心应手的。图 6-9 是Adobe Audition 打开后的多轨界面,点击左上角"编辑"按钮就进入

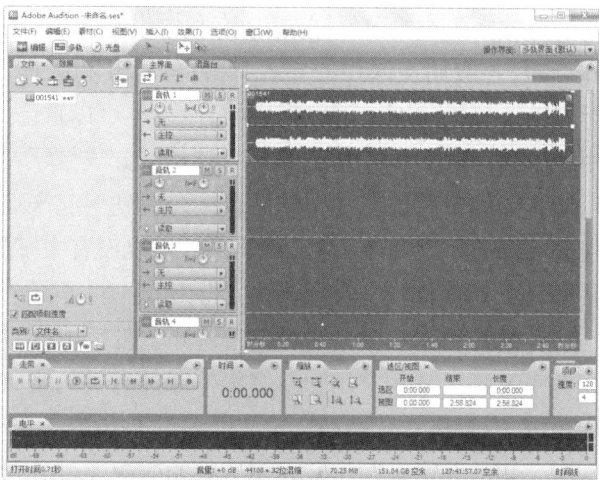

图 6-9

Adobe Audition 的编辑界面。在编辑界面,可以对每一条音轨的波形文件进行编辑操作,一些平时常用的音频处理手段并不复杂,很容易上手。音频编辑之后返回多轨界面,在"文件"的下拉菜单中找到"导出→音频混缩",在弹出的对话框中选择你所需要的音频格式,点"保存"就 OK 了。Adobe Audition也可以用来录音,但要经过比较复杂的设置,因篇幅所限,这里就不赘述了。

音频资料在多媒体课件应用的制作中在精而不在多,有些问题用一些小软件如"千千静听"等就能解决,不一定非要用专业软件。音频资料的编辑和制作是个可深可浅的领域,而高校思想政治理论课多媒体课件制作的目的是以课件艺术美来增强教学感染力,音频资料的运用只是其中一个小小的分支,制作手段以简便易行为根本出发点,在运用音频资料方面达到教学目的即可。

多媒体教学运用多媒体音乐,要充分注意有关音乐著作权的相关法律问题。音乐著作权是音乐作品的创作者对其创作的作品依法享有的权利,包括音乐作品的表演权、复制权、广播权、网络传输权等财产权利和署名权、保护作品完整权等精神权利。虽然在我国的《著作权法》中有着明确的法律规定,但社会上关于音乐著作权侵权的法律纠纷一直很多,主要集中在音乐的

改编、翻唱、网络传播、商业直播、短视频制作等商业运作的领域。课堂教学运用多媒体音乐,一般情况下只要符合《著作权法》第22条中的十二条规定,是可以不经著作权人许可、不向其支付报酬便可合理使用的。

　　高校思政课多媒体教师讲授的是思想教育课程,必须首先要做到遵纪守法,遵守著作权法的法律规定、尊重他人知识产权,既体现了作为人民教师的良好法律修养,也体现了良好的师德师风。所谓"师德"不仅要体现对教育事业的热爱和对学生的关爱,也要体现对他人劳动和创造的尊重,要具有良好的学术道德。

第七章
教学影片：多媒体素材艺术研究之三

一、影视艺术的特征与影视教学的意义

（一）影视作品的分类

影视作品其实并没有严格分类，一般来说，面向大众的影视作品可以分为纪实类、娱乐类和社教类等几个大的类别，包括纪录片、新闻片、纪实片、故事片、科教片和教学片等。

1. 纪录片

从一般定义来看，纪录片是以真实生活为创作素材，以真人真事为表现对象，并对其进行艺术的加工与展现，以展现真实为本质，并用真实引发人们思考的电影或电视艺术形式。真实性是纪录片的生命，是纪录片的最基本特点和要求，所谓真实性就是不包含一切戏剧化的虚构，也不使用任何导演手法，将事实用写实的手法表现出来。纪实性是纪录片本质属性的一方面，是一种风格和表现手法，也是纪录片创作最基本的手法。纪录片可以分为电影纪录片和电视纪录片。从内容上看，包括时事报道片、政论片、历史片、人物传记、生活片、科考纪录片、人文地理片、舞台实况纪录片、专题系列片，等等。纪录片给人类社会留下了宝贵的记录，不仅具有重大的史料价值，而且具有很高的观赏性，很多优秀纪录片画面优美、场面生动、视角独特、知识丰富、哲理深刻，纪录片所记载的史实镜头和画面让人能跨越时空纵览历史，获得丰富的人生体验。

电影于1895年在法国问世，1896年即传入中国，最早的新闻纪录片是记录1911年武昌起义的《武汉战争》。在近代中国的风风雨雨中，由中外影

人拍摄的纪录片真实地记录了大量历史场面，给后世留下非常宝贵的电影资料。由于国内许多电影资料都在动荡中遗失了，在保留至今的电影拷贝资料中，有许多是外国摄影家拍摄的，如国际纪录电影大师尤里斯·伊文思拍摄的《四万万人民》、苏联著名摄影师罗曼·卡尔曼拍摄的《中国在战斗》等，新中国开国大典的彩色镜头也是由苏联摄影师拍摄的。中国共产党领导的新闻纪录电影事业是从 1938 年的延安电影团起步的，许多杰出的电影艺术家成长于中国革命斗争的烽火硝烟中，如袁牧之、吴印咸、徐肖冰等。新中国成立后，成立了中央新闻纪录电影制片厂（"新影"），自 1953 年建厂起，它就以纪录影片的方式记录着共和国发展的历程。1993 年新影厂划归中央电视台，几经辗转，于 2010 年成为央视下属的中央新闻纪录电影制片厂（集团）。新影在涉及共和国重大活动和重大历史事件等方面具有权威的拍摄地位，诞生了大量共和国历史上最重要、最具有文献价值的新闻纪录片，如《百万农奴站起来》《莫让年华付水流》《周恩来外交风云》《走近毛泽东》等，这些都是我们制作多媒体教学影片的重要影像资料来源。

2. 新闻片

新闻片是纪实影视的一种，它以社会时事为表现对象、以电影电视手段担负新闻报道和宣传的功能。在电视大规模进入家庭以前，新闻电影一度非常流行，除了较长的新闻电影可以独立放映之外，主要以放映正片前的"加映"形式在影院放映，直到 20 世纪 50 年代才逐渐被电视新闻所取代，在我国则一直延续到 20 世纪 80 年代。新闻片大致分为时事报道和新闻杂志片，要求记载真人真事，没有人物和环境的虚构，同时要求被表现事物具有新闻价值。

新闻片和纪录片虽然在很多地方很相近，都是对现实生活中真实事件和真实人物的影像反映。但二者之间也有很大的不同。

纪录片是对正在发生的事件和过去的事件进行挖掘等的创造性处理，从时态上看，纪录片所呈现的状态是以观察者的视角记录正在发生的事件，因而是现在进行时态；从叙事结构来看，纪录片是记叙文，所记录的是"正在发生的历史"，必须有一定的故事性，纪录片的"故事"要记录下事件发生发展的全过程，既要遵循事件本身的发展逻辑，也要融合进导演对题材进行创造性处理的主观逻辑。纪录片的故事性要求所记录的事件就像故事片一样有戏剧性，在情节上要有起承转合，有体现戏剧性冲突的起因、发展、高潮和结局。

新闻片则是对新近发生的现实人物和事件的及时报道，要具备新闻的五要素，即何时（when）、何地（where）、何事（what）、何因（why）、何人（who）。新闻片和纪录片之间因为表达的重点和反映的深度不同，因此在制作这两种形态的影像作品时着眼点也有很大的不同。新闻片所记录的是事件发生后的结果和现象，是过去完成时态，从文体来看是倒叙，是对事件的表象或者对事件的来龙去脉进行人为参与的逻辑解读，遵循的是后来人们对事件解读的逻辑。

3. 纪实片

所谓"纪实片"，即是指其所记录的事物都是现实中存在，并且发生过的真实故事。纪实影片其实就是纪录片，二者都是以真实生活为创作素材，以真人真事为表现对象。但相比之下，纪录片是经过加工的，是部分融进了创作者主观色彩的记录形式，而纪实片则是主观色彩越少越好，越客观就越真实，要让观众忘记拍摄者的存在，借助镜头这个眼睛去看现实世界。

纪实片是一种理念、一种精神，也是一种方法。作为一种理念，它永远维护"非虚构事件"的真实性，主张拍摄者与被拍摄对象进行平视的对等交流；作为一种精神，它以深厚的社会关爱和博大的人文情怀看待世界，把拍摄活动视为崇高的理想和神圣的事业；作为一种方法，它以冷静的、不动声色的旁观为起点，把眼前所有一个个正在发生的故事记录下来，它并不回避拍摄者和摄影机的存在，而是有机地把这种互动纳入到影片的拍摄过程中去，甚至连被拍摄者对镜头的躲闪都被忠实地记录下来。纪实片是这个社会常态的真实反映，是非新闻化的、日常的、静态的、过程式的、讲述普通人生活的影视叙事形态，它强调多元化、个性化的创作格局，重视影片的叙事技巧和拍摄画面的质量，正因为这样，纪实片的真实和新闻片的真实给我们的感受是不同的，这也是纪实片所具有的独特魅力。

4. 故事片

故事片是由演员扮演角色，具有一定故事情节，表达一定主题思想的影视作品。故事片种类繁多，风格各异，主要目的是为了娱乐观众，同时也要有一定的社会教育意义，现实题材的影视剧由于其紧密贴近现实的社会生活，因而能在某种程度上反映社会现实，其创作的思想主题往往是社会主流价值观的体现。虽然说故事片的情节和人物都是虚构的，但仍具有文学的真实性，所谓文学的真实性，指的是文学艺术作品在虚构的基础上创造出具体生动的艺术形象，从而表现出人性的深刻内涵，展示出社会生活的本质规律。

正因为故事影片具有文学的真实性，是经过高度提炼的社会生活，能够反映社会生活的本质，甚至在一定程度上再现社会生活的原貌，所以我们在创作教学影片的时候，完全可以截取优秀故事影片的某些情节和片段作为素材，甚至可以把教学影片制作成情景剧或故事片。以故事影片作为教学片并不是没有先例，20世纪60年代风靡全国的抗战老电影《地道战》和《地雷战》，就是在"地道战"和"地雷战"游击战术的创立者、时任解放军工程兵司令部副参谋长的王耀南将军的指导下拍摄的两部军事教学片。摄影术和电影被发明以前的人类历史都不可能留下任何影像资料，很多回顾历史的纪录片也都引用故事片的片段，或专门找演员拍摄故事片段来还原历史。

5. 科教片

科教片即科学教育片，是传播科学文化知识、推广先进技术和经验，为公众的日常生活、工作和学习提供服务的影视作品类别。与科教片联系密切的是科普片或科普纪录片，担负的是知识的普及和大众娱乐的功能，由于科普片能够使人开阔视野、增长见识、提升科学素质，并能够满足人们探索未知事物的好奇心，所以深得各个不同层次公众的喜爱。由于科教片和科普片的内容涵盖科学、历史、宇宙、自然、民俗、生活等各方面内容，可以提供各类教学所需的大量案例和制作教学影片所需的片源资料，所以对高校思想政治理论课多媒体影片的制作很有意义，多媒体教师应该注意积累这类资料。

6. 教学片

教学片是专门用于教学和科研的专业化程度较高的影片，这种影片把比较抽象难懂的科学知识或不易于直接观察的科学现象直观形象地显示出来，让学生更容易接受。从内容上看，教学片涉及的范围很广，可以涵盖几乎所有的教学科目；从体裁来看，只要能够起到辅助教学的作用，无论是纪录片、故事片还是艺术片都可以成为教学片；从片长来看，可以是几分钟、十几分钟的教学短片，也可以是半小时以上较长的教学影片；从来源来看，有公开出版的教学光盘，也有教学单位或教师本人自己制作的教学片，还有网站上开放的教学视频资源。本章所涉及的教学影片是有关高校思想政治理论课多媒体教学方面的，授课中运用教学影片一方面是为了突出教学重点和解释教学难点，另一方面则是为了以美育人加强素质教育，因此既可以有理论类和史实类的教学影片，也可以围绕教学主题制作有助于增强教学感染力的艺术类教学影片来作为辅助教学手段。

第七章

（二）影视艺术的特征

1. 综合性

综合性是影视艺术最突出的特征,影视艺术是在舞台戏剧的基础上诞生的,是综合了戏剧、文学、音乐、绘画等多种艺术形式,伴随摄影和摄像技术的发展而成长起来的,在发展过程中形成了影视艺术独有的综合艺术特征。

（1）影视艺术是时间与空间的综合

时间和空间是影视作品的重要叙事元素,影视是在时间序列里展开的空间艺术,时间与空间的综合是影视艺术的重要特征。

影视作品的时间包括实际播放时间、情节时间和观众感受时间。

播放时间就是影片播放所用的实际时间,也就是影片的时长。影视作品的时长是根据题材的需要而定的,一部电影作品的时长大概为90分钟左右,一集电视剧的时长通常在40分钟上下,而一部教学短片的时间要更短一些,通常5~8分钟已经可以完整表达一个教学主题了。从实用性和影视美学角度来看,要取得有利于现实时间流的美学价值,必须对影视作品的时长进行必要的限定。

情节时间指的是影片故事情节所呈现出来的时间,这是一种假定性的时间,是经过创作者的艺术安排而展示的事件发展进程的完整时间序列。剧情可以发生在几小时、几天之内,甚至可以跨越几个时代,叙述的顺序可以采取正叙、倒叙和插叙的方法,也可以采取过去、现在、未来的时间交错变换,还可以对时间进行延伸、压缩、停顿、重复等。情节时间的把握会对影视的内容、风格、节奏和意境产生较大的影响,并由此制约着观众对影视作品的接受。

观众感受时间也称为故事时间,指的是影视故事所发生和经历的时间,就其呈现的状态来看,观众感受时间是观众根据情节发展所推想出来的时间,是观众观看影片时的心理时间。

影视作品的空间包括地理空间、历史空间和精神空间。

地理空间主要指的是由场地、环境和场景所构成的空间,是事物存在和发展所涉及的客观范围,对于电影叙事来说,地理空间是以风格化的方式显现出来的空间,反映的是包含着文化因素在内的社会关系。历史空间是由一系列历史活动构成的事件及其空间存在物,历史空间比地理空间更抽象,是承载着各类历史事件的空间或地点所构成的集合。精神空间是指人的思想活动所占据的心理空间,知觉、情感、意志、理想、梦境、欲望等心理因素是精神空间的结构形态。精神空间决定了影视作品的风格和意境,反映了现实生活中人自身的精神场域及具有普遍意义的伦理文化机理。影视作品的空间和时间是紧密联系相互作用的,有时空间的表现也需要时间的参与。

(2)影视艺术是视觉与听觉的综合

作为视觉艺术,影视艺术和摄影艺术一样以视觉形象传达信息,以线条、影调、色彩、光线、质感、空间感和运动等视觉因素表现主题。而作为听觉艺术,影视艺术以人声、音乐、音效和现实生活中各种现场音响来传递听觉信息,使听觉形象与视觉形象保持同步,共同构成现实世界的仿真效果。可以说,影视艺术是各种艺术中唯一的直接诉诸视觉和听觉、自由地显示四维空间中具有四维向量的动态造型艺术。

从声音和画面的搭配来看,有先期录音、同期录音和后期配音三种方式。先期录音是影片制作中先录音后拍摄画面的一种摄制方式,多用于音乐歌舞片的制作;同期录音也叫作"同期声",同期声记录的是现场的真实声音,包括人声和现场环境声,它比后期的配音要自然、逼真,在纪实类影视作品中,同期录音既能体现纪实类影视的真实性,也会使影片音效更有现场感;后期配音是影视艺术最常用的音画合成手段,在配音过程中,录音师运用技术手段调控每一条音轨的音量、音质和音色至最佳效果,并根据影片画面的转换,把人声(包括对话、旁白、播音等)、音乐、音效等与无声的动态影视画面进行合成,制作成影音同步的影视艺术作品。

(3)影视艺术也是多种艺术的综合

影视艺术既是科学技术在艺术上的最杰出应用,也是多种艺术门类的综合,它既是时间艺术又是空间艺术、既是视觉艺术又是听觉艺术,它脱胎于戏剧,与文学有着千丝万缕的联系,吸收了诗歌、散文和小说的结构美、叙事美和意境美来丰富自身的语汇,作为视觉艺术,它也从绘画、建筑和雕塑艺术中吸收造型艺术的表现手法,它还从音乐、舞蹈等艺术形式中汲取灵感,进一步丰富自己的艺术内涵。影视作品是多门艺术的协作,有文学编剧、摄影摄像、作曲、演奏、美工、导演和演员,有时候甚至还要有军事顾问和武术指导等。没有哪门艺术能像影视艺术一样,具有如此广泛的艺术综合程度。

第七章

2. 视像性

所谓视像性即视觉性,指的是影视艺术作品以线条、光影、色彩、构图、景别、角度、运动等视觉因素的综合运用来带给人们某种视觉感受,传达某种视觉信息。镜头是电影语言中最基本的术语,指的是用摄影机或摄像机拍摄下来的一个画面,影视作品的视像性体现在镜头的运用上,通过镜头的组合运用形成运动画面。

从景别上看,镜头有全景镜头系列和近景镜头系列,全景镜头系列包括远景镜头和全景镜头,主要是为了抒发情感和渲染气氛;近景镜头系列包括中景、近景和特写镜头,对容貌、神态、衣着、动作等进行细致刻画,以表现情感交流,揭示人物内心活动。这些内容与摄影艺术中的景别划分没有什么不同,只是在电影镜头中没有人物,而只有景或物的空镜头也同样有意义。从镜头的拍摄角度看,有平视、仰视、俯视、正拍、侧拍、反拍等镜头,不同拍摄角度所体现的意义和所传达的信息都不同,褒与贬、颂扬与贬低、赞美与丑化等都可以用不同的视角来表现。电影镜头主要是运动镜头,静止画面并不多,从镜头的运动来看,有推、拉、摇、移、跟等各种运动镜头,这些运动镜头与景别和视角的综合运用组成丰富多彩的连续画面,运动镜头是影视艺术作品最具表现力的视觉画面。

影调、线条和色彩是所有视觉艺术形象的基本构成要素。影调由光线照射的明暗面积所决定,有高调、低调之分。在影视作品中,影调可以制造情调、传达某种情绪,表现创作者的主观意图。不同影调的运用既可以体现在单个镜头上,也可以体现在一部影片总的情绪基调上,影响着整部影视作品的美学风格。影视作品中色彩的运用分为写实和写意两种,写实就是再现景物的色彩,写意则强调对现实世界的真实色彩进行纯化或夸张,以取得纯视觉的色彩效果,甚至可以根据创作者对事物的理解和创作意图赋予世界以主观色彩。写意的色彩运用可以用于全片的总色调,也可以仅仅用于某一场景,还可以依据某个叙事单元而定,比如回忆幸福童年时光的倒叙场景就可以采用不同于其他场景的梦幻般金黄色调。影视作品色彩运用有两个层面的要求,基本要求是形式美,表现力是更高层面的要求,通过运用各种具有情感倾向的不同色彩作为隐喻手段,甚至可以用彩色与黑白的交错运用来制造隐喻效果,传达特定意义。

影调、线条和色彩都是由光线的照射产生的,光的运用是影视视像性的核心,影视用光可以从光源、光位、光种、光比、光效几方面来体现。光源依据不同性质可分为自然光和人工光、直射光与散射光、低色温光源与高色温光源。其中,光源色温代表不同的光谱分布,以开尔文度 K 为单位,3200K 以下为低色温,呈现暖色调,5600K 以上为高色温,呈现冷色调,两者中间值大致为正常色温。光位指的是以拍摄方向确定的光照角度,分为顺光、逆光、侧光、顶光和脚光。光种有人物造型光和场面造型光之分,人物造型光有主光、副光、轮廓光和修饰光,等等,用以修饰和塑造不同的人物形象。各种不同用光方式的综合衡量和运用形成不同的影调效果和色彩表现,传达各种主观情感体验,体现影视艺术作品的不同艺术风格。

影视构图不同于绘画和摄影艺术构图之处,在于它是静态构图与动态构图的结合。构图的艺术要求在于以和谐完善的空间形式来呈现主体与环境的结合,并在构图所营造的意境和氛围里展开情节,影视构图既要有形式上的纯粹视觉的美感原则,也要有服从于影视作品主题需要的内容上的原则,包括叙事、表意和维护整体。影视构图不仅要遵守多样统一、均衡与对比、透视与纵深等形式法则,还要在动态和变化中运用这些形式法则,做到动态构图与静态构图的统一、封闭性构图与开放性构图的统一。影视构图以其多种表现手法形成了特定的画面语言,可以独立地表达影视作品的内涵,在早期无声电影及某些纪实影片的长镜头中,就是通过用摄影机“默默地注视”人物的表情和人物的活动,在长时间的无声镜头中传达影视主题,在让人拍案叫绝的同时留下了非常深刻的印象。

3. 组接性:蒙太奇与长镜头

所谓组接性指的就是影视作品是由各种场景组接起来的。在影视作品的制作中,首先要完成分镜头的拍摄制作,然后按照原定的创作构思把分镜头组接到一起,“使其通过形象间相辅相成的关系,产生连贯、呼应、悬念、对比、暗示、联想等作用,从而形成各个有组织的片段、场面,直至一部完整的影片。”这是《辞海》对电影蒙太奇所做的概述,影视作品的组接性指的就是蒙太奇。蒙太奇来自于法文 Montage,原义为构成、安装,用在电影理论上,意为影视镜头之间的构成和组合。在影视艺术中,蒙太奇不仅具有结构性的功能,决定着影视作品的整体结构和节奏,而且在影视作品中起到“语法修辞”的作用,是影视艺术的基础和最基本的思维方式。

蒙太奇可以分为叙事性蒙太奇和表现性蒙太奇。叙事性蒙太奇是按照时间进程和事件的逻辑顺序来组接镜头的艺术方法,是影视艺术最基本的叙事手法,应用这类蒙太奇进行组接的影片,其总体结构必须是叙事结构,镜头切换服从于叙事逻辑。叙事性蒙太奇包括连续蒙太奇、平行蒙太奇、交叉蒙太奇、跳接蒙太奇、重复蒙太奇及声画蒙太奇等。表现性蒙太奇主要是通过镜头组接来加强艺术表现力和感染力，以表现创作者的主观意图。表现性蒙太奇包括理性蒙太奇、抒情蒙太奇、对比蒙太奇、隐喻蒙太奇、心理蒙太奇和联想蒙太奇等。蒙太奇的作用主要体现在以下几方面：一是操纵时空。这个作用使影视作品的叙事在时间空间的交叉和跨越上获得极大自由，可以通过时空自由转换来制造紧张的悬念，也可以拉近相隔遥远的事物使其产生逻辑上的联结，还可以压缩或者延长生活中实际的时间而造成"影视时间"。蒙太奇这种操纵时空的特点使其能够最有效地提炼生活，高度概括最具感染力的生活片段，把一部结构紧凑表现力强的叙事音画呈现给观众。二是创造节奏感。可以根据情感表达的需要来控制影视的节奏，使其或舒缓、或紧凑、或凝重、或激烈，使观众的情绪和情感随之起伏。三是产生特殊的艺术效果。运用蒙太奇将镜头画面和各种声音效果加以综合，能够产生多种特殊的艺术效果，从而增强影视艺术作品的表现力。

长镜头可以看作是一种特殊的蒙太奇，是对蒙太奇理论的补充和完善。所谓长镜头指的是在同一个镜头里不间断地表现一个事件或者同一个场面，以此来保持剧情空间的完整性和真实的时间流程。与蒙太奇对时空进行分割处理的做法相对应，长镜头追求的是时空相对完整统一。蒙太奇强调的是叙事性，决定了导演在电影艺术中的自我表现，而长镜头从纪录性和写实性出发，主张对摄入镜头的事实不做任何人为的解释。长镜头理论强调电影的照相本体属性和记录功能，强调生活的真实性，对蒙太奇之类的电影表现手法持贬低态度，从而形成一种不同于蒙太奇的独特纪实风格，其特点在于创造完整的时空，再现了现实事物的自然流程，保证事件的时间进程受到尊重，让观众看到现实空间的全貌和事物的实际联系。

4. 技术性

所谓技术性，指的是影视艺术作品是一门与科学技术紧密结合的艺术。一方面，影视制作不仅依赖于各种摄录设备和剪辑编辑设备，而且也需要相关的各类其他技术，包括演员化妆道具、专业场地、调音录音、灯光照明等，都需要专业设备设施，需要专业技术人员参与其中；另一方面，现代科学技术的发展从根本上推动着影视艺术的发展进化。从过去的黑白胶片摄影、彩色胶片摄影到磁带电视摄像，再到当今数码技术在影视制作中的广泛应用；从无声电影到有声电影；从使用接片机进行影片剪辑，到运用线性编辑机对录像磁带进行剪辑,再到今天数码影视的非线性编辑机;从过去用胶片合成的简单特技镜头到今天用电脑制作的高级影视特效，影视艺术随着科学技术的发展而不断呈现新的面貌,增添新的内容。

不过,现代科学技术的发展,特别是数码影像技术的发展,也使影视艺术得以落户于寻常百姓家。一台普通电脑,甚至一部手机就可以制作简单的影视作品,从而圆了很多电影爱好者的影视梦,同时也给教师运用影视手段辅助教学提供了方便。只要有一台中等配置的电脑,安装一款非编软件,基本上就可以制作自己的教学影片。

(三)高校思政课运用教学影片的意义

1. 真实性

影像教学呈现给学生的是真实的人物和真实的历史场景，尽管教师口述的历史也是真实的、负责任的,但毕竟不如身临其境的感受更让人震撼，更让人印象深刻。语言作为一种交流和传播手段,所传达的只是听觉信息,而教学影片所传达的是全方位的信息,既包括听觉信息也包括视觉信息,听觉信息加上视觉信息并不像一加一等于二那么简单，视觉信息与听觉信息的综合作用会使人产生丰富的联想,激活人的创造思维机制,从而更好地消化理解教学内容。当一个百年前已经作古的人物活生生地呈现在眼前的时候,从他的音容笑貌中我们可以感受到许多此前不曾有过的东西,触发很多此前不曾有过的联想。这就是真实的魅力,只有影像才可以实现。

2. 权威性

影像是人们眼见的真实,很难用技术手段进行伪造,应该是没有任何虚假成分在里面的,影像资料的呈现比众口相传更具权威性。在教学活动中,运用影像资料摆事实、讲道理具有更好的说服力,任何所谓权威性的结论都没有影像更有发言权。虽然影像本身也会涉及如何客观地记录事实的问题,也可能会有水分和掺假,但毕竟是生动鲜活的事实摆在人们眼前,容不得人们有更多的质疑。权威性是教育的前提,特别是思想政治理论教育的前提,学生愿意接受思想教育是建立在对教师信赖的基础上，而影像作为重要的教学手段,其反映客观世界和描述客观事实的权威性,对于师生之间信赖关系的建立发挥着非常重要的作用。

3. 启示性

影像的播放会引起人们的视觉思考。影像资料中鲜活的生活场景很容易使人浮想联翩,甚至超越影片本身的论说范围,使人获得更广泛更深刻的生命智慧和生活启示。此外,即使是专为教学活动制作的影片也不可能是干巴巴的教学纲要,而是一种包含着文学性和艺术性的艺术创作,是有血有肉的教学艺术作品,是围绕一个主题思想而展开的多维思想空间,一部优秀影视作品的启示性远远超过自身论题所及。思想政治理论教育本质上是解放思想、追求真理,多媒体影视教学以感性的视觉影像信息作为认识的基础,在从感性认识到理性认识的过程中,不断提升认识高度、升华思想境界,使学生在视觉的感悟和思想的自由徜徉中获得真理的启示。

4. 时空感

在多媒体影视教学中,学生所接触到的都是在日常生活中很难接触到的内容,突破了时间和空间的限制,实现了从过去到现在、从此地到广阔大千世界的时空跨越。影视教学以大跨度的时空跨越突破了狭小的视野,使人的思维呈现发散式的扩展,有利于在联想的基础上产生创造性的思维,激发主动思考的思维方式,有益于学生提出并思考更多的问题。影视教学使人真切地感受到历史的沧桑变迁,在蒙太奇的时空跳跃和组接中纵览社会人生,在平凡与伟大、渺小与宏伟的瞬间切换中产生顿悟,使思想政治理论课的教学呈现诗意化的境界,从而帮助受教育者实现思想感情的升华。影视教学也可以把人带回往昔岁月,在时空交错的生活体验中抚今追昔,把握住连接传统与现代的精神纽带,在触摸历史中感受当代人的自信。思想政治理论教育历来注重把历史的传承作为教育的依据,跨越时空的影像叙事使历史的呈现更加丰富生动,更有立体感。

5. 代入感

所谓代入感,就是指人们在观看影视或文学作品中,产生了一种自己代替小说中的人物身临其境的感觉。人们会情不自禁地将自己置身于影视情节中,设想假若自己身处其中会怎样,从而不自觉地站在影片的立场想问题。故事影片如此,纪录影片和教学影片也是如此。教学影片的采用,使学生很容易在情感上融入影片所营造的情境中,以"我"的立场来替代影片的视角,与影片的内容和情节同呼吸共命运。这样,就有助于被教育者主体意识的确立,使学生以主体的身份和地位接受教育内容。

总的来说,多媒体影视教学是高校思想政治理论课多媒体教学的重要组成部分,尽管只是一种辅助教学的手段,但其对于思想政治理论教育的作用是不可轻视的。

二、多媒体影片在高校思政课教学中的运用

(一)多媒体教学影片的分类与格式

1. 高校思想政治理论课多媒体教学影片的分类

高校思想政治理论课教学影片的来源很多,包括公开发行的音像出版物光盘、网上下载的各种影视作品,也包括教师自己剪辑或制作的教学短片,甚至还包括教师亲自拍摄制作的影片。从时长来看,由于教学影片起到的是教学辅助作用,主要运用于一个教学单元中的某个教学模块或知识点,并不需要很大的知识容量,所以大都是5~8分钟左右的教学短片,当然个别情况下也有时长较长的影片。

与高校思想政治理论课相关的教学影片大体上可以分为论说类教学影片、新闻史实类教学影片、哲理类教学影片、故事类教学影片(包括故事片剪辑和教学情景剧等)、艺术抒情类影片和教学微课等。教学情景剧包括心理情景剧、伦理情景剧和法律情景剧等,在高校思想政治理论课教学中主要运用于法律基础和思想品德修养课。当然,也曾有讲授中国近代史纲要课的老师化装成道光皇帝,以情景剧的方式讲述历史的事例,但一般来说,教学情景剧主要是随堂表演,并不需要拍摄成教学影片。微课本身就属于浓缩版的课堂教学视频,是为学生自主学习而开发的教学形式,主要运用于网络课堂。严格来说,微课并不属于教学影片之列,甚至也从来没有被定义为教学课件,并不在本书的研究范围之内。所以,运用于课堂教学的多媒体影片主要包括论说类、新闻史实类、哲理类、故事类和艺术抒情类。

(1)论说类教学影片

这类教学影片主要是为了配合课堂讲授来深入阐述某些理论观点,以感性直观的形式突出教学重点、解释教学难点,有时也可以用来替代某些本来是由教师来讲授的教学内容。相比于粉笔加板书的教学课堂讲授而言,影像教学具有明显的优势。首先,教学影片能够把二维图像放入时间流程来表现三维时空,可以用影视动画来展示某些原理和机制,因而能够更直观地阐

明某些较为抽象的理论。比如在马克思主义哲学原理中涉及大量比较抽象的自然科学知识,而介绍和普及自然科学知识的最有利手段莫过于影视。另外,对于以思辨作为唯一研究手段的哲学来说,利用影视效果可以使教学更加感性直观、通俗易懂,有利于处理好教学难点问题。其次,教学影片是精心制作的影像作品,而且有些教学影片是正式出版发行的,经过权威部门的审查和有关专家的肯定,往往能够给人一种权威性的心理暗示,有助于学生的信任和接受,配合课堂讲授播放与此相关的教学影片有助于突出教学重点,使学生加深印象。此外,教学影片叙述简练、逻辑清晰、层次分明,比教师反反复复、啰里啰嗦的课堂讲授显得更为精炼,让人耳目一新,等于是换一个角度,以一个新的切入点来思考问题,有助于学生更好地理解教学内容。

有些论说类的教学影片教师可以自己动手制作,但有些高质量的论说类教学影片制作比较复杂,甚至是一些影视公司的大制作纪录片或多集政论片,包含了很多实地采访镜头和复杂的三维动画镜头,画面和声音效果都非常卓越。制作这类影片不要说对于教师个人而言,即便是有些专业影音工作室也难以承担,对于课堂教学只能是从这些记录影视作品中剪辑片段来用。

(2)新闻史实类教学影片

包括新闻类和史实类两种教学影片,新闻类教学影片是反映社会现实的教学短片,可以是当今时代的新闻,也可以是过去某个时期的新闻,以提出问题为目的;而史实类教学影片则是反映过去发生过的事情,以再现历史事件为目的。两类影片的共同点是,它们所记录的都是实际发生的真实事件,在教学中的作用都是讲述事实。两者的不同之处是,新闻类教学影片是现在完成时态或过去完成时态,要具备新闻的五要素,其着眼点是让人们关注某一个社会问题,在课堂教学中的作用是导入课程、引起话题,或者引发热点问题讨论。史实类教学影片则是过去进行时态,是让学生从头至尾关注历史事件的全过程,要反映当时的社会风貌、再现当时的生活场景、揭示当时的社会矛盾,让学生通过历史镜头来了解当时人们的精神状态、感受生活的苦难、透视各个阶层的追求,并通过这些历史事件对当时的社会有一个感性的、全方位的了解。史实类教学影片除了以历史事件导入课程之外,本身也可以作为教学内容,放在正常的课堂讲授中作为教学内容的佐证材料。

这两类教学影片的来源各不相同,当代新闻的影像资料主要是来自于网上下载的视频新闻,经过简单的剪辑加工后用于课堂教学,有些较短的新闻视频甚至可以直接拿来用。过去新闻的影像资料和史实类的影像资料有的可以从互联网下载，有的则来自于市售的历史纪录片 DVD 光盘，但由于市售的历史纪录片比较长，所以必须要进行剪辑，制作成适合课堂教学的短片。当然如果有条件，教师也可以自己动手制作史实类的教学影片，倾注了自己心血的自制教学影片，更适合自己的教学风格，用起来也会更加得心应手。

（3）哲理类教学影片

哲理类教学影片不同于论说类教学影片，后者是对教学内容进行阐释和论证，其内容本身就是教材体系的一部分，而哲理类教学影片是教学内容的引申和扩展，是教师针对教学内容而抒发的感慨，是与教学内容有关的人生感悟，一般来说，哲理类教学影片是作为教学花絮或题外话而存在的。

高校思想政治理论课作为信仰和意识形态教育，一方面要把教材体系的内容按照教学大纲的要求讲深讲透，把基本原理、历史事实、知识框架等内容完整地教授给学生；另一方面也要经常结合自己的知识积累和人生体验把话题引向深入，或者在完成教学计划的过程中插入一些临时性话题，从更广阔的视角看待同一个问题，从而给学生以更深刻的人生启迪。这些在教学过程中临时发挥的"题外话"往往具有很深的哲理性，不仅能够开拓学术视野，以画龙点睛之笔引起学生深深的思考，而且从课堂教学的结构和流程上看，这些话题本身往往还是承上启下联结各个知识点和不同教学模块的过渡性话题，一个有经验的教师会巧妙地驾驭这类话题进行教学内容的转换和过渡，游刃有余地控制课堂教学的节奏，使学生始终保持高度的专注。这类饱含哲理性的话题与教学密切相关，却又不全是教学内容，如果制作成一部教学短片，就是我们所说的哲理类教学影片。

哲理类教学影片在课堂教学中具有结构性意义，虽然也可以用来导入课程，但更多的是用于联结各个教学模块，或者被用作完成一部分教学内容后的结尾处理，这种结尾方式犹如书法中以藏锋收笔，使教学含蓄隽永藏而不露，令人回味无穷。哲理类教学影片一般都是教师以教学中的点滴感悟为灵感自己创造制作的精品，是教师长期教学积累留下的教学成果，也是教师个性化教学的体现。

（4）故事类教学影片

前几类教学影片都可以归属于纪录片的大类（严格来说，科教片也算是纪录片），与这几类教学影片完全不同的是，故事类教学影片完全是以虚构的剧情传达教育内容，使学生在曲折的故事情节中了解历史事实、掌握知识内容。

尽管故事类教学影片的情节都是虚构出来的，但这并不影响其在一定程度上反映客观真实性，只要它以真实的社会生活为背景，故事情节构思得合乎情理，即具备"文学的真实性"，就能够适合教学所需。因为思想政治理论课课堂教学所需要的影像资料是多角度和多用途的，有时需要一个完全真实的事例，但在很多时候需要的仅仅是社会背景中所反映出来的某种社会现实。比如早期苏联故事影片《列宁在十月》中有这样一段情节：十月革命前夕，临时政府官员卢德科夫斯基以前线需要武器为名，带领一队士兵到工厂收缴工人武器，但被以瓦西里和马特维耶夫为首的工人耍弄得恼羞成怒，发令让随行的士兵上前强行收缴，却没想到随着一声汽笛声，大批工人手持步枪冲出来将他们团团包围，最后只好狼狈地逃出了工厂。这段充满戏剧色彩的电影片段尽管是虚构的，却说明一个问题，俄国十月革命与中国革命有着重大的不同，俄国工人手中是有枪杆子的，武器是工人的私人物品，而中国革命是手无寸铁的人民面对武装到牙齿的敌人，因而不可能像俄国革命那样适用于城市武装起义，城市中心论不适合中国国情。这段影视资料从一个侧面佐证了农村包围城市革命新道路理论对于中国革命的正确性，在中国近现代史纲要和毛泽东思想概论等课程中都可以使用。

故事类教学影片不仅娱乐性强，更容易让人理解和接受，而且有些影片本身就具有强烈的批判性和政治倾向性。比如喜剧大师卓别林自导自演的《摩登时代》就是一部反映20世纪30年代美国社会现实的喜剧片，影片以独特的视角反映了资本主义走向垄断的时代大量无产阶级沦为机器文明附庸的社会现实，以辛辣犀利的讽刺揭示出工人遭受资本的欺压，被榨尽最后血汗的悲惨命运。片中有一段人被卷入巨大齿轮中的镜头(图7-1)，在带给人强烈的视觉冲击的同时，也会让学生深刻体会到工业社会"人性异化"的含义，这段影片剪辑在高校思想政治理论课多门课程中都可以运用。

(5)艺术抒情类教学影片

高校思想政治理论课的多媒体课堂教学是多种教学手段的综合运用，在展示某些重大历史场景的教学中，也可以运用一

图 7-1

些艺术抒情类的教学影片来渲染气氛并"加重分量"。比如,1949 年新中国成立的开国大典是共和国的盛事, 与此相关的教学内容除了包括新民主主义革命伟大胜利的历史经验和意义等内容之外, 也包括介绍新中国开国大典的空前盛况。但一般地介绍并没有多大意义,播放一段毛泽东主席宣告中华人民共和国中央政府成立的场面也显得有些平淡,在这种情况下,不妨换一个角度思考问题,运用一部艺术短片来渲染气氛往往会收到很好的效果。笔者曾经制作了《红旗颂》的 MTV 作品,《红旗颂》是作曲家吕其明于 1965 年创作的音乐交响诗,所描述的正是新中国开国大典,在这部 MTV 教学短片中,伴随着《红旗颂》辉煌的旋律和各段情节的展开,交替出现开国大典的镜头和人民革命斗争的真实历史镜头, 让人在为新中国感到自豪和欣慰的同时,也体验到革命历程的艰辛和人民革命的伟大,千般感受凝结在短短的几分钟,使这部分的教学有了"重量感",不再是轻飘飘的了。

此外,有些当代学生没有经历过的历史事实,也可以用艺术类的影片来展现,音乐、舞蹈、相声、快板、喜剧小品等各种艺术形式只要运用得当,都可以拿来当作教学影片。

2. 高校思想政治理论课多媒体影片的视频格式

所谓视频格式其实就是一个封装容器,是把视频、音频、字幕、章节信息等各种多媒体内容打包封装在一起形成的文件, 不同的视频格式其实就是不同的播放标准,以视频文件的扩展名来表示,供视频播放软件识别并同步播放被封装其内的音、视频等文件。多媒体视频的分类不光是取决于视频的格式,更取决于被封装在这种格式中的音、视频文件,特别是视频文件的编码方式。

说起视频格式,几乎所有人都有一个共同感受:乱! 这是由各种不同标准的音、视频编码与不同封装容器的排列组合造成的。

我们先看一下视频和音频编码的分类:

所谓视频编码方式就是指通过特定的压缩技术, 将某个视频格式的文件转换成另一种视频格式文件的方式。目前视频编码方案有很多,呈现出百家争鸣的局面,最常见的视频编码有:

MPEG 系列:是国际标准化组织的标准,包括 MPEG–1(分辨率352*288,VCD 使用),MPEG–2(包括分辨率为 720*480 的 NTSC 制和分辨率为720*576的 PAL 制两种,主要用于 DVD 使用),还有 MPEG–4(大大提高压缩比,质量堪比 DVD)。

DIVX：基于 MPEG-4 开发的，有一定算法优化。

XVID：DIVX 技术封锁之后被人破解开发的，也是基于 MPEG-4 的编码，技术更先进，采用开放源码，画质更好。

VC-1：微软公司开发，也是高清视频编码的重要一员。

H.26x 系列：包括 H.261、H.263、H.263+、H.264，其中 H.264 也叫 MPEG-4 AVC（MPEG-4 第 10 部分），最新标准是 H.265。这是国际电联和国际标准化组织合作制定的视频编码标准，它集中了以往标准的优点，目前属于高清编码中最重要的一员。

RV 系列：包括 RV.10、RV.13、RV.20、RV.30 和 RV.40，这是由 Real-Networks 公司推出的应用于网络的高压缩编码，是不同时期的 RM 和 RMVB 格式视频文件的编码。

音频编码可以有波形编码、参数编码和混合编码三种类型，编码格式有 PCM、WAV、WMA、ADPCM、LPC、MP3、AA、和 CELP 等。在这些多媒体音频编码中，PCM 属于波形编码，被认为无限接近于无损编码，与其他编码相比能够达到最高的保真水平，但体积较大不便于传送。其他编码都不属于无损编码，但在 Windows 平台下，基于 PCM 编码的 WAV 是被支持得最好的音频编码格式，所有音频软件都能完美支持，由于本身可以达到较高的音质的要求，因此 WAV 是音乐编辑创作的首选格式，适合保存音乐素材。除此之外，目前最常见的音频格式有 MP3、AC-3、ACC 等，其中 MP3 格式由于体积小音质好而得到广泛应用。AC-3 是杜比公司 1992 年推出的数字立体环绕声技术，主要用于 DVD 影片。ACC 是 MPEG-4 中的音频标准，也是目前比较先进的音频编码技术，可以支持多达 48 个音轨，在压缩比高达 18:1 的情况下尚能够保持较好的音质。

下面我们看看视频和音频文件封装在一起的视频格式：

视频格式可以分为适合本地播放的本地影像视频和适合在网络中播放的网络流媒体影像视频两大类。

流媒体即边传输边播放的媒体形式，目前网络流媒体影像视频的格式有很多，比如微软公司的 ASF、WMV、ASX，RealNetworks 公司的 RA、RM、RMVB，Apple 公司的 MOV 和 M4V 等，此外还有手机视频格式 3GP、Flash 的视频格式 FLV，等等，流媒体视频可以在网络上广泛传播，被广泛应用于网络视频点播、远程教育、网络视频广告等互联网信息服务领域。但一般而论，其音画质量达不到本地视频的水平。本地影像视频则是放在电脑上播放的视频文件,画质和音质都很好,但体积较大不能在网上播放。

多媒体课堂教学视频对画质的要求较高,因此用得比较多的是本地影像视频,但也有些流媒体视频的画质和音质较高,并不逊色于本地视频,而且有些影像资料只能来自于网上,不得不采用网上下载的流媒体格式。一般来说, 在高校思想政治理论课多媒体教学中经常用到的视频格式不外乎以下几种:

MPEG:MPEG 是 Motion Picture Experts Group 的缩写,泛指由"运动图像专家组"制定的一系列视频编码标准,但也可以认为是一种视频格式,包括MPEG-1、MPEG-2 和 MPEG-4 在内的多种视频格式。如前文所述,MPEG-1用于 VCD 制作,封装格式为 DAT;MPEG-2 用于 DVD 制作,封装格式为VOB。目前,MPEG 系列标准已成为国际上影响最大的多媒体技术标准, 其中MPEG-2 不仅应用于 DVD, 而且在高清晰电视广播和一些高要求的视频编辑、处理上面也有相当多的应用, 而 MPEG-4 Part 14 即为大家所熟知的MP4 格式,目前在多媒体教学应用中已经逐渐成为主流。

AVI:AVI 是 Audio Video Interleaved 的缩写,由微软发表的视频格式,调用方便、图像质量好,压缩标准可任意选择,是应用最广泛、也是应用时间最长的格式之一, 我们用 Premiere 或者会声会影制作的影片都可以保存为AVI 或 MPEG2 格式。目前非常流行的数码摄像机记录视频数据所用的 DV格式扩展名就是.avi。

MOV:MOV 是 Quick-Time 的数字视频格式,具有跨平台、存储空间要求小等技术特点,画面效果较 AVI 格式要稍微好一些,能被多种多媒体编辑及视频处理软件所支持。

ASF:ASF 是 Advanced Streaming Format 的缩写, 是微软公司为了和Real-Networks 公司竞争而发展出来的一种可以直接在网上观看视频节目的文件压缩格式,它的图像质量比 VCD 差一点点,但比同是视频流格式的 RM 格式要好。

WMV:WMV 是微软推出的一种流媒体格式,与 ASF 格式是"源出同门",在同等视频质量下,WMV 格式的体积非常小,因此很适合在网上播放和传输。

3GP:3GP 是一种 3G 流媒体的视频编码格式,主要是为了配合 3G 网络的高传输速度而开发的,是手机中最为常见的一种视频格式。其特点是网速占用较少,但画质较差。随着手机 5G 时代的到来,手机视频流的传输也将日益获得改善。

第七章

Real Video:Real Video(RA、RAM)格式是视频流技术的始创者,可以在网上实现不间断的视频播放,当然这是以牺牲图像质量为代价的,RA 和 RAM 大概是图像质量最差的格式了。

MKV:MKV 全称为 Matroska,是一种新型多媒体封装格式,可把多种不同编码的视频及 16 条以上不同格式的音频和语言不同的字幕封装到里面,封装功能非常强大,几乎是万能的媒体封装容器,目前已经成为网上下载的各种高清视频文件的主流,其开发目标就是取代老的媒体封装格式,如 AVI。Matroska 影音文件的扩展名是.mkv,目前各种主流非线性视频编辑软件都不支持这种格式的文件,只能转换成 AVI 或 MPEG2 格式进行编辑制作。

FLV:FLV 是 Fash video 的简称,FLV 流媒体格式是随着 Flash MX 的推出发展而来的新型视频格式。由于它形成的文件极小、加载速度极快,已经成为当前视频文件的主流格式之一,目前各在线视频网站均采用此视频格式。近年来,一种更小更清晰的 F4V 格式已经逐渐取代了传统 FLV,也已经被大多数主流播放器兼容播放。F4V 和 FLV 主要的区别在于,F4V 支持 H.264 编码的高清晰视频,在同等体积下能够实现更高的分辨率,并且播放更加流畅。

RMVB:RMVB 的前身为 RM 格式,但比上一代的 RM 格式画面要清晰很多,原因是降低了静态画面下的比特率,具有体积小、画质也还不错的优点。但很多非编软件并不支持 RMVB 格式,要对其进行编辑制作首先要进行格式的转换。

TS:TS 是日本高清摄像机拍摄下进行的封装格式,是一种新兴的高清封装格式,全称为 MPEG2-TS。TS 即"Transport Stream"的缩写,MPEG2-TS 格式的特点就是要求从视频流的任一片段开始都是可以独立解码的,目前已经成为世界标准,并广泛应用于电视台数字播放、手机等各个领域。

除了这些视频格式之外,以.swf 为扩展名的 Flash 动画也可以算作是一种教学影片,但 Flash 动画最擅长的是矢量动画,与 AVI 等其他采用点阵方式描述画面的方式不同,矢量动画尽管格式较小,但可以无限放大而不失真,虽然损失了画面细节,只能用于卡通动画制作,不适合真实画面的表现,可以用来展示某种原理和机制,或者以可爱的卡通形象制造某种娱乐气氛,但不能再现真实生活场景。一旦将其他视频格式转换为 Flash 动画,窗口放大就会严重模糊不清,所以对于思想政治理论课多媒体教学来说,实际应用并不是很普遍。

介绍了这么多,相信大家的头早就晕了,这也说明了运用多媒体影片进行教学最大的困难就是视频格式的混乱,岂止是混乱,简直是乱得一塌糊涂。不同的视频格式需要不同的播放器来播放,不同格式的视频进行剪辑制作,也需要进行视频格式的转换,这些都给多媒体教学影片的应用增添了很多困难。但办法总是有的,要解决困难需要亲自动手实践,在实践中摸索属于自己的解决方案。

(二)运用多媒体教学影片的目的和原则

对于高校思想政治理论课的多媒体教学来说,教学影片的运用具有特殊的意义,是多媒体教学的闪光点。教学影片不仅能够让教学活动更活跃,而且可以展示不同时期重要的历史事实,具有直观、生动、感染力强等特点,可以很好地把学生吸引到教学活动中来,但多媒体教学影片的运用必须要明确教学目的,并且要讲求原则。

1. 运用多媒体影片所要达到的教学目的

第一,要有助于形象生动地阐述某些较枯燥或较难懂的理论观点。有些较为枯燥或难懂的理论观点,如果仅凭语言来讲授,教学效果不会很好。而教学视频中的技术手段则可能使枯燥的理论变得有趣味,或者使某些较为艰深的理论变得更加通俗易懂。比如在马克思主义哲学原理的教学中,用这类影片来阐释具有较抽象时空感的某些原理,会令学生更容易领悟和接受思辨性很强的哲学概念。另外,有些内容虽然并不是很难理解,但是相对比较枯燥,学生接受起来会比较困难,如果采用教学影片来进行辅助教学,效果就会好得多,毕竟播放教学影片比干巴巴地口述要更加生动、更有趣味,因为教学影片是经过出品人精心制作的,往往采用生动的事例说明问题,生动而真实的现场镜头画面、严密而清晰的影片逻辑结构、富于文学性和哲理性的解说,再配以如临其境的背景音乐,教学效果要远远好于教师平铺直叙,甚至要好于运用静态多媒体课件的讲授。

第二,能够再现真实历史,使人身临其境地感受不同时代的社会氛围。政治理论的教学离不开历史背景的烘托,而口述历史与目睹历史真实场面的教学效果差距是很大的。当代大学生大多在读图时代成长起来,对视觉信息的敏感性要多于文字,因此视觉上具有差异性的东西最容易吸引他们的注意、激发他们的兴趣。特别是某些珍贵的历史镜头,凝聚了历史发展精彩的"决定性瞬间",能够给人以强烈的视觉冲击,让人充分地感受当时的社会氛围,并陷入深深的思考。而影片中以时空交错形式所展示的历史跨越,又会把时代的变迁和历史的沧桑展现给学生,使他们在慨叹中心生对革命先辈的敬畏,在不知不觉中感受到历史的庄严和奋斗的崇高。

第三,有助于陶冶情操,让学生在影视艺术特有的氛围中受到强烈的感染。在政治教育中贯穿艺术和美,可以陶冶美好的情操,使学生在共同欣赏艺术作品的良好氛围中受到感染,从而有助于增强教育的效果。这类影片可以是科教片,也可以是纪录片,甚至可以是表现思想政治教育内容的音乐艺术片 MTV,这些影片既可以单独播放,也可以作为教师讲课的背景。其作用可以看作是整个"教学行文"中的抒情部分,内容既可以是反映政治内容,激发爱党、爱国、爱人民的高尚情感,也可以是反映大自然美好、有助于提高生态文明修养,还可以是赞美平凡生活、颂扬人间真情。美的意境可以带来美好的心境,美的陶冶可以培育出美丽的心灵,教学影片除了传递知识,还以其审美性和艺术性承担着以美育人的任务。

2. 运用多媒体教学影片应该遵循的原则

第一,适当性原则。教学影片是课堂教学中的精华部分,教师对于影片的播放应有"惜墨如金"的精神,使其成为课堂教学的点睛之笔。教师应该明白,自己毕竟不是在主持娱乐节目,应该"寓教于乐",而不是让学生"乐不思学"或"乐而忘学"。尽管有些学生经常要求"放片",但是一旦为了迎合学生真的这样做了,反而得不到学生的好评,甚至会给人以"大学政治课就是放电影"的误解。教师绝不能低估了学生,我们时刻不能忘记:学生是来求知的而不是来看电影的,影片到处都有,然而老师所讲授的每一节课都是他们的"唯一",青年学生正是吸收知识、渴求思想的时候,需要的是思想、知识和学问的"大餐"。而不合时宜地播放影片,无疑是在"错误的时间、错误的地点"做出的"错误行为",是在破坏自己的课堂教学。多媒体课堂教学一定要有计划地安排影像信息的运用,如果我们把教学影片当成"万能膏药"乱贴,那就不仅是浪费教学资源,而且会喧宾夺主,使影片成为扰乱学生思想的影像垃圾。

第二,有效性原则。所谓有效性,指的是教学影片的运用必须产生相应的教学效果,否则即为无效运用。在这一点上有两方面的问题:一是影像内容是否有效。影像的最高价值在于具有视觉冲击力的现场镜头,要用视觉语言来说话,不具备这些条件的影像的运用是无效的。以一些重要会议和一些领导人讲话为例,有些历史会议的影片仅仅是一般性会议场面加上旁白解说,没有任何深度;而一些领导人的谈话虽然重要,却无人不知,用不着以影片来证明,播放这类的影片就属于无效运用,而这些恰恰是思想政治理论课教学影片运用中常犯的错误。二是运用方式是否有效。影片的运用要结合教学的需要,还要顾及学生注意力集中的情况。一般来讲,课堂播放视频的时长不要太长,也不要运用得过于频繁,因为外界信息引发人们注意是有条件的,即新异性、对比性、变化性和刺激的强度等,单一的感官刺激持续时间过长会导致大脑皮层的抑制和疲倦,一旦影片分散了学生注意力,就取得不了应有的效果。

第三,有机性原则。作为大学政治课重要的课堂教学手段之一,教学影片的创作与运用不是孤零零的行为,它的使用必须与教学内容完美契合,与老师的讲授相匹配,成为课堂教学的一个重要环节。影片的播放应该是教学整体行文过程中的一部分,作为论据、论证过程或者某个话题的小结使用。同时也要追求影片运用的审美性和艺术性,追求整体布局上的文学艺术效果,不仅要求整个过程如行云流水,一气呵成,而且还要讲求起承转合,具有节奏美感,使教学影片的运用成为教学艺术。这就需要教师匠心独运、精心揣摩,使多媒体影片的运用日益娴熟和完美。教学艺术并无成法,创造性是教学艺术的生命,教学影片与课堂教学的有机结合,是高校思想政治理论课多媒体教学艺术的重要方面,需要教师具有一颗"匠心",在长期教学实践中不懈地努力和探索。

第四,美感性原则。指的是教学影片要有审美感染力,让学生在美的教学内容和教学手段的感染下净化心灵、培育高尚情操、提升思想境界,从而充分实现思想政治理论课育人的教学目的。审美性和趣味性是教学影片的魅力所在,离开这一点,影片的应用就失去了应有的意义。当今时代,由于后现代主义和非主流文化的盛行,文化艺术的发展令人感到扑朔迷离,某些冠以"先锋"之称的所谓艺术作品追求的不再是美,而是丑陋、变态、嘲讽、恶心,这些变态的所谓"艺术追求"在音乐、绘画、网络文学和影视作品中都有体现。高校思想政治理论课教学影片的选用一定要体现健康的审美追求,选择那些有思想性和艺术性的优秀影视作品,剪辑制作成教学影片,要以带给学生高尚的趣味性和向上的力量作为教学影片的评价标准,不能为了迎合某些低级趣味而丧失了基本的原则和立场。

（三）多媒体影片在课堂教学的应用艺术

1. 导入课程

课程导入是课堂教学的重要环节，是引入新知识的缘由和切入点，对于明确教学目的、吸引学生注意、激发学习兴趣、启迪学生思维有着重要意义，好的教师总是善于巧妙地运用各种方式导入新课，看似漫不经心，实则匠心独运。

思想政治理论课导入课程的方法有很多，比如问题导入法、时事热点导入法、故事导入法、图片漫画导入法、音乐导入法、温故知新导入法、联系实际导入法，还有哲学课中的寓言导入法、趣味事例导入法、生活实例导入法等。应用教学影片导入课程是多媒体课堂教学常见的做法，影片的内容和作用因课程需要而异，可以用一段时政新闻引起话题，也可以用一个问题设置悬疑，引发课堂讨论，还可以用一段历史镜头引发缅怀之情，将学生带入一定的历史情境中。一般来说，用于导入课程的教学影片都很短，两三分钟也就足够了，是名副其实的教学短片。正因为很短，所以对用来导入课程的影片要求是比较高的，首先必须是内容精炼、直奔主体，如果拐弯抹角，啰啰唆唆好半天不知道在说什么，学生思想很容易走神溜号。此外，用来导课的影片要足够精彩，要在一开始就"闪电般"地抓住学生的注意力，除了影片本身的内容精彩之外，影片的片头也要尽量简短，甚至不要片头直接播放，这与作为其他用途的教学影片是不一样的。

导课的影片有些可以从电影和电视新闻直接截取，有些则可以由教师自己制作。由于这类教学影片比较短小精悍，而且要求内容新颖、构思巧妙，有一定制作难度，所以在各种制作教学影片的比赛中，甚至可以专门为这类教学影片设立一个奖项。

2. 突出教学重点

课堂教学中，对于教学重点的处理是个值得探讨的问题，一般情况下要做到这样几点：首先，要分清主次，详略得当。在吃透教材的基础上合理调整学习内容，在内容的安排上向教学重点倾斜，对非重点的内容则可以适当简略，甚至让学生自学。其次，在时间分配上要有侧重。保证教学重点的教学时间，既要有充分的时间把课讲深讲透，也要保证学生获得深刻印象的教学时间。最后，还要围绕教学重点进行必要的知识面扩充，不仅要扩大相关的知识面,还要从不同角度来研究和剖析教学重点问题,使教学重点更加突出和丰满。除以上几点外,多媒体教学策略的运用也是突出教学重点的有效手段,这其中就包括运用多媒体教学影片来突出教学重点。

多媒体教学影片可以提供生动的影像资料论据,进一步拓宽学生的视野,有助于对教学内容的理解消化。此外,在影片播放中,场景、人物、音乐、对话、解说等影视元素综合作用于学生的感官,使其不仅能获得直观的印象,而且还会产生感官的愉悦,并以此调动大脑皮层的各个功能区域,所产生的联系记忆将会深刻且持久。当然,教学影片的运用也延长了在教学重点上的逗留时间,相应地也加深了对于此类问题的印象,对突出教学重点大有裨益。

比如,前文所提到的在苏联影片《列宁在十月》中,工人赶走前来收缴武器的临时政府官员的电影片段,在讲解新民主主义革命道路理论时就可以用来突出教学重点:为什么中国新民主主义革命要采取农村包围城市、武装夺取政权的形式? 为什么不能像苏联十月社会主义革命那样以城市为中心?根本原因在于国情的不同。关于国情如何不同的问题,教师可以充分展开、尽情发挥,问题的焦点集中反动统治阶级武装到牙齿,而广大人民群众没有任何民主权利,手中也没有枪杆子和刀把子。那么学生自然而然地就会在心里存在疑问:难道苏联劳动人民手中就有武器吗? 当然有! 这段电影剪辑一播放,学生心中的疑问立即就消除了,就像影片中瓦西里所说的那样,他们不仅有武器,而且武器是他们的"私产","一点不干别人的事,就像一件布衫和裤子一样"。这样一比较,农村包围城市革命道路的必要性立即凸显出来,而且片中围绕收缴武器而展开的矛盾冲突、工人们对两位临时政府官员的戏弄都给学生留下深刻印象,使这一段教学内容主题鲜明、重点突出,在很大程度上调动了学生的学习兴趣。

3. 解释教学难点

一般来说,运用教学影片的优势主要有两点:一是形象直观,适宜于阐释晦涩难懂的内容;二是情景交融,适宜于以实物和历史场面来营造气氛,产生教学的感染力。对于高校思想政治理论课来说,前者适用于比较抽象的马克思主义哲学课和法律基础课的难点教学,后者则更适宜于主要以历史事实进行理论教育的课程。对于哲学和法律课来说,运用包含动画和图示的教学影片,可以使很多比较抽象的时空原理及物质形态实现转化,以及复杂的法律概念和法学理论等得到较为清晰直观的阐述。而对偏重于历史的思想政治理论课来说，教学影片主要是以感性的直观调动人的情绪和情感造成心灵的震撼，使人超越个体生命智慧的局限，在感受历史的宏大的同时，产生一种神圣感和使命感，提升人的精神境界和生命智慧，进而加深对理论问题的思考。思想政治理论课运用影片教学不同于自然科学类的课程，主要的教学难点不在于某一个命题、论断或原理如何不好理解，而是如何从整体上理解和接受这个理论体系，深刻理解和领悟马克思主义中国化的历史前提，理解和掌握马克思主义中国化不同时期各理论成果之间的联系等，而这些仅靠关注局部的知识点是不够的，必须要有宏观视野和全局性的理论高度，并能体现在局部知识点的教学中，我们这里所说的教学难点，其实更多的是体现在这些方面。

此外，高校思想政治理论课的很多内容，对学生而言看似老生常谈，实则一知半解，如何从新的角度讲述这些道理，让这些"老生常谈"有新创意，深入到学生心里，才是真正的教学难点。教学影片正是把感性和理性交织运用，以视觉感受来触探理论问题，这样就做到了从新的视角切入教学主题，使学生在感到耳目一新的同时，不知不觉地对过去曾经视而不见的问题有了新认识，并顺着新的逻辑思路展开深入思考。当然，这一教学目的能否达到，还要看教学影片的水平和质量，教学影片不是万能膏药，关键还要看教师如何运用。

4. 替代某些教学内容

在高校思想政治理论课多媒体课堂教学中，有些教学内容其实完全可以由教学影片来替代，包括非重点的教学内容、过渡性教学内容、重点教学内容之前的铺垫部分或之后的收尾部分等。运用教学影片来替代这部分教学内容，可以简明扼要、干净利落地一带而过，这样有利于控制课堂教学的节奏，使课堂教学跌宕起伏、张弛有度。需要注意的是，教学影片不能应用过滥，既然用在重点内容的铺垫或结尾，重点内容的中心部分就不要再用了，一个授课单元播放一部教学短片已经足够，这个问题上没有"锦上添花"，只有"画蛇添足"，教学影片用得过滥是课堂教学中的大忌！

下面介绍一个以教学影片替代某些教学内容的实例。

这个例子是关于中国梦的教学小专题，当时设计了四个题目：1.中国梦的历史背景与前提；2.提出中国梦的意义；3.中国梦的基本含义；4.中国梦的实现途径。本来教学重点是放在中国梦的基本含义和实现途径这两部分，后来在讲课中发现，第一个题目越讲越多，简直快要独立出来自成一个专题了，大有喧宾夺主之势，而这部分内容只是为后面的内容做铺垫，并不需要说得太多。想要压缩这部分内容，却因为这部分内容非常生动而难以割舍。于是就决定将这部分内容制作成教学短片，以播放教学影片取代教师讲授，同时把原来课件中第一个题目的内容简化，主要以播放视频代替原来的讲授。这样，第一个题目就用播放影片来代替了。

5. 总结与结尾处理

课堂教学中，一般是不用教学影片来作为总结和结尾的，因为教学内容的总结和归纳要有一个学术性的准则：不能过于娱乐化，要以逻辑清晰的几个条目来概括刚讲过的内容，必须言简意赅，并且要有较强的概括性。但这并不等于说在一段教学内容结束的时候绝对不能以教学影片作为结尾处理，是否运用教学影片作为总结和结尾，要看教师准备用什么形式的总结和结尾。在课堂教学艺术中，总结和结尾也是整体教学艺术的一部分，也要讲求艺术性，也要讲求意味深长、含蓄隽永，也要有多种不同的处理方式，也要体现教师的个性风格，融入教师长期教学所积累的个人感悟。

比如在讲授 1978 年那场伟大的思想解放和党的十一届三中全会这部分内容时，就涉及这样一类问题。党的十一届三中全会实现了伟大的历史转折，由于这部分内容极其重要，在授课安排上必须加以突出，但是如果讲得太细又会使人觉得烦琐和乏味，在这种情况下，笔者就考虑把思维拓展到更广阔的空间，以艺术性的处理方式来结束这部分内容。因为这场伟大的历史转折具有承前启后的历史意义，是一个伟大时代的终结和另一个伟大时代的开启，历史大潮过后人们的感受总是复杂的，除了历史新时期到来带给人们的激动和希冀，也有以往辉煌的落幕带给人们的反思与回味，余兴未尽的人们总是希望在话题之外还能说点什么。所以笔者就设计了一段教学内容"历史的余音"，跳出历史事件本身，以较大的时空跨越来审视历史的变迁，以更开阔的视野来看待这场历史的转折，并透过社会政治的风风雨雨来窥探关于人生的哲理。开始的时候是配合课件中一系列历史图片的播放来加以解说，后来就把这段内容制作成一部具有哲理性的教学短片来辅助课堂教学。以下就是这部教学短片的解说词：

《历史的余音》

党的十一届三中全会的召开,标志着历史发生了重大转折。

毛泽东的时代,一个激情的时代过去了;

邓小平的时代,一个理性的时代开始了。

1935年遵义会议的召开,开启了毛泽东的时代!

毛泽东的时代是一个充满着浪漫主义想象和理想主义情怀的时代,是一个英雄辈出的革命时代。毛泽东在井冈山点燃的"星星之火"燎原到整个中国大地,终于燃起了中国革命的熊熊烈火,点燃了几代人心中火一样的激情。

那是一个激情与梦幻的年代,"革命"这个字眼儿使人联想到轰轰烈烈、如火如荼的浪漫生活和崇高追求,对于年轻人毕竟是太有吸引力了。

其实,革命的本意恰恰是颠覆和毁灭——颠覆不合理的旧秩序,毁灭不合理的旧世界。革命是历史前进的动力,但却是以暂时性的历史倒退为代价,革命不能无止无休地进行,在社会革命的暴风骤雨过后,就应该静下心来从事新社会的建设了。

然而,革命时代激情的残留,却成为建设时代涌动在人们心头的躁动和不安,直到造成重大的历史灾难。

我们可以把那场动荡看作是一个英雄时代的挽歌, 它最终以灾难性的结局平息了激情时代浪涛的余波。

历史的灾难总是以历史的进步为代价的,痛定思痛之后,邓小平时代终于开始了。

邓小平的时代是一个实事求是地面对中国国情、一点一滴积累社会财富的时代,也是一个在理性的社会氛围中,整个中华民族进行锐意创新的时代。

(邓小平画外音:"一个党,一个国家,一个民族,如果一切从本本出发,思想僵化,迷信盛行,那它就不能前进,它的生机就停止了,就要亡党亡国。如果现在再不实行改革,我们的现代化事业和社会主义事业就会被葬送。")

党的十一届三中全会果断地停止使用"以阶级斗争为纲"的口号,作出了把党和国家的工作重心转移到经济建设上来,实行改革开放的历史性决策,中国开始了新的伟大远征。

这是一片承载了中国人世代梦想的希望的田野，思想的解放使这片田野焕发出勃勃生机，使古老中华的沧桑大地焕发了青春，把中国推进到一个崭新的历史发展时期。

人们用辛勤的劳作编织着自己的幸福，以脚踏实地的奉献抒发着自己的豪情。中国人开始走出激情年代的躁动，走出黄土地的贫瘠，像欢快的溪流聚成滔滔江河，轰鸣咆哮着奔向大海，去拥抱那一望无际的蔚蓝色。

党的十一届三中全会成为这个新的历史时代的起点！

影片的时长是 6 分 35 秒，由于采用教学影片进行总结和结尾，因而省去了很多对历史细节不必要的赘述，使教学内容显得恢宏大气，具有宏观视野，以形象具体的历史叙事诠释了思想政治理论课的基本理论观点，更加适合宏大历史场景的讲述。影片的背景音乐是电视剧《激情燃烧的岁月》片尾曲和主题曲，让人听了顿生岁月如歌之感，也使学生能够以"在场者"的身份亲历往事。这类教学影片即前文所说的哲理类教学影片，主要是教师根据自己的教学积淀和教学感悟，并根据自己的教学需要而创作的。

6. 渲染气氛创设教学情境

教学影片在课堂教学中并不一定都有实质性的作用，有的时候也起到渲染气氛和创设教学情境的作用。所谓教学情境，是指以直观方式再现书本知识所表征的实际事物或者实际事物的相关背景，也是一种作用于学生而引起积极情感反应的教学过程。教师可以综合利用多种教学手段营造一种学习氛围，使学生形成良好的求知心理，参与对所学知识的探索、发现和认识过程。捷克教育家夸美纽斯曾说："一切知识都是从感官的感知开始的。"德国教育家第斯多惠也说过："教学的艺术不在于传授的本领，而在于激励、唤醒和鼓舞。"因此作为高校思想政治理论课教师，必须要善于运用各种情感体验渲染气氛，创设教学情境，激发学生的学习欲望。现代多媒体技术在这方面提供了充分的可能性，教学影片就是一种重要手段。

用来渲染气氛创设教学情境的教学影片主要就是前文所说的艺术抒情类教学影片。就拿课堂教学 MTV 来说，既可以用来单独播放，也可以在教师讲述过程中作为衬乐播放；既可以是有歌词的声乐作品，也可以是器乐作品，比如交响乐或民乐等。可能有人觉得器乐作品曲高和寡不容易为学生所接受，但不要忘了器乐作品也可以分为标题音乐和非标题音乐，我们用在课堂教学的音乐当然是具有政治内容的标题音乐,主题都非常鲜明,很容易引起学生的共鸣,特别是和镜头画面结合起来之后,简直可以说就是一篇音乐故事,令人深深地沉浸其中。一般来说,思想政治理论课所创设的教学情境要与体现主流意识形态"宏大叙事"的话语体系相匹配,以庄严神圣的气氛来烘托政治思想教育红色主题的革命性和人民性。

除了艺术类的教学影片之外,在教学中恰如其分地插入一些历史人物和领导人的重要论述、历史宣言等视频片段,也是多媒体教学影片运用中经常遇到的情况,这些视频片段既可以被看作是理论教学中的名言引用,又可以看作是"教学行文"中的抒情部分,起到渲染气氛、升华主题、调整节奏、烘托教学的作用。但要注意的是,这类应用在操作上必须做到流畅地点击播放,要做到看似漫不经心、实则设计精巧,把画龙点睛式的精彩视频片段完美契合到教学中。从技术应用的角度来看,要求多媒体课件必须能够导入并且顺利播放这种影片格式,把影片放在页面上打开。在各种课件工具中,最新版的 PPT 和 WPS 都能轻松做到这一点,但对于 Authorware 来说就比较困难,这不能不说是 Authorware 的一个遗憾。

三、高校思政课多媒体影片的创作艺术研究

(一)影片制作工具及影片素材研究

1. 影片制作工具

制作多媒体影片需要用非线性视频编辑软件,所谓非线性编辑软件指的是借助计算机来进行数字化视频制作的软件。之所以叫作非线性编辑,是因为与传统磁带录像的线性编辑相对应。传统磁带录像的线性编辑系统只能按照顺序一条线地编下去,如果中间需要插入或删除某些影像,那就要从头再来一遍,工作量巨大,每重复一遍影像质量也要严重下降。非线性编辑由于采用的是数字化视频信号,打破了时间上连续性的限制,可以对原素材任意部分进行随机存取、修改和处理,而影像质量丝毫不受影响。非编软件的工作机制基本上都是把视频和音频的剪辑放在时间线上进行编辑,编辑好之后进行渲染(有的不需要渲染),最后输出某种格式的成品影片,操作相对比较简单,适合教师个人编辑制作自己的教学影片。

非线性编辑也分专业和业余的，专业的非线性编辑系统不只是一个软件，还要包括很多硬件，如高性能的专业视频工作站、广播级的采集卡，等等，这些软硬件都不是个人所能配置的。对于教师个人来说，要制作自己的教学影片，只要具备一台中等配置电脑和几款视频制作软件就完全可以胜任了。目前，各公司推出的视频制作软件种类繁多，令人眼花缭乱、不知所云，入门级软件制作的视频基本上不能用，我们就不介绍了。平时我们用得比较多的视频编辑制作软件有 Adobe Premiere、Edius、VideoStudio Pro（会声会影）、Sony Vegas、Final Cut Pro X、Avid Liquid Edition、爱剪辑等，这些软件有的是业余的，有的则比较专业一点。不过对于许多人来说，视频制作软件其实并没有高低之分，只要能够满足制作者的要求，输出影片的质量有保证，而且用起来比较得心应手，就算是好软件。

介绍几种用得比较多的软件：

Adobe Premiere Pro：Premiere 是由 Adobe 公司推出的一款常用且相对专业的视频编辑软件。Premiere 提供了采集、剪辑、调色、美化音频、字幕添加、输出、DVD 刻录一整套流程，并和其他 Adobe 软件高效集成（即可以相互导入），在音、视频编辑上提供了大量可以调整技术参数的影视特效，可以添加几十个视频轨道和立体声音轨道，支持包括 AVI、MOV 和 DV 格式在内的多种视频格式和 MP3、WAV、AIF、SDI、Quick Time 等多种音频格式，可以输出包括 H264 高清格式在内的多种视频格式，足以满足教学影片的制作需求。

EDIUS：EDIUS 非线性编辑软件专为广播和后期制作环境设计，支持高清格式的编辑，由于内置 Title Motion EDIUS 软件，在字幕制作方面功能十分强大，与 Premiere 相比，EDIUS 特效功能相差甚远，但其对电脑配置的要求不高，操作更加方便且人性化，工作效率高，输出质量好，速度快，支持的视频格式比较多，包括 AVI、MPEG、VOB、WMV、MP4 等，非常适合做纪录片、专题片等常见影片的剪辑，目前，国外很多专业电视台都用 EDIUS 和 Vegas。

会声会影：会声会影是一套操作最简单、功能最强悍的 DV、HDV 影片剪辑软件。容易上手是会声会影最大的特点，即使没有非线性编辑的基础，也能在短时间内大体掌握。此外，会声会影提供的一些字幕效果和转场特效还是有一定实用价值的。除了视频编辑之外，有时候用会声会影进行音频处理也相当方便。会声会影的缺点就是不太稳定，进行视频编辑有时会比较吃力，由于不能设置技术参数，其音、视频编辑的功能也受限制，不能随心所欲尽情发挥。不过，会声会影输出影片的质量还是可以的，可以与其他软件搭配使用。

爱剪辑：爱剪辑是中国的软件，以更适合中国用户的使用习惯与功能需求为出发点进行设计，采用傻瓜式操作，连时间线都没有，但很容易上手。有很多字幕特效和转场特效，还有上百种风格滤镜，给生手入门提供了很多方便。爱剪辑支持多种视频格式导入，包括各种高清格式和流媒体格式的文件，因为这个优势，甚至可以把它当成视频转换软件来使用。不过爱剪辑毕竟算不上专业软件，输出的影像质量并不理想，还是不要用作主要制作工具。

Adobe After Effect：Adobe After Effects 简称 AE，是 Adobe 公司推出的一款图形视频处理软件，适用于从事设计和视频特技的机构，包括电视台、动画制作公司、个人后期制作工作室及多媒体工作室。AE 的主要作用是影片的片头和特效，AE 的作品不是以小时和分为计时单位，而是以秒为单位。AE 片头特效制作依赖于各种图形软件，如 Photoshop、3DsMax、Maya 等，对制作人各种多媒体技术水平的要求是很全面的，掌握起来也是很不容易的。

近年来，由于微课教学的日益普及，越来越多的微课软件开发出来，很多微课制作软件都具有简单的视频制作功能，而且能够输出 MP4 等高清视频格式，并具有一些缩放、移动等动画功能，基本上能够满足教学影片的要求，如 Camtasia Studio、Course Maker 等录屏软件。视频制作软件当然还有许多，但作为多媒体教师，我们不可能都掌握，只能选择几种最适合多媒体教学影片制作的软件。除了非编视频制作软件之外，我们还需要很多种视频转换软件，这个比上述的非编视频制作软件还要麻烦。视频转换的软件非常多，比较常见的有格式工厂和狸窝万能转换器等，还有很多音视频分离的软件，可以从视频封装格式中把视频、音频和字幕抽取出来，如专门用于 mkv 格式制作和处理的软件 mkvtoolnix，包括提取工具 mkvextract 和封装工具 mkvmerge 等很多处理工具，非常实用。

随着多媒体技术的突飞猛进发展，出现了课件制作、微课制作与视频制作日益融合的趋势，很多视频软件都具有多种功能，很多功能甚至逐渐从电脑向手机延伸。多媒体技术日新月异的变化既给多媒体教学提供越来越强大的技术支持，同时也让人们觉得眼花缭乱、无所适从，如何在跟进时代的同时把握住思政课教学的"定数"，也是高校思政课多媒体教师所面临的一个问题。

2. 影片制作素材

高校思想政治理论课多媒体教学影片都是反映重大历史和政治主题的

影片,所谓"自己制作",其实也就是根据大量纪录片的素材进行剪辑和编辑制作,绝大部分镜头都用不着、也不可能亲自去拍摄。制作思想政治理论课教学影片所需要的影片素材来源很多,购买影视光盘是最直接、最可靠的渠道, 购买的影视光盘尽量选择高质量的 DVD-5 和 DVD-9 光盘,当然蓝光DVD 就更好了。搜集影片素材中一个突出的问题就是版权问题,我们制作教学影片是为了自己的课堂教学,不是为了商业出版,一般不涉及侵权问题。但也要谨慎地处理好与知识产权相关的各类问题,以免造成不必要的麻烦。

从体裁上看, 制作教学影片所需的影片素材主要是纪实类的影片和电视片,包括新闻片、纪录片、纪实片、科教片、教学片等,有时候也需要故事类和娱乐类的影视作品。从纪实类影视作品来看,有人物纪实、社会纪实、当代电视政论片等。

制作高校思想政治理论课教学影片所需的人物纪实影片主要是领袖人物、历史人物和英雄人物的纪实影片。比如中央新闻纪录电影制片厂拍摄的关于毛泽东的纪录片《毛泽东》(1983 年)、《中国出了个毛泽东》(1993 年)、《走近毛泽东》(2003 年),关于周恩来的纪录片《周恩来外交风云》(1998年)、《情归周恩来》(2008 年),还有央视纪录片《小平你好》《百年小平》,香港亚洲电视制作的《小平与香港》等。

关于年代纪实和社会纪实的纪录片也有很多,比如早期新影纪录片《百万雄师下江南》《中国 1949》《新中国的诞生》《中国人民的胜利(黑白版、彩色版)》《六亿人民的意志》《五亿农民的方向》《烟花女儿翻身记》,还有毛泽东访苏纪实片《祝贺》、展示新中国外交成就的纪录片《万隆精神万岁》、反映祖国建设成就的纪录片《欢庆十年》《送瘟神》《征服世界最高峰》《东方巨响——中国两弹一星实录》,"文化大革命"后的青年励志纪录片《莫让年华付水流》,等等。这些纪录片给我们留下了那个时代的宝贵记录,不仅给教学影片制作提供了大量的镜头素材,也是很好的学习资料。

从 20 世纪末至今,反思历史经验、开阔文化视野、体现党和国家丰功伟业的纪录电影和专题电视片就更多了,几乎呈现大爆发的状态。比如专题电视片《大国崛起》《大国外交》《龙腾东方》《复兴之路》《大国重器》《筑梦路上》,庆祝建党 90 周年大型纪录片《旗帜》、七集政论专题片《不忘初心继续前进》、六集纪录片《辉煌中国》、展示新时代发展成就的纪录电影《厉害了我的国》等。这些记录电影和电视片记录的是中国道路中最辉煌的一段路程,以大量史诗般的影像纪录给后人留下最珍贵、最生动的记忆,也给我们制作教学影片提供了几乎取之不尽用之不竭的影像资料。

除了国产的纪录片和电视片，还有很多外国友人拍摄的有关中国不同历史年代的纪实片。比如荷兰著名电影艺术家尤里斯·伊文思1938年到1984年期间在中国拍摄的纪录片《四万万人民》《六亿人民的怒吼》《早春》《愚公移山》《风的故事》等，这些影片以高度专业的纪实手法给我们留下了最朴实，也是最真实的社会生活记录。还有法国电影大师克里斯·马克1955年拍摄的纪实影片《北京的星期天》，在20分钟的篇幅里，将时空浓缩到一天中，多角度地展现了社会主义改造后首都北京朝气蓬勃的面貌，把充满浓郁中国情调的北京传统文化和日常生活呈现给人们。今天观看这些影片，仍然可以感到一股温馨而亲切的暖流在心里流淌。

1972年，享誉世界的意大利电影大师安东尼奥尼曾受中国政府之邀来到中国，拍摄了一部长达3小时40分钟的大型纪录片《中国1972》，真实地记录了20世纪70年代的中国，但在当时"左"的政治气氛中，这部影片遭到了严厉谴责和无情批判，并被禁了32年之久。40年后的今天，当我们观看这部影片时，会深切地感到这部抒情诗般的纪录片像一阵清风，夹带着20世纪70年代朴实的民风向我们扑面而来，带给我们的是那个年代特有的温馨记忆，它填补了那个时代的纪实影像空白，把一个充满人情味的真实中国呈现给我们。

俗话说"巧妇难为无米之炊"，要制作思想政治理论课的教学影片，必须大量积累和研究这类有关的影视素材，并且要尽量熟悉这些影像素材。研究影视素材其实也跟读书一样，能够积累学识、开阔视野、深化思想，不仅有益于教学影片的创作，而且对于教师的学术研究也是有益处的，因为很多影片就是珍贵的历史资料。

（二）教学影片的创意及写作的研究

有人可能认为制作多媒体教学影片很简单，只要把教材的某些内容加以充实和发挥，就可以制作一部教学影片，但这样制作出来的教学影片只不过是教材的翻版，是没有任何意义和价值的。真正意义上的教学影片是教师备课的一部分，教学影片的创意和设计必须从课堂教学的需要出发，是多媒体教学整体设计的组成部分。

1. 影片的内容来自于教学需要

多媒体教学影片不是教材的翻版，而是要从多媒体教学的实际需要出发，从教学内容中提炼出来并制作而成，与多媒体图像、多媒体音乐等因素一样，是多媒体教学的有机组成部分。

应用和制作多媒体影片必须首先明确其在教学中所起的作用，前文所列举的教学影片的 6 种应用，基本上就是教学影片制作的 6 种类型，其构思往往源自于教师的教学讲稿或多媒体课件。教学影片的诞生往往要经历以下的过程：在年复一年的授课中，教师可能会感到有些内容自己讲得比较满意，或者说，认为有些教学内容是自己教学中的"出彩"部分，遂有了进一步充实完善的想法。最初可能只是想把这部分内容的课件做得好一些，讲得更精彩一些，再往后就萌生了把这部分内容做成教学影片的想法。也有另外一种情况，就是开始的时候用的是现成的影片剪辑片段，这些影片剪辑片段一般都是从大型专题片中选取的，用在某些教学环节中，比如用来导入课程、突出重点、解释难点或者作为教学案例等。可以肯定的是，这些影片剪辑片段大多用起来都不能得心应手，首先是从主题和内容上难以完全与教学内容相契合，因为那毕竟不是"原配"；其次在时间上往往也是很拖沓，啰里啰唆，打乱了正常的教学节奏。这种情况下，教师就会希望将其重新制作，改编制作成一部完全适合本教学模块的影片，使其无论在内容上还是在时长上都能与教学完美契合。

所以，教学影片的制作必须从教学的需要出发，是教学需要的进一步延伸，教学影片的内容则往往是教师教学讲稿的一部分。由于教学影片在教学中起的是辅助作用，因而不仅不能是教材的翻版，且在一般情况下更要避开教材的内容，做到既与教学有着密切联系，又不能是"电影版的教材"。有的时候尽管也会部分地替代教学内容，但只能是次要的教学内容，而不能是教学主干部分，因为教学的主干部分是要由教师亲自来讲授的，绝不能用播放教学影片来替代。

2. 影片的灵感来源于教学实践

教学影片是从教学的需要中诞生的，其内容往往是来自于教学中的精彩部分，可以是一个经典的教学案例，也可以是平时教学中比较受欢迎的一个授课片段，还有可能是为某一次教学比赛而精心准备的研磨课，或者是长期教学中形成的比较固定的一段教学内容，甚至可以仅仅是有思想性和启发性的几句话。这都是教师在长期教学中的点滴积累，如果教师觉得有必要将其进一步精心制作,并且决定用教学影片的形式来表现,那么一部教学影片就诞生了。所以,教学影片的灵感来自于教师的教学实践,它包含着教师的教学感悟,散发着教师的睿智和灵秀,既是教学中偶尔闪现出的"神来之笔",也是在长期辛勤的教学工作中凝练出的教学精华。

教学影片可以是一段完整的授课,也可以仅仅是一个授课单元的组成部分。有些情况下,教学影片与微课很相似,但二者从本质上来说是不同的,教学影片与微课最根本的不同在于它不是"课",而只是授课的组成部分,一段完整的"课"是由各个教学环节组成的,即使时间再短,也要求"麻雀虽小五脏俱全"。当然,教学影片可以是一段"课",但并不是所有的教学影片都是"课"。

3. 影片要有政治性、思想性、文学性和艺术性

教学影片往往是在教学讲稿的基础上,经过体裁的修改、文字的润色而成文,应该具有政治性、思想性、文学性和艺术性。

(1)政治性。作为高校思想政治理论课的教学影片,其文学脚本必须要突出政治课的基本要求,具有政治性。教学影片的文学脚本是用来教学的,不是学术论文,不能以理论研讨为基本定位,从表达方式到概念的界定都必须体现出马克思主义政治理论修养水平,要符合党的路线、方针、政策的基本要求,符合思想政治理论课教学大纲的要求,主干内容必须是教材中定性的东西。教学影片的内容尽管是来自于教师的教学讲稿,但表达上不能像教学讲稿那样随意,要在用词和表达上仔细斟酌,把口语化的语言转化为政治性的文本语言。

(2)思想性。教学影片除了要有政治性之外,还要有思想性和启发性,要以开阔的视角和艺术的表达来触动学生的思维,激发学生的创造活力。有思想的教师是最受学生欢迎的,教师睿智的头脑、缜密的思考、充满哲理的语言、入情入理的分析判断都会深深地吸引求知若渴的学子。好的教学影片也必然是具备一定思想性的影片,能够带给学生深刻的人生启迪,看后使人久久回味。教学影片的思想性主要体现在文学脚本的语言上,因此,教学影片的文学脚本不能干巴巴地没有任何营养,而是要灌注教师的学术激情,体现出智慧的灵光、思想的闪光和学术的宏光。

(3)文学性。所谓文学性,指的是教学影片的脚本写得要有文采。从体裁上看,影片的脚本可以是议论文或散文,也可以是一个小故事或一则寓言故事,无论什么体裁,都必须要体现一定的文学写作基本功,要注重文法逻辑

第七章

和语法修辞,做到结构严谨、文字优美、才思敏捷、文笔流畅。按照一分钟播音 180~200 字的较慢语速来计算(专题片解说毕竟要比新闻播音的速度慢),一部 6~7 分钟左右的教学短片解说词大概在 1000 字上下,是一篇比较短的小文章,短文就要以语言精练和构思巧妙见长,在语言的锤炼上多下功夫。

有的时候,文学性的渲染比直接的政治说教更含蓄精练,也更有感染力和启发性。比如作为本书案例的教学影片《历史的余音》,是用来作为讲授党的十一届三中全会后的总结与回味,对于"文革"的描述仅仅用了这么几句话:"我们可以把那场动荡看作是一个英雄时代的挽歌,它最终以灾难性的结局平息了激情时代浪涛的余波。"这种处理方式既避免了对已经讲过的内容的赘述,又给人以回味的余地,使人从更深的社会历史层面去感受历史。

(4)艺术性。所谓艺术性,指的是教学影片的文学脚本要考虑到解说词与镜头画面及背景音乐相匹配的艺术效果。教学影片文学脚本的写作要充分展开联想,把逻辑思维和形象思维结合在一起,边写边想象着一个个似曾相识的场景在眼前闪过,这样,既有利于将抽象文字内容形象化、具象化,方便于影片制作中视频素材的选取,也会进一步调动写作的灵感,使文学脚本本身更加形象生动,更有感染力和视觉冲击力。要做到这一点,需要在日常生活中逐渐提高自己的艺术欣赏水平,对电影、摄影、美术和音乐等艺术形式,对体现在这些艺术形式中的美学原则有一定的敏感性。除此之外,心中要有一幅"历史图景",能够深刻体会历史发展中那种高层次的艺术美,并将这种艺术的体验凝聚在笔端,倾注到字里行间。当然,这些审美体验也没有什么神秘的,生活中处处都能体现出艺术的美感,只要热爱生活,执着于事业追求,每个人都是天生的艺术家。

(三)多媒体影片的合成与制作艺术

1. 建立影片素材库

有了教学影片的文学脚本之后,下一步就是要围绕文学脚本的内容搜集影片素材,并建立影片素材库。制作影片的素材包括视频剪辑片段、静态图片和多媒体动画、音乐和音效素材等,要将这些素材分类放入几个文件夹,以方便影片编辑合成时取用。

这些影片素材包括史实类素材、解说类素材和艺术类素材。史实类素材即与片中内容相对应的历史场景和现实生活场景,这类素材既可以是动态的影视镜头,也可以是静态的图片素材。解说类素材可以是动态影像,也可以是静态图片或动画,用来适配原理的解说和哲理的阐释。艺术类素材包括渲染气氛和衬托主题的艺术镜头、艺术图片等,如红日初升、浪涛拍岸、浩瀚星空、电闪雷鸣等影视素材,这类素材也包括影视编辑所需的各种音乐和音效素材。影视素材主要是从各类纪录片和专题片中剪切下来的视频剪辑片段,需要用各种视频编辑软件或视频剪辑软件将所需的内容剪切下来,并转换成能够导入编辑软件的格式, 对绝大多数非编软件而言,AVI 格式和 MPEG–2 格式都是可以导入的。静态图片一般是 Photoshop 软件导出的 JPEG 格式或者 PSD 格式,Adobe Premiere Pro 可以不要背景而直接导入 PSD 文件中的某一图层,会声会影虽然只能导入 JPEG 格式文件,但可以用抠像功能去掉背景,只保留图片中的主体部分。对于各种音乐和音效素材来说,不同的非编软件有不同的要求,会声会影可以导入多种格式的音乐和音效素材,包括 MP3 格式,而对于有些编码不规范的 MP3 文件,Adobe Premiere Pro 就不支持,只能将其转化为无损音乐格式 WAV 后才能导入。动画素材可以是 Flash 影片的 SWF 动画格式,也可以是 GIF 格式动画,但对于 GIF 动画来说,由于制作时每帧设置的时间不同,所以即使能够导入非编软件的视频轨道,其属性也发生了改变,所以,与其非要直接导入 GIF 文件,还不如将其拆解成静态图片再导入。

建立影片素材库是制作教学影片的准备工作, 虽然在编辑合成的过程中也可以随时增添新的影片素材,但事先建立视频剪辑库、音频剪辑库和图片库,可以在很大程度上提高工作效率。

2. 编制分镜头计划

对于时长较短的教学影片来说,不一定非要把分镜头脚本写出来,但心中一定要有一个分镜头的计划安排,包括哪些镜头应该对应具体的内容、哪些内容需要配以较为抒情的镜头画面、哪些内容可以用图片或者动画来表现、应该采用什么风格的背景音乐、解说和配音怎样与内容相匹配,等等。镜头的运用也同文章的写作一样,要叙述、议论和抒情相结合,从而体现出某种意境和节奏感。镜头的顺序一般都是从远景和全景镜头展开,逐渐推进到中景和近景,重点内容则是以特写镜头来表现,在需要的时候也可以推出字幕来加以强化。理论性较强的部分可以编配较多的字幕、图解和动画,抒情性较强的部分则以自然景物或宏观历史场景来表现。静态图片插入影片,可以用推、拉、摇、移的影视特效加以处理,使其呈现出动态电影镜头的效果。

场景	画面	解说
1	片头字幕	
2 (40s)	天安门广场全景，长安街人流中景，人民大会堂近景，卫兵的仰视半身特写镜头，中共十一届三中全会会场中景。	党的十一届三中全会的召开,标志着历史发生了重大转折。 毛泽东的时代,一个激情的时代过去了;邓小平的时代,一个理性的时代开始了。
3 (40s)	切入天安门毛泽东画像,由全景拉近为面部特写;火焰素材影片逐渐切入;导入中国革命不同时期的历史镜头,与火焰的背景素材叠加。	毛泽东时代出英雄! 毛泽东的时代是一个充满着浪漫主义想象和理想主义情怀的时代,是一个英雄辈出的革命时代。毛泽东在井冈山点燃的"星星之火",终于燃起了中国革命的熊熊烈火。
4 (30s)	红卫兵手捧"红宝书"跳舞镜头。	"文革"期间,燃烧在青年人心中的就是这把火。
5 (40s)	当代画家张大中的组画《女红卫兵》,全景与特写交替,渲染当时年轻人充满梦幻的情愫。	那是一个激情与梦幻的年代,"革命"这个字眼儿使人联想到轰轰烈烈、如火如荼的浪漫生活和崇高追求,对于年轻人毕竟太有吸引力了。
6 (60s)	动态画面:红卫兵的大串联、破四旧。红卫兵激动流泪特写镜头。 静态画面:"文革"时期红卫兵挥起铁锤砸烂一切的版画,宣传画在上述动态画面背景下依次闪过。 随后,动态画面背景转为电闪雷鸣。	其实,革命的本意恰恰是颠覆和毁灭——颠覆不合理的旧秩序,毁灭不合理的旧世界。革命不能无止无休地进行,当社会革命的暴风骤雨过后,就应该静下心来从事新社会的建设了。 然而,革命时代激情的残留,却成为建设时代涌动在人们心头的躁动和不安,直到造成重大的历史灾难。
7 (30s)	近景:乌云密布、惊涛拍岸; 特写:潮水在沙滩上徐徐退去。	我们可以把那场动荡看作是一个英雄时代的挽歌,它最终以灾难性的结局平息了激情时代浪涛的余波。
8 (30s)	雨过天晴、蓝天白云、海鸥飞翔,巨轮驶向远方的中景、远景镜头。	历史的灾难总是以历史的进步为代价的,痛定思痛之后,邓小平时代终于开始了。
9 (60s)	改革以来取得的成就:农民耕作、纺织工人操作、列车飞驰、火箭升空、国庆群众游行彩车等镜头。	邓小平的时代是一个实事求是地面对中国国情,一点一滴积累社会财富的时代,也是一个在理性的社会氛围中,整个中华民族进行锐意创新的时代。

第七章

下面是笔者制作教学影片《历史的余音》的最初分镜头设计：

续表

场景	画面	解说
10 （40s）	邓小平讲话历史资料影片，字幕标注该讲话出自三中全会前的中央工作会议。	邓小平讲话同期声："一个党，一个国家，一个民族，如果一切从本本出发，思想僵化，迷信盛行，那他就不能前进，他的生机就停止了，就要亡党亡国。"
11 （25s）	春苗出土、嫩枝摇曳、迎春花绽放。画面逐渐回到人民大会堂，定格为以大会堂为背景的邓小平半身像。	思想的解放使古老中华的沧桑大地焕发了青春，把中国推进到一个崭新的历史时代。 党的十一届三中全会成为这个新的历史时代的起点。

由于这部教学短片的内容并不多，制作相对比较简单，所以在制作影片时，这个分镜头计划只是在笔者的心里，并没有以脚本的形式写在纸面上，而且在制作过程中也有一些改动。尽管不一定要写成文字脚本，但分镜头的计划必须要有，而且对于某些较难处理的地方还要反复琢磨、精心策划。比如在笔者制作的另一部影片《中国梦的历史背景和前提》的第一部分中有一句解说词："华夏文明的高风亮节、中华大同之梦，是中国人的精神家园"，曾经让笔者很犯难，究竟应该用什么样的镜头表现这些内容呢？最后决定用几幅配以文字的图片来展示，这几幅图片分别是"上善若水""路漫漫其修远兮""大道之行"和"秦时明月汉时关"，用不同风格的书法作品配以老子、屈原、孔子和大将军的画面，从中国智慧、中国情操、中华大同，以及尚武和爱国几方面，寥寥几笔即概括出前文所叙述的内容，四幅图片相继闪动出现的时长也与解说的时长相匹配。

分镜头计划既要体现出内容的安排，也要体现出审美的情趣，使多媒体教学影片既有教学功用，又能体现出艺术性和审美性，成为一部教学艺术作品。当然，制定分镜头计划也要以手头现有的多媒体素材为依据，否则即便是"巧妇"也是"难做无米之炊"的。还有，教师个人制作的教学影片毕竟不比央视等各大新闻媒体的"大手笔"和"大制作"，要立足于课堂教学，扬长避短，以短小精悍、问题集中和贴近性强等特点确定自己的定位。

3. 准备解说与配乐

解说对于教学影片来说是必不可少的，依据教学影片内容和形式的不同，解说的风格也各不相同，可以是正常的新闻播音风格，也可以是专题片配音风格,还可以是诗朗诵的风格,甚至也可以是时下比较流行的记者旁白风格。播音和解说是一种技术性比较强的专业性工作,但也不是绝对的高不可攀。总的来说,要求吐字清晰和亲切自然,有些普通话比较好的教师可以尝试着自己录音,如果教师自己普通话不是很好,则可以找学生或者其他人帮忙。在条件允许的情况下,当然录音设备越高级,录音的效果就越好,但在条件不具备的情况下,普通的家用录音设备,比如最普通的电脑耳麦话筒、甚至手机话筒等也可以用来录制影片解说。

录制完成后要用专门的音频处理软件进行处理,如调节音量、降低噪音、消除嘶声、删除瑕疵等,如果对自己的声音不满意,还可以通过混响等手段加以美化。常用的音频处理软件有 Adobe Audition、GoldWave、Total Recorder Editor 等几十种,这些软件对音频波形文件的处理都各有千秋,其中 Adobe Audition 的专业性要强一些,功能也相对更多一些。除了音频处理软件之外,还需要一些音频格式转换的软件,如音频格式转换器,等等,有时候用视频软件转换音频格式也很方便,如会声会影就可以用做音频转换。

影片的音乐可分为有声源音乐和无声源音乐。有声源音乐指影片画面的规定情境中应有的音乐,如人物在歌唱或演奏乐器等。无声源音乐指的是画面并未提供出现音乐的根据,是影片为了塑造人物性格、抒发人物内心情感或渲染环境气氛的需要而专门编配的音乐。它是对画面的补充、解释或评价,表现了影片制作者对影片所展现的事件的主观态度,可以深化画面的内容,加强影片的艺术感染力。我们这里所说的配乐主要是指无声源音乐。教学影片配乐的选择既要与影片内容和画面相适应, 又要与解说的风格相匹配,三者共同构成一种和谐的美感,给人以美的享受,否则就会使人感到刺耳,甚至感到烦躁不安。在这方面并没有所谓的金科玉律可遵循,只能凭借个人的音乐感受来选择。一部教学短片中可以只用一首曲子,也可以根据内容变化用多首曲子。除非是专门为影片创作的曲子,否则不可能用整首曲子作为配乐,这就要求对配乐的曲子进行剪裁,剪裁时要注意保留完整的音乐主题,尽量采用一个完整的乐段,不能把一首曲子的"脑袋"或"尾巴"拿来当配乐,那样的话会使人感觉很不舒服。还要注意的是,在截取一个音乐片段的时候,一般要以淡入和淡出来处理开头结尾,不能在播放过程中突然就断了,在个别情况下,也可以把两首同一个调的曲子接合在一起,但必须要做到天衣无缝。影片配乐也不是从头至尾一刻不停, 中间也可以有间歇和停顿,可以有一定时长的无配乐解说,这样能够更好地体现影片的节奏感,也有利于突出某些需要重点强调的内容。

4. 影片的编辑合成

当一切都准备就绪，就开始进行最后的影片编辑合成。开始之前要确定影片的制式和格式。电视的制式标准有 PAL 制和 NTSC 制之分，PAL 制电视标准是扫描线 625 线，每秒 25 帧，标准的数字化 PAL 电视标准分辨率为720×576，画面的宽高比为 4:3，主要用于中国（含港澳地区）和欧洲等地。NTSC 制是 525 线，每秒 30 帧，图像分辨率为 720×480，主要用于美日韩和中国台湾等地。但这只是针对电视机而言，对于电脑来说，只要有合适的播放器，两者都是可以随意播放的。

多媒体课件都是投射在教室的大屏幕上，而教室投影仪大屏幕一般都是 4×3 的普屏，所以在设置多媒体影片格式的时候一般都选择 PAL 制的标准格式。不过，由于普屏都是标清影片，要想获得高清效果，还是要选择宽屏。在 Adobe Premiere Pro 和 EDIUS 等软件中，创建新项目时都要先行设定影片的格式，而在会声会影软件中就不需要先设定，而是要在输出影片作品时进行设定。

创建了新项目后，就开始影片的编辑制作。

首先，将事先录制好的解说音频文件导入非编软件，并拖到时间线窗口的音轨上作为基准的时间区间。虽然在影片编辑过程中也可以适当调整解说的时间，但整部影片的时长基本上是由解说的时长决定的，首先导入解说音轨就是为了控制影片时长。

其次，按照解说的内容，依次把片头和视频素材片段拖入时间线窗口的轨道上，并设置相应的转场特效，进行影片的编辑。编辑轨道分为视频轨道和音轨，在 Adobe Premiere Pro 软件中有多条视频轨道和音频轨道，上层视频轨道可以覆盖下层轨道（这一点与 Edius 等非编软件是一样的），音频轨道则是混音而不是覆盖。在会声会影软件中，视频轨道分为一条基准的视频轨和多条覆盖轨，基准视频轨在覆盖轨的上方，导入覆盖轨的视频素材可以覆盖上面的视频素材，这与 Adobe Premiere Pro 中上层覆盖下层的顺序正相反。在编辑过程中，可以通过软件的监视窗口随时播放编辑效果，同时把配乐导入音轨，前后移动调整到最满意的状态。

当视频、解说和配音的编辑合成完成后，可以在影片中嵌入显示自己个性的 LOGO 和其他文字作为装饰，渲染后仔细检查没有什么问题，就可以进行影片的输出了。会声会影软件则不需要对影片进行渲染，只要在菜单栏中点击"分享"，在弹出的下拉菜单中设置好输出格式就可以直接输出影片了。一般情况下，输出影片的格式都是 AVI 或者 MPEG2 格式，视频文件相对较大。如果希望视频文件小一些，可以将其转换成 MKV 或 MP4 等格式。

　　多媒体教学影片具有专业性、思想性、艺术性和技术性，工作量是非常大的，包括选题的确定、影片的创意、电影脚本的编写、影像素材的选用和编辑、视频格式的转换、背景音乐的编配、片头的制作、影片的配音合成等。但是正因为教学影片在创作和运用上的这种挑战性，才使得这项工作具有无穷的魅力，使高校思想政治理论课的课堂教学活动延伸到一个充满生机活力的崭新领域。此外，教学影片的编辑制作既需要掌握一定的非编软件应用技术，也需要教师具备一定的艺术修养，需要通过大量实践来逐步提高制作水平，要循序渐进而不能急于求成。有志者事竟成，教师制作的教学影片是教师心血的结晶，是教师成就感的体现，每一个微小的进步都值得自豪！

　　随着多媒体影像技术日益大众化，在高校思想政治理论课多媒体教学中，影像的应用开始受到越来越多重视，除了本章探讨的教学影片之外，微课作为一种运用于网络的教学手段，也大量进入思想政治理论课教学的视野。此外，有些高校思想政治理论课将制作视频短片作为实践教学的考试方式，让学生以制作影片代替结课论文，激发了学生的学习热情，收到了良好的学习效果。随着大量手机视频软件的出现，大众性社交视频开始广泛传播，很多正能量的爱国短视频大量出现，在民间广泛传播，在满足大众性娱乐的同时，也获得了良好的社会教育效果。可以预期的是，影像艺术在教学中的应用将越来越广泛，甚至可以说，不懂得影像艺术，就不懂高校思想政治理论课多媒体教学艺术，更难以在教学中实现全方位的创新。

　　但从另一方面来看，在影像大量普及的条件下，随之而来的也是影像的肆意泛滥，并且逐渐模糊了课堂教学视频与大众性视频的边界，让高校思政课多媒体教学影片感觉无所适从，有些教师也把这些大众性视频拿来运用于课堂教学。但教学毕竟是教学，教学影片与大众性娱乐视频是根本不同的，在目前这种情况下，如何明确教学影片的自身定位，使高校思政课教学影片的创作和运用充分发挥出具有自身特色的教学效果，确实是一个值得深入探讨的问题。

　　高校思政课教学影片的制作往往要应用很多影片剪辑，这些影片剪辑大都采用资料影片中的历史片段，因此也涉及影片的著作权问题。我国《著作权法》第十五条规定："电影作品和以类似摄制电影的方法创作的作品的著作权由制片者享有，但编剧、导演、摄影、作词、作曲等作者享有署名权，并有权按照与制片者签订的合同获得报酬。电影作品和以类似摄制电影的方法创作的作品中的剧本、音乐等可以单独使用的作品的作者有权单独行使其著作权。"

　　关于电影作品知识产权保护的有效期，我国著作权法第二十一条规定："电影作品和以类似摄制电影的方法创作的作品、摄影作品，其发表权、本法第十条第一款第（五）项至第（十七）项规定的权利的保护期为五十年，截止于作品首次发表后第五十年的 12 月 31 日，但作品自创作完成后五十年内未发表的，本法不再保护。"根据这项规定，对于一些超过五十年的历史资料影片来说，我们可以不经作者授权而合理使用，但出于对作者知识产权的尊重，应该在尽可能的情况下对作者进行介绍。而对于知识产权保护期内的资料影片，则必须严格遵守法律规定，按照我国著作权法第二十二条关于合理使用的条款运用于课堂教学，不能用作商业活动，也不能随意扩散到课堂外，防止因侵权而造成的法律纠纷。

第八章
高校思政课多媒体教学表达艺术研究

　　高校思想政治理论课多媒体教学是在多媒体环境下进行的，教学信息的传递和思想感情的表达是由教师讲授和多媒体信息展示共同完成的，这就使多媒体教学有了不同于板书教学的教学语境。多媒体教学语境下，高校思想政治理论课的教学有了更广阔的表达空间，在阐释理论观点、述说历史事实、表达思想感情等各方面都更加得心应手，呈现出一种全方位组合运用的表达方式。

　　这里所说的教学表达是一个综合的概念，既包括教学讲稿的书面语言和多媒体教学内容的展示，也包括教师的口头教学语言表达，从规范的意义来说，每一种教学表达都应该对应一种特定的行文结构或文体形式。从这个意义上来讲，高校思想政治理论课多媒体教学表达可以分为理论型教学表达、叙事型教学表达和诗意型教学表达，相对应的文体形式包括论说文体、叙事文体和抒情文体。

一、理论型教学与论说文体表达艺术

(一)高校思政课理论型教学的学术范式

　　所谓"范式"，按照美国著名科学–哲学家托马斯·库恩（Thomas Kunn）的说法就是"一种公认的模型或模式"，一般说来是指常规科学赖以运作的理论基础和实践规范，在本书中具体指的是与学术研究方法相关的理论教学的一般模式和套路。理论型教学是指以理性思维的严密逻辑推理来组织教学内容，以理性认知的方法实施教育过程，使受教育者在接受理论知识体系的同时受到思想教育。所谓理论型教学的学术范式，指的是在教学中以揭示事物的本质和规律为目的,体现出学术研究规范性和严谨性的一套教学规范。

首先,理论型教学要体现辩证思维的基本要求。辩证思维方法是理论思维的工具,是立足于概念的辩证本性而展开的思维,它以概念、判断、推理、命题、假说、悖论等思维形式的展开和矛盾运动构成理论体系,深刻地反映客观世界和人类实践活动的内在本质。辩证思维的基本方法是揭示概念的辩证发展、矛盾运动的基本方法,概念是对事物的本质的概括和反映,是同类事物的共性和一般特性,对于理论教学而言,概念的辨析是展开教学内容的基本立足点,判断是对事物是否具有某种属性的判明和断定,在形式上表现为概念与功能之间的联系,命题是判断所表达的语义,是某一科学原理的基本表达形式,也是构成某种理论体系的基本支持,在理论教学中是重点展开和讲解的内容。辩证思维是科学认识世界的工具,其在教学中的运用体现着思想政治理论课教师马克思主义哲学的基本修养,是高校思想政治理论课理论型教学所必备的思维方法。

其次,理论型教学要体现学术研究的基本方法。理论型教学风格的命题展开和观点论证要体现学术研究的基本方法,如社会调查法、问卷调查法、经验观察法、文献研究法、实证研究法、系统研究法、个案研究法、功能分析法、经验总结法,等等。科学研究需要得心应手的工具和方法,社会科学研究中基本的辩证思维方法有归纳法与演绎法、分析法与综合法,体现为抽象与概括、定性与定量、动态与静态、历史与逻辑、实证与规范等分析方法和手段的综合运用。高校思想政治理论课的基本原理与观点有些来自马克思主义经典作家和杰出领袖人物的理论探索和贡献,有些来自党领导人民在长期社会实践中总结出的普遍真理,集中体现在各个时期党的历史文献中,是经由理论工作者整理而形成的结论性成果。理论型教学要通过缜密论证来体现这些理论成果的真理性,使学生对这些问题的理解达到一定的学理深度,而不是简单接受现成的结论。

最后,理论型教学从形式看有相对固定的程式。理论型教学风格的一般套路是,或者是围绕一个基本概念展开,或者是先设定一个结论性的命题,再拆解成几个分论点加以论述。一般情况下,理论教学的内容总要包括某一概念或原理的基本含义,以及该原理产生的历史背景、理论前提、实践基础、现实条件等,还要包括这一原理的理论意义、实践意义、与其他理论的关联等。围绕一个命题而展开的内容中,有的是对这一命题的论证,有的是对这一命题的分析和阐明,论证方式既可以运用从个别到一般的归纳推理方法,也可以运用根据大前提和小前提推导出结论的演绎推理方法，还可以采取对同类事物进行科学类比的方法来支持命题的论证，在分析和阐述过程中可以运用大量的案例以深入理解抽象的理论观点。围绕某一学科的众多基本原理有机组合在一起，就构成关于这一学科的理论体系，理论教学的最终目的就是要使学生掌握这一理论体系，熟悉这一理论体系的基本要点和核心内容，了解这一理论体系各个部分的有机联系，在科学理论的指导下形成科学的世界观和方法论，并学会运用这一理论体系解释现实、指导社会实践。

以上内容可理解为理论型教学的学术范式，理论型教学的多媒体教学表达应该以这些基本要求作为基本规范来进行授课，要做到条理清晰、逻辑严密、思维敏捷、方法科学。

说到这里，有人可能会问，既然高校思想政治理论课本身讲的就是理论，授课方式当然应该采取理论阐释的形式，为什么要单列出一个"理论型教学"呢？这是因为高校思想政治理论课是思想教育的课程，即便是理论教育，所采取的教学方式也必须是生动鲜活的，不一定都要以理性思维的方式进行教学展开，这里的"理论型教学"实际上就是思想政治理论课传统的常规教学方法，与后面所讲的叙事型和诗意型教学相区别。与理论性教学表达相对应的教学讲稿，就应该是论说文体的行文风格。当然，这里所说的论说文体风格并不是指一般意义上的议论文，而是以多媒体课堂教学为目的，包括各种社会科学研究方法在内的行文习惯和写作风格。

（二）"阐释好中国特色"与理论型教学

理论型教学是高校思想政治理论课教学的常规形式，也是主要形式，这是由思想政治理论课教学目的和大学生特点决定的。

首先，高校思想政治理论课的基本教学要求是使学生系统掌握马克思主义及中国化马克思主义的基本理论，从理论形态上准确把握各个理论要点和整个知识体系，这是高校思想政治理论课教学的主要目标，只能由理论型教学来承担。其他各种教学类型，如后面所讲的叙事教学和诗意教学，所承担的更多的是价值观的培育和渗透功能，在认知方式上属于感性认识和模糊教育，从根本上说也是为了使科学理论更加深入人心，是围绕理论教育这个根本目的而展开的。其次，从大学的学习特点和大学生智力水平来看，大学阶段的学习具有高度专业化的特点，已经不仅仅是单纯的知识型学习，而是知识学习与学术探索相结合的学习模式,对大学生来说,对理论问题的探索和钻研能够激发学习兴趣,开启人生智慧之窗。大学阶段是人一生中求知欲和探索精神最强的时期,对成才的向往和对真理的渴求使大学生能够潜心于理论的钻研,他们对学术问题往往有着深深的敬畏,愿意涉猎自己感兴趣的学术领域,孜孜不倦地探寻学问的真谛。以上两个方面决定了理论型教学在高校思想政治理论课教学中发挥着基础作用,是大学生系统掌握马克思主义基本理论和中国特色社会主义思想理论体系的常规教学手段,是知识性与学术性相结合的教育形式。

党的十八大以来,习近平总书记着眼于塑造国家形象、建设中国话语体系、提升国际话语权、加强国际社会对中国认同感的宏观视野,立足于发展社会主义先进文化和加强国家文化软实力建设的战略制高点,在不同场合曾经多次强调要讲好中国故事,传播好中国声音,阐释好中国特色。这些重要论述使高校思想政治理论课的教学进一步明确了努力的方向,找准了价值的定位。

"阐释好中国特色"要求我们深入浅出地把马克思主义的基本理论和中国特色社会主义理论传播出去,形成全社会的普遍共识,增强人们对中国特色社会主义的理论自信和理论自觉。这是一个应该由理论教育所承担的任务,应该具有一定的思想理论高度,具备一定的学理深度和思辨水平,与"讲好中国故事"和"传播好中国声音"很显然应该属于不同的教育类型,在施展教育的形式上,要更多体现出较为浓厚的理论色彩,包含更多的理性思维。对于高校思想政治理论课的教学来说,"阐释好中国特色"就是要系统讲授马克思主义中国化的发展历程、理论精髓和两次历史性飞跃的理论成果,使学生深刻认识中国的具体国情,深入了解中国共产党领导下的中国革命、建设和改革的历史过程,在对共产党执政规律、社会主义建设规律和人类社会发展规律深刻洞察和理解的基础上,树立共产主义远大理想和中国特色社会主义共同理想,坚定对中国特色社会主义的道路自信、理论自信、制度自信和文化自信,培育社会主义核心价值观,筑牢拒腐防变的思想防线,全身心投入到为实现两个一百年奋斗目标和中华民族伟大复兴中国梦的伟大实践中。高校思想政治理论课理论型教学建立在完善的学科建设的基础上,以中国特色哲学社会科学学科体系、学术体系、话语体系,以及相关的教材体系、评价体系为依托,是在高校思想政治理论课教学中承担"阐释好中国特色"重任的主要手段。

当然，我们对"讲好中国故事，传播好中国声音，阐释好中国特色"不能做狭义的理解，更不能曲解。无论是中国故事、中国声音还是中国特色，所体现的都是中国自信，都是对中国特色社会主义的豪迈宣示和形象表达，三个用语只是形式上具有不同侧重，内涵上却是完全一致的，不能人为地进行割裂。"阐释好中国特色"侧重于从理论思维的角度实施教育，告诫我们思想政治理论教育必须要占据理论的制高点，从理论高度来认识和理解马克思主义科学真理和中国特色社会主义的伟大真理。而"讲好中国故事"则是侧重于从历史传承的视角来感受中国革命、建设和改革历程的恢宏壮观，使人们发自内心地为"中国道路"自豪。"传播好中国声音"要求我们在坚持中国特色社会主义发展道路上要敢于发声、善于发声，要以黄钟大吕般的声音宣示中国人的信仰和价值，让中国声音在推动人类命运共同体的建设中起到举足轻重的作用。在高校思想政治理论课教学中，这三方面内容代表着三种不同教学风格，丰富了思想政治理论课多媒体教学的表现形式，也影响着思想政治理论课多媒体教学讲稿的文体风格，所谓论说文体、叙事文体和抒情文体之间的区别，从根本上说其实并不是文章体裁的不同，而是体现在对"中国特色""中国故事"和"中国声音"的言说方式差异上。

(三)论说文体表达与多媒体元素的组合

如前文所述，高校思想政治理论课多媒体教学所依赖的教学文件并不仅仅是一份教学讲稿，而是多媒体课件+讲稿的多媒体组合，涉及论说文体讲稿与多媒体元素的组合问题。也就是在理论型教学中，论说文体讲稿中怎样体现多媒体教学的因素。一般来说，有以下几个方面的问题需要加以注意。

首先，讲稿的策划写作要与多媒体元素保持互补关系。运用于理论型教学的教学课件往往以知识图谱的页面形式来体现，要求脉络清晰、逻辑严密、因果关系明确，能够让人一目了然，在页面的转换上，运用各级页面跳转巧妙地设置各种逻辑关系，而且往往还要配以动画进行形象生动的展示说明，使学生一看就懂。由于要讲的内容都体现在多媒体课件上，作为理论型教学的讲稿就不必长篇大论，只要列出授课安排和讲授提纲就可以基本构成完整的授课内容，从这个意义上讲，原则上是不需要教学讲稿的，只要有一份与课件内容精确对应的完整教案就可以了。但在理论型教学过程中，有些语言表述要具有科学性和专业性，在导入课程和总结教学内容时也需要一定的语言技巧，在讲述关键知识点和解释生僻概念时需要有教学文本的依托，这些内容都必须在多媒体讲稿中体现出来。所以，理论型教学的多媒体讲稿往往要采取详略搭配的方式，与多媒体元素形成互补关系，可以依靠课件提供的图示用自己的语言表述的部分，只要列出讲授提纲即可。对于语言表述要求比较严格的部分，则应该写作若干段论说文体的教学讲稿，以备教学之需。这样，在多媒体课件+教学讲稿的组合中就形成了互补关系，大大提高了备课效率。

其次，要对教材内容进行精练以照顾多媒体页面布局。在教学中我们往往有这样的体会，即思想政治理论课的很多标题文字过于烦琐，写在课件上既不美观，也不利于学生理解记忆。这是由于其表述往往来自于党的历史文献，有着不可替代的政策性和科学性，在教材编写中不能随意简化。对于这样的问题，就必须根据教学实际的需要进行精练处理，因为教学过程就是一个由浅入深而又深入浅出的过程，教师的职责不是机械地复述教材内容，而是要将复杂的内容解析为知识点，将晦涩的理论转化成便于学生理解的常识，以便于学习。如果让繁碎的标题文字直接出现在课件页面上，会破坏页面布局和观感，让学生感到乱七八糟毫无学习兴趣，从而严重影响教学效果。所以，教师要在充分吃透教材的基础上，对教学讲稿进行仔细推敲和斟酌，用自己的理解重新安排教材的文字内容，对烦琐的标题文字进行简化处理，使这些文字内容具有高度的概括性、醒目、精练而又突出主题和重点，以更加简明而清晰的表述和更符合审美观感的方式排列在一起，形成较为完美和谐而又干干净净的页面布局，给学生一个良好的印象。当然，很多情况下要做这一点并不容易，因为这既需要对教材内容进行精练和取舍，但又不能造成歧义和错误理解。此外，思想政治理论教育课不同于其他课程，对于政治性表述的措辞是有严格要求的，有些内容是党中央文件的标准表述方式，往往有着特定的语义，属于政治术语，教学中不能随意简化。这就需要教师以一颗匠心来精心揣摩，像对待一件艺术品一样尽心雕琢自己的教学讲稿，因势利导，巧夺天工，让讲稿和课件既忠实于教材文本，又有自己的教学创新点，充分满足思想政治理论课多媒体教学的需要。

最后，在教学讲稿中精心策划各种多媒体素材的运用。理论型教学中多媒体素材的运用主要是集中在知识图谱和教学案例中，知识图谱中主要运用静态图片和动画，而教学案例则可以广泛运用图像、音频和视频资料，作为教学案例要做到内容贴切、形式生动。特别要注意的是，多媒体案例素材的运用要有助于开拓思维，帮助学生进一步加深对教学内容的理解，但不要过于活泼而干扰了学生的思绪，因为理论型教学思维严谨，学起来也相对比较累，如果多媒体素材运用过滥，有可能把学生的思维给"带跑"，一阵轻松之后，刚讲过的东西就不知所云了。当然，在两段学习内容之间安插一段轻松的多媒体素材，作为学习内容的过渡或放松休息，那又是另当别论。理论型教学要以"论"为主，以知识的扩展作为论据支持。在理论型教学的论说文体讲稿与多媒体课件的组合运用中，多媒体素材的最大作用是知识的扩展和信息量的扩充，必须紧紧围绕教学中心议题搜集资料并进行择优选择，保证讲稿与多媒体元素的完美组合。

由于人文和社会科学，特别是哲学经常面临"不可言说"的境地，使哲学和社会科学的形而上思维在言说方式上往往艰辛晦涩，古代思想家经常运用大量类比和比喻来阐述自己的思想，从而使各种论说文体变得通俗而生动。在高校思想政治理论课多媒体教学中，完全可以把这种类比和比喻穿插在多媒体教学安排中，由于这些内容完全可以用通俗语言来表述，故不必形成文字，只在课件中插入简练文字或图示即可，这也应该是理论型教学风格的一种学术范式。

二、叙事型教学与叙事文体表达艺术

(一)叙事的文学体式与叙事学理论

所谓"叙事"其实就是讲故事，叙事体在不同的文学艺术领域和不同的语言环境中有不同的理解，并没有一种严格的限定，与其说是一种文学体式，还不如说是一种表达方式。

在文言文写作中往往有对话体、语录体(格言体)和叙事体之分。所谓对话体主要是以人物对话为基本表现形式而写成的一种文章类型，通过人物之间的对话叙述事件、展开情节、交代环境和刻画人物性格，对话体与其他文体不同之处在于，它体现了对话者的在场性，让读者如同置身于当时的语境中聆听贤哲的教诲。语录体是古代散文的一种体式，常用于门人弟子信徒等记录导师和名人的言行，因其偏重于只言片语的记录，短小简约不重文采,不讲求篇章结构,也不讲求段落之间和内容之间的逻辑关系,不能构成一篇形式完整的文章,故称之为语录体。叙事体则是小说、散文、诗歌等文体常用的一种写作方法,简单地说,就是以第三人称来讲述一个故事。一篇文章可以只运用一种体式,也可以综合运用对话体、语录体和叙事体来写作,比如《论语》虽是以语录体为主,但也融合了对话体和叙事体等体式来阐述深刻道理,比单纯讲道理更加形象生动。

叙事体更主要地体现在文艺作品中,一般来说,叙事所表现的是"事"而不是集中的人物,叙事要求必须把事件交代清楚,把事情叙述完整,要在写作中把握时间、地点、人物、原因、经过和结果六要素。在这六要素中,虽然人物也是文章的主干之一,但作品主要表现的是事件的经过,写人物是为讲述完整的故事服务的,不能为了写人而写人。比如在《三国演义》中,所写的是"天下大势,分久必合,合久必分"的历史变迁,尽管对人物的描写非常生动,但所突出的不是哪一个具体人物,而是故事化的历史,《三国演义》是没有主角的。"叙事"是讲故事,是以叙述的方式展现事情发展的情节和过程,要有核心情节和故事的结局。这一点与同为文艺作品的现代小说不同,现代小说是写人的,是以描写的方法展现人物性格的矛盾冲突、突出作品的思想内涵,要通过人物的性格来引出情节,通过人物的语言和活动来反映主题,并且可以在悬念中结束,是可以没有结局的。当然,《三国演义》归根到底还是小说,并不是叙事文体,只不过不属于现代小说的类型,而是中国古代特有的章回体小说,作为中国长篇小说的一种传统形式,带有非常明显的叙事特征。

叙事体也是曲艺艺术的文学体式之一,即用第三人称的口吻进行评书演播和故事说唱等,这种文学体裁往往是以第三者的口吻叙述为主,夹杂第一人称的对话、心理表白和点评等语言。除了这些以外,"叙事手法"的概念在戏剧理论和电影理论中也屡屡出现,但跟作为文学体式的叙事体的含义还是有着根本的区别。在人们通常的理解中,以叙事手法写作的文学作品,叙述的往往是场面宏大的历史变迁,展现的是波澜壮阔的历史风云变幻,带给人们的是无尽的唏嘘和感叹。在这一点上,各种说书艺术、弹唱艺术、说唱艺术等曲艺形式与古代章回小说是相通的,都是带有叙事特征的文艺形式。

再来说说叙事学。作为一门专门研究叙事的学科,叙事学出现于20世纪60年代,是在结构主义和俄国形式主义对文学的双重影响下产生的,最直接的影响来自普洛普的《民间故事形态学》,而其奠基者则是法国的托多罗夫。它研究的是所有形式叙事中的共同叙事特征和叙事的个体差异,着重于对叙事文本的技术分析。

经典叙事学把叙事文本划分为两个层次,即"故事"和"话语",前者即作品的内容,后者则是作品的表达方式或者是叙述内容的手法。叙事学早期关注的是神话和民间故事,主要的研究目标是"故事",叙事学发展之后主要研究小说,关心"叙事话语",其发展趋势是由初级叙事形态研究走向现代文学叙事形态研究,由"故事"层深层结构的探索走向对"话语"层叙事结构的分析。

叙事话语由视角、叙述、故事和阅读构成。

关于视角,叙事学家热奈特认为,叙事文中的观察者(谁看)和叙述者(谁讲)是有区别的,视角是研究谁看的,即谁在观察故事;叙述者是研究谁说的,指叙述者传达给读者的语言。视角只是传达的依据,叙述者则是转述和解释人物看到和想到的东西。视角的承担者有两种类型:一类是叙述者,故事由他观察,也由他讲述;另一类是故事中的人物,包括第一人称叙事文中的人物兼叙述者"我",也包括第三人称叙事文中的各类人物。视角主要有感知性视角和认知性视角两种情况,可以分为非聚焦型、内聚焦型和外聚焦型三种类型,每一种类型都有特定的功能和属性。

关于叙述,有叙述者和真实作者之分,"叙述者"是作品中的故事讲述者,也是真实作者的代言人,与视角一起构成了叙述,是"纸上的生命";而真实作者是创作或写作叙事作品的人,是"现实中的生命"。叙述者的类型依据叙事形态的不同,有如下几种划分方式:异叙述者与同叙述者、外叙述者与内叙述者、自然而然叙述者与自我意识叙述者及客观叙述者与干预叙述者。叙述者的功能有叙述功能、组织功能、见证功能、评论功能和交流功能。

关于故事,包括情节、人物、环境和叙事语法。情节是对按照时间顺序排列的故事的重新布局,与时间有关的三个基本范畴分别是次序(时序)、时段和频率。次序是叙事的时间顺序,包括顺叙、插叙、补叙或倒叙;时段是故事各个部分在情节中占据的时间长度,即叙事的详略,分为概述、描写、抒情、议论等方面;频率是故事中各个部分在情节中出现的次数。情节的基本序列由三个功能组合而成:起因——过程——结果,复杂序列的典型形式包括链接、嵌入和并列,情节的组织原则包括承续原则(时间连接、因果连接和空间连接)、理念原则(否定连接、实现连接和中心句连接),情节的类型有线型、非线型、转换型、范畴型。关于人物,有故事人物特性论,包括查特曼的"特性"说、福斯特的"扁型人物"和"圆型人物"说;有故事人物行动论,包括形式主义和结构主义的人物理论,还有符号论。故事的环境有自然环境和社会环境,包括象征型、中立型、反讽型三种类型。叙事语法有普洛普的功能说、托多罗夫的成分(层次)说、列维·施特劳斯的神话说,等等。

关于阅读,涉及的主要是文本与读者在交流过程中意义的生成问题,即研究读者对文本的再建构问题。叙事学总结概括出三种文本类型,即陈述类、疑问类和祈使类,认为文本的意义永远是封闭的,但它提供了意义的潜在性和与另一文本相区别的根据,文本只对懂得阅读它和知道如何解释它的人才有意义。正是在这两方面的基础上,文本和读者共同创造了意义。为此,叙事学把读者区分为有知识的读者、暗含读者、消费性读者和"生产性读者"、理想读者。理想读者要有阅读的直觉能力,要能够推断故事的意义、寻找文本中的空白和矛盾,直至建构起文本深层结构模式。

经典的叙事学理论旨在构建叙事的语法,对叙事作品的构成成分、内部结构和运作规律等进行科学分析,聚焦于叙事作品本身。但这种叙事学理论在20世纪90年代遭到后结构主义和新历史主义的夹攻,在经典叙事学的基础上结合女性主义、新历史主义等发展成为新叙事学理论,新叙事学关注的不再是单一的文本研究,而是将注意力转向了结构特征与读者阐释相互作用的规律,转向对叙事作品意义的探讨,关注作者、文本、读者与社会历史语境的交互作用,并注重意识形态分析,关注意识形态的倾向性。

叙事学是一门庞大的学术思潮和知识体系,在人文和社会科学的诸多学科中有着非常广泛的影响力,近年来也受到思想政治教育理论研究的关注,在高校思想政治理论课教学方法的研究中,叙事学的某些观点和方法具有一定的借鉴意义。但课堂教学毕竟实践性很强,我们在吸收借鉴某些叙事学理论的同时,也不要拘泥于其设定的范式要求。文学的生命力来自自由精神,来自文学自身的创造力。就叙事本身而论,最简单的要求就是使故事的讲述引人入胜,使人进入忘我的投入状态,并在聆听讲述中获得深刻的人生启示。著名汉学家浦安迪在《中国叙事学》中说:"叙事就是作者通过讲故事的方式把人生经验的本质和意义传示给他人。"高校思想政治理论课的教学研究有着自己的研究方法和话语体系,如何把课讲得精彩,如何把故事讲得感人至深,取决于教师自身的资质和自我感受,也取决于大量教学实践基础上的经验积累。有关叙事的诸多理论知识对于教学来说是一种教学思路的启迪,也是一种手段和方法的借鉴,从何种角度、何种意义上进行吸收借鉴,需要在教学实践中深入探索。

（二）"讲好中国故事"与思政课叙事教学

1. 高校思想政治理论课叙事型教学风格

所谓叙事教学，指的是把故事或事件的讲授作为课堂教学的基本实施策略，通过对这些叙事文本的精彩讲授，将学生带入一定的情境体验，在情境体验中深刻理解教育内容，并欣然接受随着故事讲授而传递的价值理念。简单地说，叙事教学就是通过说"事"来阐明道理。叙事教学不仅是一种教学方法，也是一种教学风格。

与规范的理论教学更加注重讨论概念、范畴和观念相区别的是，叙事教学涉及的是具体的经验事实，通过述说来再现发生在特定时间和空间的事，更加注重知、情、意、行相融合的教学方法，将受众带入一定的情境体验，以此进行意义的建构并提升受教育者的生命智慧。从形式逻辑的角度来看，叙事更注重的是归纳而不是演绎；从教育主客体关系来看，叙事教学提升了受教育者的主体性，主张主体间平等的对话与交流，具有主体多元化特征。与案例教学法不同的是，叙事的教学方法不是先设定一个命题或结论，再围绕这个命题来寻找案例进行说明，而是通过讲述故事来感受真实情境，通过与受教育者分享切身的体验来阐释自己的主观意图，使受教育者体悟教育的真谛。在教学的应用上，叙事以基本的价值判断拟定实施策略，对蕴含教学意图的故事性情节进行解构与重构，刻画细节、设置悬念、展开矛盾冲突，讲述过程中既要注重语法修辞和语言的艺术性，又要注重故事的生动性和故事情节的跌宕起伏，使人获得身临其境的感受。

叙事教学对于增强思想政治理论课教学实效具有重要意义。

首先，使抽象的理论知识形象化、具体化，有助于将思想政治理论教育的内容转化为内在的驱动力。高校思想政治理论课作为主体意识形态教育的重要承担者，具有较强的学术性、规范性和严肃性，对学生来说是比较抽象和相对空洞的，而叙事性的教学方法则提供全景画式的表达空间，把抽象的教学内容变成形象的画面描述和情节展示，如果结合多媒体教学手段的运用加以渲染，则可使授课更加生动形象、扣人心弦，触发学生的思维兴奋点，引起学生全方位的关注，从而使学生全身心投入，将教育内容转化为内在驱动力。

其次，有利于学生主体性的发挥。叙事教学通过说"事"来阐明道理，可以由教师来说,也可以由学生来说,师生在说事过程中是交互主体的关系,有利于在师生互动中调动课堂教学气氛,使学生增强学习的自主性。此外,当叙事话题展开之时,思维处于"信马由缰"式的高度发散和高度自由状态中,这是创造性思维的前提条件。在发散性思维中,学生的思维具有高度自主性,往往会发现教师教学意图之外的东西,做到从多角度看待事物,从而去除理论教学中难于避免的前摄抑制的遮蔽,促进对问题的深刻理解和反思。

最后,就是叙事教学可以结合多媒体手段的运用来有效地营造教学情境,使教学过程富有感性因素,有益于学生在较浓的艺术气氛中陶冶情操,提高自身修养。叙事教学其实与多媒体教学有着天然联系,叙事教学注重文学表达,而多媒体教学注重历史再现和艺术熏陶,二者共同营造艺术气氛、创设教学情境,运用得当则能够充分发挥艺术的叠加效应而增强教学感染力。问题在于如何使叙事的文体表达与多媒体课件深度契合,在这方面大有文章可做。

2. 高校思想政治理论课叙事教学的实施策略

叙事教学应该制定什么样的实施策略呢? 笔者以为,叙事教学的实施不应该拘泥于叙事细节,也不用完全套用某种叙事理论或模板,而是应该根据教学内容的需要合理安排和筹划。

首先,从教学安排来看,教师一定要明确,对一个教学章节来说,是实施全程的叙事教学呢,还是进行部分内容的叙事教学? 如果是部分内容的叙事教学,那么怎么衔接不同教学风格的讲授呢?

实际上,并不是所有的教学内容都适合叙事教学风格,有些教学内容理论性比较强, 就应该采用理论型教学的基本范式, 即先设定一个命题或结论,然后将其解析成若干个分论点,逐条加以论述并运用案例进行说明,或者让教学围绕一个核心概念展开,逐次讲解概念的内涵和外延、概念提出的意义和概念的适用条件,等等。只有那些适用于叙事教学的内容,才可以采取叙事的方法进行教学,这些内容往往并不是整章、整节的内容,而是一个章节中的某些部分。而且由于叙事教学是以教学大纲总的要求为依据,结合教学实际演绎出故事性内容,与教材内容并不是一一对应的关系,所以一般情况下,叙事教学所采取的大都是教学专题的形式,在一定程度上是脱离了教材文本体系的。这就需要教师对叙事教学的内容进行专门设计,把教材文本转换成叙事话语体系和叙事文本,根据叙事的特点做好课件,并且要设计好与常规教学的衔接,要做到有感而发、过渡自然,收尾要干净利落。叙事语言与常规教学的语言表达没有明显差异，不要让学生觉得这是一块生硬嵌入的教学"表演"。

其次，从教学方法来看，要注重叙事方法和叙事手段的研究，搞好多媒体叙事教学的教学设计。

叙事教学与传统教学的最大区别就在于情节性，思想政治理论课传统教学方法是理论型教学，即先给出一个命题，下设若干分论点，并辅之以若干教学案例，论述过程往往按照概念、判断、推理的顺序层层展开，采取演绎、归纳和类比等推理方法进行论证说明。叙事教学主要是以生动的故事讲述或事件描绘来传达某种理念，以悬念设置和情节的跌宕起伏吸引受众注意，不知不觉中影响受众的判断。

在高校思想政治理论课教学中，所谓叙事教学既可以是讲故事，也可以是讲事件，根据各门课程的性质和特点而各有不同。对于马克思主义基本原理和大学生思想道德修养这类课程来说，可以大量运用故事和寓言的讲述来实施叙事教学，而对于中国近现代史纲要及毛泽东思想概论和中国特色社会主义理论概论这类课程来说，在叙事教学中运用更多的则是事件的讲述。但无论是讲故事还是讲事件，都要包括情节、情境和说理三个基本要素。情节是叙事教学的生命，在情节设计中要交代故事或事件的起因和地点、人物、时间等要素；安排叙事的顺序，包括顺叙、插叙、补叙或倒叙等；设置好悬念以增强故事的吸引力；精心设计好故事或事件的结局，以引导叙事教学向自己所期待的方向发展。情境是叙事教学的依托，要以绘声绘色的现场描写和人物描写烘托故事情节，使人产生身临其境的真实感、身处其中的紧张感和感同身受的代入感，真实体验此情此景带给人的精神触动。说理是叙事教学的灵魂，讲故事是为了讲道理，讲道理可以贯穿在故事或事件中，也可以放在开头或结尾，既可以是深刻的大道理，也可以是随口而发的人生感悟。在教学设计上，叙事学理论给我们提供很多可供参考的方法和手段，但归根结底还要靠教师自己在实践中不断探索，讲得精彩、学生爱听才是硬道理。

最后，从叙事文本来看，虽然并不存在叙事文体写作规范，但运用于叙事教学的讲稿仍然要具备有别于其他讲稿的特点和风格。

所谓"叙事体"的教学讲稿最基本的要求就是生动，连自己都懒得看的讲稿是很难做到吸引学生注意力的。要做到生动，就要把讲稿当成故事来写，包括策划情节、设置悬念、展开矛盾冲突、安排故事结局等一般性的写作要求，问题的关键是教师要善于讲故事，要把讲稿写成一个故事性的叙事文本,要善于调动受众的情感和引起其关注,善于把握立体化的叙事空间,让壮阔的宏观历史背景和平凡的生活空间交错展现,把血与火的洗礼、灵与肉的博弈通过叙事者的视角传达给学生,使学生通过聆听讲授获得深刻的人生体验。有时候,教学的"叙事"也不一定都是讲故事,历史写作的手法对教学叙事来说也完全适用,"讲故事"与"讲历史"都可以是叙事教学,"讲历史"完全可以通过情节化、故事化来实现。除了要用浓墨重彩渲染情节之外,叙事教学讲稿中的说理也很重要。如前文所述,说理是叙事教学的灵魂,叙事不一定光是"叙",而应当是"叙"中有"议",甚至以"议"开篇,如《三国演义》开篇头那句"话说天下大势,分久必合,合久必分"的旷古绝唱,拉开了历史的时间距离,一下子便把读者带入情境中。在叙事过程中穿插一些"画龙点睛"式的精彩语言,比如人生格言、励志箴言和精彩点评等,往往使叙事更加生动、更有灵气,这是叙事教学"出彩"的地方,不可等闲视之。

3. 讲好中国故事:叙事教学的落脚点

高校思想政治理论课虽然从形式上是理论教育,要求学生牢固树立马克思主义世界观,从知识形态上准确把握马克思主义及中国化马克思主义的理论体系和话语体系。但从本质上看,却是一种素质教育和认同教育,教育的最终结果是使学生发自内心地对党的领导和中国特色社会主义道路产生强烈的认同感,以科学的世界观、人生观和价值观为尺度,以党领导下的中国革命、建设和改革的丰功伟绩为承载,构筑起当代青年人的心灵世界和精神家园。因此,我们不仅要关注教育的内容和形式,更要关注教育的效果,要让高校思想政治理论课的教学语境充满人文关怀,具备摄人心魄的精神力量。

话语连着故事,故事牵动着人心。故事包含着曲折的情节、丰富的情感和深刻的哲理,所传达的是生动的人生体验,把英雄壮举与凡人追求、奋斗牺牲和儿女情长融为一体,以立体化的情节展开牵动人的喜怒哀乐,感天动地、荡气回肠,使人经历一场灵魂的深刻洗礼,这比抽象的理论说教更能打动人。对于传统的思想政治理论课教育理念而言,思想政治理论课讲的是理论,必须循着理论的框架来展开,故事只能是作为教学案例而起辅助作用,但对于当今时代的思想政治理论课教学来说,特别是对于思想政治理论课的多媒体教学来说,情况已经发生了很大变化,有些通过理论讲述难以消化的教学内容,对于以"讲好中国故事"作为基本立足点的叙事教学来说却往往效果甚佳。如何讲好中国的革命战争故事、人民英雄故事、艰辛创业故事、改革开放故事,如何把教学内容融入讲述"中国故事"中,把"讲道理"与"讲故事"糅在一起,潜移默化地渗入学生的心灵世界,正是我们应该好好研究的问题。"讲好中国故事"作为一种兼具思想性、政治性和艺术性的教育思路,把一股清新的活力和一种艺术的灵性带入课堂、带入教学,是高校思想政治理论课多媒体叙事教学的艺术承载和基本落脚点。

(三)高校思政课多媒体教学叙事三维度

所谓教学叙事指的是叙事教学的表达方式,高校思想政治理论课教学语境下的教学叙事不是平铺直叙,在教学叙事的话语体系中隐含着全方位的价值维度,包括体现主流意识形态话语的宏大叙事、贴近学生思想实际的日常生活叙事和着眼于大学生素质教育的审美叙事。

1. 体现主流意识形态话语的宏大叙事

"宏大叙事"(grand narrative)来自法国后现代主义哲学家利奥塔对传统哲学叙事方式的概括。所谓宏大叙事,指的是一种针对整个人类社会历史发展进程所进行的完满设想,涉及历史的必然性和人类历史发展的最终结局。因此宏大叙事是一种政治理想的构架,具有主题性、目的性、连贯性和统一性,其关注点放在人类解放等重大问题的宏观视野上。"宏大叙事"涉及的是看待历史发展的视角,是宏观的、总体的、大写的,体现某种必然性的历史,而不是基于个体经验的支离破碎的历史。在后现代主义者看来,这种设想作为哲学思辨的产物,不过是在某种信念的支持下构筑起来的历史图景,是现代性所蕴含的关于人类理性、进步和解放的神话,因而被称为"空洞的政治功能化"。对于"宏大叙事"的质疑和否定,是西方文化中对启蒙运动以来理想主义破灭和主体性原则遭颠覆的消极反映。

而在中国的话语体系中,"宏大叙事"是有关国家富强、民族振兴和人民幸福的大时代叙事,是史诗般壮阔的英雄叙事和人民叙事,不仅具有广泛的人民性,而且在历史的求证和现实的观照中都具有无可辩驳的存在合法性。作为大写的历史,"中国的宏大叙事"体现着主流意识形态话语体系,打开了中国共产党领导下的中国革命、建设和改革的宏观视野,在价值取向上把国家富裕发达和人民生活幸福昌盛作为基本参照系,其发展历程是在各种艰难困苦中发愤图强的豪迈征途。作为中国化马克思主义的意识形态教育,我们的思想政治理论课当然有资格、有理由理直气壮地讲述"中国的宏大叙事"。

从意识形态教育的角度来分析,我们可以把"中国的宏大叙事"解析为革命性叙事、现代性叙事和历史性叙事。

现代化是近现代世界历史发展的主线,现代性叙事是关于人类历史发展规律和人类解放的叙事,有欧美资本主义现代化道路和社会主义现代化道路之分。中国现代化运动发生于西方现代化的冲击和中国自身社会形态更迭的历史交汇点,中国的现代性叙事与革命性叙事是密不可分的。中国的现代化是后发外生型,是在外力驱动下启动的。帝国主义的侵略和扩张成了中国人民苦难深重的源头,中国探寻救国真理最终选择了马列主义,在中国共产党的领导下,经过艰苦卓绝的革命斗争终于建立了社会主义制度,几经曲折的探索,最终走上中国特色社会主义道路,成功地步入当今世界现代化的行列。中国的现代性叙事和革命性叙事以马克思主义中国化为前提,由此中国的历史性叙事也是个绕不过去的话题。从现代化初期反思和清算传统历史文化,到重新树立起文化的自信,这是一个否定之否定的辩证过程,而中国的现代性叙事本身就包含中华民族崛起和中华文明伟大复兴的历史性叙事,"中国化的马克思主义"把中国的现代性叙事、革命性叙事和历史性叙事统一起来,是"中国宏大叙事"的核心。

"中国的宏大叙事"向我们展示了一幅波澜壮阔的画卷,这是关于中国历史沿革、中国革命运动和中华民族长远发展的说不完道不尽的话题。亚里士多德在《修辞学》一书中说:"语言表现了情绪和性格,而又切题,那么,你的语言就是妥帖而恰当的。所谓'切题',那就是说,既不要把重大的事说得很随便,也不要把琐碎的小事说得冠冕堂皇。"[1]高校思想政治理论课的教学叙事当然不是"琐碎的小事",不能等同于一般的市井语言,而应该具有一定的"话语高度",不仅要讲出底气、讲出诗意,而且要讲得理直气壮、恢宏大气,在大跨度的时空穿梭中凸显历史的壮美和奋斗的崇高。讲述"中国的宏大叙事"要有大视野,用不着为了追求贴近性和口语化而刻意回避那些严肃庄重的教材"文本语言",因为政治理论课教学的语境本身就是严肃和庄重的,以规范而"妥帖"的教学语言突出政治性和马克思主义的意识形态性,这是思想政治理论课教学叙事首要的价值诉求。

2. 贴近学生思想实际的日常生活叙事

日常生活叙事是一种与宏大叙事相对应的叙事形态,在不同的语境下,

---

① 伍蠡甫主编:《西方文论选》(上卷),上海译文出版社,1979年,第92页。

有时候也称为"个人叙事""私人叙事"和"草根叙事"等，尽管不能完全认为是"宏大叙事"的反义词，但二者基本上是具有一定互补性的对应关系。后现代主义者认为，宏大叙事由于其主流叙事的强势地位，往往构成对其他叙事方式的遮蔽。个人叙事就是要解构主流话语，用个体经验和个人理解代替那种整体的、一元化的叙事话语，讲述的是个体的生命故事，把关注点从宏大的历史主题转移到私人空间，认为生活世界是无中心、无意义的，不能承载任何关于民族、国家等重大主题。而在我们看来，对意义世界的消解会留下历史的悬疑，并给人以思考和玩味的空间，这正是其魅力所在。而且日常生活叙事与时代精神和时代潮流并不是绝对的不相容，在建设性的前提下，个人叙事可以融入宏大叙事，以对经验世界的关注来丰富对重大历史主题的理解和体验。换一个角度思考问题，往往会激活灵感、加深理解，使政治理论教育和教学的切入点更有创意。

教学中的所谓"日常生活叙事"指的是基于个人生活经验和思想经历的教学叙事，是对宏大的主题和事件进行人性化理解和生活化阐释的叙事形态。与宏大叙事相对应，日常生活叙事更关注细节、差异性、多元性，立足于凡人小事，把英雄行为还原为日常生活经验，把那些看似"不食人间烟火"的英雄壮举与普通人合情合理的个人追求联系起来，把一个有血有肉的英雄形象呈现给学生，从而拉近与受教育者的心理距离，使思想政治理论教育更加贴近生活，更加贴近学生的思想实际，有利于避免政治理论教育流于形式。

日常生活叙事是以个体的生活体验为本位的，当然要有现实性的价值取向。邓小平讲："革命精神是非常宝贵的，没有革命精神就没有革命行动。但是，革命是在物质利益的基础上产生的，如果只讲牺牲精神，不讲物质利益，那就是唯心论。"[①]现实世界是一个多元化的社会，是一个复杂多变的世界，现实的人也不是单向度的人，而是具体的、多面的、关心物质利益的人，每个人都从自己所存在的生活环境中获得经验，每个人也都会从自己的生活经验和个人理解出发去理解教育的内容。在此前提下，教学叙事也应该是多元叙事，如果不顾教育对象的差异性，一味地进行程式化、概念化的"灌输"，是很难得到学生共鸣的。在大方向上，我们并不认同后现代主义对宏大叙事的解构和颠覆，但是也应该充分肯定日常生活叙事或个人叙事在教育中的功用。"教育回归生活世界"是当前教育界的普遍呼声，所谓"回归生活

---

①　《邓小平文选》(第二卷)，人民出版社，1993年，第146页。

世界"就包含叙事形态的生活化。

日常生活叙事虽然属于非主流叙事,但不等于"消极叙事","回归生活世界"也不意味着坠入晦暗的生活空间。"日常生活世界"是由一串串"生活常理"串联起来的,而"生活常理"并不是一成不变的,它包含此前教育过程中对受教育者影响的积累。虽然说与以往相比,当代大学生更关注当下生活和个人感情世界,喜欢探索未知事物,对主流教育话语的权威性往往持怀疑和拒斥的态度。但另一方面,对于从小在革命传统教育中耳濡目染的青年学生来说,青春的躁动和创造性的冲动决定了他们并不是"漠然"的一代。在高校政治理论教育课堂教学的话语体系下,日常生活叙事更应该是体现大学生特点的"青春叙事":热情奔放、崇尚真理、独立思考。在这里,"解构"是为了重建,被"颠覆"的也只是那些不合生活常理、且在当今社会显得非常不合时宜的老旧话语体系。

当然,我们在倡导教育回归生活世界的同时,不能对主流价值观被边缘化的危险性视而不见,不能以降低英雄人格为代价,不能对英雄人物和道德模范等进行网络恶搞式的损毁,必须以坚守住思想政治教育的主阵地为前提,坚持正确的价值导向,以高尚的精神涵养学生的精神世界,引导学生增强政治敏锐性和明辨是非的能力。

3. 着眼于大学生素质教育的审美叙事

在教育理论上,审美教育理论一直占据着素质教育理论的制高点。柏拉图认为"美具有引人向善的作用和力量"。席勒首次提出"美育"的概念,并将其界定为人性的自由、解放与发展,认为审美是使人具有精神文化修养并真正禀赋人性的唯一途径。杰出教育家蔡元培先生是我国美育教育的首倡者和奠基人,他不仅重视美育对于培育人格、美化人生方面的重要意义,而且把美育和反帝反封建紧密联系在一起,甚至提出"美育代替宗教"的思想。马克思主义理论中也包含着丰富的美育思想,在《1844 年经济学哲学手稿》中,马克思曾经探讨了"按照美的规律建造"的途径来扬弃"异化",恢复人的自由本性的问题,是马克思主义关于美育问题的经典论述。从发生作用的机制上看,美激发了人潜在的力量,释放了人心中被压抑的对自由的渴求,唤醒了人的良知,使人沉浸在和谐美好的"自由王国"里,摆脱了现实性和功利性的欲求,在"游戏冲动"(席勒语)中实现了灵魂的净化,做到以美启真和以美储善,提升了人之为人的精神境界。作为信仰和意识形态教育,高校政治理论教育说到底是一种素质教育,最终要落实到大学生思想政治理论素质的提高上,因而不仅仅是传播知识的过程,同时也是以美育强化素质教育的过程。由此,高校思想政治理论教育的教学叙事延伸出审美之维也是自然而然的。

所谓"审美叙事",可以理解为在叙事中投入更多的审美关注,把美育融入高校政治理论课的教学叙事中。在高校政治理论教育和教学的视域内,美是普遍存在的,从教育和教学的内容来看,有科学理论的逻辑之美、历史的壮美与崇高、人性美与人格美;从教学形式来看,有教学节奏美、教学气氛美、语言举止美和教学手段美,特别是多媒体教学课件所呈现的艺术美,使政治理论课的审美叙事更加生动丰富。在高校政治理论课教学叙事的三个维度中,审美叙事与前文所述的宏大叙事和个人叙事二者的关系十分密切。

宏大叙事本身就是一种关于历史变迁的审美叙事,是体现了审美时间距离的社会美。中国近现代是波澜壮阔的英雄时代,中国人民用顽强的拼搏和壮烈的牺牲谱写了一曲壮丽的凯歌,走过了中国革命、建设和改革的"天路历程",当我们自豪地引用这些历史事实来进行政治理论教育的时候,会发自内心地感受到,每一段历史事实的背后都高耸着一座精神的纪念碑。历史的壮丽与辉煌以其宏大的视野释放了"人胸中的精灵般的高尚自由"(席勒语),当人不再是物质必然性的奴隶的时候,"他的精神就会挣脱现实的狭窄范围和令人窒息的物质生活的禁锢……他被自然的那些宏伟的形体所包围,在他的思维方式中再也不能容忍渺小"①。与宏大叙事体现的审美追求不同,日常生活叙事侧重于普通人的生活追求,从平凡的日常生活中揭示人生哲理及人性之美。日常生活叙事是对日常生活的审美化呈现,既有落寞的凄美,又有绽放的笑颜;既有焦虑和无奈,又有潇洒与豁达,是个体生命成长中形成的对生命的体验、追求和反思的生命叙事。在细碎的日常生活中洋溢着生命的澎湃,反映了普通人的悲喜和普通人的期盼,是高度审美化的道德叙事。

教育家蔡元培说:"纯粹之美育,所以陶养吾人之感情,使有高尚纯洁之习惯,而使人我之见、利己损人之思念,以渐消沮者也。"②美育为素质教育打开了一扇明亮的窗子,以"润物无声"的细腻关爱影响着受教育者,以夺人心魄的形象直观使人深深地沉浸其中,具有强大的审美感染力。作为信仰和意识形态教育, 高校思想政治理论课以审美形态呈现的教学叙事深化了教育

①　[德]弗里德里希·席勒:《审美教育书简》(附:论崇高),冯至、范大灿译,上海人民出版社,2003年,第258页。

②　高平叔编:《蔡元培全集》(第三卷),中华书局,1984年,第33页。

主题,春风化雨般地浸润着学生的心田,增强了教学感染力和教育影响力。

三、诗意型教学与抒情文体表达艺术

(一)诗意性与高校思政课多媒体教学

关于什么是诗意,并没有一个严格的定义,按照汉语词典里的解释是"像诗里表达的那样给人以美感的意境",但既然是跟"诗"联系在一起,至少应该对诗的属性有所概括。显然,这个解释太简单了。在笔者看来,关于诗意有两方面的理解:一是与诗的属性相关的人类传递信息和表达思想感情的一种特殊语言境界, 二是语言之外的以诗的属性来比拟的自然意境和生活意境,这两方面都涉及诗的属性,即可以理解为诗意性,包括意象性、审美性、启示性等几个方面。

意象性:意象是具象化了的感觉与情思,具有直觉性、表现性、超越性等特点,意向性是诗歌艺术最本质的规定性之一,按照最通俗的理解,指的是诗性语言所具有的画面感,是人通过直觉即可领悟或意会的诗词特性,意象性语言更符合诗人主观的感觉活动与感情活动的规律, 而不是客观的语法规律,需要凭借联想、想象等过程才能理解。诗的语言是一种表意的语言而不是理性的语言,常常是含蓄蕴藉,朦胧深沉,将真正的含义蕴藏在文本之下,让读者去体会去品味。由于对语言符号系统的依赖,诗词的意向性往往只能在本民族语言中才能得到淋漓尽致的体现,一旦翻译成其他语言就要大打折扣。

审美性:诗歌是最具审美性的文学形式,诗意的美从形式上看体现在语言的凝练含蓄和语言的韵律上, 从内容上看体现在画意的表达和感情的宣泄上。诗歌是最精练的语言,所追求的就是用最少的词表达最丰富的意义,以有限的字数表达不尽的意蕴。诗歌的语言不仅文字精练而且排列规范,讲究韵律和节奏,读起来气韵流动、朗朗上口,令人感到无尽的享受。诗歌呈现给读者的是具体形象,在读者脑海里形成一个视觉形象,并以丰富的联想诱发各种情感,使人沉浸在各种情感体验和情感的共鸣之中,得到美的享受。此外,任何诗歌都不会直白到让人百分之百了解,而是要给人留下充分的想象空间,在似解非解之间所传达含蓄的美,营造一种朦胧的审美意蕴。

　　启示性：诗的语言并不是实用语言，也不是完全意义上的理性语言，而是一种意象语言，诗性的语言为了达到表意的需要往往可以突破语法的限制，从这个意义上说，诗词的表达要符合诗人的主观感觉与感情活动的规律，但不一定要符合传统的语法规律，但这正是诗的表达优势。语法作为人类创造的语言表达规则，在给人类带来交流便利的同时，也使语言戴上了语法的枷锁，逐渐脱离了与自然"本体"的联系，失去了直接表达"自然"的清新品质。诗的语言不合实用语言的事理和逻辑，以比喻、借代、反衬、象征、通感、托物言志、即物起兴、矛盾修饰、虚实组合等表现手法展开想象的空间，具有隐喻性、顿悟性、象征性的特点，经常从常理难以企及的视角窥探事物的另类存在状态，并给人以深刻的启示。

　　用诗的形式记述历史、阐明道理、实施教化，或以长诗形式进行文学写作的例子从古至今屡见不鲜，比如古印度民族史诗《摩诃婆罗多》和《罗摩衍那》，古希腊民族史诗《荷马史诗》，被尊为希腊训谕诗之父的赫西俄德的叙事长诗《神谱》《工作与日子》，古罗马诗人奥维德长诗《变形记》，卢克莱修的哲理长诗《物性论》，中国古代著名诗人屈原的长诗《天问》，作为儒家经典"五经"之首的《诗经》，我国古代进行启蒙教育的《三字经》《千字文》《名贤集》《弟子规》等。近代西方也有很多人以长诗形式进行文学写作，比如17世纪英国著名诗人约翰·弥尔顿的宗教长诗《失乐园》《复乐园》和《力士参孙》，德国伟大的启蒙思想家、文学家歌德的著名诗剧《浮士德》等。这些诗作不仅是文艺作品，更是以诗歌的表达方式发挥着"诗教"的功能，承担着文化传承的历史任务，是教化民众、宣扬本民族文化价值观的重要手段。

　　可见，以诗的形式进行教育，古今中外都不是特例，这是因为诗歌能够以意象性的思维方式给人以深刻的启示，以浓厚的情感体验激发人们的高尚情操，从形式上不仅朗朗上口便于记忆，而且因其能够运用于日常表达而易于融入人们的生活，在教育形式上具有表达优势、记忆优势、审美优势和创造性优势。

　　对于中华文化而言，诗教的传统更为深厚，因为汉语本身就是一种诗意性的语言。如果说以字母拼写的西方语言属于形而上学的逻辑语言，那么汉语则表现为一种"不完全形式化"的符号系统。有人曾做过这样的实验：把说汉语和说英语时人的大脑活动进行比较，说英语时大脑的左颞叶活跃，而说汉语时大脑的左颞叶和右颞叶一起活跃。人的左脑主要承担语言功能和概念形成、逻辑推理、数学运算等功能，而与空间知觉、形象思维、情绪表达等相联系的功能主要集中在右脑。这项实验的结果表明，汉语并不是一种完全逻辑化的符号系统，其中保留着很多形象化的成分。对汉语的语言分析也表明，汉语中虽然没有性、数、格、时态的复杂变化，却有着丰富的修辞手法，如比喻、拟人、夸张、委婉、并提、引用、借代等，大大增强了语言的表现力和感染力。

从汉语的书写格式来看，汉语非常注重文字布局的规整，具有诗画般的韵律美。比如在汉语中排比句的大量运用，使文章在表达上节奏分明、气势强烈、诗意盎然。另外，现代汉语构词法以双音节占优势，也具有很强的韵律性，我们所熟知的 24 字社会主义核心价值观就是由 12 对双音节词构成的，依据不同类别分成三组，写在纸上工整有序，读起来抑扬顿挫、朗朗上口，非常便于理解和记忆。

从汉语的表达内涵来看，汉语富有极强的象征性，这种象征性思维与西方语言中的逻辑思维具有很大差异，含有更多的表意化的成分，是一种生动形象、极具艺术感染力的语言，它赋予人与语言以新的存在方式，让人们在感受语言韵律美的同时，能够心驰神往地体味语言文字之外的意蕴和境界。不要说在汉语写作的文学作品中，就算是那些具有思辨色彩的理论文章，也随处可见诗词般的工整，体现着汉语言所特有的隐喻性、象征性、暗示性和含蓄性，文至酣处则令人感到品诗论道的畅快淋漓，在闻道解惑的同时得到情感的宣泄。因此，要读懂汉语写作的文章，就必须参透汉语中蕴含的诗意，这也是很多外国人觉得汉语很难的重要原因。

汉语言的诗意性对汉语表达的影响是全方位的，对于思想政治理论课的多媒体教学来说，诗意性体现在如下几方面：

首先，从教学内容来看，高校思想政治理论课作为马克思主义和中国化马克思主义的意识形态教育，以百年来中国人民在党的领导下所进行的伟大社会变革为实践基础，这场伟大的社会变革所展现的正是一部古老民族凤凰涅槃、浴火重生的民族史诗。所以，高校思想政治理论课的教学实际上有一明一暗两条线索，明的是理论形态的教学，暗的则是隐含在理论教学中的感情奔涌，虽然不是诗，却充盈着盎然的诗意，激荡着难以平复的滚滚心潮。在教学安排上，教师以匠心独运的思路组织教学内容，以生动的事例诠释教材文本中的理论观点，把历史的沧桑与人生的感悟交织在一起，使生动的画面浮现于教师的激情讲述，呈现给学生的是诗意的精神境界，使他们在诗性的启示和顿悟中强化真理性的判断，在头脑中构筑起诗性的知识框架。

其次,从教学表达来看,高校思想政治理论课的教学语言不仅具有上面所提及的汉语一般性诗意特征, 而且可以在某些教学内容中集中运用诗意表达的形式。所谓诗意型教学,从广义上来看,指的是汉语的诗意性与高校思想政治理论课本身具有的诗意境界,从本书特定的意义上来看,指的就是教学中可以运用诗意表达来讲授的内容。高校思想政治理论课运用"诗教"来进行教学表达,当然不同于前文所述的具有教化意义的各类诗文,因为那些都是真正意义上的"诗作",而教学中需要的是诗性的教学表达,二者在形式上是有区别的。作为教学表达的诗意,不是连贯完整的诗词作品,而是在教学讲演中善于运用诗意的联想和想象, 善于运用诗词的句式和诗性的表达方式,以文学性的修辞手法营造充满诗意的教学情境,并能够以类似于诗词的文体结构将教学内容连贯到一起,让教学充满诗情画意。当然,诗意型教学风格并不等于摇头晃脑、吟花弄月式的酸腐做派,而是要以大众化的朴实语言表达诗意的深邃,做到水到渠成、有感而发,把深刻的道理、诗性的表达、平实的述说结合在一起,否则诗意型的课堂教学就成了神经质的歇斯底里。诗意型教学需要教师具备一定的文学功底,以诗性的感触和诗性的思维来构思和撰写教学讲稿。诗性的思维是一种艺术思维,而艺术思维就其本质来说是一种创造性的思维,艺术无成法,教学艺术亦是如此,教师只能自己去体会。

最后,从多媒体课件的运用来看,由各种多媒体元素组合在一起所营造的艺术和审美空间具有诗意性的表达优势,有利于创设诗意的教学情境。多媒体教学中画面、声音和影片的运用极大地丰富了教学的表现空间,把由视觉和听觉所组成的综合信息传达给学生, 在学生的头脑中激发出充分的联想和想象,形成审美的意象,进而构成诗化的艺术境界。多媒体手段的运用使教学表达更加感性化,更具有画面感和意象性,也使多媒体教学讲稿能够以诗性的风格来破题立意并实施展开, 可以说多媒体课件给诗意型教学提供了极大的便利。当然,多媒体手段在教学中具有广泛的应用价值,利用多媒体的意象性表达优势创设诗意教学情境只是其中之一, 但对于高校思想政治理论课来说,这一应用是最重要的,因为思想政治理论课教学最大的难点并不是原理如何难于理解, 而是如何让学生对马克思主义世界观和中国特色社会主义的伟大事业心悦诚服、心驰神往,思想政治理论课教学中所映射出的理性之光,不光是体现认识功能的"纯粹理性",更是体现意志功能的"实践理性",以意象性的审美创造来启发精神层面的自律性,无疑是一把开

第八章

启通往自由王国智慧之门的金钥匙。

(二)"传播好中国声音"与抒情文体风格

思想政治理论课诗意型教学的教学讲稿是运用于教学的，当然还是以传授知识和阐释理论观点为宗旨，只是在表达方式上更加偏重于诗歌形式、散文形式或散文诗形式等文体风格。诗意型教学的讲稿严格来说并没有固定的文体框架，由于诗歌和散文等文体具有抒情的表达特征，我们且将这类文体风格称为抒情文体风格。

诗歌是用高度凝练的语言形象地表达作者的丰富情感，集中反映社会生活，并具有一定节奏和韵律的文学体裁，诗歌饱含着作者的思想感情与丰富的想象，具有鲜明的节奏与和谐的音韵，语句一般分行排列，注重结构形式的美。当代诗歌按照作品内容可分为叙事诗和抒情诗，按照语言的音韵格律和结构形式又可分为格律诗、自由诗、散文诗和韵脚诗等。散文作为与诗歌、小说、戏剧并行的一种文学体裁，是一种抒发作者真情实感、写作方式灵活的记叙类文体，与韵文、骈文相对，不追求押韵和句式的工整，可分为叙事散文、抒情散文和哲理散文，散文的特点是形散神聚、意境深邃、语言优美。散文虽不像诗歌那样工整有序，没有诗歌那样强烈的象征性，但具备诗歌的意象性和审美性。散文不受时间和空间的限制，表现手法不拘一格，可以通过寓情于景、寄情于事、托物言志、借古喻今等手法来抒发真情实感，展现出深远的思想和境界。除了有精辟的见解、优美的意境外，散文在行文上清新隽永、朴实无华、自然流畅，因而素有"美文"之称，好的散文作品不仅可以丰富知识、开阔眼界，而且能够修身养性，培养高尚的思想情操。散文诗是兼有散文和诗的特点的一种文学体裁，有诗的意境和激情，富有哲理，注重自然的节奏感和音乐美，通常篇幅短小，像散文一样不分行也不押韵。散文诗文辞华美、意境深远、自由豪放，有人说它比散文"内容更精辟，诗情更浓烈，篇幅更短小，语言更优美，意境更深远"，而比诗歌"表现更自由，思维更活泼，联想更丰富，舒展更自如，情感更和谐"。

诗意型教学开拓的是思想政治理论教育的审美新境界，它把思想政治理论教育和文学艺术的陶冶相结合，把理论的逻辑性和文学的启示性相结合，把道理的阐述和情感的抒发相结合，既注重理论灌输，又注重心灵培育。高校思想政治理论课的使命之一就是要"传播好中国声音"，既然是"中国声音",就要讲出中国人的底气和中国人的期盼,以诗意性的表述展示出中国的美好愿景,抒发出中国人的自豪和中国人的雄心壮志,要以诗意化的境界和诗般优美的语言发出声音,以高尚的审美境界来烘托大学生的人格养成。

思想政治理论课严格来说并不是历史研究类的课程,虽然有时候也要挖掘第一手历史资料,但从根本来说,是要在借鉴别人研究成果的基础上丰富自己的思想宝库,更注重的是"说理",是要把高尚的人生境界和价值追求"说"给学生,重点是如何去"说"。诗化的教育奠基诗意的人生境界。社会的清净澄明与和谐友爱说到底源自高尚的人生追求和高远的人生境界。中国梦要有好的中国声音来述说,中国梦也要靠好的中国声音来烘托。作为培养马克思主义世界观、人生观和价值观的重要课程,作为共产主义远大理想和中国特色社会主义共同理想教育的主阵地,高校思想政治理论课教学在言说方式上应该立意高远、蕴意深刻、表达优雅,诗意型教学对于"传播好中国声音"的要求来说,正是适得其所、适得其用。抒情文体是运用于诗意型教学的多媒体教学讲稿的写作风格,它以"传播好中国声音"立意,以诗歌、散文等文学体裁为表达方式,在充分发挥多媒体教学优势的基础上安排教学内容,使高校思想政治理论课多媒体教学更加生动、更具启发性和教学感染力,体现了"诗教"与现代化教学手段的高度融合。

(三)高校思政课多媒体教学的诗意化展开

所谓思想政治理论课多媒体教学的诗意化展开,实际上讲的就是抒情文体讲稿的创意和写作,涉及的问题主要有诗意型教学及抒情文体讲稿的适用范围、抒情文体讲稿与多媒体课件的协同、抒情文体教学讲稿写作的若干表达要领等。

1.诗意型教学及抒情文体讲稿的适用范围

并不是所有教学内容都能随意采用诗意型教学,要根据教师对教材和教学内容的理解来确定实施教学的具体方式。一般来说,以概念、范畴、判断、推理的学术性范式进行展开,并且需要反复讲解和集中阐释的内容显然并不适合这种方式,因为这种"絮絮叨叨"的讲授方式实在是难以和"诗意"联系在一起。所以,决定能否采用诗意型教学的关键因素就是:该教学内容是否以传授知识为主。以传授知识为主的教学内容一般来说不宜于采用诗意型教学,在高校思想政治理论课"05方案"的四门必修课和一门选修课中,法律基础部分是以传授法律知识和进行社会主义法制教育为主，采用诗意型教学的意义不大，也不太容易进行诗意化的教学设计。其他内容的教学则不仅讲授理论知识，更重要的是进行价值观的渗透，即使是在传授知识和讲述理论问题的过程中，也都有着非常明确的意识形态教育的定位，以树立马克思主义科学信仰为终极追求，以爱党、爱国、爱社会主义为根本目的。辩证唯物主义和历史唯物主义的宇宙观和价值观、全人类解放事业的宏观视野，都是以科学世界观为基础的绚丽宇宙图景和人类美好愿景，本身就适宜于诗意化的呈现；而党领导下中国革命、建设和改革的伟大历程、中国特色社会主义乘风破浪的壮阔航程，则是具有史诗般传奇色彩的教学内容，这其中既包含济世经邦的伟大真理，也包含浸润心灵的人生启示，完全适合以诗意化的方式进行教学。当然，诗意型教学既可以在整块的教学内容中实施，也可以穿插在其他教学方式之中，甚至可以仅仅作为教学中的点睛之笔而采用，具体如何运用，要根据教师对教学内容的理解和自己的讲课风格而定。

2. 处理好抒情文体教学讲稿与多媒体课件的协同

多媒体教学手段的运用对于实施诗意教学具有得天独厚的优势，甚至可以说，诗意型教学就是因多媒体而存在的。对于高校思政讲课来说，多媒体手段的最大优势和最广泛运用就是美育，多媒体图像、音频和视频不仅能够提供真实的历史记录，而且可以营造艺术与美的氛围，把教学气氛带入某种情境之中。以多媒体课件图像素材的运用而言，前文所提到的几种情况，即历史图片、图片文字和寓意图片，都可以用来衬托诗意型教学，特别是寓意图片，由于具有较强的表意性和象征性，若配以抒情文字，本身就可以构成一段美文+美图的抒情诗。在多媒体页面配置中，这些内容都是安排在三级页面或散页中，随着一二级页面的相继打开而跃入学生眼帘，由于有了这些寓意性很强的画面烘托，教学气氛自然而然就进入了诗意境界，如果在恰当的时机导入音乐或其他的音频效果，则能获得更好的表现力。这些画面上配置的文字完全可以进行诗意性的简化，寥寥数语即可写意传神，而且这种写意传神式的诗意性表达往往会摆脱语法的束缚，以无拘束的发散思维触发灵感，引发丰富的联想，给人以深刻的启示。比如笔者前文介绍的教学影片《历史的余音》，就是在多媒体诗意型教学的基础上整理制作的，以下就是配置在10幅具有象征意义的寓意画面上的10段文字：

(1)毛泽东时代出英雄

　　——浪漫主义想象

　　——理想主义情怀

(2)井冈山的"星星之火"

　　燎原到整个中国大地

　　终于燃起了中国革命的

　　——熊熊烈火

(3)"文革"期间,燃烧在青年人心中的

　　——就是这把火。

(4)"革命"太有吸引力了

　　——它是浪漫的生活和崇高的追求

　　——它是青春的激荡、生命的澎湃!

(5)但,革命的本意却是毁灭

　　——推翻不合理的旧世界

　　——毁灭不合理的旧秩序。

　　革命的暴风骤雨过后

　　就应该静下心来

　　从事新社会的建设了。

　　然而……

(6)革命时代激情的残留

　　成了建设时代涌动在人们心中的——

　　躁动和不安

　　——直到

　　造成重大的历史灾难……

(7)——"历史的灾难总是以历史的进步为补偿的"

(8)痛定思痛之后,一个新的历史时代终于开始了

(9)这个时代,是一个——

　　脚踏实地研究中国国情的时代,

　　一点一滴积累社会财富的时代,

　　在理性氛围中锐意创新的时代。

(10)党的十一届三中全会成为这个时代的起点。

这个短小的诗意性教学片段，是在讲述党的十一届三中全会之后的回味与反思，在教学影片一章已经介绍过，这里只是用来说明多媒体环境对诗意型教学的烘托作用。在课件页面安排上，是把这一段内容做成一个新的链接，以热区域交互的方式打开小图标，小图标是一幅画家张大中所画的女红卫兵半身剪切画面，放在二级页面的辅页面区（主页面区是主要授课内容的标题），设置了鼠标经过特效，名为"历史的语音……"。当鼠标放到小图标上面时，小图标即变为反转图像，预示着进入到往昔的历史时空，单击打开链接，随着历史画面的呈现，缓缓地播放出电视剧《激情燃烧的岁月》片尾曲的主旋律，把气氛带入诗意化的境界。这些文字内容的创意与画面的插入是同时进行的，诗意文字与画面内容相互启发，相当于直接面对历史场景去感悟人生，不经意间可能会触探到一些常规思维之外的东西，使教学语言具有更多的"灵性"。比如"革命时代激情的残留"这句话，就是从"以画表意"和"以诗配画"的互动中获得的启示。俗话说"他山之石，可以攻玉"，多媒体的功能其实远不止"看图说话"那么简单，教学讲稿与多媒体课件的协同也是一个相互作用的复杂机制。正因为如此，所以教师在讲述中不要照着画面读，而是要在画面文字的基础上充分发挥，在画面文字的帮衬下，教师的即兴讲演完全可以做到纵横捭阖、游刃有余，充分体现出诗意型教学的魅力。

3. 抒情文体教学讲稿写作的若干表达特点

抒情文体教学讲稿并不是一种文体，只是本书对教学讲稿写作风格的一种泛泛归类，因此也不存在标准的写作模式，这里仅对抒情文体的写作归纳出以下几方面的表达特点。

首先，抒情文体教学讲稿要体现学术性与文学性的交融。

高校思想政治理论课教学自然要体现学术性和政治性的要求，但既然是诗意型教学，就不是单纯的学术性教学，而是要带有学术的激情，学术激情是学术阐释与文学冲动相融合的产物。抒情文体讲稿的写作就是要以文学冲动来表达学术激情，把深厚的学术功底和雄厚的知识储备倾注到神采飞扬的文字内容中，使平淡的讲稿成为一篇能够打动人心的"美文"和"雄文"。文学性的表达以纵横捭阖、笔意奔放为要，好的文章要有好的立意和精彩的构思，注重以开放性的文思进行谋篇布局，以宽广的视野突出文章的"气势"，驾驭文学的冲动尽情驰骋于六合八荒，使文章在历史感与空间感的交错展现中信马由缰、开合自如，把理论的学术性和文学的启示性融会贯通,尽情地发挥"诗教"之长。下面的例子取自笔者所写的《毛泽东思想和中国特色社会主义理论概论》课绪论的教学讲稿,这里选取的是讲稿第一部分"'紫气东来'与中国大时代之门的开启"的开头。笔者学术水平和文学功底都很有限,写出的东西难免拙劣不堪,只是出于举例论证的需要,不得已硬着头皮"抛砖"献丑,且没有"引玉"的自信,唯博取同行大家一笑耳:

　　中国有一句成语叫做"紫气东来",说的是当年老子辞官不做,向西返乡归隐,当途经函谷关时,善观天象的关令尹喜突然看到东方紫气氤氲,便出关相迎,果然看到老子仙风道骨飘然而至。尹喜邀老子留下点东西再走,老子遂留下一篇洋洋洒洒五千言的《道德经》流传后世。所谓"紫气"在中国文化中即祥瑞之气,来自东方的祥瑞之气带来圣人的哲思,与其他思想文化的源流汇集在一起,驱散了蛮荒时代的暴戾之气,潜移默化地滋养了两千年伟大的华夏文明。

　　两千多年后的 20 世纪,一位西方的圣人再一次把祥瑞之气撒播到满目凄风苦雨的华夏故园。这位圣人就是"人间的普罗米修斯",伟大的思想家马克思。

　　几千年来,华夏古国经历了无数的变迁,融合了众多的思想和文明,然而没有哪一次思想的激荡能像这次一样,掀起如此汹涌澎湃的历史大潮,冲刷着饱经风霜的文明古国!

　　马克思主义传到半殖民地半封建的中国,开启了中国的大时代之门,从它被中国人民接受的那一天起,这个古老又年轻的国家就注定要发生翻天覆地的变化,中国五千年文明史将翻开崭新的一页,"中国"这两个字注定与光荣和伟大联系在一起!

　　当人类历史行进到 21 世纪的时候,围绕马克思主义为什么能被中国人接受的思考仍然是一个说不尽道不完的话题,但确定无疑的是,马克思主义传播到华夏大地,与中国革命、建设和改革的具体实际相结合实现中国化的过程,正是中国现代化的精神历程。

　　而今,当已经富裕起来的中国人,站在世纪的制高点上回首往事,以今天的成就来看待当初的选择的时候,视野变得更加宽广,目光变得更加透彻,言说方式也随之变得更加诗意化。

　　"紫气东来"从古汉语诗词角度来看,也可以解释为紫气向东而来,我们可以用这句成语来形容马克思主义真理的东传。然则来自西方的马克思主义何以东传到中华,并深深扎根于华夏故园?

　　这里说的是两个问题,一是当初中国人为什么选择马克思主义,二是为什么要实现马克思主义的中国化。

诗意化的表达方式在教学中有着广泛应用,可以作为教学切入点、章节内容的总结、教学过程中的随机发挥等,而以散文形式为主的抒情文体讲稿也可以运用于讲稿的全篇。

其次,抒情文体讲稿要注重意象性的表达。

意象性是诗歌生命力所在,作为运用于诗意型教学的教学讲稿,抒情文体讲稿要充分运用联想和想象调动人的积极思维,以艺术形象的塑造为主线,勾勒出蕴意深刻、感人至深的生活图景,托物言志、寓情于景、借景抒情,使教学表达始终内容丰富、形象饱满,使受教育者沉浸在诗教的精神境界中,有益于身心发展。比如在笔者所构思和写作的"以爱国主义为核心的民族精神"这部分教学内容的诗意教学讲稿中,有这样几句类似于诗词的抒情文字:

　　　　耳闻你笑声豪迈,
　　　　目送你继往开来;
　　　　五千年激越情怀,
　　　　驻足放歌——
　　　　震落远行的尘埃!

这里把祖国想象成一个狂放的巨人,跨越五千年历史时空,从莽莽苍苍的远古荒原走来,一路披荆斩棘不畏艰难,阔步健行慷慨高歌,在想象中,当这位巨人走近人们的视野,稍作小憩、仰天长啸之际,虎躯一震,震落满身的征尘,而后又继续前行,身后留下一串豪迈的笑声,在旷野和天际间久久地回荡。这是受到歌曲《长江之歌》歌词的启发而抒发的一段感叹,以拟人的手法抒发了对祖国深沉的热爱,有力地烘托了爱国主义主题的切入和展开。

除了上述几点表达要领之外,对于抒情文体的教学讲稿来说,各种修辞手法的运用也很重要。修辞手法是诗歌的生命,常用的修辞手法有比喻、对比、借代、联想、比拟、夸张、通感、移情、设问、反问、反语、双关、顶真、排比、反复等,这些修辞手法不仅在诗歌中大量运用,而且也被广泛运用于散文等其他各种文学体裁中。文学表达与学术研究的重大区别在于：它不是把某种观点赤裸裸地、直白地宣示出来，而是给人以充分的想象空间，以丰富的哲理性诱发人的回味和思索，让人在朦胧的意境中获得某种深刻启示。比如诗人北岛著名的朦胧诗《回答》，开头就抛出一对振聋发聩的排比句"卑鄙是卑鄙者的通行证，高尚是高尚者的墓志铭"，这对排比句运用隐喻和对比手法讲出了一个生活中人们司空见惯，但从未仔细思考过的道德迷局，粗浅地理解，其实就是对"好人没好报"的感怀，但以这种意象性的语言表达出来，则具有一种强烈的象征意义，这是对人性的深刻反思，是在表达深刻的人生道理，读后令人回味无穷。

文学表达不是把某种观点赤裸裸地、直白地宣泄出来，而是给人以充分的想象空间，以丰富的哲理诱发人的回味和思索，让人在朦胧的意境中获得某种深刻启示。文学拒绝口号式的表达，而是以含蓄隽永的方式让人去感受、去体会。文学精神以批判性思维立身，开阔人们的眼界、启迪人们心灵，凭借的正是文学修辞手法所蕴含的超越性和启示性。诗意型教学突破了学术范式的束缚，摆脱了概念问题的纠缠，使思想政治理论课教学具有开阔的视野和生动的表述，以强烈的教学感染力打动学生。诗意教学不像哲学的追问，对一个概念死追到底直至"不可言说"。在经验世界里，哲学追问到最深处其实都是悖论，诗意型教学把文学性发挥得淋漓尽致，虽然与纯思辨拉开了一定的距离，但却因此而获得生机。即便是以"纯思辨"立身的哲学，亦不排斥诗化的表达，因为哲学是对世界最深刻的认识，以盎然的诗意来理解宇宙和人生，正是哲学的最大魅力。

第九章
高校思政课多媒体教学讲稿的艺术性

　　教学讲稿是根据教材和教学大纲的要求，按照教案的教学安排对授课内容撰写的文字稿，是对教材内容的加工和提炼，承载的是教学知识信息，是教师组织教学所需的教学资料之一。

　　讲稿与教案不同的是，教案作为教学组织管理的必备教学文件，必须按照教学教法的要求来编写，而讲稿则没有标准的模式可供遵循，特别是对于大学的课堂教学来说，很多情况下教学讲稿实际上就是教师的课堂演讲稿，讲稿的内容也往往侧重于教师本人的学术研究方向，具有一定的随意性，在教案、讲义和讲稿等教学文件中，讲稿有时被糅进教案中，有时也会和讲义混为一谈。

　　随着传统教学手段逐渐向现代化教学手段进化，有人认为讲稿是可有可无的，上课有了教案和课件就足够了，因为课件就是教师进行多媒体课堂教学的基本依托。所以，有些多媒体授课的教师把精力倾注在课件上，对写讲稿并不十分认真。从某种视角来看，这种观点似乎也不无道理，好的教学课件具有完整的教学内容和大量的多媒体素材，教师要讲的内容都在课件的页面上，把课件上的内容和案例解释清楚，基本上就是一节完整的课。

　　但课件的功能并不仅仅是"看图说话"，课件与老师上课所讲的内容也不一定总是对应得天衣无缝，课件和讲稿就像双人舞一样，在紧密配合的基础上，都有各自的自由发挥空间，二者在课堂教学中有分有合，相互衬托、相映生辉，使课堂教学跌宕起伏形式活泼，更好地突出多媒体教学得天独厚的优势。特别是对高校思想政治理论课的多媒体课堂教学来说，不仅要有知识性，而且要有教育性，要承担马克思主义信仰教育和意识形态教育的重任，只有让课堂教学"出彩"，才能让教育深入人心，取得良好的教育效果。

一、高校思政课多媒体教学讲稿的意义

（一）梳理教学内容、优化语言表达

讲稿写作是教学语言梳理的过程，一份倾注了教师心血的讲稿可以帮助教师更好地安排教学语言，使知识更加充实、内容更加连贯、逻辑更加严密。在写作讲稿的过程中，通过对讲稿的文学润色，使教师的口语表达更加顺畅、更加具有文学美感，进而增强课堂教学的艺术性和教学感染力。我们不能奢求每个思想政治理论课教师都有电视节目主持人的口头作文能力和临场即兴发挥的能力，不能按照媒体"名嘴"的口才要求教师，况且课堂教学也不是脱口秀，而是要有明确的目的性和一定的理论深度，要体现教学意图，并且要紧紧围绕教学大纲来展开。大学思想政治理论课不同于一般的知识类教学，它是马克思主义信仰教育的课程，要让思想政治理论教育真正深入学生内心，除了以知识性的教育传播真理之外，也需要情感的倾注和美的熏陶。教学表达的艺术性具有重要意义，无论是理论型、叙事型还是诗意型教学，都需要精心组织语言，单凭临场发挥是不够的。多媒体教学语境下的思政课教学艺术对语言艺术性的要求更高，如果不注重讲授艺术，不注重在讲稿艺术性的锤炼上下功夫，甚至让精美的教学课件配上一堆语言垃圾，那不仅浪费多媒体资源，更减弱了多媒体政治理论课应有的教学效果。不想追求卓越的教师不是好教师，不想博得学生喝彩的思政课教师不是好教师，而一堂好课的背后是深厚的底蕴和修养，这底蕴和修养即来自于讲稿写作的功底。

当然，有了讲稿并不意味着上课就是背讲稿，教师写完讲稿后，反复熟悉几遍，记住大体的脉络和主要案例，也可以把讲稿提纲、重点提示及精彩语言写到纸上，简明扼要、寥寥数语就可以了。在教学中，教师完全可以把讲稿抛到一边，甚至忘到脑后，教学演讲随着灵感的闪现而随心所欲纵情发挥。但把讲稿"弃之不用"，并不意味着讲稿没用，就像练武的人对待武功套路，初学者必须要把一招一式练得纯熟，但要达到高手境界却还要忘掉套路，以达到从心所欲、天人合一之境。对教师而言，有讲稿与没讲稿、是否认真构思写作讲稿并精心加以润色，课堂教学的效果是大不一样的。如果说授课提纲和教学课件是教学的"骨架",那么讲稿就是教学的"血肉",特别是对于年轻教师而言,有了讲稿就意味着"有的可讲",没有讲稿就可能面临"无话可说"或"不知再说些什么好"的尴尬境地。

(二)深入理解教材、催生教学创新

多媒体讲稿写作过程是深化对教材的理解的过程,是对学科知识体系进一步融会贯通的过程,也是一个对教材内容进行再加工的创新过程,在这个过程中,教师结合学生的思想实际和鲜活的社会现实,以多媒体教学艺术的基本艺术规范为依据,把教材中严谨的主流意识形态话语体系转换为适合课堂教学的再生话语体系,并以教材体系为依据创造出多媒体教学语境下的多媒体教学演讲体系。

教师授课要根据教材和大纲来进行,但这并不等于教师没有一点主动性。教师是活生生的人,教师所教授的对象更是有血有肉、有思想、有个性的人,没有心灵沟通和心灵碰撞的教学是不可想象的,教师对教材的内容必须要有自己创造性的理解。教学活动也不是一个照本宣科的机械行为,而是教师在吃透教材的基础上把自己的理解传授给学生的过程,需要把教材内容划分成若干较小的知识模块,并对教材内容进行解析,使学生能够借助于现有的知识储备,在充分的"前理解"状态下接受新知识。这个过程就是教师创造性劳动的过程,这种创造不是对知识本身的改变,而是对知识的内涵和外延的深入理解。而要对教材内容进行创造性的理解,不仅要在对这门课的知识体系有完整把握的基础上大量阅读相关书籍和论文,乃至上网查阅大量相关资料来充实教学内容,而且要将信息和资料整理成文,将其纳入到教学讲稿的逻辑体系之内,形成教师自己的再生话语体系。要给学生一桶水,教师就必须自己准备一缸水甚至"一潭水",这就要靠教师的辛勤劳动来获得,要靠教师广泛的涉猎和悉心的研究来充实,教学讲稿的写作,正是教师的自我研修过程。

在高校思政课多媒体教学语境下,教学讲授要体现多媒体教学的艺术性,是多媒体教学艺术的一部分。在多媒体教学中,学生所接受的信息来自两个方面:一是多媒体课件所承载的多媒体图文声像教学信息,二是教师讲授过程中的口语表达信息。两个方面的教学信息犹如双人舞,必须要做到珠联璧合、相映生辉。教师如果没有教学讲稿,教学讲授只是根据多媒体课件所展示的图文声像信息进行临场发挥,那实际上只是多媒体课件的"单人舞",教师只不过是课件的陪衬。要想跳好这场"双人舞",就必须有一套与多媒体课件内容既相互区别、又彼此呼应的多媒体教学讲稿,这套多媒体教学讲稿既要体现出对教材内容的创新,又要体现出多媒体教学创新。从内容来看,要以体现多媒体教学艺术性为原则,对教材文本进行多媒体口语表达范式的转换,还要从与多媒体信息互补的角度来照顾到教学讲演的独立性,使教学讲演具有独立成文的"华彩"部分。一套好的思政课多媒体教学讲稿是需要反复锤炼的,既要以教材体系为基本写作依据,又要与多媒体课件密切配合,还要做到尽情发挥、独领风骚,是具有一定写作难度的教学艺术作品。如果对于教学讲稿采取漫不经心的态度,是难以体现多媒体教学的独特魅力的。

(三)丰富思想储备、加深学术积淀

讲稿写作本身就是在备课,也是在储备思想。教师写作讲稿,其实就是在进行内心独白,在内心独白中,授课内容之间的逻辑关系得到梳理,精妙的构思和思想的闪光点不断涌现;在内心独白中,教师展开联想的翅膀纵情勾勒教学图景,酝酿情绪、培育感受,使讲授的内容从概念性的东西变得有血有肉,成为营养丰富且色香味俱全的精神大餐。教学讲稿不是教案,其作用和意义不在于教学组织和教学方法,而在于它的知识性和思想性,教学讲稿不用把与学生交流的细节写到里面, 它就是教师为教学而准备的 "知识库"和"思想库",以便于教师在课堂教学的讲演中随时调用。通过讲稿写作,教师积累了经验,充盈了知识储备,深化了思想深度,搭建起知识和学术的框架,很多著作和研究成果就是从写讲稿起步的。教师到大师之间不存在不可跨越的鸿沟,而要开辟一条横跨这条鸿沟的成功之路,少不了广泛的涉猎和海量的讲稿写作。

伟大的哲学家康德曾经说:"有两样东西, 人们越是经常持久地对之凝神思索,它们就越是使内心充满常新而日增的惊奇和敬畏:我头上的星空和我心中的道德律。"[①]思想者永远是孤独中的斗士,抬头仰望星空是哲人的思想之路,只有当面对浩瀚星空的时候,人的思想才能尽情地徜徉。从教师的

---

① ［德］康德:《实践理性批判》,邓晓芒译,人民出版社,2003 年,第 220 页。

生活习惯来看,讲稿写作进入酣畅之际,往往也是在夜阑人寂、孤影伴灯之时,手下虽凝神敛气奋笔疾书,思想却已然跃出斗室与天地相通、与古今大师对话,思想之泉在不经意间源源不断地涌出,丰富联想所启发的灵感不断冲撞着每一个神经细胞, 而大脑则不断地把这些灵感归入思维的各个脉络和分支,汇集成滔滔不绝的思想长河。因此,教师的内心独白是一个创造的过程,对知识与学问的梳理和思考,引发对世间沧桑之变的深刻哲思,把这些哲思灌注到教学中,可以启迪学生的心灵,唤醒学生心中的爱,激发学生的想象力和创造力。作为学生精神上的导师和引路人,内心独白就是教师的思想之源,写作教学讲稿正是使教师沉浸到这种境界的需要,从某种意义上说,就是教师在"打坐练功"。教学讲稿的写作虽然有一定的文体框架,但更多时候是一种自由发挥, 特别是对于那些不是为了应付教学检查的教学讲稿来说更是如此。在没有任何形式约束的前提下,教学讲稿的写作能够更有效地捕捉一闪即逝的灵感,即便有时候逻辑上有些混乱,但稍加整理即可成为思想的亮点。

　　高校思想政治理论课的教育对象是大学生, 他们具有青年人特有的逆反心理,是一个喜欢独立思考的群体,讲给大学生的课程如果没有一定的思想性,只是按部就班地灌输课本上的内容,那是一定不会取得理想教学效果的。思想政治理论课教师应该做的,就是通过深入学习和探讨,吃透马克思主义和中国化马克思主义的理论精髓,并结合当前时事政治、社会实际和自己的人生感悟,以思想者的高度把握教育和教学,把书本上的理论和观点化为自己的教学创新成果,融会贯通、深入浅出地教授给学生,才是大学思想政治理论课的教学之道。思想者是需要磨炼的,要靠知识的日积月累、思想的凝练升华来完成,要勤于思考,也要勤于动笔,才能最终成就思想者的睿智。教育家苏霍姆林斯基说过:"我建议每一位教师都来写教育日记。教育日记并不是什么对它提出某些格式要求的官方文献, 而是一种个人的随笔记录,在日常工作中就可以记。这些记录是思考和创造的源泉。那种连续记了十年、二十年甚至三十年的教师日记,是一笔巨大的财富。每一位勤于思考的教师,都有他自己的体系、自己的教育学修养。如果有高超技巧的、有创造性的教师,在结束他的一生时,把自己在长年劳动和探索中所体会到的一切都带进了坟墓,那会损失多少珍贵的财富啊!"[①]教学讲稿虽然不等于教育日

---

　　① [苏]苏霍姆林斯基:《给教师的建议》,杜殿坤编译,教育科学出版社,1984年,第126~127页。

记,但教学讲稿的写作是教学的积累,与写教育日记是有相通之处的,教学讲稿的积累同样是教师的一笔财富,是教师教学功力的积淀。年轻教师刚登上讲台的时候,总是觉得无话可说,但老教师却能滔滔不绝,原因不在于口才好,而是有足够的学问和知识的积淀。

高校思政课多媒体教学虽然注重教学艺术性,但对于思想性和学术性仍然有较高要求,特别是对于思想性的要求更为突出,因为思想性是艺术的最高境界,一个有思想、有才华的思政课多媒体教师往往是学生们崇拜的偶像。多媒体讲稿的写作不仅不会排斥学术性和思想性,而且要求学术视野更加开阔、学术积淀更加深厚、思想和艺术修养更为突出。多媒体教学讲稿的写作,正是丰富思想储备、加深学术积淀、砥砺意志和品德的过程,是全面提高思政课多媒体教师教学素质的重要一环,也是从教师到教学大师的必经之路。

(四)整合教学资源、发挥多媒体优势

教学讲稿能够有效地整合多媒体素材与教学内容,使多媒体教学手段能够发挥出最大效用。多媒体教学是以教学课件为基本依托的,而教学课件所提供的不仅仅是一个讲课提纲,也是一个课堂教学的"套路"和流程,比如什么时候展示图片、什么时候播放音频和视频、什么时候由教师来讲授、什么时候进行课堂练习等,在制作教学课件的时候就应该对这些流程有一个基本的筹划,而筹划的过程就是教学课件与教学讲稿相互磨合与适应的互动过程。一方面,在制作课件的过程中,当教师把精心准备的图像、音频和视频资料按照教学安排插入授课提纲下各个层次页面的时候,头脑里就有了一幅图景,教学讲稿实际上就是脱胎于这幅图景。也就是说,由于这些多媒体素材都是为了做课件而精心挑选的,其所承载的大量信息本身就是教学内容,教师在做课件的同时就已经在酝酿教学讲演的稿子了,课件做完,教学讲稿的腹稿也已经基本成型。另一方面,教师在根据课件流程写作教学讲稿的时候,也要根据内容需要,对课件中的多媒体素材进行一定程度的删减和修改,以适应课堂教学的实际需要,二者反复调试,最后形成完善的课件+讲稿的多媒体组合。在这个互动过程中,教学讲稿发挥着重要作用,因为只有教学讲稿才是最终讲给学生的内容,是衡量课件是否得心应手的最终标准。教学讲稿的写作实际上是整合多媒体素材与教学内容的重要手段,最终

达到的目的就是课件与讲稿成为一体，使教学课件的效用得到最大限度地发挥。

在教案、教学讲稿、多媒体课件这高校思政课多媒体教学"三剑客"中，多媒体课件处于中心位置，多媒体教学的一切教学活动都要紧紧围绕着课件进行，教案作为多媒体教学的总体安排，要为课件和讲稿服务，而讲稿则是授课的直接依据，与教学课件相互配合，起到整合多媒体教学资源、衬托多媒体教学优势的作用，是提高教学质量和改善教学效果的关键因素。

这里涉及一个题外话，那就是多媒体教学应该先做课件还是先写讲稿？应该说这个问题是因人而异、因事而异的，但比较常见的做法是，先根据教案所拟定的教学提纲和教学思路来制作教学课件，然后再根据教学课件的安排来写作教学讲稿，也就是按照教案、课件、讲稿的顺序进行教学准备，教学讲稿要根据课件的需要来写作。当然也可以反其道而行之，也就是先有教学讲稿，然后根据教学讲稿的内容来制作课件，但这样做的工作效率并不高，比较适合于教学专题，却不适合教材内容的教学，因为一套严格按照教材章节而写作的完整教学讲稿既冗长而又拖沓，对教师来说是双重工作量，但根据课件而写作的讲稿则不必面面俱到，有了课件所提供的授课提纲，很多内容根本就用不着落在纸面上，只要把那些对教学语言要求比较严谨的内容，或把那些需要重点加以渲染的内容写成教学讲稿就行了。不仅如此，根据教学讲稿制作课件还有一个弊病，那就是往往会因为难以舍弃文字内容而造成课件中文字过多，甚至每个页面上都密密麻麻写满了文字，这种情况大家在听学术报告和学术讲座中经常会遇到，恐怕很多教师都没有意识到这样做有什么不妥。当然对于学术交流来说，这种文字幻灯片是正常的，因为这是学术圈子里的交流活动，听讲的都是专业人员，大家希望了解的是学术上的创新点，不会在意形式上好看与否、是否具有教学感染力。但对于高校思想政治理论课多媒体教学来说，这样做却是不妥的，一方面因为多媒体教学课件不是演示文稿，把教学课件当成"文字幻灯片"来用，实在是浪费教学资源，与其这样，还不如干脆就直接用板书教学。另一方面，听讲的是普通学生而不是专业人员，他们是来接受思想政治理论教育的，要全身心感受思想政治理论课多媒体教学带来的教学感染力，并因此促进身心健康发展和思想政治理论素质的提高，是来学知识和受教育的，而不是来进行学术交流的，"文字幻灯片"对于普通学生来说过于枯燥了，发挥不了多媒体教育应有的教学效果。

二、高校思政课多媒体教学讲稿的特点

和一般的教学讲稿相比,多媒体教学讲稿有很大的不同。用于板书教学的教学讲稿一般是每章一本讲稿,教师备完一门课,面前就整整齐齐地摆放了十几本用稿纸手写的讲稿,每一本讲稿都对应于教材每一章,概念原理、教学案例、课堂练习等诸多内容一应俱全,如果教材体系出现较大变动,那又要重新写一遍。多媒体课件的出现,把教学讲稿从过去那种比较死板的形式中解放了出来,有了课件作为课堂教学的基本依托,教学讲稿就可以不用从头至尾规规矩矩、面面俱到地写作了。由于多媒体教学课件技术含量和信息量的增多,以及艺术效果和表现力的增强,也使教学讲稿从作用和功能上发生了根本变化,具有了不同于一般教学讲稿的特点。

(一)与多媒体元素共同构成教学信息

在板书教学中,教学内容主要是由教师来口授,教学讲稿是教学内容的唯一来源。而多媒体教学则是由教师口授和多媒体课件的展示来共同完成,教学内容既有来自教学讲稿的文字信息,也有多媒体元素所展示的视觉信息和听觉信息,原来一概由抽象的书面文字和口头文字传达的内容,现在则是由多种手段各司其职,共同构成课堂教学的内容,多媒体讲稿承担的任务变了,由主角变成了与其他多媒体教学形式协同合作的"协同方"。这一角色的转变使教学讲稿的使用范围大大收缩,由"大而全"变成"小而精",由原来的"一枝独秀"发展到与多媒体元素相互衬托、相映生辉。在多媒体教学中,教学讲稿要考虑到其他多媒体元素的存在,或是以自己的讲授来突出其他多媒体元素,或是利用其他多媒体元素来衬托自己的讲授,但不管怎么说,不能无视多媒体因素的存在而自说自话。

对于高校思想政治理论课的多媒体教学来说,既包含一定思想深度的理论讲授,也包含为促进素质教育的情感渗透,无论是哪一种情况,都需要教学讲稿与课件的相互配合,作为多媒体元素中的知识要点文本、逻辑关系图示、基本原理的动画演示、历史实物图片、历史人物原声、多媒体教学影片等,是由多媒体课件所提供的知识信息和教学内容,和教学讲稿的地位是并列的。且不论在课堂教学中需要大量的多媒体艺术手段来辅助教学,增强教

学感染力,即便对于较抽象的纯理论讲授来说,也需要以多媒体元素来阐释教学内容,多媒体手段在纯理论教学中的运用不仅包括教学图示和动画演示等,而且由于人文和社会科学研究向来重视历史的佐证,在理论讲授中也需要实物图片和历史影片的展示,这些多媒体元素都可以不依赖于其他手段而独立地向学生传达教学信息,或者说它们和教学讲稿一样就是教学内容本身,二者在教学中是协同运用的。

在两部分教学内容同时存在的情况下,教学讲稿就要明确自身的定位,有些内容其实并不需要讲稿,比如某些概念或原理需要反复、详细地向学生讲解,这部分内容就没有必要准备教学讲稿了,只要按照多媒体页面的教学图示和重点提示,运用自己的语言授课,能讲清楚教学内容即可。而对于那些要求教学语言相对严谨,或者教学内容体现某种精神境界,在与多媒体元素共同作用下将教学气氛推向高潮的部分,则有必要精心准备教学讲稿。高校思想政治理论课不同于普通课程,其较强的思想政治性和意识形态教育的严肃性,决定了这类课程的教学语境和言说方式必须有自己的定位,用普通的"市井语言"来表达中国革命和建设的恢宏历程肯定是不合适的。思想政治理论教育课程要有一定的话语高度,不用担心被人说成是"唱高调",也用不着为了追求贴近性而刻意回避那些庄重大气的"文本语言"。这一类教学内容对教学讲稿有着较高的要求,在文字上必须措辞严谨,表达上要用政治理论术语,内容上既要有明确的政治立场,又要有较强的情感渗透,这就需要在教学讲稿上下功夫,使教学讲稿既有自己的表现空间,又能与多媒体元素相互帮衬。如果把多媒体艺术手段与教学讲稿完美地结合,将产生非常理想的教学感染力,这正是思想政治理论课所追求的最高境界。

由于教学内容是由教学讲稿和多媒体元素共同构成的,教师就不用担心讲授中会出现"空场"现象,有教学课件"摆在"那里作为基本依托,课堂上完全可以用适当的停顿来调节教学节奏。教学讲稿在篇幅上也不用以充满整个教学时间段为标准,而是集中在"精"字上做文章,成为短小精悍的"模块化"的教学精品。

(二)与多媒体元素构成深层次的互动

有了多媒体图像和视频等多媒体素材的运用,教学讲稿可以省去对历史场面一般性的语言叙述,用不着教师费尽口舌对历史事件及真实场景进行具体描述和说明。但另一方面,在语言表达中却更要注重深层次内涵的挖掘。因为从一般意义上来说,图像资料所反映的毕竟只是事物的表象,不可能反映事物的本质和发展方向,也不能反映事物的内在联系,即便是兼具时间艺术和空间艺术特征的教学影片也是如此。所以多媒体讲稿更要注重的是结合图像和各种影音资料的运用来帮助学生解读这些资料和素材所传达的多媒体信息,并深入揭示其背后的联系,以至于把对事物的直观感受留给学生自己去体会。在多媒体教学中,学生拥有了更多的自主性,成为和教师具有同等地位的交互主体。在接受教学信息和解读教学信息上可以不必盲从于教师,甚至可以不同意教师对多媒体信息的解读,因而具有了与教师平等讨论和交流的能力。这对于调动学生的学习热情、激发学生的自主创新意识具有重要意义,使教学活动更具启发性和创造性。

深入挖掘多媒体素材的内涵可以有很多角度, 比如通过不同时期图像资料的对比来展现不同时代的社会风貌和特征, 或者通过分析和研究影像资料中人物的动作、表情和精神状态等来感受当时的社会风尚等,也可以通过介绍多媒体素材的背景资料来充实讲授内容、扩展知识视野,甚至可以通过分析摄影师拍摄照片时的心理动机和主观意图来推断此情此景背后发生的故事。尽管图像资料通常只能反映事物表面的真实,但同时也将摄影者的创作意图隐藏在影调、线条、色彩、场景和摄影构图之中,深度地解析这些视觉信息能够最大限度地还原当时的社会生态, 提供更具说服力和感染力的论据。各种多媒体元素本身所蕴含的信息是非常丰富的, 怎样解读这些信息、解读到什么层面,都要从教学的实际需要出发。

多媒体教学提供了传统课堂教学无法比拟的优势, 也把教学资料的运用带到一个更加广阔的空间,教学讲稿必须要适应角色和功能的转变,以不断探索和创新来明确自己的定位。对高校思想政治理论课的课堂教学来说,不存在较大的理论创新,但教学方法、手段和思路的创新却是必要的,对多媒体教学讲稿写作而言,在写作方式、行文风格、与多媒体元素的协同运用等各方面都有很大的创新空间。特别是对于如何有效运用多媒体素材来说,应该深入分析和挖掘各种多媒体元素的思想内涵, 将其融入教学内容并成为多媒体讲稿的有机组成部分。从现实情况来看,很多教师都只是一般性地展示和播放多媒体图像、音频和影片,而没注意到多媒体元素在教学中的重要意义。所谓教学讲稿实际上也只是一份普通的传统讲稿,没有融入对多媒体资料自身的分析研究,缺乏对运用多媒体资料深层次内涵的挖掘。不得不说,这种情况其实是对多媒体资源和器材的浪费,而且从某种意义上来说,谈不上是真正意义上的多媒体课堂教学。

(三)多媒体语境下具有多种言说方式

由于没有多媒体元素的烘托,传统的教学讲稿只是立足于讲述历史过程,进行论证说理,而在多媒体教学中,图像、音频和视频等多媒体手段的运用使多媒体教学的言说方式发生了根本变化,教学中不仅可以进行平铺直叙,也可以在各种多媒体元素的烘托下,进行教学情境的创设和教学气氛的渲染,使高校思想政治理论课的多媒体课堂教学在夹叙夹议的基础上更加诗意化,也更具教学感染力。

高校思想政治理论课作为意识形态教育和一种素质教育,以马克思主义世界观和价值观的培育渗透为己任,以中国化马克思主义真理观的发扬光大为基本立足点,不仅要进课堂,更要进头脑,要让学生深刻感受思想政治理论课的魅力,这就要求教育的形式和手段必须多样化,要让学生学得进去、懂得透彻、记得扎实、爱得深沉。教育是一门艺术,思想政治理论教育更是一门艺术,作为思想政治理论课教师,必须以艺术的心态和艺术的表现来构思并展现这门艺术,在言说方式上可以体现各种手段和风格,既有政治性和思想性,又体现文学性和审美性,根据教学内容的实际需要,把中国大时代的"宏大叙事"以诗意化的表达展现给学生。多媒体手段的运用给课堂教学的各种言说方式和表达方式都提供了可供选择的语言环境,使得各种表达方式都可以做到油然而生、有感而发,有了多媒体元素的烘托,即便是一定程度上超出了生活化的语言表达域界,也不至于因"调门过高"或情绪激昂而显得矫揉造作。作为与多媒体手段配合协同的多媒体讲稿,在写作方式和写作风格上就有了广泛的创意空间,可以纵横捭阖,大跨度腾跃于不同的文体之间,自由徜徉于情绪和情感的转换之间而不显得生硬。笔者在讲授社会主义核心价值观中"以爱国主义为核心的民族精神"一部分时,运用了一个北京奥运会"奥运圣火保卫战"的案例,讲到奥运火炬在巴黎遭遇阻击,海外留学生奋起保卫奥运圣火、捍卫祖国尊严的事例时,引用了一幅巴黎街头五星红旗如海的图片,在讲述了事件经过后阐发了这样一段感慨,开始是写在讲稿中,后来干脆将文字打在课件上,讲课时直接对着文字读:

终日劳碌——

你的爱似乎沉睡已久。

为了一张文凭

你辛苦地打拼，

为了一份薪水

你忘记了尊严，

为了一个小家

你不再把祖国牵挂。

你对一切都报以嘲弄，

你把深沉也当作幼稚。

激情似乎远离你而去，

在钱的面前，

再高尚的情操又能值几何？

直到有一天——

当五星红旗汇集成海洋，

激动的泪水化作倾盆雨；

当心重新跳动在一起，

亿万个华夏儿女

在全球各地

同时喊出"天佑中华"的时候，

你终于明白——

那份爱还在，

它永远不会消失。

那是中国人的中国情，

地老天荒，不变的是同一条根。

　　这段文字尽管并不工整，但以诗意化的表达阐述了这样一层含义：中国人的爱国情怀不是写在脸上，而是深深地嵌在中华文化的基因密码中的，漂洋过海、浪迹天涯不等于心里没有祖国，表面上的冷漠不等于心中没有爱，商品经济时代忙于个人打拼也不等于灵魂的失落，当祖国需要的时候，爱国主义的旗帜会把全世界的炎黄子孙都聚集在一起，共创中华民族的辉煌。由

第九章

于这些话不是平铺直叙,而是采用诗意性的表达,并融入了文学性的剧情翻转,说到了学生心里,引起了学生的共鸣,牵动了学生的关注,因而起到激活思维的作用,得到了学生热烈的回应,使得课堂气氛活跃了起来。

类似上述情况的教学表达只有在多媒体环境下才能实现,反过来说,在多媒体教学手段创造的语言环境下,教学讲稿也不再是传统教学讲稿那样的平铺直叙,而是具备了多种表达方式,为教师提供了多种可供选择的课堂讲授风格,这是高校思想政治理论课多媒体教学讲稿的又一个突出特点。

(四)以模块式短文集中于某个问题的研究

由于有了多媒体课件提供的授课体系,多媒体讲稿就可以大大地简化,用不着再写成连贯整章整节的长文,而应该写成模块式的短文。当然,这里所谓的"短"也不是根据字数来限定的,而是指相对于整整一章教学讲稿而言的"短",是指一段讲稿只集中于一个题目。一章中可以只有很少几个教学讲稿的模块,不用面面俱到,只要覆盖本章重点内容和精彩内容,或者选择教师有较深研究和感悟的某些内容来写,其余部分则可以完全依靠教学课件来讲授。至于教学讲稿的实际字数,则是可长可短。根据前文所述,教学讲稿实际上是教师依据教学内容而写成的内心独白,是为教师在课堂教学中纵情发挥而准备的思想材料或思想储备,有了教学讲稿也不意味着照本宣科,教师可以写成洋洋洒洒几万字的讲稿,但讲课中可能只用上不到一千字的内容,而且教学中根本用不着把讲稿带在身边。正因为多媒体教学讲稿是集中于某些问题的模块式讲稿,所以往往对一个问题的研究比较深入,很容易发展为一个教学专题,或者将其制作成教学微课。无论是专题教学还是教学微课,都是高校思想政治理论课教学改革努力探索的方向,对于提高教师的理论水平、促进教师深化学术研究都有一定的意义。从这一点来看,模块式的多媒体教学讲稿形式灵活、问题集中、研究深入、写作随意,实际上是具有多种应用价值的,是高校思想政治理论课多媒体教学讲稿的基本篇幅要求。

目前,随着互联网的日益发达和网络课堂的兴起,许多学校和相关部门经常要求教师把课件和授课内容放到网上,以加强网络思想政治教育的影响力,满足学生自学之需,实现网络教育资源共享。但这些授课内容往往是教案与教学讲稿的合而为一,是一些高校思想政治理论教研部门集体备课的成果,虽然也提供了很多案例和素材,而且对教材内容的分析研究也比较透彻,但严格来说,这些都不能算是多媒体教学讲稿,因为这些基本上都是整章的内容,没有把多媒体教学因素充分考虑进去,且缺乏教学个性。不过,这些教学讲稿是经过教学部门精心组织、并花费了教师大量劳动的教学成果,而且是免费开放的网络共享教学资源,为广大思想政治理论课教师的吸收借鉴提供了方便,令大家受益匪浅,我们应该对这些教学成果的组织者和奉献者表示衷心的感谢,并致以崇高的敬意。

三、高校思政课多媒体讲稿的语言艺术研究

(一)高校思政课多媒体讲稿的教学语言构成

研究语言构成的角度有很多,根据高校思想政治理论课多媒体教学的需要,我们把多媒体讲稿的教学语言构成进行如下划分:

1. 学术性文本语言

作为大学教学的讲稿,高校思想政治理论课多媒体讲稿当然要把学术性语言放在第一位,要具备政治理论研究的基本学术规范和基本学术素质,在话语体系和言说方式上体现思想政治理论课的特质。这种学术性语言是思想政治理论课教材的文本语言,具有学理性、严谨性和庄重性,在逻辑上层层推理、丝丝相扣,在语言表述上措辞严谨、不生歧义,在内容上庄严宏大、雄辩至尊,完全适用于高校思想政治理论课的课堂教学语境。尽管有时候也出现一些经过话语体系转换后的大众性表达方式,如"小康之家""中国梦"之类的词汇,但这些仍然是学术性文本,是被广泛认同的政治表达方式,已经从百姓喜闻乐见的生活语言上升到政治术语的高度。学术性文本语言是构成高校思想政治理论课教学讲稿的主体,运用学术性文本语言的艺术主要体现在科学思维的逻辑之美,体现在完备之美、简洁之美、对称之美等方面,要根据这些审美规范把教材中的理论阐释转换成教学讲稿的授课内容,不仅要在内容上进行高度凝练和概括,在行文格式上也要进行重新规整和排列,使之更具教学美感。

2. 大众性叙事语言

尽管高校思想政治理论课教学要突出政治教育的规范性和庄重性,但教学讲稿毕竟还是为了"讲"而写作的文字材料,多媒体讲稿中涉及大量的

叙述性内容,既包括对历史事实的叙述,也包括对科学理论的通俗讲解,还包括对多媒体素材的讲解和介绍,这些内容都需要运用大众性的语言,都需要在教学讲稿中体现出来。

运用大众性叙事语言的艺术主要体现在通俗性、贴近性和活跃性上,要以学生喜闻乐见的语言表达方式营造大众化的审美空间,不仅可以充分利用大众性语言的简便性和趣味性来增加语言魅力,而且可以充分运用民间俗语、歇后语,甚至某些网络流行语来营造平等的教学氛围,使教学更能够满足青年人的心理需求。其实不仅教学讲稿如此,近年来甚至出现运用大众化语言写就的近代史学术著作,宛如戏说历史一般情节跌宕、妙趣横生、通俗易懂,可读性很强,给人留下深刻印象。总的来说,大众性语言由于约定俗成的语言习惯,在很多情况下既简练又生动,具有正规语言所不能替代的表达优势,不仅适用于口语表达,而且可以广泛运用于教学讲稿中。

3. 诗意性抒情语言

情感的宣泄和激情的表达是高校思想政治理论课多媒体教学讲稿语言艺术的重要体现,是实现情感和价值观教育的重要手段,因此,诗意性抒情语言是教学语言构成的重要部分。

本书在第八章"高校思政课多媒体教学表达艺术研究"中,将多媒体教学表达分为理论型、叙事型和诗意型三种类型,其中的诗意型教学表达就需要以诗意性抒情语言来体现。这种抒情语言要注重意象性、审美性和启示性,通过情感的抒发来深化教学主题,做到有感而发、收发自如、夺人心魄、发人深省,以美好的情感倾注到受教育者的心灵,充分发挥思想政治教育的美育功能。由于有了各种多媒体艺术手段的衬托,诗意性抒情语言也有了更加丰富的表达空间,在多媒体讲稿中更生动灵活地呈现出来,使多媒体讲稿在议论和叙事的基础上更加生机盎然,成为极具感染力的"教学美文"。

4. 应用性技术语言

多媒体教学中涉及很多有关多媒体教学的技术性语言,既包括多媒体技术方面的术语,也包括各类多媒体艺术形式的术语,教师如果用大白话来进行表达,不仅显得水平太低,而且也导致教学活动太不正规。在多媒体技术方面,有很多多媒体技术的专用名词,也有很多特定的技术用语,在多媒体教学讲稿中时有涉及。在多媒体艺术方面,涉及这类专业词汇和语言的地方就更多了,在描述多媒体素材时运用的专业术语中,针对不同的素材选用的专业术语也都不一样,比如作为视觉艺术的图像作品和作为动态艺术的影片和动画,都有体现各自艺术特点的描述方式。如果不熟悉这些特定的技术用语,在撰写教学讲稿的时候,语言就会受到很大的限制,难以贴切地表述某些教学内容。

这些专业性技术用语在多媒体讲稿中不是可有可无的, 作为多媒体教师,至少要做到对这些技术用语的粗通,在涉及某些必要的多媒体表达的时候,不至于在用词上搜肠刮肚、捉襟见肘,翻来覆去就是那么几句大白话,让人备感厌烦。

5. 亲和性交流语言

亲和性交流语言主要运用于课堂教学的口语系统, 但在教学讲稿的书面语言中也要有所体现。这种语言注重与学生的情感交流,要体现出平等性和亲和性,要让学生感受到教师的仁厚和慈爱,感受到教师对他们体贴入微的师德风范,使学生放下包袱、敞开心扉,与教师建立起亦师亦友的师生关系,在教学中大胆阐述自己的观点和见解,与教师共同构成教育的交互性主体。对于老教师来说,大多数情况下其实用不着把这些亲和性交流语言写在讲稿上,但在讲稿写作中有时候进入奋笔疾书的亢奋状态,在充分发挥课堂教学想象力的时候,不知不觉中就随笔写了下来,既然已经落笔,那就不妨稍加润色使其成为多媒体课堂教学讲稿的"感人一幕"。对于新教师来说,在教学讲稿中设计与学生的交流互动本来就是备课的一部分, 这种平等、亲切、随和的交流语言是教学讲稿的语言构成之一。

6. 启发性教育箴言

除了以上那些语言形式之外, 在高校思想政治理论课多媒体教学讲稿中还有一类语言,那就是具有启发性的教育箴言。

我们都知道庄子为文善用"三言",即庄子所谓"寓言十九,重言十七,卮言日出, 和以天倪"之说(《庄子·寓言》)。庄子是我国先秦时期伟大的哲学家、文学家和思想家,庄子散文想象奇幻、笔法独特、思辨精辟,蕴含丰富的美学思想。"寓言"是庄子散文运用最广的论证依据,它假借虚构的神话故事来阐明深刻道理;"重言"是援引或摘录古人先贤的谈话或言论,以此作为论点的佐证;"卮言"即零散破碎、自然随意之言,落在纸上如行云流水,读在口中酣畅淋漓,给人以浪漫主义美感。庄子"三言"笔法对我们的讲稿写作具有借鉴意义,用我们今天的话来理解,"重言"就是名人名言,而"卮言"就是富含生活哲理的只言片语,类似于名言警句。在高校思想政治理论课教学讲稿写作的视域内,"重言"和"卮言"都可以算作是教育箴言,这类教育箴言的运用不仅有助于深入理解政治理论教育的"大道理",而且能教给学生做人的道理,在教书育人方面具有重要意义。这里所谓的教育箴言,既可以是对著名人物精辟论述的摘录, 也可以是教师随机阐发的有关人生哲理的金句和语录,在多媒体教学讲稿的教学语言构成中占据一席之地,既丰富了教学讲稿的实质性内容,又大大地增添了语言的魅力。

这几类语言在多媒体教学讲稿中各具风采、各显其能,运用得当可以使教学讲稿雄辩有力、情感充沛、文采飞扬,对提高高校思想政治理论课多媒体课堂教学讲演水平能够发挥重要作用。

(二)高校思政课多媒体讲稿的语言艺术风格

1. 理性严谨型

理性严谨型语言风格以思维的逻辑力量见长,论证严密,结构严谨,条理清楚,环环相扣,这种语言风格注重概念的周延和措辞的严密,强调论据的真实可信及推理过程的科学严谨,阐发观点的时候用事实说话,注重分析事件的前因后果, 很少出现感情的冲动, 也很少以抒情的方式表达教学内容。理性严谨型讲稿与其说是讲稿,不如说更像一篇学术论文,语言风格上具有较强的学术性,相对而言文风显得朴实无华,但却非常规范,这种语言风格体现在多媒体课件上,就是条理分明秩序井然,教学纲要规范清晰。当然,教学讲稿的语言风格不一定都体现在教学讲演过程中,有些教师讲稿写得非常具有学术风范, 但教学讲演却很通俗活跃, 不过对于大多数教师而言,教学讲稿的语言风格对教学的口语表达还是有很大影响的,教学讲稿的风格实际上就是教师的课堂教学风格。

对于不同语言风格的教学讲稿,我们很难用好与不好来评价,只能说这是一种语言风格特色,至于教学效果如何,则要看教师在教学活动中如何对其进行具体的运用。理性严谨型语言艺术风格体现的是学者特有的博学和睿智,是一种理性的美。

2. 激情奔放型

这一类教学讲稿显然非常注重感情投入,以情感的冲动驾驭讲稿写作,字里行间激情洋溢、文采飞扬,慷慨激昂,扣人心弦,容易引起学生强烈的情感共鸣。情感与价值观教育是高校思想政治理论课的教学目标之一,在理论教育中贯穿审美的熏陶与情感的培育,是此类课程担负的重要任务,激情奔放型语言风格有助于激发学生的热情,加深学生的情感体验,引起学生的共鸣。如本书前面的章节所述,高校思想政治理论课多媒体教学有一明一暗两条主线,明的是政治理论知识和价值的传授,暗的是涌动在知识传授之下的情感奔流,激情奔放的讲稿风格显然体现了这种潜在的教育目标。但从另一方面来看,激情奔放型写作风格也可能存在激情有余而理性分析不足的弊端,需要进一步摆事实、讲道理,更加注重学理分析。

激情奔放型语言艺术风格体现的是一种阳刚之美, 能够以充沛的激情唤起学生的共鸣,给人一种强烈的自信心。

3. 睿智技巧型

睿智技巧型语言风格的特点体现在“精巧”二字上,从教学内容来看,这种风格的讲稿紧贴教材和大纲,并把教材中的教学内容安排得井井有条,但不会有意识地扩充知识视野,在教学内容上略显平淡。从教学形式上来看,这种风格的教学设计精于教学技巧,能够将各种教学方法、教学手段运用到极致,整个教学过程就像是设计好的程序一样,组织严密、过渡自然、讲解到位,各个教学环节安排合理,且充分照顾到学生的实际需要,能够根据学生的特点对教学重点和难点进行准确把握,体现在教学讲稿上,能够做到合理分配各部分教学内容,并与教学课件完美契合。这种讲稿风格不如理性严谨型风格大气,也没有激情奔放型风格投入,但以教学技巧见长,体现出师范类毕业生的规范性训练,同样会受到学生的喜爱。

睿智技巧型语言风格体现的是一种智者般的智慧美, 处处显露出精巧与灵秀,能够尽情发挥教学艺术之所长。

4. 幽默洒脱型

俗话说字如其人、文如其人。其实语言风格也和教师的性格人品有着密切的关系,具有幽默洒脱型语言风格的教师必然是一个风趣幽默的人,有着超凡脱俗的人格风范。这类教学语言风格的最大特点就是风趣幽默、机智诙谐,普普通通的事件经过这类教学语言处理,就会变得不同凡响,让学生在轻松、愉快的气氛中敞开心扉,纵情领略知识的广博和理论的厚重,尽情品味教师轻松话语中所蕴含的智慧与哲理。很多情况下,学生是从喜爱教师开始热爱学习的。幽默洒脱型语言艺术风格尽显教师的魅力,它既是一种语言风格,也是一种人生态度,有助于教师收获学生的喜爱和尊重。教学讲稿不同于学术论文,因为教学讲稿是给教师自己看的,可以充分体现教师的个性风格和语言魅力,把教师的学识和智慧发挥得淋漓尽致。

幽默洒脱型的语言风格应该属于诙谐之美和洒脱之美，是较高层次的教学艺术追求，在教授知识的同时，能够使人获得轻松愉快的审美享受，不会把学习当成沉重负担。但这种教学语言风格与教师个性有很大关系，并不是所有教师都能轻松掌握的。

5. 清丽脱俗型

清丽脱俗型的语言艺术风格注重的是自然之美，这种语言风格清新自然、朴实无华，没有刻意的渲染和煽情，也不刻意制造某种轰动效应，而是注重积极展开教学进程，在和风细雨的教学气氛中娓娓道来，师生之间平等交流、配合默契，关系十分融洽。体现在教学讲稿中，就是文风清新秀丽、不落俗套，行文流畅自如、不尚空谈，把知识和理论的讲授融于简朴而美好的教学情境中，给人一种心旷神怡、恬静安宁的审美艺术感受。

一般来讲，这种清丽脱俗型语言艺术风格常见于女教师，体现了一种女性的气质美，这种语言风格在平淡的追求中展现卓越个性，像品味一杯清茶一样留下缕缕清香，令人久久回味。

6. 亲切自然型

亲切自然型语言风格注重的是贴近性，体现的是对学生的关爱与呵护，没有驭长风傲视苍穹的豪言，却有着体贴入微的亲切嘱托；没有指点江山、挥洒自如的阔论，却能够以平静的述说循循善诱、娓娓道来，做到不温不火、朴实自然，以切身经验传经论道，犹如亲人在耳边亲切地述说人生道理。亲切自然型语言艺术风格尽显长者风范，是教师涵养的体现，也是教师学识修养和师德修养长期积淀的结晶，是高校思想政治理论课教学中常见的语言风格。

亲切自然型风格较多地体现于老教师的教学语言中，反映出较深厚的人生阅历，具有较强的亲和力和说服力，能够有效克服学生中可能出现的逆反心理，使教学在和谐宁静而又温暖和煦的良好气氛中进行，进而把道理刻进学生心里。体现这种语言风格的教学讲稿往往倾注了教师丰富的人生经验和情感体验，字里行间浸透着教师对学生的拳拳之心，具有较强的教学感染力。

结　语

一

　　教学吸引力不强、学生对思政课教学关注度不高等问题,是困扰高校思政课教学已久的难题,如何提高思想政治理论课教学的质量和水平,让高校思政课的教学充分发挥应有的潜力,走上一条科学、健康的发展之路,一直是高校思政课教学研究的重要内容。

　　提高高校思想政治理论课教学的质量和水平,无非要着眼于两种思路,即外延式和内涵式。所谓外延式,即从教学组织形式上探索提高教学吸引力的有效方式,如讨论式教学、互动式教学、启发式教学、翻转课堂教学等。所谓内涵式,指的是从提升思政课教师的教学素质出发,打基础、练内功,以教师教学素质的提高促进高校思政课教学质量和水平的提高。两种思路都各有特色,在提高高校思想政治理论课教学质量和水平上发挥着各自的优势。但从根本上来说,要破解高校思政课教学这道难题,最终还是要沿着内涵式的思路,即提升高校思想政治理论课教师的教学素质。高校思想政治理论课多媒体教学艺术研究的基本立足点在于提升教师的教学素质,以多媒体教师教学素质的提高促进高校思政课整体教学素质的提升。

　　当代高校思政课教学已经基本上普及了多媒体手段,但关于高校思政课多媒体教学的研究仅见于零散的研究论文,到目前为止,还没有一部系统研究高校思政课多媒体教学的专著,即便是研究性论文依据的依然是思政课传统教学理论。而实际上,多媒体手段的运用,早已使高校思政课教学方式发生了质的变化,多媒体教学已经日益成为当代高校思想政治理论课的基本教学方式,高校思政课教学研究的传统理论和方法也需要与时俱进,在基本教学理念、基本研究体系和框架上探索出一条新路。

　　从各类课程的比较来看,高校思政课教学不同于各类专业课教学,对于专业课教学特别是理工类的专业课教学来说，运用多媒体手段的最大作用是科学原理的动画演示，多媒体手段所起的作用仅相当于教具，并不需要系统的多媒体教学理论来指导。思政课教学则是理想信念和价值观的教育，在进行理论教育的同时，伴随着情感的渗透和价值观的培育，必须全方位运用各种多媒体艺术手段，而且必须进行综合教学设计以突出教学的艺术性，因而是一个系统运用多媒体手段的教学体系，必须进行系统性的教学研究。

二

　　教学是一门科学，也是一门艺术，高校思想政治理论课多媒体教学更是一门高层次的教学艺术。一方面，作为信仰和意识形态教育，高校思政课教学具有不同于其他学科教学活动的独特性，对于教学的艺术性有更强的依赖性。另一方面，多媒体手段的运用，又将多种艺术形式融入高校思想政治理论课教学艺术中，使教学艺术提升到了前所未有的水平。因此，高校思想政治理论课多媒体教师作为马克思主义科学信仰的捍卫者、社会主义先进文化的传播者、中华优秀文化传统的传承者和以现代教育手段实施教学的教育者，所践行的不仅仅是一般意义上的教书育人，更应该有"弘扬道义""教书育人""德艺双馨"三重事业追求和人生诉求。在某种意义上，应该将"教学艺术家"作为与职称相提并论的人生诉求和事业追求，使思政课教师拥有自己的职业自豪感和事业成就感。

　　高校思政课多媒体教学艺术应该有一种"教学艺术精神"。教学艺术精神既是唤起学生潜在的求知冲动、激励学生探索科学真理的原动力，也是推动思政课多媒体教师事业进取的精神力量。多媒体教学艺术赋予高校思政课教师以精神满足，使思政课教师具备"审美的和道德的优越感"，这是身为思政课教师的职业自豪感和事业成就感的内在动因。以教学艺术精神灌注到教学中，不仅有利于教育学生，也体现了思政课教师的自我人生设计。艺术精神具有强大的感召力，有了"教学艺术家"的"游戏冲动"（席勒语），才有可能成为"灵魂工程师"，才能超越人性的狭隘和自私，激励高校思政课教师摆脱功名诱惑，回归作为一名教师的本分，热爱教学、倾心教学、潜心于教书育人，不断提升自己的教学素质和教学艺术水平。

　　"以美育人"是高校思想政治理论课教学的重要理念，也是高校思想政治理论课多媒体教学艺术的核心理念。以美育强化信仰是思想政治理论教育内化的需要，在高校思政课教学中融入美育因素，是加强和改进高校思想政治理论教育的重要手段。思想政治理论教育是真、善、美的统一，思政课的"以理服人"和"以情感人"都与"以美育人"密不可分，美的感悟和美的引领在教育中担任着重要角色，"教学艺术精神"集中体现了教学活动中对艺术美与现实美的追求。高校思政课的多媒体教学是实施"以美育人"的有效承担者，它把"以美育人"提升到了新的高度和层次。

从严格意义上来说，高校思政课多媒体教学并不是将多媒体手段当成简单的教学工具来用，而是要运用多媒体教学手段打造审美空间、创设审美的教学意境，让学生在美的氛围中潜移默化地接受真理、陶冶情操、树立信仰。集多种艺术形式为一身的多媒体教学手段给"以美育人"提供了充分的实现条件，必须加以充分利用，如果仅仅把多媒体课件当作演示文稿甚至电子版书，那不仅实现不了"以美育人"，而且是教育资源的严重浪费。因此，应该从理论上和实践上对高校思政课多媒体教学艺术研究予以充分的重视，使目前已经大量普及的多媒体教学手段能够发挥出最大的效用，使高校思想政治理论课的多媒体教学真正成为"以美育人"的教学艺术。

高校思政课多媒体教学是一门高层次的综合教学艺术，是教学艺术、现代多媒体技术和各种相关艺术形式的综合运用，对教学艺术性的要求远高于其他各类学科的教学。高校思想政治理论课多媒体教学艺术研究作为一项教学研究，**首要问题**是研究框架的搭建和研究体系的确定，**核心**是如何充分发挥多媒体手段对"以美育人"的教学优势，**重点**是如何将各种多媒体艺术手段融入各个教学环节和教学要素中。由于多媒体教学对多媒体技术有较强的依赖性，所以不可避免地要融入大量技术性问题，这是此类教学研究的**突出特点**。

三

高校思想政治理论课实施多媒体教学虽已历经多年，但关于这方面的研究一直没有深入下去，以至于一提到多媒体教学，许多人以为不过就是比传统教学多了一套课件而已。其实这是一种误解，高校思政课多媒体教学绝不仅仅意味着教学工具的更新，而要有一整套不同于以往的教学研究体系，对传统教学模式而言具有革命性意义。

作为一种教学模式和体系，高校思想政治理论课多媒体教学是一门综合教学艺术,是多种艺术手段和技术手段在教学中的综合运用。高校思政课多媒体教学具有政治思想性、学术性、艺术性和技术性等多种特征,教学研究视野非常广阔,不像传统教学研究中仅仅关注于教姿、教态、板书、教学语言等一般性的教学要素,而是要把关注点放在多媒体教学设计、多媒体课件、多媒体教学素材、多媒体教学表达等诸多内容上。多媒体教学研究的理论基础除了基础教育理论外,也涉及美术、音乐、影视、文学等诸多艺术理论和艺术实践,还涉及很多与现代多媒体技术相关的知识和理论。高校思政课多媒体教学艺术有着自己的艺术特点和艺术结构,也有自己的研究体系和研究框架,研究的内容主要集中于各种艺术手段对思想政治理论课教学的意义和作用,以及如何有效运用多媒体技术和各种多媒体艺术来提升教学质量和水平等,而且每一项研究都必须结合不同的多媒体艺术形式来进行,研究范围拓展到众多的艺术门类中,是教育和教学理论与各种相关艺术理论的交叉学科研究。

从纵向来看,对高校思政课多媒体教学艺术的研究应该着眼于多媒体教学设计、多媒体教学平台、多媒体教学素材及多媒体教学表达四个方面,这是多媒体教学艺术的基本研究框架。

作为教学活动的总体安排和设计,高校思政课多媒体教学设计除了学情分析、教学内容分析、学习目标的确立、教学策略的制定、教学工具的采用、教学设计的评价等常规内容外,更要着眼于如何合理运用多媒体手段、如何充分发挥多媒体的教学优势等问题。多媒体手段在教学中的优势,除了搭建教学平台,还有渲染教学气氛、突出教学重点和处理教学难点,这些教学优势得益于多媒体手段的两方面优势,即交互功能和美育功能。多媒体课件的交互功能是一种结构上的优势,对于完善教学流程有着重要意义,它可以使教学活动呈现出立体的展示结构,通过人机交互的便利性,把复杂的理论问题以简明清晰的脉络展示给学生。多媒体教学的美育功能对于高校思政课来说意义更加重大,它是高校思政课教学中实现情感与价值观目标的重要手段,多媒体教学设计必须把美育和情感因素充分考虑进去。多媒体教案作为最基本的教学文件,是高校思想政治理论课多媒体教学的"三剑客"(教案、课件、讲稿)之一,也是多媒体教学设计的具体实施方案。多媒体教案是结合多媒体手段的运用对教材体系的再创造,要有主题、有灵魂、有生命力,要充分体现高校思政课多媒体教学艺术的艺术感染力,是课件制作和教学讲稿写作的基本依据。优秀的多媒体教案可以激发课件艺术和讲稿艺术的创作灵感。

多媒体课件是基本的教学工具和手段，在教学中发挥着承载教学信息、展示教学内容、组织教学活动、阐释疑难问题、激发学习兴趣、调动学生参与和实施美育教学的诸多功能。不同的课件著作工具，在创作方法、基本结构、交互结构、播放方式、导入文件格式、动画创作功能，乃至对多媒体文件的支持等方面都有着各自不同的创作优势和教学优势，不同的课件制作工具适用于不同类型的教学。与理工类教学不同，高校思想政治理论课多媒体教学更加注重的是教学流程的展示和美育手段的运用，对多媒体课件的动画演示功能并不十分注重，在众多的课件著作工具中，宜选择那些既操作简便、又能较好支持各种媒体文件的工具软件。多媒体页面艺术虽然也可以看作是多媒体课件艺术的一部分，但在高校思政课教学中具有相对独立的教学意义。从传达教学信息的角度而言，多媒体页面设计相当于传统教学的板书设计，从页面层次、页面布局和排版等方面体现着教学信息的逻辑性和有序性；从"以美育人"的角度来讲，多媒体页面所传递的是与教学美感相联系的情感信息和价值理念，具有与政治思想性息息相关的审美特质和象征意义。多媒体课件艺术和多媒体页面艺术共同构成了高校思政课的多媒体教学平台。

多媒体素材是多媒体手段运用于教学的最主要角色，直接承载着多媒体视觉和听觉信息。广义来讲，多媒体素材包括文本、图像、图形、动画、音频、视频等，是构成多媒体页面设置和多媒体教学案例的基本元素。从特定的意义上来说，所谓多媒体素材，主要指的是那些承担着教学任务的图像、音频和多媒体教学影片。多媒体素材的应用具有重要的教学意义，是高校思政课多媒体教学最核心的内容，也是高校思政课多媒体教学艺术的精华所在。运用多媒体素材开展教学活动要有章法、有质量，也要讲求艺术性。不同的多媒体素材，在教学中都有各自的发挥空间，各种多媒体素材的综合运用使多媒体教学呈现丰富的教学艺术表现力，使高校思政课多媒体教学既能直观生动地阐释理论观点，又能以丰富的艺术手法来传递情感信息，实现"以美育人"的教学目的。多媒体素材艺术对高校思政课多媒体教师提出了较高要求，除了必须具备一定的美术、音乐等艺术素质和修养之外，还要对这些艺术形式的教学意义具备较深刻的体会和感悟，能够随心所欲地将各种艺术形式融入教学，使学生在高品位的艺术氛围中接受马克思主义科学理论，丰富自己的精神世界。运用多媒体素材进行教学活动包含着丰富的内容，既包括如何从普通教学内容中提炼出艺术性主题、如何将多媒体艺术与

结

语

教学内容有机结合等问题,也包括运用多媒体艺术的技术性问题,还包括多媒体教学艺术作品的创作等相关问题, 这些问题都可以作为高校思政课多媒体教学艺术研究的切入点,应该说,研究空间还是相当广阔的。

　　除了上述各方面研究内容之外, 关于高校思政课多媒体教学的教学表达也构成了教学研究的又一个研究分支。所谓高校思政课多媒体教学表达,既包括书面表达,也包括口头表达,是多媒体教学语境下从事思想政治理论课教学的综合教学表达艺术。多媒体教学手段拓展了思想政治理论课的表现空间,增强了教学的艺术性,多媒体手段营造的各种艺术氛围和艺术境界使理性的、感性的、逻辑的、审美的、叙事的、抒情的等各种言说方式都可以获得充分的展开, 授课活动在这里完全可以成为图文声像并茂的生动教学演讲,从而极大地增强教学感染力。本书将高校思政课多媒体教学表达分为三种类型,即"理论型""叙事型"和"诗意型"。理论型教学表达是思想政治理论课的基本表达方式,以概念、判断、命题的形式展开,要求逻辑严谨、理论性强,在话语方式上对应于"阐释好中国特色",是高校思想政治理论课教学所必备的思维方式和教学表达方法。叙事型教学表达是思政课教学的"增强型"表达,叙事型教学具有三个叙事的维度,即体现主流意识形态话语的"宏大叙事"、贴近学生思想实际的"日常生活叙事"和着眼于大学生素质教育的"审美叙事",它把思想政治理论课教学转换成生动感人的叙事情节,做到入情、入理、入脑、入心,在话语方式上可以对应于"讲好中国故事"。诗意型教学表达开拓的是思想政治理论教育的审美新境界,它以"传播好中国声音"立意,突破了学术范式甚至语言规范的束缚,以诗的意象性、审美性和启示性开阔眼界、启迪心灵,以丰富的哲理性诱发人的回味和思索,呈现给学生的是充满诗意的精神境界, 使他们在诗性的启示和顿悟中强化真理性的判断,在头脑中构筑起诗性的理解体系。本书对高校思政课多媒体教学表达的研究立足于"以美育人"的核心理念,体现了多媒体教学在言说方式上与板书教学的差异,虽然这是一个很少被人关注的研究领域,但各种不同的教学表达在教学实践中早就被不自觉运用,需要在教学研究中进一步加以总结。

四

　　如何充分发挥多媒体手段对"以美育人"的教学优势,是高校思想政治理论课多媒体教学研究的核心问题。

　　"以美育人"首先要善于在教学中发现美、挖掘美。高校思想政治理论课的教学内容本身蕴含着丰富的美,包括科学理论的美、历史的美和人性的美(或人格美),要在充分熟悉教学内容、充分把握教材体系的基础上升华思想认识、提升精神境界,从理论逻辑体系的对称、统一、简洁和严谨中发现科学理论的美,从历史发展大跨度的时空距离中体验沧海桑田、悲欢离合之变,在对历史时空的审视中抒发由衷的感叹,这是以崇高为主的历史美。历史是人创造的,人性的光辉照亮了历史的时空,思想政治理论课的信仰和价值观教育少不了人性的烘托,人民群众的伟大创造和杰出历史人物的奋斗精神衬托出一个时代特有的激情与豪迈,以人性的舒展创造审美的空间,这是人性美或人格美的体现。"以美育人"就是要以这些美的因素为资源,建立起教学内容的艺术和审美结构。从高校思想政治理论课的学习目标来看,情感与价值观的培养比单纯的知识传授更重要,教学中的情感融入和价值观的渗透都需要通过美育的手段,通过对美的挖掘,把平淡无奇的教材体系转换成个性化、审美化的课堂教学体系。

　　"以美育人"在多媒体环境下得到了充分的施展,多媒体图、文、声、像的运用使科学理论的美、历史的美和人性的美有了具体化、形象化的表现空间,增添了美之为美的感性因素,使美育的实施不再仅仅依靠教师的口授,而是通过多媒体综合信息来实现。

　　要充分发挥多媒体手段对"以美育人"的教学优势,首先必须要把"美"设计到教学中,即在多媒体教学设计中不仅仅要考虑知识的传授,还要把情感的酝酿作为重要的前提,让情感在教学过程中充分流动起来,形成美的韵律和美的节奏,让多媒体教案和多媒体讲稿成为与多媒体素材艺术配合使用、相映生辉的"美文"。

　　在多媒体手段的运用上,应该充分重视多媒体的"视觉教育"功能,所谓"视觉教育",指的是由多媒体图像或影像来担当的教育功能,受教育者通过视觉信息的接受而获得文字语言和口头语言之外的审美体验,并产生情感上的倾向性,使思想政治理论教育作用于深层心理机制,这种心理机制所产生的作用深刻而持久,是思想政治理论教育的较高境界。多媒体信息虽然有图、文、影、音等多种形式,但包括照片、绘画、图形和动画在内的视觉形式无疑更加引人注目。"视觉教育"广义上也可以包括运用教学影片进行教育,但主要指的是具有"红色美学"特征的静态图像艺术产生的情感效应,它不是以语言的描述来影响学生的价值判断,而是通过渲染教学气氛、创设教学情境、展示历史场景、再现历史过程等来传达和分享审美感受,以艺术的感染力打动人心。

在各种多媒体艺术手段中,除了视觉信息外,多媒体音乐在高校思政课多媒体教育和教学中也担任重要角色。音乐并不是具象艺术,而是借助于联想和想象,通过给人以某种暗示而创造模糊的艺术形象,由此产生高尚的艺术情感,决定着受教育者情感和认知的归属,影响着受教育者的价值判断,并且通过感觉的综合引导受教育者去深入思考和探索。音乐的教育功能往往是与多媒体图文的"视觉教育"功能相配合实现的,在教学中的作用包括创造和谐氛围、激发美好情感、提升精神境界,并通过联想引发对某一时代的怀恋,使人沉浸到对特定历史时期的美好怀念中,有力地强化思想感情的培育。高校思政课多媒体教学可以用音乐作为教学演讲的衬乐,可以用来衬托其他艺术形式,也可以用来单独播放或制作成教学 MTV 来播放。但也要注意不要滥用,以防止课堂教学成为"娱乐节目"。

影像艺术是多种艺术形式的综合,教学影片是高校思政课多媒体教学"以美育人"的重要手段。教学中恰如其分地运用教学影片,能够再现真实历史,使人身临其境地感受不同时代的社会氛围;能够实施科教,有助于形象、生动地阐述某些较枯燥或较难懂的理论观点;能够启迪人生,让人们从中感悟到深刻的人生哲理和世间常理;能够陶冶情操,让学生在影视艺术特有的氛围中受到强烈的感染。教学影片的运用必须有目的、有章法、有节制,必须要从教学的实际需要出发巧妙地加以运用,让教学影片成为"教学行文"中的精彩之笔,而不是把教学影片当成拖时间的娱乐手段。在高校思政课多媒体教学活动中,教学影片往往被用来导入课程、突出教学重点、解释教学难点、替代某些教学内容、进行教学总结和结尾处理等,也可以作为"教学行文"中的抒情内容来运用。课堂教学影片一般都是集中于某个问题,所以时长都比较短,可以采取从某些纪录片或政论片中截取一个片段的方式。但真正优秀的教学影片往往是教师亲自动手制作的,是教师的教学艺术作品。教学影片的创作(而不仅仅是"制作")凝聚了教师的心血,是教师的多媒体教学素质、学术积淀和文学功底的集中体现,应该和教学微课一样受到广泛的重视。

多媒体教学手段运用于高校思政课教学,使"以美育人"获得了强大的物质基础和技术支持,以"视觉教育"、音乐教育和影像教育等形式丰富了思想政治理论课的教学,提高了教学感染力。但另一方面,也不要因为多媒体

结
语

手段的运用而忽略了讲授环节，要高度重视教师的"讲"在教学中的中心地位，不能让五光十色的多媒体艺术形式产生喧宾夺主的负面效果，偏离了多媒体教学的初衷。

五

高校思政课多媒体教学研究的重点，是如何将各种多媒体艺术手段融入各个教学环节中，实现多媒体手段与教学的有机融合。

课堂教学一般来说要有五个环节，即复习提问、导入新课、讲授新课、总结归纳和巩固练习，多媒体教学手段则可以归结为文本、图像和图形、多媒体音频、多媒体动画和影片几类。多媒体手段在各个教学环节中的运用应该与这五个环节相互对应、相互融合，每个教学环节可以单独采用一种多媒体手段，也可以采用几种多媒体手段，融进各种多媒体元素的各个教学环节中，同样可以用多媒体元素作为过渡而有机连接起来，构成完美的课堂教学艺术作品。

多媒体艺术手段融入各个教学环节的研究是高校思政课多媒体教学的微观研究，应该是结合具体的教学内容进行的案例研究，着眼于解决每个教学环节的具体问题，比如说结合多媒体手段而进行的新课导入可以有哪些导课艺术、怎样运用多媒体素材对课程进行归纳总结等。但还有许多研究是难以总结出普遍规律的，比如在讲授新课中如何运用多媒体教学等，这类问题的研究就没有普遍意义，只能是作为精彩的教学案例融入其他教学研究中。在本书中，关于多媒体形式在教学环节中具体运用的研究也仅限于教学影片，而对于多媒体图像和多媒体音乐，则只是从总体上分析了其教学意义，并没有将研究深入到具体的教学环节中。当然，不能说多媒体手段在各教学环节中的具体运用就没有研究价值，相反，这是搞好多媒体教学的细节性问题，有道是细节决定成败，在这方面需要广大思政课多媒体教师进行大量教学实践，以丰富的教学艺术实践不断完善高校思政课多媒体教学艺术的研究，解决教学中出现的一个个技术性、细节性问题，给大家提供鲜活的教学艺术案例示范。

由于多媒体教学是以多媒体技术为前提的，所以多媒体技术的运用是高校思政课多媒体教学研究中绕不过去的问题。与多媒体教学最直接相关的多媒体技术就是多媒体制作工具的使用，高校思政课多媒体教学作为人文类的课程，对多媒体制作工具的要求主要体现在能否承载多种艺术手段上，要能够兼容图、文、影、音各种格式的多媒体素材，并能够满足多媒体教学艺术创作的多种需要，还要能够以较好的交互性展示教学内容，体现教学内容的层次性和复杂逻辑关系，当然还要简便易行、易于操作，便于教师熟悉和掌握。除了多媒体制作工具外，也要掌握多种多媒体艺术创作工具的应用技术，包括图片编辑工具、音频编辑工具、视频编辑制作工具，以及各种音频和视频格式转换工具等。由于多媒体教学对技术有着较强的依赖性，很多教学艺术作品的创作都要以一定的技术来支持，所以高校思政课多媒体教学研究也应该把多媒体技术在某些特定教学内容中的运用包括在内，结合多媒体技术的运用来研究课堂教学。

年轻人接受新事物总是比较快的，许多年轻教师热衷于多媒体技术，喜欢探索和钻研那些比较新奇的多媒体课件技术，他们的多媒体教学艺术作品能够紧跟时代，美轮美奂的特技往往让人眼前一亮，使人感受到一种青春洋溢的力量，这无疑是一件好事。但另一方面，多媒体技术毕竟是为教学服务的，是附属于教学艺术的，如果搞成"技术至上"，就偏离了思政课多媒体教学研究的轨道。另外，随着当代科学技术的迅猛发展，多媒体技术也在不断进行自我颠覆，今天盛行一时的技术新潮，明天早晨就可能成为历史，如果沉湎于多媒体技术而不能自拔，就会耽误作为思政课教师的主业。

六

教师是一个相对特殊的社会职业，这个职业的特殊性在于它培养的是人，不仅是有一定生存能力和工作技能、可以满足社会需要的人，而且是具有独立完整的人格、实现自由全面发展的人。这是一种崇高的社会责任，教师从教的动力应该来自于这种社会责任的自觉，它决定了教师在道德上的自我约束、在学术上的自我提升，也决定了教师立身于道德制高点的职业优越感，从教时间越长，这种自律性就越强。这是教师从教的内在驱动力，也是使教师潜心教书育人的道义感召力。教师对教育事业的热爱，是由于有了这种道义的感召力，反过来说，教师对教学工作的漫不经心，也是由于这种道义感召力的缺失。道义感召力的缺失在很大程度上是由于利益杠杆过于强大，在生存危机下，人会自然而然地选择对自己有利的生存方式，在尊严遭到践踏而又无力捍卫自尊的情况下，大多数教师也会屈从于现实利益的指挥棒,因为教师毕竟也是普普通通的人。

在目前各高校都比拼科研的状况下,教师的任务异常繁重,要大量发论文、报课题、拉项目,各种硬性指标成了教师的"紧箍咒",而且都是跟工资和待遇挂钩的,完成不了这些硬性指标,不要说与职称评定和各种待遇无缘,甚至还面临着被排斥出教师队伍的危险。成千上万的教师不得不在这条狭窄的小道上奋力挣扎,不是为了探索世界的奥秘,也不是为了追求学术的真谛,而仅仅是为了生存和维护自己仅存的一点自尊!虽然说并不是每个教师都介意名利之争,但所有教师都很在意自己的学术生命,职称是对教师工作的肯定,教师可以做到"安贫乐道",却很难容忍自己的毕生追求得不到应有的肯定。在这种情况下,即便是热爱教育事业的教师,也不得不做出违心的选择,即拼死拼活地写论文、做课题、干项目,根本就没有时间专心致志搞教学。高校思想政治理论课多媒体教学是一门高层次的教学艺术,要提高教学艺术水平,需要的是兴趣引领下的高度自觉性,需要投入比传统教学更多的时间和精力,但这样一来就势必挤占科研时间,从而影响到个人的发展前程。

如何正确看待和处理好教学与学术研究的关系,是搞好高校思政课多媒体教学的前提,是每个教师都必须正视的问题。

首先,我们必须认识到,教学与学术是密不可分的,教学素质的提升有赖于教师学术水平的提高。一方面,从学术的角度而言,学术研究是高校教师的事业基础,也是搞好教学的前提条件,有了学术研究的根基,在教学上无疑会如鱼得水,无论是传道、授业还是解惑,都能够做到广闻博识、高屋建瓴。一名好的高校教师,必然是一个学识渊博、思想敏锐、视野开阔的学者,甚至可能是某个领域的专家。另一方面,从教学的角度而言,教学是对高校教师的基本要求,是师之为师的基本技能。教师要长于教学艺术,善于以最生动的方式把知识和价值传授给学生,但同时也要有较高的学术造诣,教师的才华和业务能力都要依靠学术研究来培养。总的来说,教学与学术都是教师的本分,二者都必须兼顾。高校思政课多媒体教师应该有一种担当精神,要通过付出比别人更多的努力来成就自己的事业,做一个既有着渊博的学识和杰出的学术成就,又精于多媒体教学艺术的博学、睿智而又多才多艺的学者型教师。

其次,我们也要看到,教学与学术研究之间也存在着矛盾,在教学与学术之间必然有一个二选一的问题。把大量时间和精力投入多媒体教学势必会挤占学术研究的时间,在一定程度上会影响到教师的学术进取,在这种情况下,摆在教师面前的选择有两种:一是朝着专业方向发展,成为某一学术领域的专家;二是走一条通才之路,成为一名才华横溢的教学艺术家。尽管我们强调教学与学术不可偏废,但根据自己的爱好和追求选择一条适合自己的事业之路,对每个思政课教师而言都是迟早的事。对于高校思想政治理论课教师而言,通过学术之路成为理论大师无疑是很有吸引力的进取方向,但走教学之路,成为一名教学艺术家,也仍然是思政课教师的本分,哪一条路都不是平坦的,都需要教师付出巨大的努力,要义无反顾地走下去,问题的关键在于这条进取之路必须得到社会的认可。

最后,我们更应该认识到,从现实的角度来看,教学与学术的矛盾就是教师的事业追求与个人追求的矛盾。一次又一次的高教改革把利益机制引入高校,日趋激烈的学术竞争让教师对写论文和做课题趋之若鹜,很显然,在现实条件下,仅凭教好课是难以获得良好的个人发展空间的。如何面对这一残酷的现实,这是高校思想政治理论课多媒体教师在教学研究中遇到的最实际的问题。面对社会的浮躁之风,要树立起作为教师的尊严和自信,无疑还要从作为一名教师的事业追求中寻找答案,更要从作为一名教师的人生追问中寻找答案。

教师没有左右社会舆论、影响社会利益机制的能力,但教师有自己的教育阵地,有党和人民赋予的神圣职责,有燃烧自己照亮别人的红烛精神,有传授知识、传承文明的光荣使命,也有安贫乐道、临危不乱的师道尊严。教师的精神境界就根植于脚下的一方净土和眼前的三尺讲台,狭小的空间却有容纳百川的气度。师道的缺失与师德的堕落,说到底是因为教师自尊和自信的丧失,而自尊和自信的丧失是可以通过回归教师本分而找回的,教师完全有条件以自己的辛勤耕耘和默默奉献,在社会上为自己争得事实上的话语权。这种话语权是一种无形的力量,有了这种无形的力量,教师就能够坚定信念安心从教,即便因为专心于教学而影响了职称晋升也不以为意,因为这种话语权是属于教师自己的精神境界,它有着广阔的心灵空间,寄托着比写论文和做课题更加高远的事业追求——教书育人。

高校思想政治理论课多媒体教学艺术是一门教书育人的艺术,也是非常具有诱惑力的教学艺术,一名好的思政课多媒体教师不仅要有高度的政治觉悟、深厚的学术功底、开阔的知识视野和高尚的精神境界,还要有深厚的艺术修养和丰富的内心世界,要有运用多种多媒体技术手段进行教学艺术创作的兴趣和能力,当然更要有一名教师所具备的优秀的口头表达能力,思政课多媒体教师走的是典型的通才之路。与传统的教学方式相比，高校思政课多媒体教学带给教师的是丰富的艺术情怀和从教的自信心，把作为一名教师的敬业精神和神圣使命感提升到新的高度。多媒体教师，特别是多才多艺的多媒体教师往往是学生崇拜的好老师，教学带给教师的精神满足不是现实的功名利禄所能替代的，这是对教师辛勤工作的丰厚回报。

选择了从教的职业，也就选择了一条甘于奉献的人生之路，教师的人生追问注定要与职业奉献精神联系在一起。高校思政课多媒体教学使教师拥有了引以自豪的教学技艺，把教师的使命感和自豪感与教学艺术精神熔为一炉，激励教师不断充实自己、超越自我，创造出一个又一个教学艺术精品，在践行教书育人神圣使命的同时，不断提升自己的精神境界，走上一条无怨无悔的人生奋斗之路。

附录一
原创教学影片《中国梦的历史背景和前提》解说词

2012 年 11 月，习近平总书记在带领新一届中央领导集体参观《复兴之路》展览的时候，首次提出了中国梦之说。中国梦一经提出就释放出强大的号召力和感染力，成为激励中华儿女团结奋进、开辟未来的一面精神旗帜。中国梦不是凭空提出的，而是有着深刻的历史背景和前提的，具体来说，就是中国梦的历史文化背景、思想理论前提和物质前提。

一、中华民族厚重的历史承载是中国梦的历史文化背景

中华民族是个有理想、有梦想的民族，五千年一路走来，创造了辉煌的华夏文明。华夏文明的高风亮节、中华大同之梦，是中国人的精神家园。五千年的辉煌历史承载起了中华民族明天的梦想，是中国梦的源头活水。

近代数度劫难碾碎了中国人的梦想，仁人志士以悲壮的泣诉唤醒国人，期待着一个强盛的中国再度屹立于世界之林。振兴中华的口号由革命先行者孙中山先生首次提出，一个多世纪以来，一直是响彻在中华大地上的最强音。这是民族的重托，是中国梦的深厚底蕴。

为了追求梦想，我们走过世上最长的路、付出了无数生命、闯过了无数道险关。艰辛励志、多难兴邦。近代革命运动的血与火的洗礼，培育了伟大的民族精神，凝聚了实现中国梦的精神力量！

所以，中国梦不是金钱梦，它首先是一种精神追求。五千年文明的哺育和近代中国革命的庄严洗礼，使中国梦无比神圣而庄严。习近平总书记说："历史告诉我们，每个人的前途命运都与国家和民族的前途命运紧密相连。国家好，民族好，大家才会好。"中国梦首先是国家梦、是民族梦，是华夏民族远大理想的抒发。中国梦记载着中华民族几千年的兴衰，承载着革命先辈的重托，也记录着中华民族从饱受屈辱到赢得独立解放的史诗般壮阔的奋斗

历程。

二、中国特色社会主义的思想理论体系是中国梦的思想理论前提

首先，从逻辑顺序看，中国特色社会主义为中国梦做了铺垫，正因为有了这样的理论铺垫，中国梦这面精神旗帜才能够顺理成章应运而出。中国梦以人民喜闻乐见的形式，把中国特色社会主义理论这种意识形态的话语进行大众化转换，使之更加"有人气"、更加"接地气"。从这个意义上说，中国梦是中国特色社会主义的思想成果。

其次，从内在联系看，中国特色社会主义理论从多方面决定着中国梦。中国特色社会主义作为马克思主义中国化重要的思想理论成果，是当代中国各族人民的共同理想，对中国梦而言，既是实现中国梦的途径和手段，又是中国梦本身，而作为思想理论体系，它则是中国梦的思想理论前提。

中国特色社会主义的思想理论体系决定了中国梦的价值和意义，决定了实现中国梦的途径，规划了中国梦的未来，反映了人们对中国梦的无限憧憬和热切期盼。有了中国特色社会主义理论，中国梦才会顺理成章翩翩入梦。

中国特色社会主义高扬起中国梦的精神旗帜，擎起了中国梦的精神信念，指明了实现中国梦的途径，引导我们走上了实现中国人世代梦想的"人间正道"。

三、中华人民共和国的两度创业辉煌是中国梦的物质前提

新中国成立后，共和国曾经历了两次辉煌的发展历程，即创业年代和改革年代。

——梦想在创业年代奠基。

今天的中国梦，其实可以追溯到风雨兼程的创业年代，有人把那个年代叫作"火红的年代"，有人把那个年代叫作"阳光灿烂的日子"，也有人把那个年代叫作"激情燃烧的岁月"。那时候，我们还不敢有太多的梦想，但那是中国道路刚刚起步的时候，也是中国梦刚刚开启的时候。

那个年代我们战天斗地。

"天连五岭银锄落，地动三河铁臂摇"，毛泽东这句诗词形象地描述了中国人民奋发图强、战天斗地的火热劳动场面。社会主义制度的确立使人民当

家作主,迸发出冲天的劳动热情,经过 30 年的自力更生艰苦创业,我们的家底逐渐厚实了起来。

那个年代我们改天换地。

毛泽东主席说:"一张白纸,好画最新最美的图画。"

就是在新中国这张"白纸"上,我们画出许多美丽的图画:

治理大江大河,大力兴修水利。

妇女解放事业、医疗卫生事业、教育事业、体育事业和其他社会进步事业都获得了大发展。

社会主义保障了社会的公平正义,增进了人民的福祉,促进了社会的全面发展和进步,使古老的中国经历了脱胎换骨的现代化改造。社会的全面进步为日后的梦想奠定了坚实基础。

那些年,我们干了很多事,

那些年,我们过得很豪迈,

那些年,中国耸立起好多钢铁巨人,

那些年,尽管有过挫折和失误,

但我们的基本功练得很扎实……

——梦想在改革年代放飞

20 世纪 80 年代,中国奏响了改革开放的蓝色狂想曲。改革开放放飞了中国人的梦想,中国梦终于梦想成真了!

经济高速发展,人民生活水平几年一个大台阶,综合国力与日俱增,三十多年走完发达国家几百年的路。

发展的奇迹被一个个创造了出来。

2010 年,中国制造业总产值、发电量和能源消耗均超过了美国,成为世界第一。

这是美国制造业有史以来第一次被超越!

制造业是国家力量的脊梁,是擎起"美国梦"的精神支柱。

今天,中国人也有了梦想的资格!

在改革开放的凯歌行进中,我们实现了百年奥运梦、百年世博梦、载人航天梦,还有汽车梦、创业梦、住房梦、小康梦,等等。

党的十八大以来,中国梦翻开了崭新的一页。

神舟飞天、蛟龙下海、北斗组网、天眼探空、高铁奔驰、大飞机首飞,一大批高科技成果惊艳了世界。科技创新的发力托起大国重器,把中国人的梦想从富国梦提升到强国梦。

中国人的梦想正在全方位展开，中国人的梦想从没有像今天这样如此高远、如此酣畅！

中国梦不是空中楼阁，两度创业辉煌托起了明天的梦想。

习近平总书记说："我们比历史上任何时期都更接近中华民族伟大复兴的目标，比历史上任何时期都更有信心、有能力实现这个目标。"

中国梦凝结了几代人的艰辛努力，体现了中国共产党高度的历史担当和使命追求。

展望明天，中国人民将以高度的道路自信、理论自信、制度自信和文化自信承担起民族复兴的历史重任，不忘初心、牢记使命，开创中国的和世界的美好未来。

附录二
"中国梦·劳动梦"讲演稿：我的教师之梦

该文为笔者在本单位工会 2018 年举办的"中国梦·劳动美"教职工有奖征文活动中获奖作品，并未公开发表。此拙文虽为即兴凑趣之作，却也描画出几分教书先生的喜乐人生，附在书尾与大家共勉吧。为师之道、道阻且长，由少年之癫狂而至谦谦以自足，盖因师道之磨砺也。大衍之年往往以合天数、知天命自居，如能做到喜怒不形于色、宠辱不以为意、得失不系于怀，循天道、明天理、享天年，伏案书斋自得其乐，则吾生亦不失为"潇洒走一回"。

在我的生命历程中，曾经有过许许多多的梦想。

小的时候，我有过英雄之梦。

我梦想长大后成为一名光荣的解放军战士，手握钢枪警惕地巡逻在祖国的边防线。巍巍昆仑回荡我豪迈的誓言，沧桑大地留下我坚实的足迹，壮怀激烈是我朦胧的期待，精忠报国是我灵魂的归宿！

长大之后，我有过科学之梦。

在 20 世纪 80 年代科学的春天里，是阿基米德、牛顿、居里夫人、爱因斯坦和陈景润这些科学大师们推开了我心中的科学之窗，把我引领到一个神秘的、充满诱惑的科学世界。我曾经如痴如醉地博览群书遨游科学海洋，梦想着有一天，我能够站在巨人的肩膀上，伸手摘下天上那颗属于我的星辰。

青春的萌动澎湃着生命的激情，是梦想填充了我的心灵空间，开启了我人生的首航。我有过军人梦、医生梦、画家梦、工程师梦、政治家梦，在筑梦的年代里，我孜孜不倦地追寻着我的梦想，每一个梦想都曾经让我心旷神怡、想入非非。

但，在我的这些梦想中，唯独没有教师梦。

我是在不经意间走进了教师行列，当教师并不是我的梦。

年轻的我，也曾有过自负和狂妄，有过浮躁和不安分。虚荣和过度自尊曾让我缺乏耐心和爱心,物欲的诱惑也曾令我难耐书斋的寂寞,面对欲海横流的大千世界,我有过犹豫、有过动摇、有过逃离象牙之塔的冲动。之所以最终选择留下,也不是出于什么高尚的动机,而仅仅是因为,除了教书我一无所长。

我知道,那时候的我并不是一名合格的教师。

我不想用戏剧性的冲突来描述我想法的转变,因为我知道,一两件小事不可能造成人生观的逆转。人生不是舞台剧,人生是漫长而艰辛的"天路历程",梦想是生活的积累,教师的教育生涯既是教育别人的过程,也是自我塑造的过程。我的教师之梦就是在理想与现实的纠结中、在失望与希望的交织中、在自知才疏学浅的羞愧中、在偶尔一两次学生的掌声中悄悄地萌发了。

不知从什么时候开始,我把学生当成了孩子,能够理解学生的思想,懂得学生的需要,欣赏学生的天真,理解年轻人的自尊,也学会了宽容学生的调皮和无礼。我开始把和学生的交往看作一种艺术,学会以长者的宽厚和仁爱营造和谐的氛围。当我为了调节课堂气氛而拿自己开玩笑的时候,我知道,学生不会因此而轻视我。

这或许是因为年纪的增长,然而更重要的原因却是心的投入,在教师这个神圣的岗位上,我慢慢地有了一点角色意识。

不知从什么时候开始,我对教课产生了浓厚的兴趣,我把每一节课都当成自己的唯一,用心地琢磨问题,不容忍自己出现任何一个瑕疵。在知识和学问的殿堂里,我和学生尽情地探幽揽胜,忘记了世俗的烦恼,也忘记了自己的存在。

我惊奇地发现,年轻时那些所谓"宏图大志"和不着边际的梦想消失得无影无踪了,今天的我,很满足于当一个"匠人",一个对钻研细节和"小问题"充满了耐心的"教书匠"。

不知从什么时候开始,我把关注教育的意义、追问教育的真谛当作一件重要事,把教育和我的人生追求联系在一起。在历史的长河中,我结识了众多的先贤,懂得了"大学之道,在明明德,在亲民,在止于至善"的道理,第一次知道了,教育不仅仅是把知识教给学生,而是有着更深刻的内涵:教师所承担的应该是"传道、授业、解惑"的重任。两千多年前,当华夏文明之光冉冉升起的时候,一位伟大的教师高举华夏文明的火炬交到后辈手里,从此在华夏文明薪火相传的伟大事业中,教师就成了文明的火炬手!而这位伟大的教师就是被尊为"万世师表、至圣先师"的孔子!两千多年来,每一所学堂里都供奉着他的牌位,每一个小学生都会背诵他的人生格言。

今天，当我接过一路传递而来的华夏文明火炬时，先师的教诲犹在耳边,教师的自豪感和责任感油然而生。是的,教师没有军人的英武,没有艺术家的潇洒,没有实业家的富足,没有政治家的杀伐决断,但教师有传道者的耐心和坚韧,有燃烧自己照亮别人的红烛精神。教师用自己的爱点亮学生心中的明灯,用自己辛勤的劳动培养出无数将军、艺术家、实业家和政治家,教师的劳动在平凡中见证着伟大、在默默无闻中展现着教师的高风亮节。

中国梦是教育的梦,教师的梦是教书育人的梦,面对祖国的发展进步,眼见一代代的英杰建功立业,作为教师,我们完全可以自豪地说:这里面有我一份功劳!

今天,当我站在演讲台上的时候,我要说,我的教师梦根植于历史的传承,我的教师梦承载着未来的希望,我的教师梦来自于学生的期盼,我的教师梦寄托着民族的厚望。

我的教师梦是我的中国梦的一部分,我的教师梦是我的劳动梦,也是我的成就梦、我的成功梦! 有梦想就要有付出,正如习近平所说:"实现中国梦,创造全体人民更加美好的生活,任重而道远,需要我们每一个人继续付出辛勤劳动和艰苦努力。"中华民族伟大复兴的梦想离不开我们每个人艰苦的努力,我的教师梦并不是黄粱美梦,更不是白日梦,我的教师梦是辛勤劳动的梦,是艰苦付出的梦,是不畏艰难、执着攀登的梦。

梦,就在我的心中,在我夙兴夜寐的殷切希望里;

梦,就在我的脚下,在我废寝忘食的激情工作中!

参考文献

[1]《习近平谈治国理政》,外文出版社,2014年。

[2][奥地利]爱德华·汉斯立克:《论音乐的美》,人民音乐出版社,1980年。

[3]崔含鼎、梁仕云:《现代教学艺术论》,广西教育出版社,1992年。

[4][德]第斯多惠:《德国教师培养指南》,黄一安译,人民教育出版社,1990年。

[5][德]弗里德里希·席勒:《审美教育书简》(附:论崇高),冯至、范大灿译,上海人民出版社,2003年。

[6]高平叔编:《蔡元培全集》(第三卷),中华书局,1984年。

[7][捷克]夸美纽斯:《大教育论》,傅任敢译,人民教育出版社,1984年。

[8]李如密:《教学艺术论》,山东教育出版社,2000年。

[9]聂彩林:《高校思想政治理论课教学艺术》,电子科技大学出版社,2007年。

[10][苏]苏霍姆林斯基:《给教师的建议》,杜殿坤编译,教育科学出版社,1984年。

[11]王北生:《教学艺术论》,河南大学出版社,2001年。

[12]王德清:《教学艺术论》,四川大学出版社,2010年。

[13]伍蠡甫主编:《西方文论选》(上卷),上海译文出版社,1979年。

[14]朱光潜:《朱光潜美学文集》,上海文艺出版社,1982年。

后 记

教学是实践性很强的研究领域，高校思政课多媒体教学艺术研究更是融合了理论性、艺术性和技术性的综合研究领域，具有一定难度。由于对技术性的依赖，使得这项研究很难有一个完美的套路，一不小心就会落入技术教科书的窠臼，加之多媒体技术正处在知识爆炸般的快速发展中，新技术日新月异，学习都来不及，更不要说上升为教学理论问题。而如果专注于传统教育理论，则又可能走向另一个极端，使多媒体教学研究流于空泛，甚至名不符实，体现不出多媒体教学研究的特点。

故而，本研究虽已成书，但由于缺乏相关著述可供参考，在理论上远不成熟，没能做到很好地将理论性、艺术性和技术性有机融合起来。本书能够聊以自慰的即是本研究的出发点和落脚点：以对教学艺术性的执着追求提升思政课教师的人生境界，从提升教师个体教学素质出发来增强思政课教学的吸引力。

师者，所以传道受业解惑也，教师的工作是教书育人，为师者必须要有高远的追求、开阔的视野和脱俗的精神境界，要超脱于世俗的苟且，要有抬头仰望星空的浩瀚心灵空间，心中必须要装着"诗与远方"。本书作为对高校思政课多媒体教学艺术的研究，主张教师以教学艺术精神立身，以对科学真理的追求和对才艺的精通来鼓舞、激励和引导学生，使其树立正确的世界观、人生观、价值观，让高校思想政治理论课能够插上艺术的翅膀，充满艺术魅力。

本书作为对高校思政课多媒体教学艺术研究的探索性尝试，真诚希望能够得到各位专家的批评指正，也希望广大教师同行不吝赐教，共同致力于高校思政课多媒体教学艺术水平的提高。笔者虽对思政课多媒体教学研究兴趣益然，然毕竟年过半百，继续研究下去心有余而力不足，希望此书能为广大思政课青年教师搭建一块垫脚石，期待更多高水平的高校思政课多媒体教学艺术研究成果问世。

李振宇于辽宁工业大学

2020 年 6 月